ro
ro
ro

Als Melitta von Stauffenberg im Januar 1943 von Hermann Göring höchstpersönlich das Eiserne Kreuz II. Klasse erhält, ist dies der vorläufige Höhepunkt einer unglaublichen Karriere. Nicht nur beherrscht sie als Testfliegerin und Ingenieurpilotin fast alle damals bekannten Flugzeugtypen, hat sagenhafte zweitausend Sturzflüge absolviert, selbst ausgewertet und so den Bombenkrieg der Luftwaffe perfektioniert – sie bewahrt auch ein Geheimnis: «Flugkapitän Gräfin Stauffenberg» ist nach den Kriterien der Nazis eine «Halbjüdin». Nur mit Hilfe von ganz oben gelingt es ihr, den Fängen der Rassenjustiz zu entkommen. Bis die Schwägerin des Hitler-Attentäters und Frau seines ältesten Bruders Alexander nach dem 20. Juli 1944 in Sippenhaft genommen wird.

Thomas Medicus beschreibt auf der Grundlage bisher unbekannter Quellen ein einzigartiges Frauenschicksal – und ein dramatisches Kapitel deutscher Geschichte.

Thomas Medicus, geboren 1953 in Mittelfranken, studierte Germanistik, Politikwissenschaften und Kunstgeschichte. Nach seiner Promotion schrieb er u.a. für die «Frankfurter Allgemeine Zeitung», war Feuilletonredakteur des Berliner «Tagesspiegel» und stellvertretender Feuilletonchef der «Frankfurter Rundschau». Thomas Medicus arbeitet als freier Publizist sowie für das Hamburger Institut für Sozialforschung, er lebt in Berlin und in Dolgie/Polen.

Thomas Medicus

Melitta von Stauffenberg

Ein deutsches Leben

Rowohlt Taschenbuch Verlag

Veröffentlicht im Rowohlt Taschenbuch Verlag,
Reinbek bei Hamburg, Mai 2013
Copyright © 2012 by Rowohlt · Berlin Verlag GmbH, Berlin
Umschlaggestaltung ZERO Werbeagentur, München,
nach einem Entwurf von any.way, Hamburg, Walter Hellmann
(Umschlagabbildung: Wenka-Maria Hagemeister)
Lektorat Jens Dehning und Frank Pöhlmann
Satz aus der ITC New Baskerville PostScript, InDesign,
bei Pinkuin Satz und Datentechnik, Berlin
Druck und Bindung CPI – Clausen & Bosse, Leck
Printed in Germany
ISBN 978 3 499 62562 6

INHALT

PROLOG
Sturz, Flug, Krieg 7

ERSTES KAPITEL
«Immer anders als die anderen»: Kindheit
im Zeichen des Krieges 15

ZWEITES KAPITEL
«Drang nach dem freien Spiel der Kräfte»:
Eine junge Frau will nach oben 44

DRITTES KAPITEL
«Wunder undeutbar für heut»: Der Dichter
und die Ingenieurpilotin 86

VIERTES KAPITEL
«Dipl. Ing. Flugkapitän Gräfin Stauffenberg»:
Karriere im Dritten Reich 115

FÜNFTES KAPITEL
«Diese begeisterte und opferbereite Frau»:
Soldatin ohne Uniform 146

SECHSTES KAPITEL
«An der Steilküste der Seele»: Der Luftkrieg
und das EK II 190

SIEBTES KAPITEL
«Am Orte, Liebstes, wo Du weilst»: Der Absturz 255

EPILOG
Adel verpflichtet 321

Anmerkungen 353
Literaturverzeichnis 390
Personenregister 405
Danksagung 411
Bildnachweis 414

Prolog

Sturz, Flug, Krieg

Da staunte Dr. Georg Pasewaldt, Oberst im Generalstab und Entwicklungschef im Technischen Amt des Reichsluftfahrtministeriums. Eine Frau mit solch höllischem Wagemut hatte er noch nicht erlebt. Pasewaldt war auf Inspektionsbesuch in Rechlin – hundertfünfzig Kilometer nordwestlich von Berlin lag zwischen Wiesen, Wäldern, Feldern und Seen in Mecklenburg die bedeutendste Flugerprobungsstelle der Reichsluftwaffe. Hier wurden verschiedene fliegende Waffensysteme auf ihre militärische Einsatztauglichkeit überprüft, Flugzeugtypen, Bordinstrumente, Bordwaffen, Bomben. Ein Jahr nach der Machtübernahme der Nationalsozialisten waren im Zuge der noch geheimen Aufrüstung der Luftwaffe im Umkreis Rechlins die Bewohner mehrerer Dörfer umgesiedelt, sodann Gutshöfe, Stallungen, Kirchen bombardiert und schließlich die Ruinen abgerissen worden. So schuf man am Südufer der Müritz Platz für ein fast kreisrundes Flugfeld von mehr als anderthalb Kilometern Durchmesser sowie moderne Flughafengebäude und Wohnsiedlungen. In diesem Sperrbezirk konnte Tag und Nacht für den deutschen Endsieg geflogen, geschossen, gesprengt, berechnet und gemessen werden.

Als Pasewaldt Anfang 1942 zum Himmel über Rechlin blickte, traute er seinen Augen nicht. Sollte die Ju 88, das von den

Dessauer Junkers-Werken konstruierte zweimotorige Bomber-flugzeug mit seiner so typischen Vollsichtkanzel, etwa zum Absturz gebracht werden? Was denn Sinn und Zweck solch eines waghalsigen Sturzfluges sei, wollte der Oberst wissen, das müsse doch ungeheure Vibrationen erzeugen, ließe sich da der Sturz überhaupt noch abfangen und das Flugzeug in den Normalflug zurückmanövrieren? Wer denn der Pilot sei, der an den «Grenzen des Zulässigen»[1] fliege und diese enormen Beschleunigungskräfte aushalten könne?

Es war, erfuhr Pasewaldt von den Umstehenden, «die Melitta bei ihren Sturzversuchen». In den gemäßigten Sturzflug abzutauchen, erinnerte sich der promovierte Jurist und fronterfahrene Kampfpilot nach dem Zweiten Weltkrieg, habe «mancher männliche Pilot bereits als Heldentat»[2] betrachtet. Für Melitta von Stauffenberg seien die extremsten Wagnisse über Jahre hinweg Alltag gewesen.

Sie brauchte keinen Schutzengel. Sicher wie immer setzte sie die Ju 88 auf, rollte über die Landebahn zum Hangar und entstieg frisch und wohlbehalten der Maschine. Die zierliche Frau war eine erfahrene und begabte Fliegerin. In Rechlin verbrachte sie gut zwei Jahre als Ingenieurpilotin und testete optische Zielgeräte von Sturzkampfbombern für den präzisen Bombenabwurf, sogenannte Sturzflugvisiere. Dabei hatte sie es auf fast tausend «vermessene und gefilmte steile Zielstürze, durchschnittlich von 5000 auf 1000 m Höhe»[3] mit verschiedenen Kampfflugzeugtypen gebracht. Als sie diese Tätigkeit im Frühjahr 1944 beendete und bereits Mitarbeiterin der Luftkriegsakademie in Berlin-Gatow war, hatte sich die Zahl ihrer Sturzflüge auf rund 2200 erhöht – rekordverdächtige zwölf, später sogar fünfzehn Stürze pro Tag. Darauf war sie ebenso stolz wie auf ihre körperliche Konstitution, die solche extremen Belastungen, wie sie beteuerte, unbeschadet überstand. Im Gegensatz zu anderen Piloten machte sich bei ihr der sogenannte Schleier, eine mit Sehstörungen verbundene Blutleere im Gehirn, erst bei sehr hohen Sturzgeschwindigkeiten bemerkbar.

Niemand zuvor, ob Mann oder Frau, hatte sich bis zu diesem Zeitpunkt derart riskanten Strapazen ausgesetzt. Mehr als vier Jahre lang raste sie regelmäßig mit heulenden Motoren dreißig Sekunden lang senkrecht dem Erdboden entgegen, um in letzter Sekunde und bei größtmöglicher Bombenzielsicherheit ihr Flugzeug abzufangen, nach Hause zu fliegen und dort Berechnungen anzustellen. Diese fliegerische wie wissenschaftliche Ausnahmeleistung würdigte der Reichsmarschall des Großdeutschen Reiches und Oberbefehlshaber der Luftwaffe, Hermann Göring, im Januar 1943 höchstpersönlich mit der Verleihung des Eisernen Kreuzes II. Klasse. Das Goldene Militärfliegerabzeichen mit Brillanten und Rubinen bekam die ihren männlichen Kollegen in allen professionellen Belangen ebenbürtige, wenn nicht gar überlegene Ingenieurpilotin im Herbst desselben Jahres verliehen.

Der taktisch wie technisch versierte Kampfpilot Pasewaldt hatte Melitta von Stauffenbergs «geradezu einmalige Lebensauffassung», den «wahrhaft tödlichen Ernst ihrer Arbeitsweise»[4] bei seinem Besuch in Rechlin intuitiv erfasst. Hinter der Maske der Unnahbarkeit, von der alle berichten, die ihr jemals begegneten, verbarg sich die nervöse Unrast einer extremen Persönlichkeit. Mit kühlem Verstand und heißem Herzen bis an die Grenzen des Möglichen zu gehen, das und nichts anderes war ihr Leben. Bequem, sicher und beschaulich leben, das wollte, das konnte sie nicht. Melitta von Stauffenberg liebte die Technik, die Maschine, die Geschwindigkeit. «Wir wollen die Liebe zur Gefahr besingen», schrieb Filippo Tommaso Marinetti im ersten Satz seines «Futuristischen Manifestes», «die Vertrautheit mit Energie und Verwegenheit.» Dieser kämpferischen Melodie folgte Melitta von

Stauffenberg ein Leben lang auf ihre ganz eigene Weise. Als Marinetti sein Gewalt, Zerstörung und die Kraft der Maschine verherrlichendes «Manifest» 1909 in der Pariser Tageszeitung «Le Figaro» veröffentlichte, war Melitta gerade sechs Jahre alt. Wenige Jahre später sollte der Erste Weltkrieg ihr Leben von Grund auf erschüttern.

Melitta von Stauffenberg war eine Ausnahmegestalt. Bis heute sind Frauen im Cockpit eine Seltenheit – der erste weibliche Flugkapitän in der Geschichte der Deutschen Lufthansa wurde im Jahr 2000 ernannt. Ehrenhalber hatte Melitta, die auch nach ihrer Heirat mit Alexander von Stauffenberg ihren Mädchennamen Schiller bevorzugte, den Titel «Flugkapitän» schon 1937 erhalten. Sie durfte sich so bezeichnen, weil sie die Flugzeugführerscheine aller Qualifikationsklassen erworben hatte und in der Lage war, sämtliche damals verfügbaren Flugzeugtypen zu fliegen, von der kleinsten Sport- bis zur schweren viermotorigen Kampfmaschine, eine in der Luftfahrt der dreißiger und vierziger Jahre phänomenale Leistung. Dass sie als eine von wenigen Frauen ihrer Zeit Technische Physik studiert hatte und anschließend Karriere als Diplomingenieurin in der Luftfahrtforschung der späten Weimarer Republik wie des Dritten Reiches machte, war ebenfalls singulär. Neben Hanna Reitsch, ihrer lebenslangen Kontrahentin, war sie die wichtigste Testpilotin im militärisch-industriellen Komplex des NS-Staates. Doch anders als Reitsch besaß sie als Ingenieurin die Fähigkeit, die technischen Daten ihrer Testflüge selbst auszuwerten, Konstruktionsvorschläge zu unterbreiten oder auch Patente anzumelden.

Außergewöhnlich war Melitta von Stauffenberg aber nicht allein wegen ihrer Fähigkeiten als Fliegerin oder Luftfahrtingenieurin. Als Pilotin stand sie sogar im Schatten ihrer berühmteren, Höhen-, Strecken- und andere Rekorde brechenden Kolleginnen, neben Hanna Reitsch etwa Elly Beinhorn, Thea Rasche

oder Marga von Etzdorf. Zwar zählte Melitta zu den Flugpionie-
rinnen, die in den zwanziger und beginnenden dreißiger Jahren
für mediale Aufmerksamkeit gesorgt hatten. Anders jedoch als
ihre deutschen, aber auch englischen oder amerikanischen
Kolleginnen war sie kein fliegender Star, dessen Rekorde in die
Geschichte der Luftfahrt Eingang gefunden hätten. Und doch
ragten ihre Karriere und ihr Schicksal auf besondere Weise heraus. So widersprüchlich, so zerrissen waren ihr Leben und ihre
Persönlichkeit, dass ihre Biographie geradezu als Sinnbild eines
politisch wie ideologisch extremen Zeitalters erscheint.

Von Beginn ihres Studiums bis zu ihrem gewaltsamen Tod vier
Wochen vor Kriegsende im April 1945 hielt sich Melitta Schiller überwiegend in einer männlich geprägten Umgebung auf.
Als Studentin der Technischen Physik an der TH München war
sie in den zwanziger Jahren weit mehr als nur eine Ausnahme,
unter den männlichen Studenten dieser Disziplin war sie ein
Einzelfall. Bereits am Ende des Jahrzehnts fand die Expertin
für Aerodynamik ihren Platz in der Luftfahrtforschung und der
Rüstungsindustrie, mit Beginn des Zweiten Weltkrieges arbeitete
sie in Rechlin und in Berlin-Gatow überwiegend in militärischen
Sperrbezirken, die unter Geheimhaltung standen, lebte sie unter
Soldaten und Offizieren, in Kasernen und auf Flugplätzen. Allein
unter Kriegern in einem totalitären System, das sich die Züchtung «rassereiner» Supermänner und stahlharter Kämpfer auf
die Fahnen geschrieben hatte – wie konnte das funktionieren?

1931 lernte Melitta Schiller ihren späteren Mann Alexander
von Stauffenberg kennen, den Zwillingsbruder von Berthold und
älteren Bruder des Hitler-Attentäters Claus von Stauffenberg. Gemeinsam mit seinen Brüdern gehörte er seit Mitte der zwanziger
Jahre zum Kreis der Jünger um Stefan George. Zeitlebens verstand sich der Historiker Alexander von Stauffenberg vor allem
als Dichter. Wie passte ein solches Paar zusammen, die Ingenieu-

rin verheiratet mit dem Dichter? Versöhnte sich hier etwa die technische Moderne mit dem auf eine ideale griechische Antike eingeschworenen, fortschrittsfeindlichen Ästhetentum des George-Kreises? Wie kam eine Ingenieurpilotin der Reichsluftwaffe, tätig in einem fast ausschließlich männlichen Beruf, mit einem Dichterhistoriker aus, der Mitglied eines homoerotischen Kreises von Wissenschaftlern und Künstlern war? Melitta lebte die meiste Zeit ihres Lebens in Berlin, Alexander wanderte in der ersten Hälfte der dreißiger Jahre als unbezahlter Dozent von Universität zu Universität, bevor er 1936 Professor für Alte Geschichte in Würzburg wurde. Konnte eine solche Ehe glücklich sein?

Als die Katastrophe von Stalingrad sich ihrem Höhepunkt näherte und Göring in seiner Berliner Residenz in Anwesenheit zahlreicher Gäste Melitta Schiller das Eiserne Kreuz verlieh, trank man Sekt, plauderte und fand sich sympathisch. Sie erhielt die Auszeichnung, obgleich ihr Vater Jude war und Melitta in der Terminologie der Nationalsozialisten als «jüdischer Mischling ersten Grades» galt. Wie konnte es ihr gelingen, in die militärische Funktionselite des Nationalsozialismus aufzusteigen, als Frau und sogenannte Halbjüdin dazu? Ein verwirrendes, an Unwahrscheinlichkeiten reiches Leben, in dem vieles vereinbar ist, was auf den ersten Blick unvereinbar erscheint.

Nach dem Zweiten Weltkrieg wurde sogar behauptet, sie sei in die logistischen Planungen des Attentats vom 20. Juli 1944 einbezogen gewesen und durch Claus von Stauffenberg persönlich über die Absichten des militärischen Widerstands zur Beseitigung Hitlers eingeweiht worden.[5] Die Gräfin habe angeblich ihren Schwager nach dem Attentat auf den «Führer» in der Wolfschanze mit einem Fieseler Storch von Ostpreußen nach Berlin zurückfliegen sollen, damit dort der Walküre-Plan ausgeführt würde. War Melitta von Stauffenberg also in irgendeiner Form an den Vorbereitungen des 20. Juli beteiligt? Dann wäre sie die einzige Frau, der es gelang, in dem ausschließlich von Männern getragenen militärischen Widerstand eine aktive Rolle zu spielen. Sollte der seit Jahrzehnten ausgedehnten Forschung zur Geschichte des 20. Juli 1944 dieser Ausnahmefall bisher entgangen sein?

Tatsächlich erscheint in dieser Biographie nichts unmöglich. Von trennscharfen Bruchlinien oder klaren Frontverläufen kann im Falle Melitta Schillers keine Rede sein. Zu den herkömmlichen Deutungen wie Kategorisierungen von Lebensverläufen im NS-Regime steht ihr Werdegang in fundamentalem Widerspruch. Melitta von Stauffenberg, bei der man stets geneigt ist, sie Melitta Schiller zu nennen, war nicht nur eine bemerkenswerte, sie war auch eine rätselhafte Frau. Eine «Halbjüdin» im Dienst des NS-Regimes, eine Frau, deren Beruf Krieg, Waffen und Zerstörung sind – diese Widersprüche werfen viele Fragen auf.

Über eine historische Figur ist immer nur das bekannt, was die Archive an Material preisgeben. Bei Melitta von Stauffenberg ist die Quellenlage äußerst schwierig, denn kaum etwas aus ihrem persönlichen Besitz hat den Zweiten Weltkrieg überlebt. Beim Luftangriff der Royal Air Force am 16. März 1945 auf Würzburg, bei dem die historische Altstadt in Schutt und Asche versank und fünftausend Zivilisten starben, erhielt auch die gemeinsame Wohnung von Melitta und Alexander von Stauffenberg einen Volltreffer. Niemand war da, der in den Trümmern nach Überresten hätte suchen und diese hätte aufbewahren können. Was nicht verbrannt oder zerstört war, wurde gestohlen, kein einziger persönlicher Gegenstand, kein einziges persönliches Dokument blieb erhalten. Im August 1945 schrieb Melittas jüngste Schwester Klara Schiller an ihre älteste, in Neumünster lebende Schwester Marie-Luise Lübbert, «in Würzburg» sei «*alles* abgebrannt, nicht eine Stecknadel ist übrig geblieben»[6]. Dennoch konnte der Verfasser der vorliegenden Biographie unerwartet viel, bislang unbekanntes Quellenmaterial in privaten wie auch in öffentlichen Archiven ausfindig machen und auswerten. Hilfreich waren hier besonders die reichhaltigen Archive der drei Schwestern Klara, Jutta, vor allem aber Marie-Luise Schiller. Selbstzeugnisse von der Hand Melitta von Stauffenbergs aus den zwanziger und dreißiger Jahren sind allerdings auch hier so gut wie nicht vorhanden. Nicht zuletzt aus diesem Grund wurden die in den Privatarchiven zahlreich vorhandenen Fotografien als Quellendokumente herangezogen. Damit war auch der Versuch verbunden, Bild- und Textdokumente gleichrangig zu behandeln. Viel detektivischer Spürsinn und Kombinationsvermögen waren erforderlich, um das Zwielicht dieses von Dämonen heimgesuchten, so eigentümlich deutschen Lebens zu erhellen. Vertreiben wir also die Düsternis, begleiten wir die Rätselfrau Melitta von Stauffenberg auf ihren verschlungenen Lebenswegen.

Erstes Kapitel

«Immer anders als die anderen»: Kindheit im Zeichen des Krieges

Melitta Schiller wurde am 9. Januar 1903, einem Freitag, in Krotoschin als drittes von fünf Kindern der Eheleute Michael und
Margarete Schiller geboren. Ihr Vater stammte aus Leipzig, die
außerordentlich schöne Mutter, eine gebürtige Eberstein, aus
Bromberg. Krotoschin, eine Kleinstadt mit kaum dreizehntau-
send Einwohnern[1], lag im fernen deutschen Osten in der Provinz
Posen. Diese Region besaß im Reich eine Sonderstellung, denn
Posen war sowohl in ethnischer wie auch in geographischer Hinsicht Grenzland. Preußen hatte den größten Teil nach der ersten
polnischen Teilung 1772 und weitere Gebiete nach dem Wiener
Kongress 1815 okkupiert. Von den etwa zwei Millionen Einwohnern stellten die Polen die Mehrheit, nur knapp vierzig Prozent
waren Deutsche. Nördlich und östlich von Krotoschin wurde
überwiegend Polnisch gesprochen, in der Stadt selbst waren etwa
zwei Drittel der Bevölkerung Polen, ein Drittel Deutsche, hinzu
kam eine kleine jüdische Minderheit von etwa fünfhundert Personen.

In der zweiten Hälfte des 19. Jahrhunderts hatte sich Krotoschin zu einem regionalen Verwaltungs- und Gerichtszentrum
entwickelt; es gab einige Industriebetriebe, der Handel mit
landwirtschaftlichen Erzeugnissen florierte. Auf vier mächtige

Kasernenkomplexe verteilten sich über tausend Soldaten des «Füsilier-Regiments von Steinmetz Nr. 37», genannt das «Westpreußische». Auch deshalb war die Stadt Knotenpunkt eines überregionalen Eisenbahnnetzes. Preußen hatte Sicherheitsvorkehrungen getroffen, denn die Provinz Posen war einer doppelten Bedrohung ausgesetzt, sie musste sich im Inneren wie an ihren Außengrenzen für den Ernstfall wappnen. An der von Krotoschin kaum fünfzig Kilometer entfernten Staatsgrenze kollidierten die Interessen der beiden Großmächte Deutschland und Russland, im Inneren galt es, die als Reichsfeinde geltenden Polen in Schach zu halten. Melitta war in einer der krisenhaftesten Regionen des Deutschen Kaiserreiches zur Welt gekommen. Kaum eine andere preußische Provinz östlich von Oder und Neiße war so gefährdet wie Posen.

Dennoch führte die Familie Schiller bis zum Ausbruch des Ersten Weltkrieges in Krotoschin ein angenehmes Leben. Die brenzlige Situation nahmen sie nur beiläufig zur Kenntnis. In Krotoschin schien die Zeit stillzustehen, als sei der Wechsel der Jahreszeiten der einzige Wandel, den man hier stets aufs Neue erlebte. Die knapp anderthalb Jahrzehnte vor 1914 waren für Michael und Margarete Schiller mit ihren fünf Kindern Marie-Luise, Otto, Melitta, Jutta und Klara ein Goldenes Zeitalter, nie wieder sollte es so beschaulich, friedlich und glücklich zugehen. Melittas Vater hatte in Krotoschin das Amt des Königlich Preußischen Landesbauinspektors inne und in dieser Eigenschaft «für die Herstellung und Unterhaltung der Chausseen … Sorge zu tragen»[2]. Als preußischer Beamter gehörte Michael Schiller der tonangebenden, exklusiven deutschen Lokalelite an, in der Polen nichts verloren hatten. Bis 1914 verlief das Leben der Familie Schiller wie ein großer, immerwährender heiterer Sommer.

Die Krotoschiner Zeit der Schillers ist bis hinein in die Nachkriegsjahre aus erster Hand außerordentlich gut dokumentiert.

Im Vorkriegsgarten: Die Familie Schiller, um 1913, ganz rechts Melitta.

Aufschlussreich sind die schriftlichen Erinnerungen Jutta Schillers an ihre Schwester Melitta, in denen Krotoschin einen breiten Raum einnimmt.[3] Noch bedeutender ist der Beitrag von Melittas ältester Schwester Marie-Luise, genannt Lili. Über mehr als ein halbes Jahrhundert schrieb sie unermüdlich Tagebücher und Familienchroniken, sammelte Stammbäume sowie familiengeschichtliche Dokumente.[4] Als hätte sie den Untergang des Hauses Schiller in Krotoschin vorhergesehen, wurde Lili schon in jungen Jahren zur wichtigsten Archivarin und Chronistin ihrer Familie.

Die Schillers besaßen eine geräumige Villa in der Schollstraße[5] am Krotoschiner Stadtrand. An der ehemaligen Landstraße lagen die pompösen Villen begüterter Stadtbürger in einem neuen Viertel aufgereiht wie Perlen an einer Kette. Hinter dem Haus erstreckte sich die Ebene des Großpolnischen Tieflandes mit Bauern- und Gutshöfen sowie Windmühlen, die ein wenig Abwechslung in die eintönige Landschaft brachten. Der große, teilweise verwilderte Garten der Villa Schiller, die Gärten der Nachbarsfamilien, die angrenzenden Felder und Wiesen waren für Melitta und ihre Geschwister ein wahres Paradies. Dank ihrer sozialen Stellung genossen die Schiller-Kinder die typischen Vergnügungen einer wohlsituierten, aller materiellen Sorgen ledigen *leisure class*. Landrat Konrad Hahn, Nachbar, Freund und Kollege Michael Schillers, besaß einen eigenen Tennisplatz, die Schiller-Kinder trafen sich häufig mit den Hahn-Kindern. Im großen Schiller-Garten spielten Kinder und Erwachsene Kroket oder man turnte an Reck, Ringen und Barren, die dort aufgestellt worden waren. Im Sommer pilgerte die Mutter mit den Kindern in das moderne Freibad, alle fünf hatten sich bereits freigeschwommen, bevor sie eingeschult wurden. Leibesertüchtigung zählte viel im Hause Schiller.

Die Erziehung und der spielerische Drill zielten aber nicht

Schöner Wohnen in Krotoschin: Vorne die Villa des Fabrikanten Auerbach, dahinter versetzt das Wohnhaus der Familie Schiller. Um 1915.

allein auf die Körper-, sondern auch auf die umfassende Bildung der kindlichen Geisteskräfte. In der Schule beste Leistungen zu erzielen war selbstverständliche Pflicht für alle fünf Kinder, ob Sohn oder Tochter. Hoch hinauszugelangen schien vor allem Melittas erklärtes Ziel schon als Schulmädchen. Ihr Ehrgeiz übertraf sogar den ihres zwei Jahre älteren Bruders Otto. Durchsetzungsfähigkeit und kapriziöser Eigenwille waren offenbar ihre hervorstechenden Charakterzüge. Litta, wie sie genannt wurde, erklomm gerne Baumkronen und liebte es, durch ihr Zimmerfenster auf die Giebeldächer der Villa mit ihren Erkern und Türmchen hinauszuklettern. Hier studierte sie, so will es die Familien-Saga, mittels verschieden großer Steine und anderer Gegenstände Fallgesetze oder eroberte den Nachthimmel mit Hilfe einer Sternenkarte. Melitta galt in der Familie als mathematischphysikalisch begabte Eigenbrötlerin, ein Ruf, den ihr Bruder Otto mit den Worten «immer anders als die anderen» auf den Punkt brachte.[6]

Anders war Melitta auch deshalb, weil sie doppelt begabt war, nicht nur naturwissenschaftlich, sondern auch künstlerisch. Ihre Scherenschnitte zeugten von außerordentlicher Finesse, sie zauberte phantastische Traumlandschaften, «zarte Birken im Mondenschein, Winterlandschaften, Tieridylle»[7]. Zum Ergötzen ihrer Familie glänzte sie auch als Porträtistin und Karikaturistin, dank dieser Fähigkeiten erhielt sie über den schulischen Kunstunterricht hinaus zusätzlich Mal- und Zeichenunterricht.[8] In dieser Begabung machte sich der Einfluss ihrer Tante Gertrud bemerkbar, eine der drei Geschwister von Melittas Mutter Margarete. Tante Miezel, wie sie gerufen wurde, war die Bohemienne in der Familie. Nach einem Studienaufenthalt an der Breslauer Kunstschule zog sie noch vor der Jahrhundertwende ins Mekka der reichsdeutschen Künstlerszene, nach München. Dort lernte sie ihren späteren Mann Lothar von Kunowski kennen, einen aus Schlesien stammenden kunstpädagogischen Schriftsteller, mit dem sie in Rom wie Berlin eine Malschule gründete.

Gertruds Malerei beeindruckte durch ein opulent farbiges, freudvolles Neuheidentum. Ihre Ausstellungen in München, Breslau und Leipzig zu Beginn des 20. Jahrhunderts waren wohlwollend besprochen worden. In dieser Zeit war Tante Miezel häufig zu Gast in Krotoschin, meist um sich in der Villa Schiller von ihrem kärglichen Künstlerleben zu erholen. Bei solchen Gelegenheiten porträtierte sie ausgiebig sämtliche Mitglieder der Familien Schiller und Eberstein. Die Porträtmalerei war ihre Hauptdomäne, ihr bevorzugtes Modell Melittas Mutter Margarete. Die bunt drapierte Kleidung, die Gretel dabei als Märchenfee ferner künstlicher Paradiese trug, waren Entwürfe von Gertrud. Nur Melitta gehörte nicht zu den Porträtierten, unter den Wer-

Die Mutter: Margarete Eberstein, um 1895.

ken Gertrud von Kunowskis findet sich kein einziges Bildnis von ihr.[9] Wie porträtscheu Litta auch gewesen sein mag, für ihr zeitlebens vorhandenes praktisches Interesse an der bildenden Kunst wie der Porträtkunst im Besonderen hatte Tante Gertrud das Fundament gelegt.

Bis zum August 1914 verlief das Krotoschiner Leben der Familie Schiller nahezu ereignislos bildungsbürgerlich. Abwechslung brachten gelegentliche Konzerte oder Theateraufführungen, sofern eine Sängerin oder eine Theatertruppe überhaupt den Weg zu einem Gastauftritt nach Krotoschin gefunden hatte. Ansonsten spielten die Schiller-Kinder unter Anleitung der Mutter Theater im häuslichen Salon, die Stücke hatten sie gemeinsam verfasst, die Kostüme selbst entworfen und geschneidert. Das Lesen von Büchern war für Melitta wie ihre Geschwister eine der Hauptunterhaltungen. Oft unternahm man auch Ausflüge in die Umgebung, stieg in die Bahn, fuhr in einen der benachbarten Orte, besuchte dort Freunde, ging im Wald spazieren, tafelte zuletzt in einem Gasthof. Häufig blieben die Kinder unter sich, trieben Schabernack im Wald und schürten Lagerfeuer. Am schönsten waren die Ferienreisen zur Großmutter Sidonie Eberstein, die in Cunnersdorf bei Hirschberg im schlesischen Riesengebirge als Witwe lebte. Meist fuhr Litta mit ihrer Mutter und ihren

Geschwistern ohne den wenig reisefreudigen Vater mit dem Zug nach Breslau, dort machte man halt, um die Kinder von angesehenen Ärzten untersuchen zu lassen und Hüte in einer Fasson und Stoffe in einer Qualität zu kaufen, wie sie Krotoschin nicht zu bieten hatte. In Cunnersdorf angekommen, wurde im nahen Riesengebirge tagein, tagaus gewandert, ein Einheimischer zeigte sich 1912 verwundert, dass sogar Melittas erst vier Jahre alte jüngste Schwester Klara, «solch ein Pims»[10], mit von der Partie war. Den Spitznamen behielt Klara, zu der Melitta bis zu ihrem Tod das vermutlich engste geschwisterliche Verhältnis pflegte, für den Rest ihres Lebens.

Gewiss das größte Vergnügen für die älteren Schiller-Kinder, vor allem für Litta und ihre Schwester Lili, war in der Vorkriegszeit der Tanz. Zwar kam es vor, dass die Mädchen auf Tanzböden außerhalb der Stadt oder bei Schützenfesten tanzten, bis ihnen der Atem ausging. Meist aber blieben die Kinder der Krotoschiner Hautevolee unter sich. Tanzen lernten Lili, Otto und die 1913 erst zehnjährige Melitta nicht in öffentlichen, sondern in streng privaten Kursen in den Salons der elterlichen Villen. Hier taten sie unter Anleitung einer Tanzlehrerin die ersten Schritte zur Musik aus dem Phonographen und legten den Arm um Schultern und Hüften von Partnern und Partnerinnen, die als standesgemäß galten. Das waren nicht nur die Töchter und Söhne von Beamten und Kaufleuten, sondern auch die der Offiziere des ortsansässigen Füsilierregimentes.[11] Angesichts der Bedrohung durch die polnische Bevölkerungsmehrheit war in Krotoschin eine innige Allianz aus konservativem deutschen Bürgertum, preußischer Beamtenschaft und preußischem Militär entstanden. Wie in der gesamten Provinz Posen war man auch hier staatstreuer, monarchistischer und militaristischer gesinnt als anderswo im Reich. Wer deutsch war und der sozialen Oberschicht angehörte, konnte hier sein Leben so genießen, wie es

der Historiker Friedrich Meinecke Jahrzehnte später beschrieb: «Nur wer vor
1914 gelebt hat, weiß eigentlich, was leben heißt.»[12]

Wann und unter welchen Umständen
Michael Schiller nach Krotoschin kam, ist
unklar, vermutlich war es um 1890.[13] Vielleicht lockte ihn die Gehaltszulage, die
allen Beamten zustand, die durch einen
Umzug in den Osten ihren Teil zur Festigung des Deutschtums in der Provinz Posen beitrugen. Wenige Jahre vor Michael
Schillers Ankunft waren die gesetzlichen
Maßnahmen der preußischen Regierung
zur Germanisierung der Polen über die
diskriminierende Sprachen-, Schul- und
Religionspolitik hinaus durch eine ag-
gressive Bodenpolitik ergänzt worden.
Von der Maßnahme, polnische Güter auf-
zukaufen und deutsche Bauern anzusie-
deln, profitierte auch Michael Schiller.
Der Bau von Brücken und Straßen, der
in seine Zuständigkeit fiel, war Teil des
Kampfes um den Boden, mit dem das

Der Vater: Michael Schiller,
um 1900.

Deutschtum gestärkt und das Polentum geschwächt werden sollte. Für die der preußischen Regierungspolitik als nicht assimilier-
bar geltenden Polen dürfte Michael Schiller wenig Verständnis
gehabt haben. Wenn einer vom Nutzen ethnischer wie religiöser
Assimilation überzeugt war, dann er, der Königlich Preußische
Landesbauinspektor.
   Eines der interessantesten wie bewegendsten Dokumente sind

Kindheit im Zeichen des Krieges

die «Jugenderinnerungen», die Michael Schillers Vater Moses als alter Mann in Leipzig unter dem Titel «Aus meinem Leben» um 1905 verfasste. Dank dieser Memoiren sind wir über den ostjüdischen Migrationshintergrund der Familie Schiller bestens informiert.[14] Sowohl Moses als auch seine Frau Chaija, Melitta Schillers Großeltern, waren in Brody geboren worden, Moses 1828, Chaija 1838. Damals gehörte die Kleinstadt nordöstlich von Lemberg mit ihrer überwiegend jüdischen Bevölkerung zur österreichisch-ungarischen Monarchie.[15] Ursprünglich orthodox, hatte sich die Handelsstadt seit den Reformen des Kaisers Joseph II. zu einer deutschen Kulturinsel und zu einem Zentrum der jüdischen Aufklärung entwickelt. Um den gewaltigen sozio-ökonomischen Umbrüchen dieser Zeit standzuhalten, ihren Lebensunterhalt zu sichern wie auch Verfolgungen zu entgehen, verließ eine große Zahl galizischer Juden ihre Heimat und wanderte nach Mittel- und Westeuropa, meist aber in die Vereinigten Staaten aus. Moses Schillers Weg führte von Brody über Odessa nach Leipzig. Damit ließ auch er die traditionsverhaftete, religiös gebundene Welt des ostjüdischen Schtetls hinter sich.

Es kostete den jungen Moses viel Zeit und Mühe, sich die Bildungsgüter und Aufstiegsmöglichkeiten der säkularen modernen Gesellschaft zu erobern. Um die Zobelpelzmütze und den langen schwarzen Kaftan ablegen, die Schläfenlocken abschneiden, seine jiddische Muttersprache aufgeben zu können, galt es die Widerstände einer strenggläubigen Verwandtschaft zu überwinden. Wäre er gescheitert, hätte er weiter die Talmud-Tora-Schule besucht, wäre aus ihm ein Gelehrter oder ein Rabbi geworden. Endlich durfte er nun die israelitische Realschule in Brody besuchen und alles lernen, was für ein weltliches Leben notwendig war, «deutsche Sprachlehre, Geographie und Geschichte, Physik und Naturgeschichte»[16]. Kaum hatte er die Schule abgeschlossen, folgte er seinem Vater, der Brody auf der

Suche nach Arbeit längst verlassen hatte, über die österreichisch-russische Grenze nach Odessa. Dort angelangt, legte er nicht nur seinen bisherigen jüdischen Familiennamen Hirsch ab und nahm den bildungsbürgerlichen deutschen Nachnamen Schiller an. In der kosmopolitischen und polyglotten Hafenstadt besorgte ihm sein Onkel Handtuch auch «die nötigen deutschen Kleider – bis dahin trug ich zwar Pantalons, aber mit langem Rock»[17]. In Odessa wurde aus Moses ein moderner Angestellter und weltläufiger Großstädter.

Dennoch blieb er seinem Volk und seinem Glauben treu. Das noch junge, erst Ende des 18. Jahrhunderts gegründete Odessa mit seinem hohen jüdischen Bevölkerungsanteil bot einem jungen Mann wie ihm gute Aufstiegschancen. Die Anhänger der Brodyer Aufklärung stellten die tonangebende jüdische Kaufmannsschicht, auf der von Persien über Odessa bis nach Leipzig führenden Handelsroute waren sie bestens aufgestellt. Durch Vermittlung seines Vaters wurde Moses in einem jüdischen Unternehmen angestellt, dem «grossen und angesehenen Modewarengeschäft von B. Eghis & S. Barmas»[18]. Hier lernte er den Textilhandel von der Pike auf, sprach bald fließend Russisch, aber auch Französisch und Italienisch.

Irgendwann hatte Moses als Buchhalter, Kassierer und Geschäftsführer genügend Erfahrung für seine erste große Handelsreise gesammelt. Die Reise an seinen Zielort Leipzig dauerte sechs bis zehn Tage, im Winter länger als im Sommer. Die Route führte per Schiff zunächst über das Schwarze Meer, dann die Donau aufwärts bis Pest, von dort brauchte er, teils per Bahn, teils per Kutsche, noch einmal zwei Tage. Auf den Leipziger Messen nahm Moses «Weißwaren, Tüll, Spitzen, Bänder, schwarze Tafte, Samt und Atlas, Leinen, Taschentücher, Tischzeug, Batiste … feine Parfümerien und Seifen»[19] aus Paris und Berlin in Kommission und verschiffte sie nach Odessa.[20] Um 1860 waren seine

Die Leipziger Familie Schiller: In der Mitte Moses Schiller, ganz rechts sitzend Melitta Schillers Vater Michael. Vor 1890.

Geschäfte so erfolgreich, hatte seine Kommissionstätigkeit einen solchen Umfang erreicht, dass er beschloss, sich in Leipzig niederzulassen. Kurz darauf zog seine Frau, die Advokatentochter Chaija Serebrennyi, die er in Odessa kennengelernt und dort geheiratet hatte, zu ihm. In rascher Folge kamen neun Kinder auf die Welt, die ersten vier, darunter auch Melittas Vater Michael, noch als russische Staatsbürger.[21] Die hohen Einkünfte, die Moses in seiner grenzübergreifenden beruflichen Tätigkeit als «Commissionär»[22] erzielte, hatten ihm zunächst das Aufenthaltsrecht gesichert, nach einem langwierigen Verfahren wurde 1865 sämtlichen Mitgliedern der Familie das sächsische Untertanenrecht verliehen.

Als ehrenwerter Geschäftsmann war Moses auch anerkanntes Mitglied der «Israelitischen Religionsgemeinde» in Leipzig. Seine neun Kinder schickte er auf die Israelitische Grundschule, stellte sich als Gemeindeverordneter zur Wahl, in der Katharinenstraße 16 in der Nähe des berühmten Brühl, der Weltstraße der Pelze, führte er sein «Commissions-, Export- & Speditions-Geschäft M. Schiller»[23]. Als er 1917 mit fast neunzig Jahren starb, anderthalb Jahrzehnte nach seiner Frau, hinterließ er einen Nachlass im Wert von «über 200 000 M aber unter 500 000 M»[24]. Moses war ein reicher Leipziger Bürger geworden, weil er das Schtetl, Brody, Galizien, Österreich-Ungarn, Odessa und Russland verlassen, deutsche Kleidung angezogen hatte und deutscher Reichsbürger geworden war. In Sachsen angekommen, vollzogen er und seine Frau einen letzten Namenswechsel. Moses nannte sich Moritz, Chaija hieß Clara. Ungeachtet aller Modernisierung und Liberalisierung wendeten sich Moses-Moritz wie auch Chaija-Clara vom Glauben ihrer Väter und Vorväter jedoch niemals ab. Auf Moses' Grabstein steht die hebräische Inschrift: «Ein aufrechter und gerechter Mann war Moshe ben Avraham Schiller, der in Brody geboren und zu seinem Volke gerufen wurde zu Leipzig am 25. des Monats Iyar im Jahre 5675.»[25] Moses-Moritz Schiller und seine Frau hatten sich als Juden emanzipiert, mit dem Jüdischen gebrochen aber hatten sie nicht. Dieser Schritt blieb ihrem ältesten Sohn Michael vorbehalten.

Michael Schiller ging den Weg der Juden, die im Kaiserreich auf der sozialen Leiter trotz aller Hindernisse nach oben kommen und es zu mehr bringen wollten als ihre Väter. Aufstieg durch Bildung und Ausbildung hieß die Devise der Assimilation an die deutsche Mehrheitsgesellschaft, der Michael unbeirrbar folgte. Von 1879 bis 1882 studierte er in Dresden am Königlich Sächsischen Polytechnikum Ingenieurwissenschaften[26], in den folgenden beiden Jahren schloss er seine Ausbildung an der

Technischen Hochschule in Hannover ab. Dort spezialisierte er sich auf die Konstruktion von Brücken aller Art, den Eisenhoch- und den Eisenbahnbau.[27] Mit seinem Ingenieurstudium, einem der modernsten seiner Zeit, hatte Michael Schiller den ersten Schritt getan, die berufliche wie religiöse Tradition seiner Vor- väter, die Rabbiner und Händler waren, hinter sich zu lassen. Der zweite – wann genau, ist unklar – folgte nach seinem Studienab- schluss, als er sich taufen ließ, der dritte, als er sich in Krotoschin niederließ und eine «Mischehe» einging. In Hannover hatte er im Matrikelverzeichnis der TH als Konfession noch «israeli- tisch»[28] angegeben, als er 1896 mit fünfunddreißig Jahren die erst neunzehnjährige Margarete Eberstein in Breslau heiratete, war er Protestant.[29] Ohne Konversion hätte er kaum preußischer Beamter werden und nur schwerlich Karriere machen können. Dass er sich im Lauf der achtziger Jahre taufen ließ, ist auch des- halb nicht erstaunlich, als in diesen Jahren auf den Boom der Gründerzeit eine wirtschaftliche Depression folgte und der sich rassentheoretisch legitimierende moderne Antisemitismus ent- stand. Ohne Assimilation gab es kein Vorankommen.

Kein Wunder, dass sich Michael Schiller nach dem Ende seines Studiums Zug um Zug eine reichsdeutsch-preußische Identität aneignete, in die er hineinschlüpfte wie in einen maßgeschnei- derten neuen Anzug. Den Schnurrbart gezwirbelt, die Haltung militärisch stramm, ausgesuchte Kleidung, exzellente Manieren, fertig war der Grandseigneur, dessen jüdische Herkunft niemand mehr erahnen konnte. Fast hat es den Anschein, als habe der Bauingenieur Michael Schiller den Aufruf des jüdischen Maschi- nenbau-Ingenieurs Walther Rathenau beherzigt, der in seinem 1897 erschienenen Aufsatz «Höre, Israel» den Juden «die bewuß- te Selbsterziehung einer Rasse zur Anpassung an fremde Anfor- derungen»[30] empfohlen hatte.

Für solch einen Prozess war Margarete Eberstein die ideale

Erstes Kapitel

Partnerin. Die protestantische Schulratstochter brachte das gesamte kulturelle Kapital des preußisch-wilhelminischen Bildungsbürgertums ein, das ihr längst zur zweiten Natur geworden war, während es sich der am Klavier gern dilettierende Parvenü Michael erst mühsam erarbeitet hatte. Seine Ehe mit der musisch begabten Margarete erlaubte es ihm, sich in Denkungsart, sprachlichem Ausdruck, Lebensstil und Bildungsgut des wilhelminischen Bürgertums auf eine Weise einzuwurzeln, die in Gestalt seiner Schwägerin Gertrud von Kunowski sogar die künstlerische Moderne des Fin de Siècle mit einschloss.

Der Gipfel seiner alles Jüdische preisgebenden Vollassimilation aber war nach Konversion und Mischehe die Tatsache, dass er nicht irgendwo im Deutschen Reich, sondern in Krotoschin lebte. Hier residierte der Königlich Preußische Landesbauinspektor nicht etwa in einer kargen Amtsstube, vielmehr hatte Michael Schiller sein Büro in seiner Villa eingerichtet, Brücken und Straßen kontrollierte und inspizierte er von der Kutsche aus oder vom Rücken eines Pferdes wie ein preußischer Junker. Anderswo als in der Provinz Posen hätte diese Mimikry nicht so leicht funktioniert, und wäre Michael Schiller als Ingenieur und Techniker von den traditionellen Eliten Adel, Militär, Beamtenschaft, Bildungsbürgertum verachtet worden, hätte er bestenfalls zu «den Randgruppen des Bildungsbürgertums» gezählt.[31] In der ethnischen Enklave Krotoschin fiel solch ein Außenseitertum jedoch nicht ins Gewicht. Umgeben von den polnischen Feinden der deutschen Nation musste er um seine Integration in die lokale Elite weder als Ingenieur noch als konvertierter Jude fürchten, hier hielten alle, die zur Oberschicht zählten, gegen die Polen zusammen.

Angesichts seiner erfolgreichen Karriere musste er sich ohnehin fragen, was an Assimilierung und Akkulturierung an die deutsche Kultur falsch sein könne. Patriotismus war für einen

vom Generationenerlebnis der Einigungskriege und der Reichsgründung geprägten Wilhelminer wie ihn obendrein erste Bür-
gerpflicht. Früh schon hatte er den Gott seiner Väter gegen Kaiser, Kanzler, Militär und Nation eingetauscht, sah der in seinem
Garten mit Asphaltdecken als automobilgerechtem Straßenbelag
experimentierende Ingenieur seinen Messias im Fortschritt von
Technik und Wissenschaft. Im Grenzland der Provinz Posen
gelang es Michael Schiller, sich endgültig nicht mehr als Jude,
sondern ausschließlich als Deutscher zu fühlen. Einen loyaleren,
treueren, idealeren Kolonisator als ihn konnte es nicht geben.
Krotoschin hatte ihn gelehrt, innere wie äußere Abweichungen
von der herrschenden Norm nicht zuzulassen. So lautete das Vermächtnis, das Michael Schiller seinen Kindern hinterließ und das
diese ihr Leben lang beherzigen sollten. Zwar versteckte er seine
jüdische Herkunft vor seiner Familie nicht und pflegte zu seinen
Leipziger Verwandten wie seinen Geschwistern, die ihn Mischa
oder Mips nannten, gute Beziehungen. Dennoch war seine Loslösung vom Judentum so radikal, dass seine Kinder in allem Jüdischen weitgehend ahnungslos blieben.

Der Krieg

1914 waren die Vorkriegstänze Melitta Schillers ausgetanzt. In
der Villa Schiller war nichts mehr wie vorher, die Vertreibung aus
dem Krotoschiner Garten Eden nahm ihren unabänderlichen
Lauf. Schon früh nistete sich der Krieg in der Familie Schiller ein
wie eine chronische Krankheit, und an den östlichen Grenzen
des Reiches war die anfängliche Siegeseuphorie schnell verflo-
gen. Bereits vor der offiziellen Mobilmachung hatte das Füsilier-
Regiment von Steinmetz Nr. 37 die Eisenbahnbrücken und Luft-
schifferanlagen im nahen Grenzbereich gesichert, zunächst mit

einzelnen Wachtrupps, bald mit mehreren Kompanien. Schon am 1. August musste ein Angriff russischer Patrouillen auf eine Brücke nur fünfzig Kilometer nordöstlich von Krotoschin abgewehrt werden. Die Stadt war voller gespannter Unruhe, Schutzwachen patrouillierten, Marsch- und Gefechtsübungen wurden abgehalten, Pferde und Fahrzeuge besorgt, Reservetruppen eingekleidet, bewaffnet und verpflegt.[32] Die militärische Situation war lange unklar, mal nahm die Gefahr eines russischen Vordringens zu, mal flaute sie wieder ab. Je nach Lage wurden Ersatzregimenter des «Westpreußischen» sicherheitshalber nach Westen ins Landesinnere verlegt, wurde eine ganze Nacht lang die gesamte Ausrüstung von ein- bis zweitausend Mann quer durch die Stadt zum Bahnhof befördert. Als im November 1914 die deutschen Truppen vor den Russen zurückwichen und diese über Łodz hinaus in unmittelbare Grenznähe vorstießen, spitzte sich die Lage abermals dramatisch zu, und wieder musste sich ein Ersatzregiment kurzfristig in Sicherheit bringen. Und als die ersten Flüchtlinge aus grenznahen Orten evakuiert und in den Häusern der Krotoschiner einquartiert wurden, herrschte Ausnahmezustand. Zu diesem Zeitpunkt waren Melitta und ihre jüngsten Schwestern Jutta und Klara schon nicht mehr in Krotoschin, sondern nach Cunnersdorf zu ihrer Großmutter geflüchtet. Weihnachten 1914/15 hatte sich die Lage beruhigt, und sie kehrten wieder nach Hause zurück.

Im Frühjahr 1915 errang die deutsche 11. Armee bei Gorlice-Tarnow den entscheidenden Sieg. Damit war die größte Bedrohung der östlichen Reichsgrenzen vorüber, dennoch wollte bei den Schillers keine Ruhe einkehren. Die gleich nach Kriegsbeginn gegen die Mittelmächte verhängte britische Seeblockade zeigte Wirkung an der Heimatfront, selbst in dem von Bauernland umgebenen Krotoschin wurden die Lebensmittel knapp, und in der Villa Schiller begann der Hunger umzugehen. Mar-

Vater in Uniform: Michael Schiller als Landwehrhauptmann in Skalmierschütz, einem Lager für russische Kriegsgefangene, 1916.

garete Schiller entließ die Dienstboten, grub den Garten um, baute Gemüse an, melkte die Ziege, bislang Spielkamerad der Kinder, braute aus Haselnussblättern Tee, ging zu den Bauern auf das Land und hamsterte. Als im Winter die Brennkohle knapp wurde, konnten nicht mehr alle Räume beheizt werden und man rückte zusammen. Immer häufiger fiel die Schule aus, die meist männlichen Lehrer waren an der Front, plötzlich fehlten die Familienväter, und die Mütter blieben mit ihren Kindern allein zurück.

Auch Michael Schiller rückte ein. Trotz seiner dreiundfünfzig Jahre hatte er sich als guter Preuße freiwillig gemeldet. Zum Schiller'schen Familienroman gehört die Erzählung, er sei Hauptmann der Reserve gewesen, ob der Wunsch, Offizier zu werden, gar ausschlaggebend für seine Konversion gewesen ist, lässt sich nicht mehr nachweisen.[33] Glück hatte Hauptmann Schiller offenbar in mehrfacher Hinsicht. Von den sich häufenden Diskriminierungen jüdischer Soldaten seit der Zunahme der deutschen Kriegsniederlagen schien er nicht betroffen zu sein, den Tod im Schützengraben musste er ebenso wenig fürchten, aus Altersgründen war er nicht mehr fronttauglich. Sein Kriegsdienst spielte sich hauptsächlich

Erstes Kapitel

in Krotoschin und Umgebung in der Landwehr ab, dort konnte man in Preußen bis zum sechzigsten Lebensjahr seine vaterländische Pflicht erledigen. Er wurde nach Skalmierschütz befehligt, ein Lager für russische Kriegsgefangene kaum fünfzig Kilometer von Krotoschin entfernt. Dort war er Briefzensor und Dolmetscher.[34] Seine russischen Sprachkenntnisse, das Odessaer Erbe seiner polyglotten Eltern, waren exzellent. Für seine Verdienste soll er sogar, wie er später behauptete, als die Nazis an der Macht waren, das Eiserne Kreuz II. Klasse erhalten haben.[35] In der Provinz Posen zweifelte niemand daran, dass Michael Schiller in unerschütterlicher Treue zu Kaiser und Reich stand.

Noch bevor Männer für Melitta eine Erfahrung sein konnten, war es der Krieg. Ein Fronterlebnis wie die jungen Herren, die die Krotoschiner Salons leer und kalt zurückgelassen hatten, besaß sie zwar nicht. In einem Grenzland wie Posen war jedoch auch ein junges Mädchen dem Krieg und seinen Auswirkungen viel stärker ausgesetzt als seine Altersgenossen im Innern des Reiches. Der Weltkrieg war für sie kein Abenteuerspiel, über dessen angeblich immer siegreichen Verlauf man aus der Zeitung oder aus den Heeresberichten erfuhr. Krieg fand in ihrer unmittelbaren Nähe statt und rückte, je mehr er an sein Ende kam, von Tag zu Tag immer näher. Der russische Feind war zwar besiegt. Als sich aber die deutschen Niederlagen an der Westfront häuften, mehrten sich die Rufe der polnischen Bevölkerungsmehrheit nach nationaler Eigenständigkeit, und im Posener Grenzland begannen die latenten ethnischen Konflikte nun offen auszubrechen. Es verging kaum ein Tag, an dem den Deutschen in der Provinz nicht schmerzlich vor Augen geführt wurde, dass sie nicht mehr lange die Herren im ihrer Meinung nach eigenen Haus sein würden.

In dieser brandgefährlichen Situation verließ Melitta die elterliche Villa. Wollte sie auf eine gymnasiale Schulbildung nicht verzichten, musste sie fort aus Krotoschin. Eine Sondererlaubnis für den Besuch des örtlichen Knabengymnasiums war ihr trotz der unruhigen Zeiten verwehrt worden, mit der «Städtischen Höheren Mädchenschule» wollte sie sich nicht mehr begnügen. Also ging die ehrgeizige Vierzehnjährige bei einer ältlichen Dame in Posen in Pension und besuchte nach dem Osterfest 1917 das Mädchengymnasium der Königlichen Luisen-Stiftung. Bis zu diesem Zeitpunkt war der Krieg mal mehr, mal weniger deutlich bis zu Melitta vorgedrungen. Die nächtlich in den Schlaf dringenden Geräusche genagelter Soldatenstiefel, das Geklapper der Pferdehufe, die Kommandorufe der Offiziere, die besorgten Reden der Eltern, die plötzliche Flucht zur Großmutter nach Hirschberg, Siegesmeldungen von der Ostfront, im Westen anfängliche Erfolge, dann Stellungskrieg, in diesem Wechsel von Aufregung und Beruhigung waren die ersten beiden Kriegsjahre vergangen. Mangel an Nahrung und Heizmaterial, Selbstversorgung aus dem Garten durch eigener Hände Arbeit, die Abwesenheit des Vaters prägten die Jahre seit Mitte des Krieges. Mit dem Beginn ihrer Gymnasialzeit in Posen drangen die bis dahin eher indirekten Auswirkungen des Krieges deutlicher denn je in das Bewusstsein der jetzt vierzehnjährigen Melitta.

Die Mittelmächte hatten 1916 die Wiederherstellung des Königreiches Polen proklamiert, ein taktisches Versprechen, das an der preußischen Germanisierungspolitik nichts änderte. Die Spannungen zwischen Deutschen und Polen nahmen mit den ausbleibenden Kriegserfolgen der Mittelmächte an der Westfront in der Provinz Posen stetig zu. Im Januar 1918 forderte der amerikanische Präsident Woodrow Wilson in einem 14-Punkte-Programm einen eigenständigen polnischen Staat, im August war die militärische Niederlage des Reiches entschieden und das Spiel für die Posener Deutschen verloren. Als das ethnische Pulverfass der preußischen Provinz explodierte, war Melitta Augenzeuge. Den Waffenstillstand am 11. November 1918, die Bildung von Soldatenräten, den Triumph der neuen polnischen Herren, den Einmarsch polnischer Legionäre in die Stadt Posen, all diese revolutionären Vorgänge erlebte sie aus nächster Nähe.

Als die Niederlage der Mittelmächte unübersehbar war, konnte sie von Glück reden, dass ihr Vater mittlerweile in das Oberkommando Ost nach Posen überstellt worden war, so konnte er wenigstens gelegentlich ein Auge auf seine Tochter haben. Als jedoch Ende Dezember 1918 der «Großpolnische Aufstand» losbrach, Posen in einem Meer aus weißroten Fahnen schwamm, musste Melitta fluchtartig nach Krotoschin zurückkehren. Im Winter 1918/19 brach für die Familie Schiller eine Welt zusammen. Die preußische Provinz Posen gab es nicht mehr. «Man könnte verzweifeln», schrieb Lili in ihr Tagebuch, «und alle beneiden, die diese tiefste Erniedrigung nicht mehr mitzuerleben brauchen.»[36]

Zum Jahresende 1918 herrschte im Hause Schiller eine gedrückte Stimmung. Es war bitterkalt, Schnee bedeckte die weiten Ebenen ringsum. «Litta muß auch dableiben», schrieb Lili, «denn in Posen ist es wenig schön. Da war neulich, als die 6. Gren. [Grenadiere] einzogen, eine große Schießerei mit vielen Opfern. Die Polen hatten englische und amerikanische Fahnen gehisst und die wurden von deutschen Soldaten ja heruntergerissen und da kam es zu einer Schlägerei. Die Republik haben sie schon ausgerufen … Es ist uns allen ja schon klar, daß Posen zu Polen kommt.»[37] So geschah es. Pünktlich zu Jahresbeginn 1919 rückte polnisches Militär in Krotoschin ein, auf dem Marktplatz wurde paradiert, der preußische Adler durch den polnischen ersetzt, die Soldaten des Ersatzbataillons des «Westpreußischen» rafften ihre Habseligkeiten, die Offiziere die wichtigsten Aktenstücke zusammen, dann verließen alle Mann die Garnison. Die Demarkationslinie zwischen dem neuen polnischen Nationalstaat und dem

Deutschen Reich, im Januar 1919 als Staatsgrenze noch nicht endgültig festgelegt, verlief keine acht Kilometer südlich von Krotoschin. Die niederschlesische Gegend jenseits davon, wo die Schillers all die Jahre zuvor ihre Sonntagsausflüge unternommen hatten, wo Breslau, Hirschberg und das kreuz und quer erwanderte Riesengebirge lagen, war jetzt kaum erreichbares Ausland, der neue Grenzstreifen umkämpftes Gebiet.

Die Demarkationslinie wurde von den Polen scharf kontrolliert, Übergänge waren rar, Passierscheine wurden nur ausnahmsweise ausgestellt, wann Züge fuhren, wusste man nicht. Wer trotzdem hinüber nach Deutschland wollte, musste das Wagnis auf sich nehmen, sich an den polnischen Wachposten vorbeizuschleusen. Die Schillers wüteten gegen die «Schufte und Vaterlandsverräter» in Berlin, die deutschen Unterhändler bei den Friedensverhandlungen, die ihrer Meinung nach den deutschen Osten verschacherten, die «Radikalen und Spartakisten», die nichts anderes im Sinn hätten, als es den Bolschewiki in Russland gleichzutun.[38] Ihrer sozialen Privilegien wie ihrer Herrenrolle beraubt, den drohenden Verlust ihrer Heimat vor Augen, war die Familie auf ihre polnischen Nachbarn mehr als nur wütend, sie begegnete ihnen mit Hass. Er erreichte einen Höhepunkt, als «die widerliche Sippschaft» der «Polackei»[39] in Gestalt von Freischärlern Michael Schiller im Januar 1919 als Geisel nahm und ihn nach Skalmierschütz deportierte, genau dorthin, wo er 1916 zum militärischen Wachpersonal russischer Kriegsgefangener gezählt hatte. In Szczypiorno, wie das Lager jetzt hieß, wurden bis Mitte 1919 vornehmlich ehemalige deutsche Würdenträger wie Angehörige der deutschen Oberschicht interniert.[40] «Oh, es ist entsetzlich!», schrieb Lili am 9. Januar 1919 in ihr Tagebuch, als ihr Vater verhaftet und abgeführt worden war. «Nun denkt man, der Krieg ist zu Ende, und es kommt noch schlimmer!»[41] Zehn Tage später kehrte Michael Schiller in halbwegs guter Verfassung

Gedrückte Stimmung: Weihnachten in Krotoschin 1918 nach der deutschen Niederlage. Melitta ernst in der Mitte.

zurück, «wegen seiner Herzkrämpfe»[42] war er vorzeitig entlassen worden. Bis dahin mussten Lili, Litta, Jutta und Pims alleine zurechtkommen, die Mutter hatte sich nicht davon abhalten lassen, dem einzigen Sohn Otto, der sich nach Breslau durchgeschlagen hatte, dort eine Unterkunft zu besorgen. Melittas sechzehnter Geburtstag am 9. Januar 1919 war trist und einsam.

Michael Schiller war nicht grundlos verhaftet worden. Kurz nach dem Zusammenbruch der Westfront im November 1918 waren von der Obersten Heeresleitung Freiwilligenverbände unter dem Namen «Heimatschutz Ost» gegründet worden, kurz darauf umbenannt in «Grenzschutz». Zu Beginn des Jahres 1919 versuchten die sich an der Demarkationslinie gegenüberstehenden deutschen und polnischen Freischärler die zukünftigen Staatsgrenzen mit Waffengewalt zu den eigenen Gunsten zu verschieben. Von einer durchgehenden Frontlinie konnte nirgendwo die Rede sein. Es gab Scharmützel mit Toten und Verletzten, es kam zu Sabotageakten. Im Grenzbereich konnte man nie wissen, was am folgenden Tag geschah, ob es friedlich oder kriegerisch zugehen würde, ob das nächstgelegene Gehöft, der nächstgelegene Bahnhof, die nächstgelegene Landstraße, ein Wasser- oder ein Gaswerk polnisch oder deutsch sein würden. Geiselnahmen sollten die deutschen Unterhändler bei den Friedensverhandlungen zur Nachgiebigkeit und die deutschen Grenzschützer zur Aufgabe zwingen. Grenzschützer waren auch Melittas Bruder Otto sowie der Offizier Ernst Eberstein, der Bruder ihrer Mutter. Schon wegen dieser beiden Freikorpskämpfer war der lokalprominente Michael Schiller für die Polen eine nützliche Geisel gewesen.

Kaum war der Vater aus dem Lager zurück, nahm Melitta ihre Schulbesuche in Posen wieder auf. Von ihren Eltern unterstützt, war sie nicht gewillt, ihre Zukunftschancen zu verpassen. Von einem geregelten Schulalltag konnte allerdings nicht die Rede sein. In den großen Städten war die Ernährungslage schlechter als auf dem Land, die Energieversorgung wie anderswo auch in Posen eingeschränkt. Gab es in der Wohnung ihrer Pensionswirtin kein Gas mehr, erledigte Melitta ihre Schularbeiten mutterseelenallein «oft in Mantel und Decke gehüllt»[43] entweder «bei Benzinlämpchen oder aber im kalten Hausflur bei elektrischer Treppenbeleuchtung»[44]. Über heroischen Lerneifer hinaus war das der Selbstschutz eines jungen Mädchens, das sich immer dann zurückzog, wenn es galt, mit den zunehmenden Nöten und Entbehrungen des Kriegsalltags fertig zu werden. «Litta war», wie Lili bereits während des Krieges aufmerksam beobachtet hatte, «froh, wenn sie sich einspinnen konnte.»[45] Als in der zweiten Kriegshälfte nur noch zwei Räume der Villa Schiller beheizt werden konnten, hatte sie sich im größten der Kinderzimmer,

Erstes Kapitel

in dem nun alle Geschwister gemeinsam unterkommen mussten, «aus Puppenmöbeln und anderen Gegenständen ein Refugium geschaffen, das für alle Anderen tabu war, und in dem sie sich so total abschalten konnte, daß nichts aus der nahen und nächsten Umgebung zu ihr drang»[46]. Auf die Widrigkeiten des Krieges reagierte Melitta weitaus sensibler als ihre Schwestern, von denen Jutta und Klara noch zu jung, Lili mit ihren zwanzig Jahren bereits erwachsen war. Inmitten der immer dichter an sie heranrückenden Kriegsgeschehnisse hatte sie zudem mit den emotionalen und körperlichen Veränderungen zurechtkommen müssen, die ein junges Mädchen in der Adoleszenz erlebt.

Im Winter 1918/19 war Melitta alt genug für die erste Liebe in den Zeiten des Krieges. Am Posener Mädchengymnasium war ein junger Lehrer in eine heftige Schwärmerei für sie verfallen. Wie so vieles wurde auch diese verwirrende, neue Erfahrung durch die aktuellen Ereignisse bald wieder beendet. Im Frühjahr 1919 kehrte Melitta nicht mehr nach Posen zurück. An der Königlichen Luisenstiftung waren die deutschen Jahrgänge am Ende des Schuljahres ausgelaufen und das Mädchengymnasium polnisch geworden. «Chaos» oder «die Temperamente» hießen unter vielen anderen die gegenstandslosen Farbkompositionen, mit denen Melitta versuchte, diese Zeit des äußeren wie inneren Umbruchs künstlerisch zu bewältigen.[47] Doch allmählich verschoben sich die inneren Gewichte, und die militärischen Grenzkämpfe setzten eine entscheidende biographische Kehre in Gang.

Ernst Eberstein, Onkel Ernstel genannt, Jahrgang 1886, war seit Beginn des Jahrhunderts Dauergast in der Familie Schiller, kam zu allen Familienfeiern und wanderte mit den Schiller-Kindern durch das schlesische Riesengebirge. Seiner Scherze wegen allseits beliebt, wurde er für seine militärischen Leistungen verehrt. 1906 war er Leutnant, 1915 Hauptmann.[48] Schon im ersten Kriegsjahr erhielt er das Eiserne Kreuz I. wie II. Klasse. Ursprünglich Infanterieoffizier, wechselte er noch vor Beginn des Krieges zu einer Feld-Flieger-Abteilung, mit dreißig war er Kommandeur des Fliegerhorstes Schwerin. Ausgebildet zum Beobachter, saß er in den Doppeldeckern jener Zeit hinter dem Piloten, nahm das Geschehen am Boden ins Visier, fertigte Fotos an, schoss die Artillerie mittels Signalpistole ein und bediente, sofern vorhanden, das bewegliche Maschinengewehr.[49] Während der Schlacht von Tannenberg in den letzten Augusttagen 1914 in Ostpreußen leistete Ernst Eberstein einen entscheidenden Beitrag zum Sieg der deutschen 8. Armee unter den Generälen Hindenburg und Ludendorff. Aus etwa zweieinhalbtausend Metern Flughöhe entdeckte

Ausflug ins Riesengebirge 1912: Onkel Ernst und Mutter Margarete mit den Kindern Melitta, Otto und Marie-Luise (von links).

er, was am Boden unbemerkt geblieben war, dass nämlich der Feind auf dem Rückzug war und das deutsche 1. Armeekorps erneut zum Angriff übergehen konnte. «Das Eiserne Kreuz für Tannenberg erhalten», notierte er unter dem Datum des 27. August 1914 in sein Tagebuch, in dem er bis zu einer endgültigen Abmusterung im Oktober 1919 seine gesamte Kriegsdienstzeit detailliert festhielt.[50] Im ersten Kriegsjahr hatte Onkel Ernst ent-

Erstes Kapitel

scheidend dabei mitgeholfen, es «den Russen heimzuzahlen» und sie für die Verwüstungen zu bestrafen, «denen unser schönes ostpreußisches Land ausgesetzt» war.[51]

Im Winter 1918/19 war der «Held von Tannenberg» der richtige Mann, es den Polen mit gleicher Münze wie den Russen heimzuzahlen. Nachdem er Weihnachten und Silvester in der Villa Schiller verbracht hatte, schlug er sich wenig später, «seine Browning»[52] im Gepäck, über die Demarkationslinie nach Breslau durch und trat dort dem «Freikorps Schlesien» bei. Der erst siebzehnjährige Otto Schiller schloss sich unter Onkel Ernstels Einfluss den Grenzkämpfern an, Melitta beeindruckte Eberstein auf andere Weise nachhaltig. Wäre sie nicht in der Provinz Posen groß geworden, hätte sie keinen Krieg, nicht die Grenzkämpfe des Grenzlandes erlebt, wäre die Heldin ihrer adoleszenten Jahre vermutlich ihre Malertante Gertrud von Kunowski gewesen und sie wäre Künstlerin geworden. Weiblich, empfänglich, verletzlich, ästhetisch empfindsam zu sein, gestattete sie sich von nun an jedoch nur von Fall zu Fall. Tante Miezel, die künstlerische Avantgardistin, trat in den Hintergrund, und das Leitbild des militärischen Avantgardisten Ernst Eberstein rückte vor. So wie ihr Vater Michael einst in die Rolle des guten Preußen geschlüpft war, begann sich Melitta die des heroischen Frontkämpfers anzueignen, der von seinen Kriegserlebnissen nicht loskam und seinen inneren Erschütterungen zäh standzuhalten wusste.

Ende Juni 1919 unterzeichnete das besiegte Deutschland den Friedensvertrag von Versailles, der Verlauf der neuen deutschen Ostgrenze entlang der Demarkationslinie stand damit fest. Mit der Abtrennung der Provinz Posen vom Deutschen Reich kam auch Melittas Krotoschiner Leben an sein Ende. Um ihre schulische Ausbildung endlich durch berechenbare Lebensumstände abzusichern, gab sie ihr Elternhaus auf, zog nach Hirschberg und besuchte dort die Städtische Höhere Mädchenschule. Die

Großmutter war bereits bei Kriegsende gestorben, Tante Ella, die unverheiratete älteste Schwester der Mutter, die sich um Sidonie Eberstein gekümmert hatte, sorgte nun für Melitta. Das war zwar Obhut in vertrauter Umgebung, dennoch bedeutete der Umzug eine weitere biographische Zäsur von großer Tragweite. Ihr Weggang nach Schlesien beschleunigte ihre existenzielle Entwurzelung, die im Ersten Weltkrieg begonnen hatte.

Als Melitta im Oktober 1919 zusammen mit ihrer Schulkameradin Lieselotte Lachmann den Zug von Krotoschin nach Hirschberg bestieg, war das Riesengebirge von der ehemaligen Provinz Posen weiter entfernt als der Mond. Auf direktem Weg war kaum ein Ort in Deutschland mehr zu erreichen. Um seine Nationalstaatlichkeit gegenüber der antipolnischen deutschen Außenpolitik wie den revanchistisch gesinnten Deutschen im eigenen Land zu beweisen, praktizierte das neue Polen an seiner Westgrenze ein scharfes Kontrollregime. Es dauerte mehr als vierundzwanzig Stunden, bis Melitta und Lieselotte nach vielen Zwischenaufenthalten, Zugwechseln und Nebenstrecken in Polen wie Deutschland Hirschberg erreichten.[53] Vor dem Krieg hatte die Reise nur ungefähr vier Stunden gedauert. Für die Deutschen im Reich war «Versailles» ein Symbol nationaler Demütigung, für junge Frauen wie die beiden Gymnasiastinnen war «Versailles» mit der Erfahrung einer unmittelbar körperlichen Bedrohung verbunden. In überfüllten, kalten und dunklen Zügen reisen, auf abgelegenen Bahnhöfen stranden, auf Koffern sitzend übernachten, sich gieriger Blicke und mancherlei Zudringlichkeiten erwehren zu müssen war für Melitta, sobald sie nach Krotoschin fuhr, um ihre Eltern zu besuchen, nicht ungewöhnlich.[54] In solchen Momenten nahm die später so häufig beschriebene Unnahbarkeit des «feinnervigen Wesens»[55] dauerhafte Gestalt an, keimte die extreme Persönlichkeit auf, zu der sie sich in der Folgezeit entwickelte. In den entscheidenden Jahren ihrer Entwicklung war es

Erstes Kapitel

Melitta zur Gewohnheit geworden, sich, wie es ihre Schwestern Jutta und Lili so treffend beschrieben hatten, abzuschalten und sich emotional einzukapseln, um gegen die übermächtige Wirklichkeit des Krieges bestehen zu können. Fast exemplarisch personifizierte Melitta das Drama des ebenso begabten wie sensiblen Kriegskindes, das seine traumatischen Erinnerungen dadurch zu überwinden glaubte, dass es sie ignorierte. Vom Krieg geschädigt, blieb Melitta auf den Krieg fixiert. Der Erste Weltkrieg war ihr prägendes Jugenderlebnis, fortan am Limit zu leben dessen unauslöschbare Erbschaft.

Konzentrierte Lektüre: Melitta 1918, fünfzehn Jahre alt.

Zweites Kapitel

«Drang nach dem freien Spiel der Kräfte»: Eine junge Frau will nach oben

Lehrjahre

Melitta blieb zweieinhalb Jahre in Hirschberg, von Oktober 1919 bis zum Frühjahr 1922. Die Erschütterungen Mitteleuropas waren auch hier spürbar. Von 1919 bis 1921 tobte der russisch-polnische Krieg, der Sieger Polen gewann beträchtliche Gebiete hinzu, ökonomisch wie innenpolitisch blieb die Lage jedoch instabil. In Melittas Hirschberger Schulzeit fielen auch die Volksentscheide in Ost- und Westpreußen, die die nationale Zugehörigkeit der Regionen zu Polen oder Deutschland regeln sollten. Dabei votierten die ost- und westpreußischen Abstimmungsgebiete mehrheitlich für Deutschland. Das gleiche Ergebnis führte in Oberschlesien, das nach Meinung polnischer Rebellen vom Deutschen Reich abgetrennt werden sollte, zu militärischer Gewalt. Ein erster Aufstand brach im August 1919 aus, zwei Monate bevor Melitta in Hirschberg ankam, der zweite 1920, der letzte fand seinen blutigen Höhepunkt im Mai 1921 in der Schlacht am St. Annaberg südlich von Oppeln. Die Konfliktregion lag kaum zweihundert Kilometer von Hirschberg entfernt. Sollte etwa auch Oppeln verlorengehen, wo die Großeltern Eberstein gelebt hatten und Onkel Ernst geboren worden war?

Hauptmann Ernst Eberstein kämpfte für das Freikorps Schlesien bis März 1920, danach zog er den Waffenrock aus und versuchte sein Glück in Chemnitz. Melittas Bruder Otto war schon früher ins Zivilleben zurückgekehrt und studierte in Breslau Landwirtschaft. Die Schlacht am St. Annaberg dürften Melitta, Otto und Ernst mit großer Sympathie verfolgt haben. Die Vertreibung der polnischen Rebellen durch die deutschen Freikorps war allerdings ein Pyrrhussieg. 1922 wurde das ostoberschlesische Industriegebiet polnisch. Und die neuen Grenzen des deutschen Ostens blieben ein beunruhigender Konfliktherd.

Melittas Großmutter Sidonie Eberstein war lange vor Ausbruch des Ersten Weltkrieges ins niederschlesische Cunnersdorf gezogen – schon damals gab es eine Straßenbahnlinie, die ins Hirschberger Zentrum, das benachbarte Bad Warmbrunn und weiter in die Berge führte. Schlesien, ehemals österreichisch und von Friedrich dem Großen für Preußen erobert, war dank seiner guten Böden, seines Bergbaus wie seiner Textilindustrie ökonomisch, als jahrhundertealte Kunstlandschaft aber auch kulturell bedeutend. Zu Melitta Schillers Zeiten am berühmtesten war der Literaturnobelpreisträger und gebürtige Schlesier Gerhart Hauptmann. Seit Anfang des 20. Jahrhunderts lebte er unweit von Hirschberg in Agnetendorf in den Bergen, sein Haus Wiesenstein zog zahlreiche Landschaft, Volk und Volkskunst suchende Künstler und Lebensreformer an. Zu diesem Zeitpunkt hatten längst auch erholungsbedürftige Großstädter aus Breslau und Berlin das Riesengebirge für sich entdeckt. Im Sommer wurde gewandert, im Winter luden Schneekoppe und andere Gipfel zur neuen Sportart des Skifahrens ein, Hotels, Pensionen, Cafés, Ausflugslokale und Restaurants sorgten für die Behaglichkeit der Feriengäste. Mit seinen zahlreichen Kunstdenkmälern bildete das knapp dreißigtausend Einwohner zählende, überwiegend barocke Hirschberg in idyllischer Lage das Tor zum Riesengebirge.

Nach den Aufregungen der Kriegs- und Nachkriegszeit konnte es für Melitta keinen erholsameren Platz geben. Offenbar lebte sie nur anfangs bei ihrer Tante Ella, den Angaben ihrer Kameradin Lieselotte Lachmann zufolge verbrachte sie den Großteil ihrer Hirschberger Schulzeit in einem Mädchenpensionat.[1] Damals begann sich Melitta nun intensiv ihren lebenslang währenden Leidenschaften zu widmen, dem Sport und den Naturwissenschaften. Ohne naturwissenschaftliche Lektüre sei sie, so Lieselotte, auch in ihrer Freizeit nie gesehen worden. Das heute noch gebräuchliche «Lehrbuch der Physik» von Ernst Grimsehl, 1914 als Hauptmann bei Langemarck gefallen, sei ihr ständiger Begleiter gewesen, ebenso Carl Oppenheimers «Grundriss der anorganischen Chemie».[2] Ob sich Melitta außerhalb des Unterrichts und des dort verordneten Lehrstoffs mit schöner Literatur befasst hat, darüber teilt Lieselotte Lachmann nichts mit. Künstlerisch war sie jedoch zeitweise derart produktiv, dass sie bei der Berufswahl in einen Zwiespalt geriet und nicht wusste, welcher ihrer Neigungen sie den Vorzug geben sollte.

Am Hirschberger Mädchengymnasium war Günther Grundmann auf Melittas «Zeichnungen und Malereien» aufmerksam geworden und hatte sie «ermuntert, auf diesem Wege weiterzugehen»[3]. Grundmann, 1892 in Hirschberg geboren, war Lehrer an der Anfang des 20. Jahrhunderts gegründeten Holzschnitzschule Warmbrunn. Die Holzschnitzerei hatte im Riesengebirge eine lange Tradition, die auch international bekannte Schule wollte die vom Aussterben bedrohte Volkskunst retten.[4] Aus Melittas Gymnasialzeit sind nur wenige filigrane Scherenschnitte überliefert,[5] vermutlich waren es aber die Holzskulpturen, das Hauptfach der Warmbrunner Schule, die sie am meisten beschäftigten und beeinflussten. Modelliert hatte sie schon in Krotoschin.

Als Melitta nach Hirschberg kam, war die Institution allerdings weniger eine Schule für Schnitzkunst als ein Heim für Kriegsver-

Zweites Kapitel

sehrte. Nach Kriegsende versammelten sich hier viele «Kriegs-verletzte, die das Tischlern und Holzschnitzen als neuen Beruf erlernen wollten; ehemalige Offiziere: Leutnants, Oberleutnants und Hauptleute, die sich nun dem Kunsthandwerk widmeten»[6]. Grundmann war einer dieser Kriegsheimkehrer. Seinem Rat, ihren künstlerischen Weg weiterzugehen, folgte Melitta allerdings nicht. Sie wollte sich nicht im Leiden kriegstraumatisierter Offiziere wiedererkennen, die sich im Grübeln über ihre Fronterlebnisse verloren. Was sie immer mehr zu locken begann, war das Antipathos der heroischen Tat.

In den schneereichen schlesischen Wintern lief Melitta Ski, im Sommer wanderte und kletterte sie, am meisten liebte sie das Schwimmen in der Bober und dem Stausee der Bobertalsperre, der damals größten Talsperre Europas. Das Bauwerk kannte Melitta aus ihrer frühen Kindheit, 1912 war sie mit ihrer Familie dort gewesen, hatte das Elektrizitätswerk mit seinen tosenden Wassermassen bestaunt, sich mit ihren Eltern und ihren Geschwistern im nahen Restaurant erfrischt und war dann wieder nach Cunnersdorf zurückgekehrt.[7] Damals hatte die Familie ihren Ausflug auf dem bequemsten Weg per Bahn unternommen, ein knappes Jahrzehnt und eine weltgeschichtliche Epoche später ging es abenteuerlicher zu. Melitta, Lieselotte und zwei weitere Mädchen wanderten morgens um vier Uhr in Cunnersdorf los, unterwegs warteten zwei junge Burschen auf sie, die ihnen den Weg zu einer der zahlreichen Buchten des aufgestauten Flusses zeigten. Dort sprangen die Mädchen, ihre Badeanzüge schwimmbereit unter dem Dirndlkleid, ins eiskalte Wasser, begleitet nur von einer Schar Reiher, die als graue Schatten über das dunkle Wasser der engen Bucht strichen. Warm und sonnig wurde es erst in der nächsten Bucht, als die Gruppe auf den Staudamm zuschwamm. Dort angekommen, sprang Melitta von der Krone der Staumauer hinunter in den tiefer liegenden See, je nach Wasserstand waren das mindestens zehn Meter.[8] Waghalsig war sie aber nicht nur beim Schwimmen, Springen und Klettern, sondern auch beim Skifahren, wenn sie gefährliche Abfahrten hinunterfuhr, die sich sonst niemand zutraute.

Allmählich begannen asketische Körperdisziplin und mönchische Selbstkasteiung Melittas gesamte Lebensweise zu bestimmen. In der Oberprima las und lernte sie mit Vorliebe in einer zugigen, schlecht beheizbaren Dachkammer des Mädchenpensionats, aß und trank sie nur das Nötigste und verschenkte restliches Essen an angeblich verfressene Kameradinnen. Von den Jünglingen, die sie beim Schwimmen oder Skifahren begleiteten, nahm sie keine Notiz. Das Kriegskind, das gelernt hatte, durch Schmerzunempfindlichkeit zu überleben, begann rücksichtslos gegenüber sich selbst zu werden und sein kompliziertes Gefühlsleben einzukapseln. «Die deutsche Jugend», so erinnerte sich Melitta Schiller zwei Jahrzehnte später als erfolgreiche Fliegerin an ihre Hirschberger Jahre, fühlte sich nach dem Ersten Weltkrieg «an die geprägten Formen fragwürdig gewordener Übereinkünfte und Überlieferungen, kurz an die Konvention in keiner Weise mehr gebunden.»[9] Beherrscht worden sei sie damals vom «Drang nach dem freien Spiel der körperlichen Kräfte, nach ihrer Schmeidigung und Stählung – ein Trieb des ursprünglich ‹sportlichen› Menschen»[10]. Demgegenüber war das elementare Bedürfnis, ausreichend und gesund ernährt zu werden, nebensächlich, hieß es für die Schülerin überdies «billige Vergnügungen (dazu gehörte auch der ‹Kintopp›)»[11] zu vermeiden. Damit meldeten sich zwar die antibürgerlichen Ideale der Jugendbewegung aus der Vorkriegszeit zurück, doch modern und antimodern zugleich, beließ es Melitta nicht bei Lagerfeuerromantik. In Hirschberg betrat sie den Pfad einer stählernen Romantik, in der Technik, Kultur, Natur, Seele und Beseeltheit versöhnt sein sollten.

Ein erster Schritt in diese Richtung war der Segelflug. In Grunau, einem Dorf wenige Kilometer nördlich von Hirschberg, hatten 1921 ehemalige Kriegsflieger eine Segelflugschule gegründet. Die Fluglehrer ließen dort «fliegerisch interessierten jungen Leuten eine Art paramilitärischer Ausbildung»[12] angedeihen. Frauen waren in Grunau nicht vorgesehen, aber auf der Suche nach neuen Herausforderungen und Wagnissen war Melitta offenbar durchsetzungsfähig genug, sich ihren Platz in der Männerdomäne zu erobern. Dank der theoretischen Kenntnisse, die sie sich autodidaktisch durch die Lektüre einschlägiger Fachbücher angeeignet hatte, war es irgendwann so weit. Dass sie, wie Lieselotte Lachmann berichtet, auf ihrem ersten Flug ohne Begleitung in der Kanzel saß, entsprach den Tatsachen, Zweier-Cockpits gab es damals noch nicht. Dennoch wird die Flugstrecke weder sehr weit noch die Höhe sehr groß gewesen sein. Erst im August 1922 gelang dem versierten Segelflieger Arthur Martens der erste Ein-Stunden-Flug auf der Wasserkuppe, Thermikflüge gab es erst am Ende der zwanziger Jahre, 1925 betrug die größte Flughöhe nicht mehr als 350 Meter. Länger als zwei Minuten blieb 1920 kein Segelflugzeug am Himmel. Vermutlich schwebte Melitta nur für einen Moment in der Luft, war es kaum mehr als ein Abheben, Gleiten und Wiederaufsetzen.

Ein unvergessliches Erlebnis blieb es dennoch. Dass eine junge Frau den Mut besaß, ein Segelflugzeug zu steuern, war damals sensationell. Zwar sollte es noch lange dauern, bis Melitta wieder als Pilotin in einem Cockpit sitzen, geschweige denn bis sie sich für die Luftfahrtwissenschaft entscheiden würde. Grunau war aber offenbar doch so maßgebend, dass im letzten Schuljahr nach langem Hin und Her die Würfel fielen. Melitta beschloss, nach München zu gehen und dort nicht Kunst, sondern Naturwissenschaften zu studieren. Damit war der Schwenk von den musisch begabten Frauen zu den technisch begabten Männern ihrer Familie abgeschlossen. Melitta trat in die Fußspuren ihres Vaters wie ihres Fliegeronkels Ernst Eberstein.

Studienjahre in München

Als Melitta 1922 in München eintraf, hatte die Stadt jenes Leuchten längst verloren, das Thomas Mann vor dem Ersten Weltkrieg noch beschworen hatte. Die Kunstsinnigkeit der bayrischen Metropole war mehr Schein als Sein. München hatte sich nach dem Ende der Räterepublik im Frühjahr 1919 und dem Scheitern des Kapp-Putsches in Berlin ein Jahr später zu einem Eldorado rechtsextremistischer Republikfeinde entwickelt. Der gebürtige Münchener Lion Feuchtwanger, einer der erfolgreichsten Schriftsteller des Weimarer Jahrzehnts, zog 1925, als er das nationalistische und antisemitische Klima nicht mehr ertrug, nach Berlin, dort hatte die künstlerische Avantgarde der Weimarer Republik gleich nach Kriegsende ihre kosmopolitische Heimat gefunden. Aus Berliner Sicht war München in jenen Jahren verstockte Provinz. Die Uhren gingen hier anders als im Rest der Republik.[13]

Melittas erste Wohnung in der Schleißheimerstraße 83 lag zufällig in der Nähe der Vorkriegsbleibe jenes Mannes, der 1913 von Wien nach München gezogen war und es dereinst zum «Führer des deutschen Volkes» bringen sollte.[14] Zu Beginn der zwanziger Jahre war Adolf Hitler kaum mehr als eine Lokalberühmtheit, als jedoch seine Reden immer lauter und bedrohlicher dröhnten, seine Gefolgschaft bedenklich anwuchs, wurde er bald auch über Bayern hinaus bekannt. An den Hausmauern und Litfaßsäulen Münchens prangten die blutroten Plakate der NSDAP, die Zeitungen berichteten täglich über die Versammlungen und Kundgebungen der Nazis, die Krawalle, die sie auf den

Straßen, die Schlägereien, die sie in den Bierkellern anzettelten. Unruhe herrschte auch an den Münchner Universitäten, wo eine große Zahl mit der NSDAP sympathisierender Studenten jüdische Hochschullehrer attackierte. Nach der Ermordung Walther Rathenaus im Juni 1922 verzeichnete die Partei erneut kräftigen Zulauf. Schwabing, wo Melitta bis zum Ende ihres Studiums in verschiedenen Wohnungen lebte, war eine nationalsozialistische Hochburg. Als Melitta ihr Studium antrat, begann sich die Kunststadt München zur künftigen «Hauptstadt der Bewegung» zu entwickeln.

Was immer Melitta Schillers Schwestern nach dem Zweiten Weltkrieg über die geborene Fliegerin behaupten mochten, von der umstandslosen Verwirklichung ihres angeblichen «Kindertraums»[15] konnte bei ihrer Ankunft in München keine Rede sein. Obwohl ein Kunststudium nicht mehr in Frage kam, folgte eine schwierige Orientierungssuche. Im Sommersemester 1922 schrieb sich Melitta zunächst in der Sektion II der Ludwig-Maximilians-Universität ein und studierte Naturwissenschaften, ein Jahr später wechselte sie an die Technische Hochschule München, belegte «Naturwissenschaften und Mathematik», im Semester darauf war sie «in der chemischen Abteilung» eingeschrieben.[16] Erst der letzte Wechsel ihres Studiums brachte die endgültige Entscheidung für die Technische Physik, in der sie später Karriere machen sollte. Mit der Wahl dieses Faches, das nach dem Ersten Weltkrieg an den Technischen Hochschulen rasch an Bedeutung gewann, hatte sie sich für den Beruf der Ingenieurin wie die Möglichkeit praktischer experimenteller Arbeit auf spezialisierten Teilgebieten entschieden. Im Sommer 1923, nachdem sie entschlossen war, an die TH zu wechseln, begann sich allmählich wieder der selbstdisziplinierte Ehrgeiz zu regen, den sie ihre gesamte Schulzeit hindurch bis zu ihrem Abitur bewiesen hatte.

Dass Melitta vorübergehend in eine Orientierungskrise geraten war, ist kaum verwunderlich. Hirschberg hatte ihr im fundamentalen Wechsel der Gezeiten eine zweieinhalb Jahre andauernde Geborgenheit gewährt, mit Beginn ihres Studiums war diese Atempause zu Ende. Über ihre Jahre in München ist zwar nur wenig bekannt, wie sie aussah, als sie dort ankam, ist dafür umso eindrücklicher dokumentiert. Dem Anmeldebogen der TH, den sie im November 1922 ausfüllte, legte sie ein Passfoto bei, auf dem die Neunzehnjährige einem aus dem Nest gefallenen Vogel gleicht. Ihrer altmodischen Hochsteckfrisur wie ihrer folkloristischen «Aufmachung» wegen empfanden sie ihre überwiegend männlichen Kommilitonen als «landpomeranzenhaft», «das ungewisse Lächeln so ins Leere» brachte ihr den Spitznamen «Mona Lisa» ein.[17] Zeigte die Undurchdringlichkeit ihrer Miene aber nicht vielmehr, dass sie 1922 aus Zeit und Raum gefallen war und sich am Nullpunkt ihrer Biographie befand? Von Krotoschin und Hirschberg, Posen und Schlesien, ihren Eltern und Lehrern weit entfernt, war sie entwurzelt, heimatlos und auf sich gestellt. Welt- und Grenzkrieg hinter sich, blickte sie unter den Lebensbedingungen einer gesellschaftlich, politisch und wirtschaftlich unsicheren Republik müde, misslaunig und vermutlich mit wenig Vertrauen auf traditionelle Werte und Vorbilder in eine Zukunft, in der auf kaum mehr anderes Verlass war als auf die zähe Willenskraft ihrer Jugendlichkeit.

Kaum hatte sie Universität und Studienfach gewechselt, begehrte sie bereits, in der Technischen Physik die Diplomvorprüfung abzulegen.[18] Grund für diese Eile war Melittas den Zeitumständen geschuldete finanzielle Notlage. Geldmangel zwang sie während ihres gesamten Studiums, Stipendien zu beantragen, häufig konnte sie die Kolleggelder nicht bezahlen, bat um Stundung, gab an, sie habe von ihrem Bruder Geld geliehen, das sie nicht zurückzahlen könne, oder nannte ihre zwei unver-

Gesicht einer Generation:
Melitta Schiller 1922, Foto auf
dem Immatrikulationsformular
der Technischen Hochschule
München.

sorgten jüngeren Schwestern als Grund, warum sie von ihren Eltern wenig oder überhaupt keine Unterstützung erhielt.[19] Da sie aus der Provinz Posen stammte, erhielt die «Preußin», die sie laut Pass war, eine staatliche «Flüchtlingsfürsorge», sie gehörte zum Tross der rund eine Million Menschen, die bis Mitte der zwanziger Jahre aus den ehemaligen deutschen Gebieten aus- und ins Reichsgebiet eingewandert waren.[20] Trotz der Stipendien, die sie dank guter Zensuren Semester für Semester erhielt, gab sie nebenher Privatunterricht, um ihren Lebensunterhalt bestreiten zu können.

Doch zu jenem Zeitpunkt, als sie entschieden hatte, Ingenieurin zu werden, drohten ihre Pläne wie schon einige Male zuvor von den Zeitläuften durchkreuzt zu werden. Im November 1923 war Hitler mit seinem Putsch gescheitert, sein Marsch auf die Münchener Feldherrnhalle hatte unter starker Beteiligung der Münchener Studentenschaft stattgefunden. Wie schon in den Jahren zwischen 1916 und 1919 begann Melittas Alltag abermals brüchig und unberechenbar zu werden, mit der Hyperinflation des Jahres 1923 erlebte sie die dritte katastrophale geschichtliche Zäsur ihres noch jungen Lebens. Im September des Jahres kostete ein Dollar fast 100 Millionen, ein Kilo Butter 168 Millionen Reichsmark.[21] Hunger, Bankrott, Arbeitslosigkeit, Hoffnungslosigkeit und Verzweiflung machten sich in Deutschland breit. Kein Wunder, dass Melittas an Notlagen gewöhnte Kriegsjugendgeneration unter solchen

Eine junge Frau will nach oben

Bedingungen ihre Rücksichtslosigkeit sich selbst wie anderen gegenüber bis zur Selbstverleugnung steigerte und an der Entschiedenheit autoritärer Führergestalten Gefallen fand. Das wenige Vertrauen, das Melitta jetzt noch besaß, galt der Exaktheit von Technik und Naturwissenschaft.

Später als beabsichtigt bestand sie die Diplomvorprüfung im Sommer 1924 mit der Durchschnittsnote 1,6 beziehungsweise «sehr gut».[22] Im Herbst 1926 wollte sie auch ihre Diplomhauptprüfung vorverlegen. Es gelang ihr jedoch nicht, die nötigen Halbjahresprüfungen abzulegen, denn unter dem Druck, ihr Studium so schnell wie möglich abzuschließen, war sie krank geworden. Um trotz fehlender «Semestralzeugnisse» das unverzichtbare Stipendium zu erhalten, wies sie in ihrem Antrag auf den «Umfang meiner Arbeit sowie die ärztliche Verordnung möglichster Schonung»[23] hin. Mit dreiundzwanzig Jahren erlitt sie ihren ersten Nervenzusammenbruch, als Ingenieurpilotin während des Zweiten Weltkriegs sollte sie mehrere *burn outs* hintereinander erleiden. Dennoch holte sie die erforderlichen Prüfungen binnen kurzem nach, ein Stipendium wurde bewilligt, und 1927 bestand sie ihre Diplomhauptprüfung mit der Gesamtnote «gut». Das war gewiss weniger, als sich die ehrgeizige Studentin versprochen hatte, auf dem richtigen Weg war sie dennoch.

Eine Frau, die ein Fach wie Technische Physik mit dem Ziel studierte, Diplomingenieurin zu werden, war Mitte der zwanziger Jahre eine singuläre Erscheinung. Frauen waren unter den Studierenden der TH München Mitte der zwanziger Jahre selten, in der Professorenschaft gar nicht vertreten. Im Wintersemester 1923/24 studierten hier weniger als zehn Frauen, Ende der zwanziger Jahre kaum dreißig, Mitte der dreißiger Jahre gerade mal fünfzig. Auf die verschiedenen Abteilungen übertragen, bedeuteten solche Zahlen einen verschwindend geringen bis praktisch nicht existenten Frauenanteil.[24] Frauen interessierten

Zweites Kapitel

sich für Technikwissenschaften nur selten, Studentinnen waren eher in den geisteswissenschaftlichen, medizinischen, in begrenztem Umfang auch in naturwissenschaftlichen Fächern zu finden. Technische Physik studierten in der ersten Hälfte des 20. Jahrhunderts an der TH München nur eine Handvoll Frauen. Die erste war Hilde Mollier, sie hatte ihr Studium 1909 abgeschlossen, doch nach ihrer Heirat verließ sie das Laboratorium. Eine der wenigen, die bis Ende des Zweiten Weltkriegs das Fach wählten, war Melitta Schiller. Unter all ihren männlichen Kommilitonen muss die Mona Lisa aus Krotoschin für Furore gesorgt haben.

Und auch in München lockte die so geheimnisvoll lächelnde Studentin der Technischen Physik die Erlebnisfülle gefährlicher Unternehmungen. Sie lernte Motorradfahren wie viele Frauen ihrer Zeit, die als emanzipiert gelten wollten, und fuhr Rennen. In den bayrischen Alpen bei Schönau am Königssee, wo ihre Tante Gertrud mit ihrem Mann Lothar von Kunowski eine Sommerfrische bezogen hatte, waren die Kletterpartien riskanter als im Riesengebirge und die Seen, in die sie springen konnte, kälter. 1924 meldete sich Melitta zu einem Segelflugkurs auf der Wasserkuppe an. Als sich die Möglichkeit ergab, in München mit Nachhilfeunterricht Geld für ihren Lebensunterhalt zu verdienen, sagte sie jedoch ab.

Die Wasserkuppe, der höchste Berg der Rhön, war in den zwanziger Jahren ein geradezu mythischer Ort. Ende August 1923 war auf dem Gipfel ein Denkmal zur Erinnerung an die gefallenen Flieger des Weltkriegs enthüllt worden, ein nach Westen blickender Adler auf einem Basaltsockel. «Wir toten Flieger blieben Sieger durch uns allein. Volk, flieg du wieder und du wirst Sieger durch dich allein», stand auf einer Bronzetafel. Nach 1918 waren dem deutschen Volk die Flügel gestutzt worden. Der Vertrag von Versailles hatte ein totales Bauverbot für Luftfahrzeuge verfügt, betroffen war nicht allein der militärische, sondern bis 1926, als die «Deutsche Luft Hansa» gegründet wurde, zeitweise auch der zivile Motorflug. In der Zwischenzeit hatte sich jedoch der Segelflug, der nicht unter die Beschränkungen der Entente gefallen war, längst zu einem nationalen Symbol entwickelt. Wenige Jahre nach dem Ende des Weltkrieges hatte Carl Oskar Ursinus, von Beruf Ingenieur für Maschinenbau und Elektrotechnik, die deutsche Jugend erstmals zum Segelflugwettbewerb auf die Wasserkuppe gerufen. Der von nun an alljährlich stattfindende Rhönflugwettbewerb stellte den lebendigen Mythos einer jungen Generation dar, die glaubte, das durch den «Diktatfrieden» von Versailles gedemütigte Deutschland werde allein durch ihre Kraft wiederauferstehen.

Eine Teilnahme am Rhönwettbewerb wäre für Melitta Schiller, die tief gezeichnete Grenzlandjugendliche, nur natürlich gewesen. An ihren ersten Gleitflug im schlesischen Grunau konnte sie aber während ihres Studiums weder auf der Wasserkuppe noch anderswo anschließen. Von der Möglichkeit, den Versailler Vertrag zu umgehen, waren auch die nach dem Krieg gegründeten Akademischen Fliegergruppen beflügelt worden. In diesen, dem Rhöngeist von Oskar Ursinus verbundenen, «Akaflieg» genannten Gruppen konnten Studenten, ohne sich finanziell belasten zu müssen, fliegen lernen sowie mit dem Bau motorloser Flugzeuge experimentieren. Zum Münchener «Akaflieg» hatte man Melitta allerdings nicht zugelassen, da Flieger im militärischen Ernstfall einsatzbereit sein mussten, Frauen aber von dieser Maßnahme ausgeschlossen waren.[25] Solche Fehlschläge waren zwar enttäuschend, erwiesen sich für Melittas weiteren beruflichen Weg jedoch als Glücksfälle. Sie verlegte sich auf die Theorie. Zwar war der Flugzeugbau von den Siegermächten in den ersten Nachkriegsjahren verboten und eingeschränkt worden, Luftfahrtforschung und Luftfahrtwissenschaft hatten in dieser Zeit aber einen umso mächtigeren, auch staatlich geförderten Aufstieg erlebt. Genau diese für die Zukunft der deutschen Luftfahrt immens wichtige Entwicklung bot Melitta enorme berufliche Chancen, zumal sie an der Technischen Hochschule am richtigen Platz war. «Der Großraum München» war schon «vor dem Ersten Weltkrieg eine Keimzelle der Luftfahrt» gewesen,[26] an der TH waren luftfahrttechnische Lehrveranstaltungen angeboten worden, hatten sich Professoren als Ballonfahrer oder Förderer der Luftfahrt hervorgetan, wurden Studenten ausgebildet, die sich in der Aeronautik einen Namen machten. An ihre aeronautische Kompetenz schlossen die Münchener auch nach 1918 wieder an, Claude Dornier oder Willy Messerschmitt, Absolventen der TH, erlangten als Flugzeugkonstrukteure in der Zwischenkriegszeit Weltruhm. Der luftfahrtwissenschaftliche Erfolgskurs der TH, 1923 die größte im Deutschen Reich, nützte auch Melitta Schiller.

Es war Ludwig Föppl, Professor für Technische Mechanik, der sie in das Gebiet der Aerodynamik einführte, das sie nach Abschluss ihres Studiums als professionelle Luftfahrtingenieurin viele Jahre beschäftigen sollte. Als sie 1937 zum «Flugkapitän» ernannt wurde, dankte sie ihrem verehrten Lehrer für dessen Glückwünsche und ließ ihn wissen, vor allem er habe ihr «zunächst mehr sportliches Interesse für die Luftfahrt wissenschaftlich vertieft»[27]. Die Aerodynamik, die «Lehre von den Kräften, denen ein in der Luft bewegter Körper ausgesetzt ist»[28], war in München dynastisch verwurzelt. 1921 hatte Ludwig Föppl den Lehrstuhl seines Vaters August übernommen, dieser war der Schwiegervater des hochberühmten Ludwig Prandtl, der an der TH München studiert hatte und als Begründer der modernen Strömungsforschung gilt. Prandtl entwickelte grundlegende Theorien, 1904 die Grenzschicht-, 1919 die Tragflügeltheorie, Meilensteine in der Entwicklung der Luftfahrt. Zwar gibt es für die «Zusatzprüfung in Flugtechnik und Flugmechanik», die Melitta abgelegt haben will, keine Nachweise.[29] Sicher ist jedoch, dass sie es ohne Ludwig Föppl niemals zu der Luftfahrtingenieurin gebracht hätte, die nicht nur fliegen, sondern auch aerodynamische Messwerte bestimmen und berechnen konnte.

Um auf den Lärm der Flugmotoren, die Nähe zu aktiven Piloten, den Geruch von Öl und die Atmosphäre aus Fachsimpelei und Abenteuerlust nicht ganz verzichten zu müssen, trieb sich Melitta gelegentlich auf dem Oberwiesenfeld herum.[30] Das Gebiet im Norden Münchens war schon vor dem Ersten Weltkrieg Flugplatz, aber auch nach 1918 gab es zunächst keine Hangars, Wartungsarbeiten mussten deshalb im etwa zehn Kilometer nördlich gelegenen Oberschleißheim erledigt werden. Offenbar durfte Melitta auf einem der kurzen Überführungsflüge gelegentlich mitfliegen. Dabei lernte sie auch Ernst Udet kennen, das berühmteste überlebende, mit dem Orden Pour le Mérite ausgezeichnete Flieger-Ass des Weltkriegs. Unmittelbar nach Kriegsende als Schauflieger und Flugartist vor begeisterten Zuschauermassen mit Luftkunststücken und nachgestellten Luftkämpfen unterwegs, betrieb er zwischen 1921 und 1926 den «Udet-Flugzeugbau». Die leichten Motorflugzeuge «Kolibri» und «Flamingo» waren die berühmtesten und erfolgreichsten Konstruktionen des Unternehmens. Schleißheim war der Werksflugplatz der Firma, die auch Melitta besichtigte, kurz bevor Udet 1925 wieder Flugakrobat wurde. Ende der zwanziger Jahre wurde der dank seiner Flugkunststücke weiterhin populäre Kriegsheld zu einem bewunderten und geliebten Filmstar. Mehrfach spielte er in den Filmen des Regisseurs Arnold Franck neben Leni Riefenstahl sich selbst und griff als Retter aus der Luft in das Geschehen ein. Udets von den Nazis verheimlichter Selbstmord 1941 regte Carl Zuckmayer am Ende des Zweiten Weltkrieges zu seinem Drama «Des Teufels General» an, das Vorbild für die Hauptfigur des Luftwaffengenerals Harras war Zuckmayers Freund Udet.

Wie gut Melitta den Tausendsassa unter den Weltkriegsfliegern in ihrer Münchener Zeit kennenlernte, ist ungewiss.[31] Zu verdanken hatte sie die Bekanntschaft vermutlich Ernst Eberstein. Nachdem ihr Fliegeronkel das Freikorps Schlesien verlassen und in Chemnitz zeitweilig als Vertreter einer Werkzeugmaschinenfabrik gearbeitet hatte, gründete der rührige Ex-Offizier dort Mitte der zwanziger Jahre eine Flughafen-Gesellschaft, in die städtische wie auch Gelder aus der freien Wirtschaft flossen. Onkel Ernst wurde Leiter des Unternehmens und lebte mit seiner Frau und seinen drei Kindern in einer Wohnung des Flughafengebäudes. Bei seiner Karriere halfen dem «Helden von Tannenberg» die Beziehungen zu seinen alten Kriegskameraden, die ebenfalls in der zivilen deutschen Luftfahrt versucht hatten, Fuß zu fassen. Zu diesem Kreis zählte auch der mächtig im Bann junger attraktiver Frauen stehende, äußerst charmante und auffällig kleine Ernst Udet.[32] Ohne Männer wie ihn gab es für Melitta kein Fortkommen.

Während ihres Studiums musste sie lernen, dass sie für eine erfolgreiche Karriere in der Luftfahrt mehr brauchte als die Selbstzucht ihres sportlich geschmeidigen, vom Wandern und Schwimmen, von Licht und Luft immer gebräunten, muskulösen Körpers. Sie brauchte erfahrene männliche Weggenossen, die ihr Orientierung boten. In den um fünf bis zehn Jahre älteren Frontkämpfern, bei denen man nie wusste, ob man sie wegen ihres kriegerischen Mutes verehren oder vor ihren düsteren Kriegserinnerungen Angst haben sollte, fand sie die idealen Gefährten. Mit der Generation der jungen Frontkämpfer schloss sie ein lebenslang währendes Bündnis. Die psychische Konstitution dieser Mitte der zwanziger Jahre nicht mehr ganz so jungen Männer passte bestens zu der des Krotoschiner Kriegskindes. Der Versuch der entwurzelten Heimkehrer, ihre von den Erschütterungen ihres Kriegserlebnisses hervorgerufene seelische Labilität heroisch zu kompensieren, weckte fast zwangsläufig das Interesse der heimatlosen Melitta. An den härteren Gestalten unter den jungen Frontsoldaten lernte sie das Soldatische schätzen, eine Tugend, in die sich eine junge Frau, die aus dem Krieg so manche nervöse Blessur davongetragen hatte, den Aufbruch suchte und es Männern wie Onkel Ernstel gleichtun wollte, sogar verlieben konnte.

Der 1898 geborene Wolfgang Schlotterer, Sohn eines Augsburger Fabrikdirektors, konnte auf eine ansehnliche militärische Karriere zurückblicken. Wie Melittas Bruder Otto hatte auch Wolfgang bereits als Siebzehnjähriger zu den Waffen gegriffen und war als Seekadett in die Marine eingetreten. «Meine Kriegszeit», schrieb er in seinem Lebenslauf für die Anmeldung an der TH München, «verbrachte ich … auf Torpedobooten, wo ich im Jahr 18 die Finnlandunternehmung mitmachte und im September 18 zum Offizier befördert wurde.»[33] Nach der Niederlage kehrte Schlotterer nach München zurück und schloss sich im Kampf gegen die Räterepublik als «Freiwilliger der Batterie ‹Gerstner›» «bis Mitte Juli» 1919 den Freikorps an.[34] Für den erfolgreichen Kampf der «Weißen» gegen die «Roten» hatte Schlotterer in Finnland einschlägige Erfahrungen gesammelt. Dort hatten die Deutschen im Frühjahr 1918 mit fast zehntausend Mann interveniert, um im Finnischen Bürgerkrieg aufseiten der finnischen «Weißen» gegen die finnisch-russischen «Roten» einzugreifen. Nach kurzer Zeit war Helsinki erobert und der rote Spuk vertrieben. In München war es wenig anders. Ende April rückten «die Weißen» gegen die bayerische «Rote Armee» vor und erledigten sie im Handumdrehen. Es folgten zahlreiche Todesurteile und langjährige Haftstrafen. Weil viele führende Mitglieder der Räteregierung Juden waren, ließen sich in der Bevölkerung leicht antisemitische Vorurteile schüren. Wolfgang

Schlotterer muss ein ziemlich harter Hund gewesen sein. War er Monarchist, Nationalrevolutionär, völkischer Radikaler, Antibol-schewist, Antisemit? Oder fühlte er sich nur gedemütigt von der Niederlage Deutschlands im Weltkrieg, vom Versailler «Schand-vertrag», von den Sozialdemokraten, die angeblich den Dolch in den Rücken der im Felde unbesiegten deutschen Armee ge-stoßen hatten?

Zeitweise ging Melitta im Landhaus der Eltern Wolfgang Schlotterers bei München ein und aus. Wolfgang hatte im Herbst 1920 zu studieren begonnen, sich in der Abteilung für Maschineningenieure eingeschrieben, war ebenso sportlich, wanderte und kletterte, liebte die Technik und den Besuch von Kunstausstellungen genau wie Melitta. 1923 muss es gewesen sein, als sich der schwerverliebte Wolfgang von Geldnot und Grenzschwierigkeiten nicht abschrecken ließ und ihr nach Kro-toschin nachreiste, wo sie ihre Semesterferien verbrachte. Mit seinem exotischen bayerisch-schwäbischen Dialekt stieß er in der Villa Schiller auf großen Anklang, fügte sich derart rasch in das Familienleben ein, dass er bald als Schwiegersohn *in spe* galt. Um ihm auf den Zahn zu fühlen, lud ihn Melittas Vater ein, ihn auf eine Dienstreise zu begleiten. Als Wolfgang die Reise barhäuptig antreten wollte, wurde das Unternehmen augen-blicklich abgeblasen, solch eine Sittenverwahrlosung konnte sich Michael Schiller nicht bieten lassen. Eingeschüchtert von so viel Wohlanständigkeit, bewies der junge Mann kurz darauf seinerseits Manieren und hielt schriftlich um Melittas Hand an. Plötzlich waren die beiden den bürgerlichen Konventionen eher abgeneigten Ingenieurstudenten ganz bürgerlich verlobt. Michael Schiller hatte mehr denn je Veranlassung, auf Tradi-tion und Ehre zu pochen. Wolfgang Schlotterer war in eine von den nationalistischen Pathologien der Zeit schwer gezeichnete Familie geraten.

1919 waren Margarete und Michael Schiller mit ihren Töchtern Klara und Jutta in der Krotoschiner Villa allein zurückgeblieben. Eine Zeitlang glaubten die vier, die Dinge würden wieder ins Lot kommen, aber das war ein Irrtum. Bis 1918 waren die Polen in der preußischen Provinz Posen als Bürger zweiter Klasse behandelt worden, jetzt drehten sie den Spieß um. Im neuen polnischen Staat lebten nach den endgültig festgelegten Grenzen 1921 mehr als 27 Millionen Einwohner, nur 19 Millionen waren ethnische Polen, die übrigen acht Millionen waren Deutsche, Juden, Litauer, Weißrussen und Ukrainer. Zwar hatte Polen 1919 einen Minderheitenschutzvertrag als Vorbedingung für den Erwerb der Gebiete im Westen unterzeichnet, trotzdem setzte unmittelbar nach der Unterzeichnung des Friedensvertrages eine Verdrängung der deutschen wie auch jüdischen Bevölkerung ein. Jahrzehntelang war germanisiert worden, jetzt galt die ethnonationalistische Regel «Polen den Polen». Die Hälfte der deutschen Minderheit der Teilgebiete Posen und Pomerellen war bereits zwischen 1919 und 1923 abgewandert. Anders die Schillers, sie harrten in Krotoszyn, das sie nicht mehr als ihr altes Krotoschin empfanden, weiterhin aus.

Die neue deutsch-polnische Grenze zerriss die Familie Schiller nicht nur politisch. Lili, die noch vor der Novemberrevolution in Berlin eine Ausbildung zur Röntgenassistentin begonnen hatte, Otto, der in Breslau, Melitta, die in München studierte, waren deutsche Staatsbürger geblieben, Michael und Margarete Schiller sowie die beiden Kinder Jutta und Klara hingegen nicht. Den Bestimmungen des Versailler Friedensvertrages entsprechend hatten sie ihre preußisch-deutsche Staatsbürgerschaft verloren und waren Polen geworden. Innerhalb einer zweijährigen Frist hätten sich Michael und Margarete samt ihrer minderjährigen Töchter zwar als Deutsche bekennen und mit ihrer Habe auswandern können, dieses Recht nahmen viele der so-

Zweites Kapitel

genannten Optanten auch in Anspruch, das Ehepaar Schiller verzichtete jedoch.

Michael Schiller hielt es für vernünftiger, sich mit Polen zu arrangieren. Als 1919 knapp Sechzigjähriger glaubte er im Reich keine Anstellung mehr zu bekommen, ohnehin stieß die Zuwanderung Reichsdeutscher aus den abgetretenen Gebieten weder bei Reichsregierung noch preußischer Staatsregierung auf Zustimmung. Eine zusätzliche finanzielle Belastung der Sozialsysteme wie des Arbeitsmarktes des durch Reparationen belasteten Weimarer Staates galt es zu vermeiden. Außerdem gefährdete eine schwindende deutsche Minderheit die Grenzrevisionspolitik gegenüber Polen, die von allen politischen Parteien der Republik mit Ausnahme der Kommunisten vertreten wurde. 1923 hatte die Reichsregierung sogar eine Zuzugssperre für die abgetretenen Gebiete erlassen, um die Zuwanderung besser kontrollieren zu können.[35] Aus all diesen Gründen hatte es Michael Schiller für sich und seine Familie bei der polnischen Staatsbürgerschaft belassen. Im Übrigen liebte er seine Villa und seinen Garten und erwog, ob er und seine Frau für die Sache des Deutschtums nicht mehr ausrichten könnten, wenn sie blieben, anstatt Krotoschin, das ihnen Heimat geworden war, den Rücken zu kehren. Am wenigsten brachte es Michael übers Herz, seine fast dreißig Jahre lang ausgeübte Tätigkeit aufzugeben. Deshalb stellte er sich den polnischen Behörden in Krotoschin weiterhin als Bauingenieur zur Verfügung. Er sprach nicht schlecht Polnisch, und der neue Staat brauchte seinen Rat, sein Wissen und seine Erfahrung.

1924 endete jedoch plötzlich die Zusammenarbeit. Die Schillers verkauften ihre Villa, im Jahr darauf verließen sie Polen.[36] Welche Intrigen es waren, die Melittas Vater veranlassten, sich kurz vor Erreichen der Altersgrenze «vorzeitig pensionieren»[37] zu lassen, ist nicht bekannt. Riskant war seine Entscheidung vor allem deshalb, weil der polnische Staat Pensionen nur innerhalb seiner Staatsgrenzen auszahlte. Da eine Zuwanderung nach Deutschland auch aus diesem Grund nicht in Frage kam, zog die Familie 1925 in die Freie Stadt Danzig, wo Michael seine Rente problemlos beziehen konnte. Dort zählten die vier Schillers mit ihrer polnischen Staatsbürgerschaft zu den etwa drei Prozent Polen, die in der Stadt an der Ostsee lebten. Sie ließen sich unweit der Küste im Stadtteil Oliva nieder, mieteten in der Lessingstraße 8 ein hübsches Haus[38], nicht ganz so herrschaftlich wie ihre Krotoschiner Villa, aber noch immer behaglich und standesgemäß.

Fast sechzig Jahre nachdem er sächsischer Staatsbürger geworden war, hatte der naturalisierte Preuße und assimilierte Jude Michael Schiller binnen kürzester Zeit das noch junge 20. Jahrhundert als Ära von Heimatverlust und Ethnonationalismus kennengelernt. Dennoch lebte er in Oliva ähnlich wie in Krotoschin vor 1914, als die Provinz Posen noch preußisch war und ein trügerischer Friede herrschte. Obwohl offiziell Pole, waren er und seine Familie so deutsch wie immer, wenn nicht sogar deutscher als je zuvor. Allerdings befand sich Danzig infolge des polnischen Korridors in einer unvergleichbar extremeren Grenzsituation als das Krotoschin der Vorkriegszeit. Die Stadt wurde zum ge-

Danzig-Oliva, Lessingstraße 8, 1928: Die Familie Schiller im neuerworbenen Haus.

Zweites Kapitel

fährlichsten politischen Konfliktfall der Versailler Ordnung. Ein Leben an existenzgefährdenden Grenzen zu führen war die Spezialität der Familie Schiller. Die Avantgarde in dieser Hinsicht bildete Melitta.

Nach Berlin!

1927 war das vorletzte gute Jahr der Weimarer Republik, bevor mit der Weltwirtschaftskrise 1929 ihr Untergang begann. Melitta Schiller bestand ihre Abschlussprüfung als Diplomingenieurin und machte sich auf die Suche nach einer Arbeitsstelle. Seit dem Ende des Weltkrieges hatte sich die Lage auf dem Arbeitsmarkt für Akademiker verschärft. In sämtliche Studienfächer drängten die geburtenstarken Jahrgänge, überwiegend junge Kriegsheimkehrer, deren akademische Ausbildung durch die Einberufung unterbrochen oder verhindert worden war. Melitta war eine der Frauen, die nach dem Krieg verstärkt an die Universitäten strömten. Bis 1931 stieg die Quote weiblicher Hochschulabsolventen auf gut achtzehn Prozent an.[39] Die Folge des allgemeinen Zustroms an Studenten war ein Überschuss an Akademikern. Ihre Berufsaussichten waren schlecht, ihre soziale Not war groß, ihr Lebensstandard lag unter dem ungelernter Arbeiter, 1928 waren fünfzehn Prozent der Studenten unterernährt, Anfang der zwanziger Jahre waren es sogar fast ein Drittel gewesen.[40] Der Werkstudent, der sich sein Studium selbst finanzieren musste, wurde zu einer verbreiteten Erscheinung. Der soziale wie materielle Aufstieg, den sich die Generation der jungen Akademiker erhofft hatte, blieb den meisten verwehrt. Enttäuscht gaben sie der Weimarer Republik die Schuld daran. Zugleich wuchsen seit Mitte der zwanziger Jahre die Sympathien der Studenten für völkische, nationalistische und antisemitische Einstellungen.

Die soziale Lage der Ingenieure war ebenfalls prekär. Nach Kriegsende hatten sich anfangs mehr Abiturienten an Technischen Hochschulen eingeschrieben als an den Universitäten. Vor allem ehemalige Offiziere erhofften sich von diesem Schritt eine lukrative Stellung in der Industrie, die ihrem früheren sozialen Status entsprechen sollte.[41] Wolfgang Schlotterer und Melitta Schiller hatten sich demnach nicht ganz zufällig angefreundet. Die Erwartungen, die der Ex-Marineoffizier und das Posener Kriegskind in ihr Ingenieurstudium setzten, ähnelten sich in gewisser Weise. Melitta wie auch Wolfgang erhofften sich ökonomische Unabhängigkeit und sozialen Aufstieg. Da qualifizierte Arbeitsplätze jedoch kaum vorhanden waren, wurden die Karrierewünsche der meisten Ingenieure enttäuscht. Anders bei Melitta, sie machte ihren Weg.

Ihren Lehrer Ludwig Föppl hielt sie über ihre beruflichen Fortschritte zeitweise brieflich auf dem Laufenden. Zwar hatte sie die eine oder andere Ablehnung hinnehmen müssen.[42] Plötzlich aber war alles ganz schnell gegangen, und sie hatte einen Posten erhalten, wie sich ihn eine junge Ingenieurin besser nicht wünschen konnte. Stolz berichtete sie Föppl im Januar 1928 von ihrer Anstellung bei der Deutschen Schiffbau-Versuchsanstalt in Hamburg, zunächst nur als Volontärin, da «kein neuer Ingenieur gebraucht wurde»[43]. Dank ihrer Kompetenzen konnte sie sich aber schnell eine so gute Position erobern, dass sie ins «wissenschaftliche Büro» wechselte, ein Gehalt bezog und «mit der Art meiner Beschäftigung außerordentlich zufrieden» war. Sie stellte Berechnungen für «Nachstrompropeller» an und konnte ihre im Studium erworbenen theoretischen Kenntnisse unmittelbar anwenden. Bald erhielt sie die Erlaubnis, «das Berechnungsverfahren für den Propeller mit günstiger Schubverteilung weiter auszubauen und zu vereinfachen». Zudem hatte sie «mehrere patentierfähige Erfindungen gemacht, einen optischen Aufmessapparat, der jetzt für die Versuchsanstalt gebaut wird». Melitta war auf Erfolgskurs, Föppl ermutigte sie in seiner Antwort, sich auf dem Arbeitsgebiet der Strömungslehre ein Dissertationsthema zu suchen.

Dazu kam es vorerst nicht, denn im Juni 1928 stieg Melitta auf der beruflichen Karriereleiter wieder ein paar Sprossen höher. Sie war bei der «D.V.L. gelandet» und von Hamburg nach Berlin-Adlershof umgezogen.[44] Anfangs war ihre Freude durchaus getrübt. Hamburg hatte ihr außerordentlich gut gefallen, schließlich aber war sie doch bereit, «trotz einer ziemlich weitgehenden Abneigung gegen Berlin» das Angebot der Deutschen Versuchsanstalt für Luftfahrt (DVL) anzunehmen. Offenbar hätte sich Melitta zu diesem Zeitpunkt auch damit zufriedengegeben, eine patente Schiffsbauingenieurin zu werden. Immerhin hatte sie in dem knappen Jahr, in dem sie in Hamburg arbeitete, sogar die «Seefahrerprüfung an der Seefahrtschule in Lübeck»[45] absolviert. Als sie Hamburg verließ, hatte der Wechsel von der Hydro- zur Aerodynamik wie der Übergang vom noch theoretischen Interesse am Flugsport zur Luftfahrtforschung noch nicht stattgefunden.

Für ihre berufliche Entwicklung war Hamburg alles andere als verlorene Zeit gewesen. Widerstände zu verringern «und die Schraube dem Strömungsbild» anzupassen lautete der Forschungsauftrag der mit der DVL kooperierenden Hamburgischen Schiffbau-Versuchsanstalt.[46] Da für Strömungstheoretiker Wasser und Luft verwandte Elemente, Hydro- und Aerodynamik keine prinzipiell unterschiedlichen Gebiete sind, konnte Melitta ihre strömungstheoretischen Erfahrungen bei der DVL bestens anwenden. Das Problem des Fliegens an sich, referierte sie auf einer Konferenz vor Schiffsbauingenieuren in Hamburg, sei längst gelöst. Jetzt gehe es darum, «Maximalleistungen an Geschwindigkeit, Dauer, Reichweite, Gipfelhöhe und Wirtschaftlichkeit zu erzielen», deshalb befasse sie sich in Adlershof «lediglich mit der Schraube»[47]. Wie während des Fluges verstellbare Luftschrauben konstruiert sein müssten, um am wirksamsten Schub zu erzeugen, war das Problem, das Melitta bei der DVL beschäftigte. Mit fünfundzwanzig Jahren gehörte die junge Diplomingenieurin zur Elite der zeitgenössischen Luftfahrtforschung. Die Krisen ihrer frühen Jugend lagen hinter ihr, es ging ihr gut, sie hatte Glück, sprühte vor Ehrgeiz, und ihr Körper war kräftig, gesund und durchtrainiert.

1928 nimmt Melitta Schillers Leben maximalen Schub auf.

In diesem Jahr setzt die Reichsbahn erstmals elektrische Schnellzüge ein. Ernst Udet landet mit seinem 20-PS-Kleinflugzeug auf der Zugspitze. Das Junkers-Flugzeug «Bremen» erreicht Neufundland, der erste Atlantikflug nonstop in Ost-West-Richtung ist ein deutsches Unternehmen. Im Mai werden die beiden Piloten Hermann Köhl und Günther Freiherr von Hünefeld von einer Million begeisterter Menschen auf den Straßen Berlins empfangen. In allen denkbaren Disziplinen stellt das in Geschwindigkeit, Motor, Maschine, Technik und Sport verliebte, militärisch unbedeutende, aber heimlich aufrüstende Deutschland Rekorde auf. In Rüsselsheim donnert der erste Rennwagen mit Raketenantrieb über die Piste, wenig später startet auf der Wasserkuppe ein Segelflugzeug mit Feststoffraketen – der erste bemannte Raketenflug. Mit einer Spitzengeschwindigkeit von 230 Stundenkilometern rast Fritz von Opel auf «Opel Rak 2» im Mai über die Berliner Avus. Im Juli finden in Amsterdam die IX. Olympischen Sommerspiele statt. Zehn Jahre nach Kriegsende darf Deutschland wieder teilnehmen, zum ersten Mal steht Frauen die Leichtathletik offen, Deutschland holt nach den USA die meisten Medaillen. Im Herbst 1928 gewinnt Max Schmeling seinen ersten Boxkampf in den USA durch K. o. Das Flugboot Romar der Berliner Firma Rohrbach Metallflugzeugbau, dritt-

Zweites Kapitel

größter deutscher Hersteller hinter Junkers und Dornier, besteht seinen Erstflug. Im Wahlkampf 1932 wird Hitler mit einer Maschine dieses Typs unterwegs sein, er weiß: Erlöser müssen von oben kommen, aus den Wolken. Im Großen Berliner Schauspielhaus geben die Comedian Harmonists ihr Debüt. Der Schauspieler Fritz Hirsch singt «In einer kleinen Konditorei». Millionen summen mit, ein echter Schlager. Hirsch ist Jude, 1942 wird er in Mauthausen ermordet werden. Im Theater am Schiffbauerdamm wird «Die Dreigroschenoper» uraufgeführt, noch zeigt der Haifisch seine Zähne nicht. Halb Berlin schnupft Kokain, Walter Benjamin raucht Haschisch in Marseille, Ernst Jünger spaziert *stoned* über den Berliner Alexanderplatz. Kalte Technik und heiße Räusche. Vladimir Nabokov gibt Tennisstunden, Gustaf Gründgens versucht sein Glück in Berlin. Berühmt werden die beiden erst später, Melitta Schiller hat es in Adlershof besser. Franz Hessel flaniert und macht sich verdächtig – Spazierengehen ohne Ziel und Zweck, das geht in Berlin nicht. Was geht, zeigt Walther Ruttmanns Dokumentarfilm «Berlin: Sinfonie einer Großstadt» bereits 1927: An Treib-, Kolbenstangen und Räderwerk einer Lokomotive, die nach rasender Fahrt im Anhalter Bahnhof ankommt, sieht man Wasser herabrinnen, als vergieße ein urtümliches Monster aus Fleisch und Blut Schweiß. Maschinenwelt, Maschinenschicksal, in Berlin muss jeder mittun, Herumstehen und Zusehen gilt nicht. Joseph Roth reist durch Polen und kommt zu dem Schluss, der deutschen Minderheit gehe es gut im neuen polnischen Staat. (Melitta Schiller hätte ihm vermutlich heftig widersprochen.) In Berlin sind siebzig U-Bahnhöfe in Betrieb, auf jeden sechsundsechzigsten Berliner kommt ein Auto. Am 31. Dezember 1928 zählt Berlin 4 272 375 Einwohner, vierzig Tageszeitungen, die größten Filmateliers und Kinosäle Europas sowie die meisten Theater Deutschlands. Berlin, die größte Mietskasernenstadt der Welt, ist 1928 die spektakulär unspektakuläre

Hauptstadt der Moderne mit all ihren technischen, sozialen, ökonomischen, kulturellen Krisen und ein paar spezifisch deutschen Problemen obendrein.

Und mittendrin Melitta.

Ungefähr im Mai muss sie angekommen sein.[48] Wer sich damals in Hamburg in den Zug setzte, traf in Berlin am Lehrter Bahnhof ein, dort, wo heute der neue Hauptbahnhof steht. Trat man durch das Südportal hinaus, gelangte man auf einen Platz am Spreeufer, wo die Droschken warteten. Für eine Droschke reichte vermutlich Melittas Geld nicht, also nahm sie den nördlichen Ausgang und stieg in die S-Bahn. Begleitet wurde sie vermutlich von Hendrik, einem dänischen Kommilitonen, mit dem sie ein Verlöbnis eingegangen war, nachdem sie Wolfgang Schlotterer den Laufpass gegeben hatte. Über Hendrik, sein Familienname ist nicht überliefert, ist nur so viel bekannt, dass er hellhäutig, rotblond, von hünenhafter Gestalt und «auf alles eifersüchtig (war), was ihr [Melitta] irgend nahe stand»[49]. Offenbar verband Hendrik und Melitta eine jahrelange, kräftezehrende *amour fou,* in der Zeit des Verlöbnisses blieb Melitta «für ihre Familie unsichtbar und schrieb auch nur selten Briefe»[50].

Von den knappen Mitteilungen an Ludwig Föppl abgesehen, existiert tatsächlich keine Zeile, die über ihr Berliner Leben Auskunft geben würde. Allein mit der Vernichtung ihres gesamten Hausstandes während des britischen Luftangriffes im März 1945 auf Würzburg ist dieses Schweigen nicht zu erklären. Auch nicht mit dem kriegsbedingten Verlust des Danziger Elternhauses ebenfalls im Frühjahr 1945. Im Nachlass ihrer Schwester Marie-Luise, der peniblen Hüterin familiärer Erinnerung, findet sich kaum eine Zeile von Melittas Hand, ebenso wenig in den Nachlässen ihrer Schwestern Jutta und Klara. Marie-Luise, Jutta und Klara schrieben häufig Rundbriefe an die ganze Familie, eine Sitte, an der sich Melitta offenbar nie beteiligte, eine große Brief-

Zweites Kapitel

schreiberin kann sie nicht gewesen sein. In Marie-Luises von 1923 bis weit in die Nachkriegszeit reichender Familienchronik tritt Melitta bis zum 20. Juli 1944 nur ein einziges Mal in Erscheinung: Im Sommer 1926 hatten sich die beiden Schwestern am Bahnhof Zoo in Berlin verabredet, kaum mehr als eine Begegnung im Vorübergehen. An den verschiedenen Familientreffen und Familienfesten in Danzig hat sie zwar teilgenommen, im Übrigen scheint sie aus ihrem Leben jedoch mehr und mehr ein Geheimnis gemacht zu haben, ganz so, als wolle sie die Ratschläge befolgen, die Bertolt Brecht in seinem «Lesebuch für Städtebewohner» gegeben hatte. «Wenn du deinen Eltern begegnest in der Stadt Hamburg oder sonst wo», hieß es dort 1926/27, «Gehe an ihnen fremd vorbei, biege um die Ecke, erkenne sie nicht/ Zieh den Hut ins Gesicht, den sie dir schenkten/ Zeige, oh, zeige dein Gesicht nicht/ Sondern/ Verwisch die Spuren!» Das tat Melitta, Anonymität war für sie eine große Verführung. Was immer sie gegen Berlin einzuwenden hatte, 1928 wurde sie zur Berlinerin in deren modernster neusachlicher Gestalt.

Wer Melitta aus den Anfängen ihres Studiums in München oder noch aus ihrer Hirschberger Zeit kannte, hätte sie jetzt nicht mehr wiedererkannt. Ihr äußeres Erscheinungsbild war von Grund auf verändert, die Krotoschiner Landpomeranze, die bei ihren Münchener Kommilitonen auf Spott gestoßen war, hatte sie gleich nach Studienbeginn verabschiedet. Mitte der zwanziger Jahre beugte sich die Studentin der Technischen Physik im bequemen Hemdkragenkleid und neuer Kurzhaarfrisur über ihre Berechnungen. Alles Weiche und Ornamentale auf ein Minimum beschränkt, hatte sie sich in München die nüchterne Strenge einer technischen Angestellten zugelegt.

Darauf festlegen ließ sich Melitta aber nicht. Am Anfang ihrer Münchener Studentenzeit hatte ihr der Maler Elk Eber nachgestellt und sie porträtiert. Der 1892 geborene Künstler, mit

Gesichtswandel: Melitta um 1925 während ihres Ingenieur-studiums in München und vermutlich Ende der zwanziger Jahre in Berlin.

Vornamen eigentlich Emil Wilhelm, Kriegsfreiwilliger und Teilnehmer am Hitler-Putsch, war ein seltsamer Vogel. Der in Münchener NS-Kreisen bekannte und geschätzte Eber pflegte ein doppeltes völkisches Interesse: «Rassereinheit» fand er weniger in heimischen als in exotischen Gefilden, seine Germanen traten in Gestalt der nordamerikanischen Urbevölkerung in Erscheinung. Eber sammelte indianische Ethnographika, malte indianische Motive, Ende der zwanziger Jahre wurde er gar in den Stamm der Sioux aufgenommen.[51] Melitta, die dem zwielichtigen Ehren-Sioux offenbar den Kopf verdreht hatte, ließ sich von ihm als Schwabinger Bohemienne darstellen. Die noch vom Geist des Fin de Siècle beeinflusste Bleistiftzeichnung zeigt sie im Profil, eine Pose, die sie von nun an immer dann einnehmen wird, wenn sie sich vor der Fotokamera selbst inszeniert. Elk Ebers Blatt dokumentiert insofern mehr als nur Melittas Nähe zu einem zweitklassigen völkischen Künstler. Bedeutsam für ihre Emanzipationsgeschichte

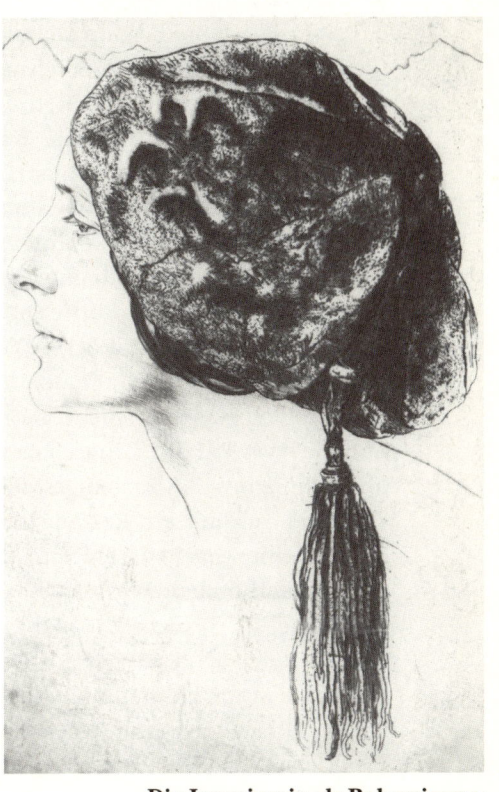

Die Ingenieurin als Bohemienne:
Melitta in einer Bleistiftzeichnung
von Elk Eber, um 1924.

ist vor allem die auffällige Vorliebe für selbstexperimentelle Rollenspiele, die sich in diesem Profilporträt äußert. Vielleicht noch in München, möglicherweise in Hamburg, sicherlich aber in Berlin näherte sie sich dem im Vergleich zur Bohemienne kesseren und moderneren Typus der Neuen Frau an. Gegen Ende der zwanziger Jahre begann Melitta in einem weiteren Emanzipationsschritt ihre Selbstinszenierung vor dem technischen Auge der Fotokamera avantgardistisch zu radikalisieren.[52]

Als Idealtyp war die Neue Frau berufstätig, selbstbewusst, ehrgeizig, sportlich, jung, schlank, rauchte Zigaretten, Zigarren, seltener Pfeife, sie war Großstädterin, vergnügte sich in Clubs, Bars und Restaurants, auch ohne männliche Begleitung. Sie galt als sexuell freizügig, bestimmte ihre Liebhaber respektive Liebhaberinnen selbst und tanzte gut. Ihre Markenzeichen waren kurze Haare und kurze Röcke. Die soziale Realität der über elf Millionen berufstätigen Frauen mochte Mitte der zwanziger Jahre anders aussehen, nicht alle rauchten, tanzten, hatten Zeit und Geld, in Bars Bekanntschaften zu schließen. Dennoch war für Millionen weiblicher Angestellter das Phänomen der Neuen Frau mehr als nur ein Reklamebild, dem sie, wie Siegfried Kracauer meinte, nacheiferten und das sie zu Opfern der modernen kapitalistischen Wirtschaft machte.[53] Die neuen Sprachen der Mode waren nicht Zeichen falschen Bewusstseins, sondern Ausdruck der sich während des Weimarer Jahrzehnts vollziehenden sozialen wie kulturellen Veränderungen.[54] Die zunehmende Technisierung und Motorisierung des Alltags hatte vor allem die Körper der Frauen beweglicher und stromlinienförmiger, der sportliche Lebensstil Geschlechterverhältnisse unsentimentaler und sachlicher gemacht. Präzise diagnostiziert hatte diesen Wandel von der Statik zur Dynamik Robert Musil. Weil der durch die Kriegsniederlage ramponierte Mann nicht mehr zum Ideal taugte, so der in den zwanziger Jahren in Berlin le-

bende österreichische Schriftsteller, hätten die Frauen «es
übernommen, sich als ihr eigenes Wunschbild auszudenken»[55]. Das taten die jungen
Berlinerinnen, ihre Vorbilder
waren die Sportlerin, die Auto-
und Motorradfahrerin sowie,
die Symbiose von Maschinen-
technik und menschlichem
Körper auf die Spitze treibend,
die Fliegerin.

Diese Selbstmodernisierung
verkörperte Melitta Schiller
exemplarisch. Der «Bubikopf»,
den sie am Ende der zwanziger Jahre trug, war nicht bloß
Mode. Melitta füllte die Rolle
der Neuen Frau mit Kraft und
Leben, darin war sie in ihrer

Selbstgenügsam modern: Melitta als Neue
Frau Ende der zwanziger Jahre.

Familie singulär. Margarete Schiller behielt zeitlebens die Hochsteckfrisur der Vorkriegsjahre bei, die sie bereits als junge Frau
um die Jahrhundertwende getragen hatte. Die älteste Tochter
Lili war auch in dieser Hinsicht Abbild der Mutter, sie blieb
eine traditionelle Frau, ordnete sich der beruflichen Karriere
ihres Ehemannes unter, gab ihren erlernten Beruf als Röntgenassistentin auf und wurde Mutter und Hausfrau. Ähnlich die
mondäne Jutta, deren äußerer Habitus zwar zeitgemäßer war,
die studierte und promovierte, die aber ebenfalls die meiste Zeit
ihres Lebens Mutter und Hausfrau blieb. Autonom hingegen war
die hübsche Pims, in ihren jungen Jahren ähnelte sie dem Typus
des Girls, der eher konformistischen Variante der Neuen Frau.

Sie blieb zeitlebens ehe- und kinderlos und machte Karriere. An der Spitze der Modernität aber stand Melitta. Ende der zwanziger Jahre schlüpfte sie in die radikale Rolle der Garçonne, die von allen Typen der Neuen Frau die Grenze zur Maskulinität am deutlichsten überschritt.

Auch hier ging Melitta noch ans Limit. Ein Jahr nach ihrer Ankunft in Berlin war sie offenbar des Geschlechterkampfes mit dem pathologisch eifersüchtigen dänischen Rotschopf Hendrik überdrüssig. Dass jetzt bereits ihr zweites Verlöbnis in die Brüche ging, nahm sie anscheinend gelassen hin. Auf den beiden wohl in den späten zwanziger Jahren entstandenen ikonischen Profilporträts posiert sie als selbstverliebter Androgyn, der ebenso klar konturiert wie sanft lächelnd froh darüber zu sein scheint, dass er die Polarisierung der Geschlechter zumindest vorerst hinter sich gelassen hat. Mit Beginn ihrer Tätigkeit bei der DVL in Adlershof entfaltete Melitta andere Leidenschaften. Flugapparate hatten kein pathologisches Innenleben wie Hendrik und versprachen dennoch Hochgefühle.

Ihren Standort hatte die DVL am äußersten südöstlichen Rand Berlins. Bedeutende Teile der Berliner Industrie waren schon Ende des 19. Jahrhunderts hierher abgewandert. Zwischen 1890 und 1896 hatten sich in Oberschöneweide verschiedene Werke der AEG niedergelassen, im benachbarten Adlershof war 1912 die DVL gegründet worden. Zu ihrer Aufgabenstellung gehörten Luftfahrtforschung, technische Überwachung und Prüfung von Fluggerät sowie die Ausbildung von Ingenieuren, die gemäß offiziellen Richtlinien Prüfarbeiten erledigten. Getragen wurde der Verein von Staat, Wirtschaft und weiteren Vereinen wie der Aerodynamischen Versuchsanstalt in Göttingen, der Deutschen Forschungsanstalt für Segelflug in Darmstadt sowie verschiedenen Technischen Hochschulen. Hervorgegangen aus der Über-

Zweites Kapitel

legung, mit dem vor dem Ersten Weltkrieg flugtechnisch zeitweise fortgeschritteneren Ausland konkurrieren zu können, war
die Gründung der DVL ein bedeutender Schritt zur «Institu-
tionalisierung der Luftfahrtforschung als Technikwissenschaft»[56]
in Deutschland. Die ersten Nachkriegsjahre waren wegen der
Verordnungen der Siegermächte und der Inflation mager, 1925
ging es langsam wieder aufwärts. 1928, als Melitta angestellt
wurde, stieg die Zahl der Mitarbeiter, die 1923 einen Tiefstand
von zwanzig Angestellten erreicht hatte, auf 543 an.[57] Die Kon-
junkturentwicklung war günstig, der dringend nötige Ausbau
begann, unter anderem auch der aerodynamischen Abteilung.

Insgesamt waren die zwanziger Jahre für die DVL jedoch
eine unsichere Zeit. Verantwortlich dafür waren die mit der
Weltwirtschaftskrise 1929 wieder knapperen finanziellen Mittel,
diverse institutionelle Querelen sowie Streitigkeiten um das Adlershofer Gelände. Zeitweise stand die Verlegung ins nahe Britz
zur Debatte, Hans Poelzig, Exponent des neusachlichen Bauens,
hatte, auch weil der für aerodynamische Experimente unerlässliche Windkanal abgebrannt und nicht ersetzt worden war, bereits Neubaupläne entwickelt. Als dieses Projekt nicht finanziert
werden konnte und die Abwanderung der DVL drohte, kaufte
die Stadt Berlin das Pachtgrundstück in Adlershof doch noch an.
Der Standort blieb erhalten, aber dürftige 1,4 Millionen Reichsmark mussten ausreichen, um die nötigsten Erweiterungen zu
finanzieren, den Neubau eines Drei-Meter-Windkanals sowie die
bauliche Erweiterung der vorhandenen Propeller- und Motorenprüfstände.[58] Auch wenn diese Modernisierungsmaßnahmen
mit dem technologischen Stand vergleichbarer Einrichtungen
im westlichen Ausland nicht Schritt halten konnten, durfte sich
Melitta doch darüber freuen, dass die Zahl der Mitarbeiter dank
der allgemeinen Absenkung von Löhnen und Gehältern erhöht
worden war. Da die Luftfahrtforschung seit 1928 zu achtzig Pro-

zent aus dem Etat des Reichswehrministers finanziert wurde, profitierte sie zudem von der geheimen Wiederaufrüstung.[59]

Mit ihrer Anstellung bei der DVL stand auch Melittas Ausbildung zur professionellen Pilotin nichts mehr im Weg. Für eine Weile wohnte sie in Staaken, wo «sie sich Ende 1929 bei der Deutschen Luftfahrt G.m.b.H. … als Schülerin»[60] anmeldete. Staaken lag im Westen Berlins, während des Ersten Weltkriegs waren hier Luftschiffe gebaut worden, 1923, als der neu erbaute Flughafen Berlin-Tempelhof den zivilen Luftverkehr übernahm, wurde Staaken Trainings- und Wartungsbasis sowie Ausbildungsstätte der dann 1926 gegründeten Fluglinie «Deutsche Luft Hansa». Dennoch kannte Staaken jedes Berliner Kind. Als das damals größte, fast 240 Meter lange Luftschiff «Graf Zeppelin» 1928 und 1930 hier landete, strömten Zehntausende dorthin.[61] Trotz der Atlantikflüge von Charles Lindbergh und Hermann Köhl glaubte man Ende der zwanziger Jahre noch, die Zukunft des Passagierluftverkehrs gehöre den Zeppelinen. Als Melitta 1929 ihre ersten Platzrunden drehte, war sie eine Pionierin des Motorflugzeuges, über dessen technologisches Potenzial sie besser Bescheid wusste als die meisten anderen. Während ihrer Zeit in Staaken flog sie morgens und abends, tagsüber ging sie ihrer Arbeit in Adlershof nach. Das Flugzeug war ihr Lebensinhalt geworden.

Wie sie ihren Flugunterricht finanzierte, ist ein Rätsel. Wo kamen die 85 Reichsmark pro Flugstunde her, Kosten, die ihr knappes Monatsgehalt im Nu aufgefressen haben dürften? Sprang die DVL für ihre Angestellte ein? Oder gab es einen stillen Förderer, zog Onkel Ernst im Hintergrund die Fäden? In einem Lebenslauf, den Melitta 1943 als arrivierte Ingenieurpilotin vermutlich selbst verfasste, behauptet sie, sie habe «1929 außerhalb ihrer Dienstzeit [bei der DVL] mit der Ausbildung zur Flugzeugführerin» begonnen und diese nach einigen Jahren «mit eiserner Energie vollendet»[62]. Das klingt glaubwürdig, Zweifel kommen

aber auf, wenn sie im selben Zusammenhang angibt, die Kosten
für ihr Studium habe sie «durch unermüdliches Schaffen selbst
aufbringen»[63] müssen. Diese Aussage entspricht angesichts der
Stipendien, die sie erhielt, nicht den Tatsachen, sondern ist vor
allem nachträgliche Selbstheroisierung. Wie hart und entbeh-
rungsreich ihre Studienzeit auch gewesen sein mochte, nach
dem Ende ihrer Ausbildung stand sie immerhin in Lohn und
Brot und begann im Jahr des New Yorker Börsenkrachs und der
einsetzenden Weltwirtschaftskrise mit ihrer Flugausbildung. Im
Krisenjahr 1929 ging es für Melitta weiter nach oben.

Zum ersten Mal in ihrem Leben kletterte sie in die Kanzel
eines Motorflugzeuges, hörte das Aufheulen der Propellermoto-
ren, betrachtete die Welt aus mehreren hundert Metern Höhe
aus der Vogelperspektive, setzte sicher auf dem Boden wieder
auf. Voller Eifer, Ehrgeiz und Enthusiasmus machte sie sich an
ihre Pilotenausbildung. Die Prüfung für den A-Schein legte sie
nach dreißig Alleinflügen als Vorbedingung schon im November
1929 ab, ein Dreivierteljahr nachdem sie ihren Flugunterricht
begonnen hatte. Mit ihrer Klemm L 20, einem Zweisitzer mit of-
fener Pilotenkanzel, zeichnete sie drei Achten an den Himmel,
absolvierte drei Ziellandungen sowie einen Flug in mindestens
zweitausend Metern Höhe. Der vorgeschriebene Überlandflug
führt bei winterlichem Wetter von Staaken über Tempelhof und
Halle/Leipzig wieder zurück zum Ausgangspunkt. Fliegen erforderte damals nicht nur Mut, Willenskraft und Nerven, sondern
auch eine eiserne Gesundheit. In ihren offenen Cockpits trugen
die Piloten zum Schutz vor Wind und Kälte Pelzstiefel, gefütterte
Lederoveralls, Schutzbrillen, wenn gar nichts mehr half, wurde
auf das Gesicht eine dicke Fettschicht aufgetragen.

Hatte man den A-Schein in der Tasche, konnte es passieren,
dass man als Pilotin öffentliche Aufmerksamkeit erregte und in
die Klatschspalten der Presse gelangte. Ende 1929 nahm die

Vom „Fest der Luftfahrt" in Berlin, das der „Deutsche Luftfahrt-Verband" veranstaltete.

Hauptmann Loerzer, der Kampfflieger.   Vier deutsche Pilotinnen: Elli Beihorn, Melitta Schiller, Georgia Lind, Antonie Strassmann.   Der Meisterflieger Udet.

Fot. Aktuell.

Flieger-Triptychon: Fotoserie anlässlich des «Festes der Luftfahrt» in der «Berliner Illustrirten Zeitung» vom 20. Oktober 1929.

«Berliner Illustrirte Zeitung» auf der Seite für Vermischtes den Blick ihrer Leser durch ein interessantes fotografisches Triptychon gefangen. Flankiert von den Weltkriegsfliegern Udet sowie dem ebenfalls hochdekorierten Bruno Loerzer, zwei nicht mehr ganz so jungen Vertretern der Kriegsjugendgeneration, zeigte das mittlere Foto «vier deutsche Pilotinnen»[64]. Anlass war das «Fest der Luftfahrt», das der «Deutsche Luftfahrt-Verband» ausgerichtet hatte. Die vier Pilotinnen waren Elly Beinhorn, Georgia Lind, Antonie Strassmann und Melitta Schiller. Alle vier Frauen galten als aufstrebende «Flugküken», hatten ihren A-Schein eben erst oder, wie Melitta Schiller, noch nicht vollständig erworben. Vermutlich kannte Melitta ihre Kolleginnen bereits aus Staaken.

Auch Beinhorn, Lind und Strassmann waren begeisterte Sportlerinnen, unabhängige neue Frauen, die ihre Exzentrik durch ihre Passion für den Flugsport auch medial auf die Spitze trieben. Öffentliches Interesse verdankten sie nicht nur ihrer Pilotinnentätigkeit oder flankierenden Supermännern wie Udet und Loerzer, sondern im Falle Linds und Strassmanns auch einer bemerkenswerten Zweitbeschäftigung. Beide waren ausgebildete Schauspielerinnen, Lind hatte 1929 bereits mehrere Filme gedreht, Strassmanns erster (und vermutlich einziger) Film war im selben Jahr in die Kinos gekommen. Wie bescheiden Melittas fliegerische Erfahrungen Ende der zwanziger, Anfang der dreißiger Jahre auch waren, sie gehörte einer kleinen Elite fliegender Frauen an, die dank ihres enormen Prestiges gelegentlich auch Zugang zu exklusiven sozialen Kreisen hatte.

Elly Beinhorn, Thea Rasche, Liesel Bach, Vera von Bissing, Marga von Etzdorf hießen die meist derselben Generation wie Melitta Schiller angehörenden bekanntesten deutschen Fliegerinnen. Elly Beinhorn hatte ihre Prüfung als Motorsportfliegerin im Mai 1929[65] bestanden, im September nahm sie am Zuverlässigkeitsflug des Deutschen Luftfahrtverbandes teil, im Frühjahr 1930 flog sie als erste Frau über die Alpen nach Italien. Im Januar 1931 startete sie zu ihrem ersten Alleinflug nach Afrika, eine Notlandung in Französisch-Sudan, dem heutigen Mali, in deren Folge sie drei Tage verschollen blieb, machte sie dank ihrer spektakulären Rettung wie ihrer triumphalen Rückkehr nach Berlin mit einem Schlag berühmt. Ein Jahr später startete sie zu einem neunmonatigen Flug um die Welt, 1933 überquerte sie den afrikanischen Kontinent von Kairo bis Johannesburg, all diese Erfolge waren mit zahlreichen Preisen verbunden, weitere Rekordflüge folgten. Anfang der dreißiger Jahre war Elly Beinhorn als berühmteste deutsche, bald auch international bekannte Fliegerin ein gut verdienender Medienstar.

Flugrekordsüchtigen jungen Frauen, die in exotischen Weltgegenden waghalsige Abenteuer bestanden, war die öffentliche Aufmerksamkeit vor allem deshalb sicher, weil sie Frauen waren und die traditionelle Geschlechterordnung auf den Kopf zu stellen schienen. Leicht hatte es jedoch keine der etwa fünfzig deutschen Pilotinnen, die bis zum Ende des Zweiten Weltkriegs ihren

A-Schein erwarben.[66] Reich wurde kaum eine von ihnen. Von der kommerziellen Luftfahrt ausgeschlossen, blieb ihnen nur die Existenz der freien Luftfahrtunternehmerinnen, für die es ohne geschickte Selbstvermarktung kein Weiterkommen gab. Wie das funktionierte, hatte Ernst Udet als Kunstflugakrobat, Buchautor und Filmheld vorgemacht. Allerdings zehrte der Charmeur vom Nimbus des hochdekorierten Kriegsfliegers und musste als Mann weder berufsständische Sanktionen noch geschlechtsspezifische Diskriminierungen hinnehmen.

Um ihren Lebensunterhalt zu verdienen, waren Pilotinnen auf mehrere Einnahmequellen angewiesen. Sie nahmen an Flugwettbewerben teil, um Preisgelder zu gewinnen, Voraussetzung war der kostenintensive Erwerb von Kunstflug- wie Segelflugschein. Weitere Einnahmequelle waren Reklameflüge für Treibstoffe, Radios, Kosmetika und andere Produkte. Am lukrativsten war die Unterstützung durch die Luftfahrtindustrie. Deutschland war im Laufe der zwanziger Jahre dank Junkers, Heinkel, Dornier, Messerschmitt oder Focke-Wulf zu einer der führenden Luftfahrtnationen aufgestiegen. Werbung für die Wertarbeit der deutschen Flugzeugbauer durch Fernflüge nach Übersee setzte allerdings Bekanntheit durch Rekorde voraus. Wem das gelang, der konnte, wie Beinhorn oder Etzdorf, seine Abenteuer durch Zeitungsartikel und Bücher vermarkten und so die Voraussetzung für die nächsten Flüge schaffen.

Mochte Melitta Schiller auch gelegentlich in der medialen Öffentlichkeit der Weimarer Republik erscheinen, im Brennpunkt stand sie nicht. Nie genoss sie den Glamour einer Elly Beinhorn, nie stand sie wie Thea Rasche oder Marga von Etzdorf im Blitzlichtgewitter sensationsgieriger Reporter. Sie stellte keine Langstreckenrekorde auf, riskierte weder spektakuläre Erdumrundungen noch gefährliche Afrikaflüge, machte weder durch Bruchlandungen noch Rettungsaktionen von sich reden und zauberte auch nicht wie Vera von Bissing den ersten von einer Frau geflogenen Looping der Welt ans Firmament. Mochte sie mit den fliegenden Amazonen der Weimarer Republik persönlich bekannt sein, viel gemeinsam hatte sie mit ihren Kolleginnen nicht. In ihren Erinnerungen an ihre «berühmten Fliegerkameraden» hat Elly Beinhorn den Grund für diese Distanz präzise benannt: «Natürlich kannten wir uns während unserer Jugendjahre, doch nur recht oberflächlich. Ich hatte sie beispielsweise niemals zu mir, sie mich niemals zu sich eingeladen. Mein Verhältnis zu ihr war ganz anderer Natur als zu den anderen Fliegerinnen wie Hanna Reitsch, Marga von Etzdorf, Katja Heidrich, Antonie Strassmann. Das lag an unseren verschiedenen Lebensweisen und Interessen. In Melittas fliegerischem Alltag spielten die Wissenschaft und die Forschung eine entscheidende Rolle. Sie hatte ihr Studium der Mathematik, Physik und Aerodynamik mit dem Diplom-Ingenieur abgeschlossen.»[67]

Als mathematisch-flugtechnisch orientierte Frau im Ingenieurberuf war Melitta nicht nur unter ihren männlichen Kollegen bei der DVL eine Außenseiterin, sondern auch unter den Fliegerinnen der Weimarer Republik. Ihr Platz war in der Luftfahrtforschung. Mit Ilse Essers und Karin Mannesmann hatte sie in Berlin-Adlershorst zwar noch zwei weitere wissenschaftlich ausgebildete Kolleginnen an ihrer Seite, Essers war sogar die erste Frau, die 1929 im Fach Luftfahrttechnik promoviert wurde. Mannesmann und Essers besaßen aber offenbar keine beziehungsweise für die Zwecke der DVL keine ausreichenden Fluglizenzen.[68] Melitta Schiller hingegen war die einzige Diplom-Ingenieurin in der deutschen Luftfahrtforschung, die in der Zwischenkriegszeit «nacheinander sämtliche Flugzeugführerscheine für Land- und Seeflugzeuge»[69] erwarb. Mitte der dreißiger Jahre war sie «die einzige Frau Deutschlands … im Besitz sämtlicher Flugzeugführerscheine für alle Klassen von Motorflugzeugen, für Kunstflug,

Segelflug und Segelkunstflug»[70]. Melitta hatte es seit Beginn ihrer Flugausbildung dank ihres Status als wissenschaftliche Angestellte der DVL nicht nötig, sich in die Konkurrenz- und medialen Schaukämpfe ihrer fliegenden Kolleginnen einzumischen.

Wie vermutlich schon zuvor, lebte sie Anfang der dreißiger Jahre wieder in unmittelbarer Nähe zur DVL, im Stadtteil Johannisthal.[71] Einmal entschieden, welchen Weg sie einschlagen sollte, begann sie ihr Leben kompromisslos in den Dienst der Luftfahrt zu stellen. Damit war sie alles andere als eine gewöhnliche technische Angestellte. Ungeachtet seiner prekären Situation auf dem Arbeitsmarkt, galt der Ingenieur dem neusachlichen Zeitgeist als Heros der Nüchternheit, als Vorbote einer die alte Bürgerwelt hinwegfegenden Maschinenzivilisation. Den Technikkult der nachexpressionistischen Weimarer Republik auf die Spitze treibend, lebte Melitta in Johannisthal radikal avantgardistisch.

Hier war zwischen 1929 und 1931 nach dem Entwurf des Berliner Architekten Jakobus Goettel eine moderne Siedlung entstanden, die zu den städtebaulichen Großprojekten Berlins zählte. Die Jahre zwischen 1925 und 1932 waren die Blüte des Berliner Wohnungsbaus,[72] die Sozialreform des «Neuen Bauens» wurde auch in Johannisthal angewandt. Wie andere Großsiedlungen sollten auch diese Wohnungen für den prototypischen «Neuen Menschen» der Gegenwart da sein,[73] den in einer technisierten wie urbanisierten Umwelt lebenden Arbeiter und Angestellten. Verschwendung von Arbeitszeit an repräsentative Räume und Materialien waren für das «Neue Bauen» tabu. Mit dem Einzug in den etwa fünfhundert Meter langen, dreigeschossigen Reihenhausriegel ging das wohltemperierte bürgerliche Leben der Krotoschiner Villa mit seinen individuellen Bequemlichkeiten endgültig zu Ende. Wenn Melitta reinen Tisch machen, ihren asketischen «Hang zum Unbürgerlichen»[74] in Schwung bringen,

Zweites Kapitel

auf eigenen Beinen stehen und für sich eine neue Zeit einläuten wollte, dann war sie in dieser kalten Herberge richtig.

Die Wohnungen für Alleinstehende waren etwa fünfunddreißig Quadratmeter groß, hatten meist nur eine Kochnische, aber Wannenbad und Balkon.[75] Die standardisierten Grundrisse boten funktionale Anonymität, die Räume waren so angeordnet, dass sich die Verkehrswege des Bewohners wie seine Bewegungen minimieren, energetisch aber optimieren ließen. Ein Bewegungsschema berechnete den Platzbedarf des auf 1,75 Meter Durchschnittsgröße veranschlagten Mieters nach «Schwingfreiheiten» und «Gangprofilen»[76]. Das Vorbild solcher häuslichen Verkehrsleitsysteme war die zeitsparende Organisation der Fabrikarbeit wie der Präzisionslauf der Maschine. Solche Paradigmen waren für Melitta nicht neu. Die Effizienz gleichmäßiger Bewegung bei minimalem Kraftaufwand war Gegenstand ihrer aerodynamischen Untersuchungen am Propellerschub in Adlershof. Arbeitsorganisatorische Rationalisierung und Rationalität der technischen Maschine bestimmten ihr gesamtes Lebensumfeld.

Der nächste Bahnhof der Stadtbahn lag in unmittelbarer Nähe zur Siedlung, schon die übernächste Station war Adlershof. Der Flughafen des DVL-Geländes mit seiner in Ost-West-Richtung verlaufenden Start- und Landebahn grenzte an den Stadtteil Johannisthal, die Motorengeräusche der Flugzeuge waren hier bei entsprechender Windrichtung deutlich zu hören. Bis zu ihrem frühen Tod lebte Melitta kaum mehr anders als Ende der zwanziger Jahre in Johannisthal und Adlershof. Der Anblick von Hangars und Kontrolltürmen, der Motorenlärm startender und landender Flugzeuge, Wohnungen in der Nähe von Flugfeldern, häufiges Übernachten auf Flugplätzen, auf denen sie bei Werkstattflügen zwischenlandete, Berechnung von Messdaten, so sah fortan ihr Leben aus. 1928 waren die Weichen für die zukünftige Soldatin ohne Uniform gestellt.

Drittes Kapitel

«Wunder undeutbar für heut»: Der Dichter und die Ingenieurpilotin

Es war fast wie im Märchen. Ihrem späteren Mann Alexander von Stauffenberg begegnete Melitta Schiller an einem Frühlingstag bei der Hochzeit ihres Arbeitskollegen Paul von Handel mit der zwanzigjährigen Elisabeth Reichsgräfin von Uxkull-Gyllenband. Der 9. April 1931 war für Melitta Schiller der Glückstag ihres Lebens.

Nach der Eheschließung in der Zehlendorfer Kirche begab sich die Hochzeitsgesellschaft zur Feier in die unweit entfernte Bismarckstraße 10. Das Wohnhaus der Familie Uxkull-Gyllenband lag in einem idyllischen Viertel mit kleinen Villen und zweistöckigen Reihenhäusern aus der Vorkriegszeit fernab des hektischen Großstadtgetriebes am südwestlichen Rand Berlins. Die Gegend war nicht protzig wie das Grunewaldviertel, sondern bescheiden, dennoch gediegen. Der Gegensatz zu Melittas neusachlicher Umgebung in Adlershof konnte kaum größer sein. Statt klarer Linien und rechter Winkel wucherten hier an den Fassaden Jugendstil-Ornamente, die üppigen, aber gepflegten Blumengärten waren nicht Gemeinschaftsbesitz wie in Johannisthal, sondern privat und familiär. Irgendwann postierte sich die Festgesellschaft im gräflichen Garten zum Erinnerungsfoto. Melitta Schiller mag, als sie hier Aufstellung nahm, an ihr groß-

Glückstag: Auf der Hochzeit ihres Arbeitskollegen Paul von Handel lernt Melitta Schiller (Sechste von rechts) Alexander von Stauffenberg (Dritter von links) kennen. Links von Melitta in Uniform Claus von Stauffenberg.

bürgerliches Elternhaus gedacht haben, die Krotoschiner Villa und den Garten, möglicherweise erschien ihr die Situation einen Moment lang als *déjà vu* längst vergangener Vorkriegszeiten.

Melitta steht in der ersten Reihe ganz rechts neben ihrem zukünftigen Schwager Claus von Stauffenberg. Kein anderer männlicher Hochzeitsgast auf der Fotografie zeigt eine so nonchalante Haltung wie der junge Offizier in Reichswehruniform, der Kontrapost antiker Statuen ist ihm in Fleisch und Blut übergegangen. Zwischen Melitta und Claus sieht man das Haupt Woldemars von Uxkull-Gyllenband, des Vetters der Brüder Stauffenberg, vermutlich Melittas Tischherr.

Der Dichter und die Ingenieurpilotin

Die meisten der übrigen Gäste blicken in starrer Haltung in die Kamera, auch Alexander von Stauffenberg, der weit entfernt von Melitta auf der linken Seite Stellung bezogen hat. Mit seinen sechsundzwanzig Jahren sieht er sehr jung aus, tatsächlich war der Althistoriker zu diesem Zeitpunkt bereits promoviert, wenige Monate später wurde er habilitiert. Melitta ist eine der vier erwachsenen Brautjungfern, drei weitere junge Frauen tragen fast identische Kleider, Blumen im Haar und einen Strauß in der Hand. Paul von Handel kannte Melitta Schiller erst seit drei Jahren, sie war kein Familienmitglied und obendrein bürgerlicher Herkunft. Offenbar nahm es der in Südmähren zwischen Brünn und Wien geborene böhmische Adelige mit den sozialen Herkünften seiner Freunde nicht so ernst, wie es seine standesgemäße Braut vermuten lässt. Als Elektrophysiker repräsentierte er einen modernen Typus, im Übrigen arbeitete er mit Melitta bei der DVL über die unterschiedlichen Arbeitsbereiche und Abteilungen hinweg eng zusammen. Dennoch dürfte es für Melitta eine besondere Ehre gewesen sein, auf dieser noblen Hochzeit Brautjungfer zu sein.

Der einem deutsch-baltischen Adelsgeschlecht entstammende Brautvater Nikolaus Graf von Uxkull-Gyllenband war in Ungarn geboren worden, seine Frau war Ida Freiin von Pfaffenhofen-Chledowsky aus österreichisch-polnischem Adel. Das Paar hatte zwei weitere Kinder, der Sohn Alexander war wie Elisabeth bereits vor dem Ersten Weltkrieg geboren worden, die jüngste Tochter Olga zwei Jahre nach Kriegsende. Graf Nikolaus selbst war der Bruder dreier Schwestern, Alexandrine, Albertine sowie Caroline, letztere war die Mutter von Claus, Berthold und Alexander von Stauffenberg. In der Familie Stauffenberg wurde Nikolaus von Uxkull-Gyllenband stets «Onkel Nux» genannt, seine Frau hieß «Tante Hupa», Elisabeth «Baby», und Olga hörte ihr Leben lang auf den Kosenamen Dusi. Vor allem mit Onkel

Nux und Dusi sollte Melitta in den folgenden Jahren eine enge Freundschaft verbinden.

Nikolaus von Uxkull-Gyllenband war bis 1918 Offizier der österreichisch-ungarischen Armee gewesen, 1918 hatte er als Oberstleutnant den Dienst quittiert und war als Zivilist nach Deutschland gegangen. Auf dem Hochzeitsfoto sieht man ihn zwar in österreichischer Offiziersuniform, 1931 war er aber schon seit vielen Jahren Abteilungsleiter der Vermögensverwaltung der Grafen Tiele-Winckler. Diese aus Oberschlesien stammende Familie, Mitte des 19. Jahrhunderts in den erblichen preußischen Adelsstand erhoben, war so etwas wie die Rockefellers des Kaiserreichs. Ihr Vermögen, das sie über die Kriegsniederlage hinwegretten konnte, hatte sie in der Montanindustrie des oberschlesischen Bergbaugebietes erworben. In der Nähe der Stahl- und Kohlestadt Beuthen ließ sie im Jahr 1900 das vieltürmige Märchenschloss Moschen mit 365 Zimmern erbauen, ein Prunkstück neoromantischer Gruselarchitektur. Schon kurz nach der Reichsgründung hatte Franz Hubert Graf von Tiele-Winckler ein zwar wesentlich kleineres, aber ähnlich prächtig ausgestattetes Heim in Berlin errichten lassen. Das Palais am Rande des Tiergartens war «damals das teuerste private Bauwerk der deutschen Hauptstadt»[1]. Im Lauf ihrer sagenhaften Karriere hatten die Industriemagnaten in die ersten Familien des mitteleuropäischen Adels eingeheiratet. Die Familien Bismarck, Bülow, Alvensleben gehörten ebenso dazu wie Blücher oder Schaumburg-Lippe.

Zu solch erlauchten Kreisen hatte dank seiner Herkunft auch Melitta Schillers Kollege Paul von Handel Zutritt. In der Tiele-Winckler'schen Villa wurde in den zwanziger Jahren so manche Party gefeiert. Im Schlepptau Pauls soll dort auch Melitta erschienen sein.[2] Zugang zu adeligen Kreisen könnte sie allerdings schon 1927 gefunden haben, als sie möglicherweise Caroline, Alexanders Mutter, kennengelernt hatte,[3] vielleicht im Palais

Tiele-Winckler. Immerhin stand Nikolaus von Uxkull-Gyllenband zu diesem Zeitpunkt schon seit vier Jahren im Dienst der Industriellenfamilie. 1927 hatte Melitta bereits versucht, bei der DVL unterzukommen, war damit aber gescheitert.

In jedem Fall dürfte die Diplom-Ingenieurin in der mondänen Welt der Tiele-Wincklers eine kleine Sensation gewesen sein. Ihre mögliche Bekanntschaft mit Caroline Schenk Gräfin von Stauffenberg, ihre mutmaßliche, wenn vermutlich auch seltene Teilnahme am Gesellschaftsleben der Berliner Reichen und Schönen sowie ihre Einladung zur Hochzeit Paul von Handels werfen auf Melitta ein überraschendes Licht. Womöglich hatte auch sie, nach der Misere der Inflation und ihren mageren Studienjahren, trotz Ehrgeiz und Selbstdisziplin, ihre aufregenden Goldenen Zwanziger.

Im Banne des Meisters

Alexander von Stauffenberg war mit seinen beiden Brüdern im Winter 1927/28 häufig bei Lesungen des Dichters Stefan George im «Pompeianum» genannten Berliner Atelier des Kunsthistorikers und Bildhauers Ludwig Thormaehlen zu Gast. In den Kreis der auserwählten Jünger war er schon achtzehnjährig im Mai 1923 durch seinen Vetter dritten Grades Woldemar von Uxkull-Gyllenband in Marburg an der Lahn eingeführt worden. In Berlin hätte Melitta Alexander höchstens zufällig in der Tiele-Winckler'schen Villa über den Weg laufen können, gewiss nicht im Umfeld des nach griechisch-platonischem Vorbild erdachten «Staates» seines «Meisters», des Dichterpropheten. Frauen hatten dort keinen Zutritt, der George'sche Staat war ausschließlich männlich. Wie seine beiden Brüder Claus und Berthold zählte auch Alexander zu den sogenannten Staatsstützen.

Alexander von Stauffenberg war am 15. März 1905 in Stuttgart geboren worden, sein Zwillingsbruder Berthold wurde nach dem gescheiterten Attentat auf Adolf Hitler am 20. Juli 1944 festgenommen und einige Wochen später hingerichtet. Der eigentliche Attentäter, Claus von Stauffenberg, geboren am 15. November 1907 in Jettingen, war zwei Jahre jünger, sein Zwillingsbruder Konrad Maria starb einen Tag nach der Geburt. Der Vater Alfred Graf Stauffenberg, Besitzer des Schlosses Lautlingen, war Offizier und seit 1908 Oberhofmarschall des letzten württembergischen

Württembergischer Adel: Alfred Graf Stauffenberg mit seinen Söhnen Berthold, Claus und Alexander (v. l.), 1924.

Königs Wilhelm II. Die strahlend schöne und hochelegante Mutter Caroline war die Hofdame der Königin Charlotte. Das Abitur legten alle drei Brüder Stauffenberg am Stuttgarter Eberhard-Ludwigs-Gymnasium ab. Im Anschluss ging Alexander zusammen mit Berthold ins nahe Heidelberg, dort nahmen sie das Studium der Rechts- und Staatswissenschaften auf. Claus wurde Offizier im Hunderttausend-Mann-Heer der Weimarer Reichswehr.

Schon im Wintersemester 1923/24 wechselte Alexander nach Tübingen. Dort belegte er, neben juristischen Vorlesungen, bei Wilhelm Weber Römische Verfassungsgeschichte, bei dessen Schüler Joseph Vogt hörte er die Geschichte Alexanders des Großen sowie der Ptolemäer. Mit seinem Schulfreund Karl Schefold, später Archäologe in Basel, las er Homer im Original.[4] Für den Wechsel von der Staats- und Rechts- zur Altertumswissenschaft entschied sich Alexander endgültig während einer Reise nach Rom im März 1924. Zu dieser Italienreise hatte ihn sein Lehrer Wilhelm Weber eingeladen, Stefan George, dem auch Weber nahestand, hatte seine Einwilligung gegeben.

Von nun an ging Alexander seinen Weg als Althistoriker mehr oder weniger zielstrebig. Nachdem er das Wintersemester 1925/26 in Jena verbracht hatte, promovierte er 1928 in Halle. Gelegentliche Zweifel an der Studienwahl wusste ihm George auszureden. Für Kontinuität sorgte auch «Woldi», wie des Meisters *nickname* für Alexanders Vetter Woldemar lautete. Woldi war zu jener Zeit Dozent für Alte Geschichte in Halle. Im George-Kreis waren die Älteren üblicherweise die geistigen Mentoren der Jüngeren. Dieser Sitte entsprach auch der hochgewachsene, blonde, stets ein wenig stutzerhaft wirkende aristokratische Weltmann Woldemar. Seinen Vetter Alexander unter die Fittiche seines pädagogischen Eros nehmend, lebte er mit seinem Schützling während dessen Hallenser Studienzeit sogar in einer Wohnung zusammen.[5] Die offenkundig homoerotische Färbung dieses

Lehrer-Schüler-Verhältnisses bedeutete aber nicht zwangsläufig, dass die Grenzen des zwischen Lehrer und Schüler Zulässigen überschritten wurden. Zumindest offiziell glaubte der Kreis an die «übergeschlechtliche Liebe»[6]. Homoerotik war zwar eine gängige Begleiterscheinung des Jugendkultes vor dem Ersten Weltkrieg, in der Weimarer Republik Zeichen zunehmender sexueller Emanzipation und insofern kein Privileg des George-Kreises. Den Unterschied machte die Exklusivität eines misogynen «Staates» wie eines Meisters aus, der nicht davor zurückschreckte, seinen heiratswilligen Jüngern die Ehe mit der jeweiligen Auserwählten auszureden oder schlichtweg zu verbieten. Allerdings blieben Männerbündeleien jenseits geschlossener Ehen oder heterosexueller Beziehungen auch noch nach des Meisters Tod von Bedeutung. Bis zu seiner Verhaftung nach dem 20. Juli 1944 gehörte Alexander einem platonischen Freundeskreis dichtender Männer an, zu dem auch seine Brüder Claus und Berthold zählten.

Sein Studium in Halle beschloss der junge Alexander trotz zeitweiligen Wankelmuts mit großem Erfolg. 1928 promovierte er mit Auszeichnung, als eigenständige Buchveröffentlichung erschien die Dissertation 1931, genau in jenem Jahr, als er Melitta kennenlernte.[7] Im Sommer dieses Jahres habilitierte er sich bei Joseph Vogt an der Universität Würzburg, dort hielt er auch seine Antrittsvorlesung. Mit sechsundzwanzig Jahren gehörte Alexander von Stauffenberg zu den hoffnungsvollsten Althistorikern unter den deutschen Nachwuchswissenschaftlern. Sorgenfrei war er dennoch nicht. Er erhielt keinen Lehrstuhl, blieb Privatdozent, falls er überhaupt Einkünfte hatte, waren sie bescheiden. Ein reguläres Gehalt bezog er erst viele Jahre später, als er in Würzburg zum ordentlichen Professor berufen wurde. Bis dahin dozierte er an verschiedenen Universitäten und war auf die Unterstützung seines Vaters angewiesen.[8] Im Vergleich mit seinen etablierten Brüdern, der eine Offizier, der andere bis 1933 Jurist am Internationalen Gerichtshof in Den Haag, war er ein Außenseiter.

Claus war der blendend aussehende, hochbegabte Tatmensch, Berthold, kaum weniger attraktiv und gescheit, brillierte als großer Schweiger. Alle drei Brüder waren hochgewachsen, Alexander trug im Gegensatz zu seinem Zwillingsbruder Berthold ein massives Haupt auf einem schwerer wirkenden Körper. Er war voller Humor, besaß ein großes Nachahmungstalent, redete gern und viel, besonders wenn er Wein getrunken hatte, was er in späteren Jahren mit Freude und gelegentlich ausgiebig tat. Mit Berthold besaß er kaum Ähnlichkeit, Berthold und Claus standen sich näher als die beiden Zwillingsbrüder, unter den Brüdern blieb Alexander ein Solitär. Gegenüber Berthold und Claus stellte er sein Licht freiwillig unter den Scheffel. Claus, so Alexander an seine Mutter im Sommer 1928, sei «ohne Zweifel der strahlendste und heldischste von uns …, Berthold ist sicher der König unter uns dreien»[9].

Dieser Einschätzung schloss sich auch George an. Der Meister hatte die Angewohnheit, seine Jünger mit erhabener Herrschergeste umzutaufen und ihnen neue, poetische Namen zu geben. Berthold war Adjib, der Wunderbare, nach einem Prinzen aus der Märchensammlung «Tausendundeine Nacht», Claus, die Erscheinung eines antiken Gottes in der modernen Gegenwart und in den Augen des Meisters vollkommen, hieß «der Rittmeister». Neben dem Wunderbaren und dem Vollkommenen stand Alexander als «Offa» ein wenig abseits. Sein *nickname* nahm auf einen mythischen Königssohn der Angeln Bezug, der tatenlos in der Asche des väterlichen Herdes liegt. Erst als die Burg des Vaters bedroht wird, erhebt er sich, schlägt die eindringenden Feinde zurück und kehrt an den Herd des Vaters zurück.[10] Zwar war Alexander nach Auffassung seiner Mutter wie seiner Stuttgarter

Drittes Kapitel

Hauslehrerin ein wenig langsam, besaß aber ein liebenswertes Naturell, war fröhlich, gesellig, gutmütig, vornehm und intelligent. Gegenüber seinen Brüdern besaß er den Vorzug einer genuin dichterischen Begabung, er war, wie Joseph Vogt 1964 in seinem Nekrolog auf seinen früh verstorbenen einstigen Schüler schrieb, «ein wesenhaft musischer Mensch»[11]. Dichter und Historiker, tief im Ästhetisch-Literarischen verwurzelter dichtender Historiker blieb Alexander bis an sein Lebensende.

Der Wunderbare, der Vollkommene, der Träge – Alexander von Stauffenberg beugte sich der Rangfolge des Meisters. George erwartete häufig voller Ungeduld, wie sich Ludwig Thormaehlen später erinnerte, eine klarere Ausformung seiner Fähigkeiten. Deshalb wurde er «für den Dichter immer wieder Gegenstand einer Rüge, leisen oder heiteren Hohnes, auch jähen und herben Vorwurfs – dies gemischt mit der herzlichen Anerkennung der reichen Begabung, der Empfindungs- und Herzensfülle dieses bärenhaften Jugendlichen»[12]. Die Zurückhaltung des Dichters gegenüber Alexander bei gleichzeitiger Bevorzugung Claus' und Bertholds stand in starkem Kontrast zur leidenschaftlichen, manchmal exaltierten Hingabe Offas an seinen Meister. Gleich das erste Treffen mit George, gestand er dem Schulfreund Theodor Pfizer, sei «zum größten Erlebnis seines Lebens» geworden.[13] Die Begegnung muss einer profanen Erweckung gleichgekommen sein, die vom ersten Augenblick an hingebungsvolle Treue war unerschütterlich. Alexander blieb Werk und Person des Meisters wie vielleicht kaum ein zweiter Jünger über den Tod Georges im Dezember 1933 hinaus bis an das Ende seiner eigenen Tage verbunden. Zusammen mit seinen beiden Brüdern und einer kleinen Gruppe weiterer Getreuer hatte er die Ehre, am Sarg Georges im schweizerischen Minusio die Totenwache zu halten.[14] Offa war und blieb, wie es im Jargon des Kreises hieß, ein unbeirrbarer «Folger», eine lebenslang loyale Staatsstütze.

Die Wirkung des George'schen Charismas auf Offa muss enorm hypnotisch gewesen sein.

Bindung an den Meister stand für jeden Jünger im Mittelpunkt. Wer sich zu George bekannte beziehungsweise dessen Anerkennung gefunden hatte, war Mitglied eines profanen Ordens, eines geheimen Bundes mit eigenen Regeln und eigenem Selbstverständnis. Den weltanschaulichen Kern des Kreises bildete das «geheime Deutschland». Ein Kranz mit der Aufschrift «Seinen Kaisern und Helden / Das Geheime Deutschland» war im April 1924 von einigen Georgeanern am Sarkophag des Staufenkaisers Friedrichs II. in Palermo niedergelegt worden. In dieser Formel steckte die Erwartung eines kommenden Reiches, ein Messianismus, der bei der politischen Rechten wie auch Linken der Weimarer Republik in vielerlei Gestalt vorhanden war. Bei den Georgeanern verbanden sich Elitismus, Platonismus und säkularreligiöse Erweckungsvorstellungen allerdings zu einer unverwechselbar charakteristischen Mischung. Der Kreis verstand sich als antizipatorische Verkörperung eines idealen Deutschlands, das als Volk erst wiedergeboren werden musste. Die Staatsstützen formierten dabei die Avantgarde einer Erlösung, die auch sie selbst von den Unbilden ihrer Gegenwart befreien und zu neuem Adel erheben würde. Mit diesem elitären Selbstverständnis reihte sich der George-Kreis in die konservative Kulturkritik der antidemokratischen Feinde der Weimarer Republik auf ganz eigene Weise ein.

Gipfel der kulturellen Entwicklung war der Dichter, sprich der Meister selbst und dessen intuitive Wesensschau. Sein visionäres poetisches Wort sollte es richten und die zivilisatorische Moderne in Gestalt von Parlamentarismus, Amerikanismus, Kultur-, Werte- und Traditionszerfall, Fortschrittsdenken, Technizismus und Vermassung überwinden helfen. Die geistig-moralische Erneuerung Deutschlands sollte aus dem Geist klassischer, aber auch mittelalterlicher Überlieferung stattfinden sowie unter Schützenhilfe ei-

Drittes Kapitel

ner ganzen Ahnenreihe abendländischer Geistesheroen, Dante, Goethe, Nietzsche oder Hölderlin. Als Künder und Führer eines «Neuen Reiches», so der Titel der 1928 erschienenen letzten Gedichtsammlung Georges, trat der Meister ebenso eindrucksvoll wie nachhaltig in dem vermutlich schon einige Jahre früher verfassten Gedicht «Geheimes Deutschland» auf. Das Versprechen des Kommenden formulierte die letzte Strophe:

Nur was im schützenden schlaf
Wo noch kein taster es spürt
Lang in tiefinnerstem schacht
Weihlicher erde noch ruht –
Wunder undeutbar für heut
Geschick wird des kommenden tages.

In dieser Vision kam den Brüdern Stauffenberg eine besondere Stellung zu. Dank ihres geschichtsträchtigen Familiennamens sah der homosexuelle George in ihnen Nachkommen des Kaisergeschlechts der Staufer. Zu den schönsten messianischen Hoffnungen berechtigten sie aber auch dank ihrer physiognomischkörperlichen Vorbildlichkeit. Die Offenbarung des geheimen Deutschlands in Gestalt schöner Jünglinge, Claus von Stauffenberg an erster Stelle, bedeutete allerdings, sich den Neuen Menschen eines wiederverzauberten deutschen Reiches ausschließlich als männlich vorzustellen. Im «Neuen Reich», genau in dem Jahr erschienen, in dem Melitta Schiller bei der DVL angestellt wurde, erlebte die georgeanische Stigmatisierung des Weiblichen ihren letzten dichterischen Höhepunkt. Rettung der Gegenwart versprach sich der Kreis durch die Erinnerung ausschließlich an große Männer, an die Gestalter eines Neuen Reiches, in dem der formende männliche Geist über die gestaltlose weibliche Materie einen vernichtenden Triumph davonträgt. «Mit der frauen fremder ordnung / Sollt ihr nicht den leib beflecken», lauteten die in diesem Zusammenhang häufig zitierten, berühmt-berüchtigten Verse aus dem «Stern des Bundes» von 1914. Im Fadenkreuz solcher Angriffe stand die moderne Frau, die, verstanden als «Allegorie des Fortschritts»[15], ihrer ureigentlichen Bestimmung nicht mehr nachkam, große Männer zu gebären, ohne die es aber keine Rettung aus der Mittelmäßigkeit der bürgerlich-demokratischen Gesellschaft geben konnte. Stefan Georges Neues Reich war «der poetische Entwurf einer Welt, in der es keine Frauen gibt»[16], das «geheime Deutschland» eine männliche Geistesaristokratie.

Und mit dem Vertreter solch eines misogynen Männerbundes ging Melitta, die Inkarnation der modernen, fortschrittsorientierten Frau, eine Liebesbeziehung ein? Trafen hier nicht Feuer und Eis aufeinander, eine mit Zahlenreihen und Formeln arbeitende Technikerin, eine kühne Pilotin auf einen weltabgewandten, lyrischen und obendrein etwas täppischen Schwarm- und Schöngeist?

Von Melitta Schillers ungewöhnlichem Vornamen muss Alexander von Stauffenberg, als man ihm die Luftfahrtingenieurin und Fliegerin auf der Hochzeit Paul von Handels vorstellte, fasziniert gewesen sein. Der besonders in der griechischen Antike kundige Altertumswissenschaftler wusste natürlich, dass es in der griechischen Mythologie eine Nymphe namens Melitta gab, zu Deutsch «die Biene» oder «die Honigsüße». War die poetische Abbildung des Berufs der Fliegerin im Vornamen nicht ein Phänomen, das ans Wunderbare grenzte? Auf Epiphanien wie diese hatte der Meister, wenngleich nicht in weiblicher Gestalt, stets großen Wert gelegt. Auch wenn Alexander von der aerodynamischen Tätigkeit, von der Melitta ihm während des Hochzeitsfestes vermutlich ein wenig erzählte, kaum etwas verstanden haben wird, dürfte Offa von der in zeitgemäßer Gestalt wiedergeborenen antiken Honigbiene bezaubert gewesen sein. Immer-

Drittes Kapitel

hin wurde technischer Fortschritt auch im Kreis des Meisters nicht völlig verdammt. Alexanders Cousin, Mentor und Freund Woldi beschäftigte sich sehr zum Unmut Georges leidenschaftlich mit seinem Automobil, 1939 kostete ihn ein Verkehrsunfall das Leben. Und der Renaissanceforscher Percy Gothein, seit 1910 mit dem Meister bekannt und 1919 in den Kreis aufgenommen, war, wie Melitta, begeisterter Motorradfahrer.[17]

Im Übrigen signalisierte Melittas Vorname einen Bildungshintergrund, der sich von demjenigen Alexanders nicht grundsätzlich unterschied. Verlorengegangen war ihr bildungsbürgerliches Fundament nie, vielleicht durch Ingenieurstudium und Flugunterricht ein wenig in den Hintergrund geraten, durch die Bekanntschaft mit einem alteuropäisch gebildeten Mann wie Alexander von Stauffenberg aber jederzeit wiederzubeleben. Möglicherweise kannte Melitta sogar die eine oder andere George'sche Dichtung. Wilhelminische Bildungsbürger wie die Schillers hatten sich für das säkularreligiöse Versöhnungswerk der Künste inmitten einer unübersichtlichen modernen Vorkriegswelt durchaus begeistern können. Schließlich hatte die künstlerische Avantgarde in Gestalt von Melittas Maler-Tante Gertrud von Kunowski und deren lebensreforme-

Im Ornat: Stefan George 1928 als Sechzigjähriger.

risch inspirierter Kunst auch in Krotoschin eindrucksvoll Posten bezogen. Nicht unmöglich, dass Georges 1897 erschienene Dichtung «Das Jahr der Seele», die seinen Ruhm begründete und schnell populär wurde, auch im Bücherschrank der Villa Schiller ihren Platz hatte.

Erst der Staat, dann die Ehe, lautete Georges Regel. Aber nicht alle Jünger waren misogyn, geschweige denn homosexuell, viele heirateten, selbst wenn der Meister seine Zustimmung verweigerte. Als sein langjähriger Lieblingsjünger Friedrich Gundolf heiratete, war der Bruch unabänderlich. Ähnlich erging es Berthold von Stauffenberg, der sich wegen seiner Heiratsabsichten nicht nur den Zorn des ihm leidenschaftlich zugetanen Frank Mehnert zuzog. Der Meister wie auch Bertholds Vater hatten sich ebenfalls gegen die Ehe mit Maria Classen gewandt; Berthold und Mika, wie Maria genannt wurde, heirateten erst 1936, der Weg für eine Hochzeit war nach dem Tod Alfred von Stauffenbergs frei.[18] War es bei Alexander und Melitta ebenso? Hatte Alexander den Meister über seine Liaison mit Melitta in Kenntnis gesetzt? Gab es Einwände von dessen Seite, kam die Ehe mit Melitta auch deshalb erst 1937 zustande, sechs Jahre nachdem sie sich kennengelernt hatten? Möglicherweise. Melittas emanzipierte Selbständigkeit war jedenfalls, anders als die Vorbehalte des Kreises gegenüber der zeitgenössischen modernen Frau vermuten lassen, für Alexander kein Problem.

So unterschiedlich die avantgardistischen Kreise waren, denen die Ingenieurin und der Dichter angehörten – die Auflösung traditioneller Geschlechterrollen, Androgynie und *gender crossing* waren Kennzeichen der technischen Avantgarde der Fliegerinnen und auch der künstlerischen Avantgarde des George-Kreises nicht unbekannt. Ein UFA-Film wie die überaus erfolgreiche Verwechslungskomödie «Viktor und Viktoria» von 1933 mit den Stars Renate Müller, Hermann Thimig und Adolf Wohlbrück bewies, dass Travestien auch im öffentlichen Bewusstsein auf fruchtbaren Boden gefallen waren. Der fliegende Wechsel zwischen männlichen und weiblichen Rollen, den der Durchschnittsreichsdeutsche im Kino sah, war für Melitta und Alexander ganz unkomödiantischer, gewöhnlicher Alltag. Melitta hatte sich über Jahre hinweg maskuline Tugenden angeeignet, die Rolle der durchsetzungsstarken Kämpferin in Männerberufen war ihr zur zweiten Natur geworden. Umgekehrt brachte der verträumte Offa aus dem George-Kreis das einfühlsame Künstlertum mit, das sich das Kriegskind Melitta unter dem Zwang der Posener Umstände nach und nach abgewöhnt hatte. Wie Melitta gehörte auch Alexander derselben Jugendgeneration an, in Stuttgart fern der Fronten aufgewachsen, war die deutsche Kriegsniederlage von ihm aber längst nicht so tief am eigenen Leibe erfahren und erlitten worden wie von seiner zukünftigen Frau. Vor diesem Hintergrund jedoch fügte sich ihre Beziehung.

Auf der Hochzeit Paul von Handels war sie ohne Bubikopf erschienen. Anfang der dreißiger Jahre, als der Schwung der Avantgarde erlahmte, begann auch Melitta sich zu verändern. Die forcierte Modernität, die sie als Neue Frau der Weimarer Republik zur Schau trug, hatte sie zu diesem Zeitpunkt abgelegt. Den jugendlichen Gestus der Provokation brauchte sie nicht mehr, sie hatte es nicht mehr nötig, ihre radikale Lebenseinstellung äußerlich zu demonstrieren. Mit achtundzwanzig Jahren waren ihre Lehr- und Wanderjahre vorüber, sie hatte sich fürs Erste gefunden und stellte etwas dar. Sie machte durch ihren ungewöhnlichen Beruf als Luftfahrtingenieurin von sich reden, war bekannt und erfolgreich. 1931 erschien der Band «Frauen fliegen», der berühmte Ozeanflieger Hermann Köhl hatte das Vorwort geschrieben, unter den sechzehn Biographien der damals bekanntesten deutschen Fliegerinnen war auch ein mit zwei Fotografien illustrierter, drei Seiten langer Text über Melitta

Schiller.[19] Aus dem «Fräulein Dipl.-Ing. – Fliegen ist ihr selbstverständlich», wie es in der Überschrift hieß, war etwas geworden, worauf sie stolz sein konnte.

Alexander war Melitta im richtigen Augenblick begegnet. Angesichts ihrer Erfolge war sie selbstbewusst genug, ihr Prestige als Fliegerin dem Prestige des Adels als ebenbürtig zu betrachten, die Elite der technischen Intelligenz, der sie als Fliegerin und Ingenieurin in einer Person angehörte, hatte keinen Grund, sich vor dem Adel der Geburt zu verstecken. Entspannt und etabliert, wie sie war, konnte sie Hendrik, den neurotischen Dänen, vor allem aber harte Hunde *à la* Schlotterer vergessen und sich einem Mann öffnen, der ganz anders war als die unbeugsamen jungen Frontkämpfer. Weich, dennoch standfest, war der bärige Alexander für Melitta ein Mann von besonderer Attraktivität, der ihr von nun an Schutz und Zuflucht bot. Unter den soldatischen Männertypen, die sie kennengelernt hatte und weiter kennenlernen sollte, war er eine wohltuende Ausnahme. Zwar hatte auch er ein Faible für das Soldatische, aber das war mehr Wunsch als Wirklichkeit und entsprach nicht seinem poetischen Naturell. Dass ihr Mann «ganz und gar unmilitärisch» sei, sollte für Melitta in den Jahren des Zweiten Weltkrieges, als Alexander seinen Frontdienst als Offizier ableistete, zu einer Quelle ständiger Sorge werden.[20] Zunächst war es aber wahrscheinlich gerade Alexanders unmilitärisch-nonchalante Art, die Melitta entspannte, sie von ihrer Kriegskindheit wie ihrer soldatischen Konstitution als unbeugsame Fliegerin entlastete und ihrer gemeinsamen Beziehung eine zivile Note verlieh.

Für ein derart unkonventionelles Verhältnis war in gewisser Weise sogar der Meister Vorbild. George pflegte nicht gerade einen bürgerlichen Lebensstil, er ließ sich seinen Unterhalt von Gönnern finanzieren, besaß keinen festen Wohnsitz, sondern führte ein Wanderleben und schlug seine Zelte das Jahr über mal

Drittes Kapitel

in Berlin, mal in Heidelberg, München oder an anderen Orten auf. «Georges ‹Staat› war zuerst und zuletzt das Regime eines Outcast, die Herrschaft eines Verworfenen.»[21]

Als solcher wusste sich der Meister ebenso eindrucksvoll wie einschüchternd zu inszenieren. Das priesterliche Gewand, das er trug, glich einer Uniform, die anstelle individueller Persönlichkeit die Unnahbarkeit des esoterischen Typus akzentuierte.[22] Diesem Habitus war die von den Lebensbedingungen erdgebundener Existenzen befreite und in höheren mystischen Sphären schwebende Meisterfliegerin im Overall gar nicht so fern. Beiden war vergönnt zu sehen, was Normalsterbliche nicht schauen dürfen, Gesichte einer anderen Welt. Dass Alexander über keine Einkünfte verfügte, dürfte Melitta ebenfalls nicht gestört haben, in ihren jungen Jahren war sie davon überzeugt, «Besitz verdirbt den Charakter»[23]. Gemeinsam kultivierten sie den Lebensstil der Boheme, die Geld und Eigentum verachtete, überdies verkörperten sie den Weimarer Mythos der Jugend, Melitta als Fliegerin, Alexander als Anhänger einer Lehre, die das kommende Neue Reich als Erlösungswerk der jungen Generation betrachtete. Im Übrigen waren beide dem blauen Dunst verfallen und griffen gerne zur Zigarette. Auch diese kleine Sucht war verbindend. Konnte es ein idealeres Paar geben?

Die uralte Frage, ob man Kinder haben wolle, konnten jedoch weder Rollentausch noch Rollenwechsel aus der Welt schaffen. Alexander wollte Nachwuchs, Melitta nicht. Kinder, so der Grund ihrer Ablehnung, seien mit ihrer beruflichen Tätigkeit nicht vereinbar.[24] Im Falle einer Schwangerschaft hätte sie den Beruf der fliegenden Ingenieurin vorübergehend oder sogar für immer aufgeben müssen. Höhen- und andere Testflüge, vor allem die ohnehin dauerhaft gesundheitsschädlichen und nicht ungefährlichen Sturzflüge, mit denen sie Mitte der dreißiger Jahre begann, wären unmöglich geworden.

Der Dichter und die Ingenieurpilotin

Alexander war zwei Jahre jünger als Melitta, kein allzu großer Altersabstand, dennoch groß genug, um als Ältere dem immer ein wenig jungenhaft wirkenden Alexander gegenüber mütterliche Gefühle zu hegen. «Schnepfchen» lautete der Kosename für ihren Gefährten, eine Neckerei, die über ironische Brechungen hinaus das Bedürfnis zeigt, zu behüten und zu schützen. Sehr wahrscheinlich nahm sie in der Zeit, in der sie Alexander kennenlernte, die Bildhauerei wieder auf, die sie als Schülerin im Riesengebirge durch Günther Grundmann kennengelernt hatte. Würde es sich dabei nur um ein Hobby handeln, wäre die Sache kaum der Rede wert. Im Hinblick auf den George-Kreis, mit dem sie in den dreißiger Jahren durch Alexander von Stauffenberg Bekanntschaft geschlossen hatte, wie indirekt und vermittelt auch immer, erhält dieses Dilettieren jedoch größere Bedeutung. Neben der Porträtfotografie gehörte das Plasten oder Plastilieren zu den praktischen Kunstübungen, die das «Geheime Deutschland» auch über den Tod Georges hinaus anwandte. Schon um 1913 hatte die Porträtbildnerei des Kreises in Gips, Holz,

Zeugung in Bronze: Porträtplastik Alexander von Stauffenberg von Melitta von Stauffenberg. Entstanden vermutlich Mitte der dreißiger Jahre.

seltener auch Bronze eingesetzt, neben Ludwig Thormaehlen betätigten sich Alexander Zschokke und Frank Mehnert als Bildhauer, später kamen Rudolf Fahrner und Urban Thiersch hinzu. Zentraler Gegenstand der Porträtplastiken war der Meis-

Drittes Kapitel

ter, aber auch die «Staatsstützen» kamen nicht zu kurz. Die Brüder Stauffenberg, Ernst Morwitz, Woldemar Uxkull-Gyllenband und sein Cousin Bernhard, Karl Josef Partsch, Ernst und Friedrich Gundolf, Erich und Robert Boehringer, Max Kommerell, Johann Anton und andere mehr zeigten dem Betrachter in einer George'schen Ahnengalerie ihre mehr oder weniger antikisierend geformten Häupter.[25]

Das Problem, wie sich der monosexuelle George-Kreis fortpflanzen solle, war mit Hilfe dieser künstlerischen Praxis wenigstens symbolisch gelöst. Man hielt es mit Platon, blickte sich gegenseitig tief in die Augen, die Spiegelbilder der Seele, und gab dem schönen neuen Menschen künstlerisch-plastischen Ausdruck. Zwar sind Melittas Porträtplastiken im Zweiten Weltkrieg verlorengegangen. Bekannt ist nur die Fotografie eines gemäßigt heroisch gestalteten Kopfes von Alexander von Stauffenberg, das Werk selbst ist wie alle übrigen nicht mehr auffindbar. Aber allein dieses Zeugnis verdeutlicht, wie sehr ihre Bildhauerkunst dem Plasten der Georgeaner ähnelte. Melitta habe, heißt es, mit ihrer Porträtbildnerei erstaunliche Leistungen vollbracht. Ihr Gedächtnis sei so gut gewesen, dass sie ohne Skizze oder Fotografie aus der Erinnerung Gesichtszüge habe nachbilden können. Wie die plastilierenden George-Jünger beschränkte auch sie sich auf eine symbolische Fortpflanzung *in effigie*. Statt lebendiger Nachkommen erblickten Porträtplastiken das Licht der Welt, Kopfgeburten einer Memorialkunst, die mehr als nur den Vorteil besaßen, Melittas Karriere als Ingenieurpilotin nicht zu gefährden. Die Bildhauerei war auch ein Mittel, ihren ureigenen Platz als Frau außerhalb des exklusiv männerbündischen George-Kreises wie der weitgehend von Männern dominierten Luftfahrt zu bestimmen.

Für das reale Deutschland war das Jahr 1931 abermals ein schlechtes Jahr. Mit sechs Millionen Arbeitslosen erreichte die Wirtschaftskrise ihren Höhepunkt, die nationale Opposition der Harzburger Front stand der Eisernen Front aus Sozialdemokraten und Gewerkschaften gegenüber, bei den Reichstagswahlen ein Jahr zuvor war die NSDAP zweitstärkste Partei geworden, bei den beiden vorgezogenen Wahlen im Jahr darauf sollte sie stärkste Partei werden. Mitte 1931 schloss die Reichsregierung unter Reichskanzler Heinrich Brüning per Notverordnung die Banken, um deren Zusammenbruch zu verhindern. Der Untergang der Weimarer Republik war schließlich nur noch eine Frage der Zeit.

Und wie hielt es der Kreis um Stefan George mit dem Führer der braunen Bewegung, der nicht als Dichter einer Schar von Auserwählten, sondern als Politiker den erlösungsbedürftigen deutschen Massen ein Neues Reich versprach? Spätestens seit Ende der zwanziger Jahre standen sich im «Staat» des Meisters zwei Gruppen gegenüber. Die eine war jüdisch, die andere nicht. Juden hatten von Anfang an zu den wichtigen «Staatsstützen» gezählt, an erster Stelle Karl Wolfskehl, Ernst und Friedrich Gundolf, Ernst Kantorowicz, Ernst Morwitz, Percy Gothein sowie Karl Josef Partsch. Zu den Nichtjuden gehörten hauptsächlich Friedrich Wolters, Robert und Erich Boehringer, Ernst Bertram und Ludwig Thormaehlen. Während sich die jüdischen Mitglieder überwiegend vor dem Ersten Weltkrieg beziehungsweise währenddessen dem Kreis angeschlossen hatten, erweiterte sich die Gruppe der Nichtjuden nach dem Krieg um zahlreiche Neuzugänge. Dabei handelte es sich um meist nach dem Fin de Siècle geborene junge Männer, an der Spitze der George-Intimus Max Kommerell sowie Johann und Walter Anton, Frank Mehnert, Woldemar Uxkull-Gyllenband sowie die drei Brüder Stauffenberg. Diese Novizen, mit Ausnahme Woldis Repräsentanten der

Drittes Kapitel

Kriegsjugendgeneration, wurden in der Folgezeit für George immer bedeutsamer. Mit ihnen geriet auch die Rolle der jüdischen Mitglieder in die Diskussion, zunehmend mit rassistischen und antisemitischen Unter-, immer häufiger aber auch schrillen Obertönen.

Die Juden selbst waren in Bezug auf ihre Herkunft unter sich uneins gewesen. Ein standfester Mann wie der Schriftsteller Karl Wolfskehl hatte nie ein Hehl aus seiner jüdischen Abstammung gemacht, für andere hingegen, wie etwa Friedrich Gundolf, war ihre Herkunft gegenstandslos, zumindest in seinen Anfängen verstand sich der George-Kreis als ein geistiger Ort, an dem die «Rassenfrage» zugunsten eines «neuen Menschen» überwunden werden sollte. Mit dem angestrebten «Wunder der Verwandlung»[26] sowie der Unerheblichkeit der Abstammung war es allerdings vorbei, als die Jungen flügge wurden und manch Älterer den antisemitischen Schnabel nicht halten konnte. In den zwanziger Jahren beschäftigte die «Rassenfrage» den George-Kreis stets von neuem, von einem notorischen Antisemiten wie Ludwig Thormaehlen obsessiv erörtert, von gemäßigteren Kräften wie Woldemar von Uxkull-Gyllenband oder Max Kommerell verhaltener, aber nicht weniger ressentimentbeladen.

Als der kränkelnde Meister in die Jahre gekommen war und Ende der zwanziger Jahre die Verwaltung des Erbes geregelt werden sollte, brach der Konflikt offen aus. Als Nachlassverwalter hatte George den jüdischen Kammergerichtsrat Ernst Morwitz aus Berlin vorgesehen, den er lange vor dem Ersten Weltkrieg kennengelernt und mit dem er bald vertrauten Umgang gepflegt hatte. In dem nun eskalierenden «weltanschaulichen Generationenkonflikt»[27] verfochten die Jungen in Gestalt der Brüder Stauffenberg, von Max Kommerell, Johann und Walter Anton sowie Frank Mehnert eine harte Linie. Die Vertreter der Kriegsjugendgeneration wurden ihrem Ruf gerecht, kühl, begabt, selbstdiszipliniert und antiliberal zu sein. Mit Hilfe der antisemitisch-rassistischen Altvorderen im Kreis gelang es den jungen Männern, Morwitz als Universalerben auszuschalten.[28]

Im April 1931, als Paul von Handel seiner Reichsgräfin das Jawort gab, waren diese Frontverläufe eine unverrückbare Tatsache. Das «Geheime Deutschland», ehedem Schmelztiegel gleicher und gleichberechtigter Teilhaber am Neuen Reich des Meisters, war «zum geistigen Wegbereiter des nationalsozialistischen Deutschland, zum Verkünder des neuen Staates»[29] geworden. Fragt man sich im Blick auf das Hochzeitsfoto, in welche Gesellschaft Melitta Schiller sich damals begab, fällt die Antwort relativ eindeutig aus. Kaum zwei Jahre später zählten auch Nikolaus von Uxkull-Gyllenband und seine Schwester Alexandrine, Oberin des Roten Kreuzes, zu den Mitgliedern der NSDAP. Im selben Jahr hielt der schnauzbärtige Mann, der auf dem Hochzeitsfoto über die Schulter Melitta Schillers lugt, einen denkwürdigen Vortrag. Im Juli 1933 sprach Alexander von Stauffenbergs Freund, Mentor und Cousin Woldemar von Uxkull-Gyllenband aus Anlass des fünfundsechzigsten Geburtstages des Meisters in Tübingen, wo er inzwischen einen Lehrstuhl für Alte Geschichte bezogen hatte, vor Studenten über «Das revolutionäre Ethos bei Stefan George». Darin zog Woldi gegen «die Fäulnis der Zeit» zu Felde und warb unter Bezugnahme auf den Meister für «die Gestaltung der neuen Daseinsform»[30]. In vorpolitisch-mythischen Urräumen gründelnd, beschwor er das «Bild des neuen adligen Menschen», der berufen sei, «im neuen deutschen Staat zu führen»[31]. Das war alles in allem noch vergleichsweise harmlos, aber der Historiker Ernst Kantorowicz, der Woldi 1927 sein Werk über den Stauferkaiser Friedrich II. gewidmet hatte, war über die plumpe Gleichsetzung von Neuem und Drittem Reich schockiert.

Wie immer sich die politischen Haltungen im Einzelfall in der Folgezeit ändern und bei Nikolaus von Uxkull-Gyllenband, Claus und Berthold von Stauffenberg zum aktiven Widerstand führen sollten, die ideologische Ausgangslage des adligen, teilweise von George geprägten Milieus, in das sich Melitta Schiller Anfang der dreißiger Jahre begab, war hinsichtlich der «nationalen Revolution», die den Weimarer Parteienstaat hinwegfegte, ziemlich eindeutig.[32] Der «Systemzeit» weinte man keine Träne nach, von den jüdischen Mitgliedern des George-Kreises hatten sich die Brüder Stauffenberg schon Ende der zwanziger Jahre größtenteils entfremdet.

Ausgerechnet am 20. April 1933, dem Geburtstag des «Führers», beging Ernst Kantorowicz die Provokation, in einem Brief an den zuständigen Preußischen Minister um seine Beurlaubung von seinem Frankfurter Lehrstuhl für Mittelalterliche und Neue Geschichte zu bitten. Kantorowicz wandte sich an den Minister als deutscher Jude mit nationaler Gesinnung: «Denn solange jeder deutsche Jude – wie in der gegenwärtigen Zeit der Umwälzung – schon durch seine Herkunft fast für einen ‹Landesverräter› gelten kann … und solange jeder Jude, gerade wenn er ein nationales Deutschland voll bejaht, unfehlbar in den Verdacht gerät, durch das Bekunden seiner Gesinnung nur aus Furcht zu handeln oder bloß seinen persönlichen Vorteil zu suchen, nach Pfründen jagen und seine wirtschaftliche Existenz sichern zu wollen; solange jeder deutsche und wahrhaft national gesinnte Jude, um einem derartigen Verdacht zu entgehen, seine nationale Gesinnung eher schamhaft verbergen muß, als daß er sie unbefangen kundtun dürfte: solange erscheint es mir als unvereinbar mit der Würde eines Hochschullehrers, sein nur auf innerer Wahrheit begründetes Amt verantwortlich zu versehen.»[33]

Wenig später stellte der streitbare Kantorowicz auch George gegenüber klar, dass er, würde er als Jude angegriffen werden, «mein Blut … nicht würde verleugnen oder durchspringen dürfen»[34]. Mit seiner Herkunft wie nationalen Gesinnung hatte der

1895 in Posen als Sohn jüdischer Eltern geborene, elegante Weltmann nie hinter dem Berg gehalten. Als Weltkriegsteilnehmer hatte er schon 1915 das Eiserne Kreuz II. Klasse erworben, 1916 erlebte er die Hölle von Verdun, wurde verwundet und 1917 in eine Eisenbahnbau-Kompanie in die Türkei versetzt, wo er den osmanischen Militärorden des «Eisernen Halbmonds» erhielt. 1918 hatte sich Kantorowicz als Jude für die nationale deutsche Sache gegenüber den Polen eingesetzt und war seinem kämpferischen Charakter entsprechend, wie Melittas Bruder Otto, Freikorpskämpfer für den Heimatschutz Ost. Schon im Januar 1919 sah man ihn als Studenten der Philosophie in Berlin, wo er sich an der Niederschlagung des Spartakusaufstandes beteiligte, als Student der Nationalökonomie kämpfte er im Mai desselben Jahres gegen die Münchener Räterepublik. Als er im Herbst 1933 sein Lehramt vorübergehend wieder aufnahm, hielt er, bevor er sich im Jahr darauf endgültig zurückzog, in Frankfurt am Main eine aufsehenerregende zweite Antrittsvorlesung. Darin entwarf Kantorowicz, den die Sympathieerklärungen seines Freundes Woldemar von Uxkull-Gyllenband für das Dritte Reich in dessen Heidelberger Vorlesung schwer getroffen hatten, seine Vision des «Geheimen Deutschland».[35] Dass dieses Deutschland dank derjenigen Geister zu Ruhm und Ehren gekommen sei, «welche dem öffentlichen sichtbaren Deutschland als ‹Fremdeste› erschienen», bildete den Kern seiner Ausführungen. Mit den politischen Zuständen im Land vertrug sich solch ein Bekenntnis zu den un- wie überdeutschen Genien allerdings nicht.[36] 1938 emigrierte Kantorowicz in die USA.

In gewisser Weise verkörpert Ernst Kantorowicz das Dilemma, das die Familie Schiller nicht zu haben glaubte. Verdankte Melitta ihrer Posener Grenzlandjugend nicht ebenfalls eine starke nationale Gesinnung? Erhoffte oder fürchtete sie vor diesem Hintergrund eine «nationale Revolution»? Wurde nicht auch

Drittes Kapitel

sie 1933 mit dem Ressentiment konfrontiert, wie es Kantorowicz in seiner Philippika formuliert hatte, dass allein die «Tatsache, überhaupt jüdisches Blut in den Adern zu haben, zugleich einen Gesinnungsdefekt involviert»[37]? Immerhin hatte sie schon während ihres Studiums in München die Aggressivität der Nazis aus nächster Nähe erlebt, schon damals konnte sie deren antisemitische Hetzreden nicht überhört haben. Wurde ihr nicht spätestens jetzt, im Zuge der «Machtergreifung», die jüdische Herkunft ihres Vaters wieder bewusst? Beunruhigte sie nicht der Gedanke, er, vielleicht auch sie selbst, könne gefährdet sein? Oder sagte sie sich, nur ihr Vater sei Jude, sie und ihre Geschwister seien nicht betroffen?

All das sind Fragen *post festum*, die Melitta Schillers Bewusstsein am Vorabend der «Machtergreifung» wahrscheinlich falsch einschätzen. Nicht einmal in den detaillierten Aufzeichnungen Lilis, die Mitte der zwanziger Jahre den Arzt Adolf Lübbert geheiratet hatte und mit ihrer Familie in Neumünster lebte, spielen solche Erwägungen, von Emigrationsplänen ganz zu schweigen, eine Rolle, im Gegenteil. Anfang der dreißiger Jahre, als sie eigene Wege einschlugen, kündigten Jutta und Klara Schiller ihre polnische Staatsbürgerschaft auf. Als Chemikerin frisch diplomiert, brach Klara «nach Erhalt der deutschen Staatsbürgerschaft» 1932 augenblicklich auf, um das ihr seit Kriegsende vorenthaltene Vaterland zu Fuß wie vom Sozius eines Motorrads aus kennenzulernen, das einer ihrer Vettern lenkte. «Vom Harz aus mache ich als Beifahrer», schrieb sie in ihr Fotoalbum, «mit dem Motorrad einen grossen Bogen: Eifel, Pfalz, Bodensee, Tirol, romantische Strasse.»[38] Ihre Schwester Jutta heiratete einen Reichsdeutschen und verlor dadurch ebenfalls ihre polnische Staatsbürgerschaft, auch sie ließ die Freie Stadt Danzig 1932 hinter sich.

Und Melitta? Sie arbeitete weiter an ihrer Luftfahrtkarriere, absolvierte Flugprüfungen, erwarb neue Flugscheine. 1932/33

Die Schiller-Damen, 1930: Lili, Jutta, Mutter Margarete, Melitta und Klara (von links).

gelang es ihr, an ihre zehn Jahre zurückliegende erste Flug-
erfahrung in Grunau anzuknüpfen.[39] In Griesheim bei Darmstadt
legte sie am Forschungsinstitut der Rhön-Rossiten-Gesellschaft
die Segelflugprüfung ab. Noch immer flog Deutschlands Jugend
gegen Versailles und für den Aufstieg der Nation, und Melitta war
mit dabei. Peter Riedel, ihr damaliger Segelfluglehrer und einer
der deutschen Segelflug-Champions der dreißiger Jahre, erinnerte sich nach dem Zweiten Weltkrieg an ihr unprätentiöses Auftreten. Sie habe weder in Sprache noch Kleidung betont, «dass sie
Pilotin ist. Man hatte mehr den Eindruck, mit einer Ärztin … zu
tun zu haben»[40]. Verführerisch wirkte sie dennoch, Riedel hätte
sich für sie «als Frau beinahe interessiert … aber sie war mir dann
doch zu ernst»[41]. Landen können hätte der Berufspilot, später
Diplomat und Mitarbeiter im Reichsluftfahrtministerium, bei ihr
ohnehin nicht. Melitta war verliebt in Alexander von Stauffenberg, der zu dieser Zeit als Dozent in Würzburg lebte. Die beiden
führten, was man heute eine Fernbeziehung nennt, und sahen
sich selten, über längere Zeit vermutlich nur in den Semesterferi-
en. Dank des Sportfliegerscheins, den Melitta inzwischen besaß,
nahm sie, um nicht aus der Übung zu kommen, «mit einem ihr
vom Aero-Club zur Verfügung gestellten Flugzeug an örtlichen
Rundflug- bzw. Platzveranstaltungen»[42] teil und verdiente ein
paar Reichsmark hinzu.

Fliegen war Melittas Leben, George und die antike Geschichte bestimmten dasjenige von Alexander. 1934 zog er, als er einer
Lehrstuhlvertretung wegen «nach Berlin versetzt wurde»[43], zu
Litta nach Johannisthal. Von nun an waren sie, wenn sie einander brauchten, füreinander da. Drängten sich nicht die Zeichen
der Zeit in ihre Beziehung? Bemerkenswert ist, dass Melitta sich
in Alexander einen Lebensgefährten ausgesucht hatte, der der
mehr oder weniger militanten, nichtjüdischen Fraktion in Stefan
Georges «Geheimen Deutschland» angehörte, und dass sie sich

damit in gewisser Weise selbst positioniert hatte. War das die dem Zwang immer schlimmerer politischer Zustände geschuldete letzte Etappe einer ebenso fatalen wie radikalen Assimilation, die ihr Vater schon Jahrzehnte zuvor für abgeschlossen gehalten hatte? Fest steht jedenfalls, dass Litta auch nach 1933 alles dafür tat, um ihre Luftfahrtkarriere fortzusetzen.

Viertes Kapitel

«Dipl. Ing. Flugkapitän Gräfin Stauffenberg»: Karriere im Dritten Reich

Adlershof

Am 30. Januar 1933 wurde Adolf Hitler Reichskanzler, und die Nationalsozialisten übernahmen die Macht im Staat. Damit war die militärische Aufrüstung Deutschlands beschlossene und ab sofort energisch vorangetriebene nationale Sache. Der Ausbau der Luftwaffe bildete den Mittelpunkt der nationalsozialistischen Militärplanung. An der Spitze der Organisation der Luftrüstung stand bis Kriegsende der machtgierige Hermann Göring, mit dem Pour le Mérite dekorierter Fliegerheld des Großen Krieges. Wer immer in der Luftfahrtindustrie wie Luftfahrtforschung der Weimarer Republik mit verdeckt militärischen wie auch zivilen Projekten befasst war, wurde vom Sog der nationalsozialistischen Luftrüstung ergriffen: «Die Aufrüstung der Luftwaffe war das größte industrielle Projekt des Dritten Reiches.»[1] Zum Zeitpunkt der «Machtergreifung» durch die Nazis war die deutsche Luftfahrtindustrie eine kaum nennenswerte Größe, 1942 beschäftigte sie fast zwei Millionen Menschen. Seit 1933 erfolgte ihr planmäßiger Ausbau, in den folgenden fünf Jahren galt es, eine schlagkräftige Luftstreitmacht auf die Beine zu stellen. Der Vertrag von Versailles wurde schrittweise revidiert, im Oktober 1933 trat Deutschland aus dem Völkerbund aus, 1935 wurde die allgemeine Wehrpflicht wieder eingeführt, bis zu ihrer offiziellen Gründung im selben Jahr wurde die Luftwaffe organisatorisch, technisch und wissenschaftlich aufgebaut, mehr oder weniger gut getarnt.

Im Gleichschritt mit der Remilitarisierung der Luftfahrtindustrie erfolgte die fortan strikt rüstungspolitisch ausgerichtete Militarisierung der Luftfahrtforschung. Entsprechende Maßnahmen wurden unmittelbar nach dem 30. Januar 1933 ergriffen. Göring bekleidete zunächst das Amt eines «Reichskommissars für den Luftverkehr», wenige Tage später entstand eine eigenständige Reichsbehörde, das «Reichskommissariat für die Luftfahrt», im Mai 1933 war Göring bereits offizieller «Reichsminister der Luftfahrt». Sein Stellvertreter Erhard Milch, im Ersten Weltkrieg zum Beobachter ausgebildet, danach einer der wichtigsten Organisatoren des deutschen Flugverkehrs, seit 1926 Direktor der Deutschen Luft Hansa, war als Mitglied im Aufsichtsratsausschuss der DVL auch mit der Forschung vertraut.[2]

Für die institutionelle Expansion wie eine entsprechende finanzielle Ausstattung der nationalsozialistischen Luftfahrtforschung war der ehemalige Weltkriegsflieger Adolf Baeumker die entscheidende Figur. Wie Erhard Milch hatte auch Baeumker während der Weimarer Republik als Beamter im Reichswehr- wie Reichsverkehrsministerium den für Fragen der Luftfahrt wie Luftfahrtforschung unverzichtbaren Sachverstand gesammelt. Mit der Machtübernahme der Nazis waren die mageren Jahre der in der Weltwirtschaftskrise beschlossenen Haushaltskürzung vorbei[3], auf diesen Zeitpunkt hatten Männer wie Baeumker und Milch nur gewartet. Mehr oder weniger über Nacht wurden die Sperren aufgehoben, und ein wahrer Geldregen brach herein. Bestehende Institutionen wurden erweitert, neue Institutionen kamen hinzu. Von diesen Maßnahmen profitierte auch Adlers-

hof. Wilhelm Hoff, Leiter der DVL schon seit 1920, wurde der re-
aktivierte Major Walter Stahr als militärische Spitze zugeordnet,
von 1925 bis 1929 hatte Stahr bereits an der geheimen Luftrüstung der Reichswehr in der Sowjetunion teilgenommen.

1932 war mit dem Bau des «Kleinen» und «Großen Windkanals» begonnen worden, die finanziell gesicherte wie zeitlich
beschleunigte Kapazitätserweiterung setzte aber erst mit der ent-
fesselten Dynamik der nationalsozialistischen Luftrüstung ein.
Ein Bauprogramm folgte auf das nächste, der finanzielle Spiel-
raum erweiterte sich bis Kriegsbeginn kontinuierlich. Schon
im Oktober 1933 wurden in einem ersten Ausbauprogramm
5,4 Millionen Reichsmark bewilligt, ein gutes Jahr später, als die
forcierten Rüstungspläne eine Neubudgetierung verlangten, kamen fünfzehn, knappe zwei Jahre später weitere fünf Millionen
Reichsmark hinzu. Die Zahl der DVL-Mitarbeiter hatte vor 1933
einen Höchststand von etwa 500 erreicht, 1936 betrug sie bereits
fast 1600, in den Kriegsjahren stieg sie auf etwa 2000 an.

Das Gelände der DVL entwickelte sich in diesen Jahren zur
Dauerbaustelle. 1934 wurde der Große Windkanal vollendet.
Die für damalige Verhältnisse gigantische Anlage mit acht Metern Durchmesser konnte dank eines Drehstrommotors mit
einer Antriebsleistung von zweitausend Kilowatt den Luftstrom
auf fünfundsechzig Meter pro Sekunde beschleunigen. Dadurch
konnten sowohl Flugmodelle bis zu viereinhalb Meter Spann-
weite als auch Luftschrauben, Tragflächen und andere Flugzeug-
teile in Originalgröße aerodynamisch getestet werden. Von 1934
bis 1936 wurde der Trudelwindkanal erbaut. Das zwanzig Meter
hohe Stahlbetonei mit einem Durchmesser von über zwölf Metern und einer Wandstärke von dreißig Zentimetern ermöglichte
dank eines Gebläses die Beobachtung langsam absinkender Flug-
zeugmodelle mit bloßem Auge wie auch mit Hilfe einer Mess-
kamera. 1937 erfolgte der Bau eines mittleren Windkanals, ein

Zukunftsstadt: Die DVL um 1936, links Großer Windkanal, Trudelwindkanal, Montagegebäude, Kühlwasseranlage, Motorenprüfstand.

Jahr später ein Hochgeschwindigkeitskanal mit einer Strömungs-geschwindigkeit nahe am Überschall. In den dreißiger Jahren hatte die reale Fluggeschwindigkeit stetig zugenommen, das neueste Produkt der Hochgeschwindigkeitsaerodynamik, der Pfeilflügel, wurde unter anderem auch hier untersucht.

In Adlershof wurden aber nicht nur flugtaugliche Strom-linienformen von Flügeln und Rümpfen geprüft, sondern auch das Verhalten von Schrauben und Motoren hinsichtlich Flugge-schwindigkeit sowie Flughöhe. In unmittelbarer Nachbarschaft zum Großen Windkanal war deshalb ein «Schallgedämpfter Mo-torenprüfstand» errichtet worden. Hier wurde das Verhalten von Flugzeugmotoren mit Luftschrauben bei Beschleunigung oder Abbremsung untersucht, aber auch die Festigkeit neu entwickel-ter Propeller, die über die vorgesehene Drehzahl hinaus be-

Viertes Kapitel

schleunigt wurden. In der zweiten Hälfte der dreißiger Jahre ergänzte die DVL ihre Laboratorien um Höhenprüfstände, die den
wachsenden Flughöhen gerecht wurden. Hier konnten Höhen
bis neunzehn beziehungsweise vierundzwanzig Kilometer simu-
liert werden. Gemessen wurde die Leistung von Flugmotoren bei
in großen Höhen herrschenden kalten Temperaturen, dem sich
mit der Steighöhe verändernden Luftdruck sowie der Kraft- und
Schmierstoffverbrauch unter diesen extremen Bedingungen.

Das später durch den Kriegsbeginn unterbrochene Neubau-
programm war mit einer immensen Flächenerweiterung verbunden. Bis zur Machtübernahme war das Gelände der DVL im
Süden von der Rudower Chaussee begrenzt worden. Jetzt kamen
jenseits davon sechzigtausend Quadratmeter hinzu, das sogenannte Südgelände. Während auf dem ursprünglichen Areal der
DVL, dem Nordgelände, die Lärm erzeugenden Laboratorien
wie Windkanäle und Motorenprüfstände lagen, ging es auf dem
Südgelände ruhiger zu. Hier befanden sich das Verwaltungs-
gebäude, Vortrags- und Speisesäle, Bibliothek und Lesesaal sowie
Institute, die eine ruhige Arbeitsatmosphäre brauchten. Auf dem
Westgelände befanden sich die Fluganlagen samt Infrastruktur
wie Werften, Werkstätten und Flughafenverwaltung.[4]

Melitta Schiller arbeitete auf dem Nordgelände. Dort hatte
die aerodynamische Abteilung schon vor 1933 in einem ärmli-
chen Flachbau gehaust. Umgeben von weiteren Abteilungen,
von Prüfhallen, Werkstätten, Flug- und Lagerhallen, Büros sowie
einem Benzinlager machte die DVL in jenen Jahren einen un-
ansehnlichen Eindruck. Von einer geordneten städtebaulichen
Anlage konnte keine Rede sein, die Gebäude, zum Teil bereits
vor dem Ersten Weltkrieg entstanden, wirkten zusammengewür-
felt, das Gelände machte einen so disparaten, provisorischen
Eindruck, als habe ein Riese im Sand Brandenburgs Bauklötze
verloren. Das änderte sich grundlegend erst mit der 1933 begin-

nenden Neuordnung und den verschiedenen Baustufen. Schon 1930 war Hermann Brenner aus Stuttgart in Aktion getreten, damals allerdings hatte sich der junge Architekt aus finanziellen Gründen mit der Überholung beziehungsweise dem Neubau der wichtigsten technischen Einrichtungen zufriedengeben müssen. Als nach der «Machtergreifung» der Nazis die Gelder flossen, kam es in Adlershof zu einem planerischen Kuriosum.

Da der Ausbau zur luftmilitärischen Großforschungsanlage überfällig und die Zeit, eine kriegstaugliche Luftwaffe zu schaffen, knapp war, blieb es bei den städtebaulichen Prinzipien wie der architektonischen Formensprache der Weimarer Republik. Mit der Luftfahrtarchitektur eines Ernst Sagebiel etwa beim Neubau des Reichsluftfahrtministeriums, des Flughafens Berlin-Tempelhof oder der Technischen Akademie der Luftwaffe in Berlin-Gatow, wo Melitta Schiller später arbeitete, hatten die Planungen Brenners nichts gemein. Hier waltete kein machtversessener Neoklassizismus, hier galten funktionalistische Prinzipien, wurden dem Umfeld entsprechende ingenieurhafte Entwürfe realisiert, entstanden klare kubistische Baukörper in der Tradition eines Walter Gropius, Hans Hertlein und anderer Architekten der klassischen Moderne. Der Große Windkanal, der Trudelkanal, der Schallgedämpfte Motorenprüfstand, die an Gropius' Fagus-Werke erinnernden Ein- und Mehrzylinderversuchshallen, all diese Bauten bekundeten ohne Staffage ihren funktionalen Zweck, folgten den neuen Bauformen der Arbeitswelt aus den späten zwanziger Jahren und richteten ihre großflächigen Klarglasfenster auf weiträumige Grünflächen.

Verließ Melitta Schiller die Aerodynamische Abteilung, fiel ihr Blick zunächst auf die Fensterfront der Ein- und Mehrzylinderhalle mit ihren die gesamte Glasfront entlang unverstellt aufgereihten Abgaszylindern. Ob sie sich in nördlicher Richtung dem Hochgeschwindigkeitskanal oder südlich dem Großen

Windkanal und den Motorenprüfständen zuwandte, überall sah sie den Konstruktivismus einer Ingenieursarchitektur, der das avantgardistische Lob der Maschine sang, wie es in den zwanziger Jahren erklungen war.

Für Melitta bedeutete die nationalsozialistische «Machtergreifung» keinen biographischen Bruch, für ihre Karriere stellte die jüdische Herkunft ihres Vaters vorerst noch kein Hindernis dar. Ende der zwanziger Jahre war die Gesamtzahl der Studenten zurückgegangen, davon war indirekt auch die Luftfahrtwissenschaft betroffen. Im August 1933 war deshalb an der DVL eine «Abteilung für Ingenieurnachwuchs» eingerichtet worden, lästige Konkurrenz um Arbeitsplätze und Sorge um Aufstiegsmöglichkeiten hatten Melitta und ihre Kollegen demnach nicht zu fürchten. Daran änderte sich auch in den folgenden Jahren nichts, qualifiziertes technisches und wissenschaftliches Personal blieb auch während des Zweiten Weltkrieges knapp. 1933 jedoch war dem neuen Regime dank der verbesserten Finanzlage die Sympathie der sich als unpolitisch verstehenden, gleichwohl mehrheitlich nationalkonservativ eingestellten Ingenieure sicher.

Melitta setzte ihre wissenschaftliche Arbeit unter stetig verbesserten institutionellen Bedingungen wie rüstungsbedingt höheren Anforderungen fort. Waren ihre in Forschungs- und Prüfberichten niedergelegten Untersuchungen anfangs eher disparat, so zeichneten sich ab etwa 1930 erste Kontinuitäten ab. Aus den Jahrbüchern der DVL sowie den erhaltenen, nicht durchweg von ihr allein, sondern gelegentlich auch mit anderen Kollegen verfassten Berichten[5] geht hervor, dass sie sich zunächst mit Motoren und Gebläsen sowie allgemeinen aerodynamischen Berechnungen beschäftigte. In ihrer Funktion als hauptamtlicher «Bearbeiter f. Luftschrauben»[6] wertete sie experimentelle Untersuchungen über Verstell-Luftschrauben aus (1931), gefolgt von Berechnungen «für verschiedene Schrauben- und Motorenanordnungen bei der Junkers G 31»[7]. Insgesamt waren dies kaum mehr als einem wissenschaftlichen Sachbearbeiter gemäße Standardaufgaben.

Etwas anders verhielt es sich mit den «Auswertungen experimenteller Untersuchungen über Luftschrauben mit verdrehbaren Flügelblättern», die Melitta Schiller 1932 zusammen mit dem berühmten Luftfahrtforscher Hans Reissner, einer anerkannten Fachautorität auf dem Gebiet der Luftschrauben, verfasste. Hier finden sich Ansatzpunkte für eine eigene, originelle Theoretisierung, die Melitta aber nicht weiterverfolgt zu haben scheint. Eine außergewöhnliche mathematisch-theoretische Begabung, wie sie von ihren Geschwistern nach ihrem Tod behauptet wurde, lässt sich aus den Arbeiten für die DVL, so weit sie überliefert sind, nicht ableiten.[8] Melittas Begabung war eher praktisch-experimentell. In diese Richtung weisen ihre weiteren Arbeiten. Zwischen 1934 und 1936 unternahm sie mehrfach Untersuchungen im Windkanal, experimentierte mit Vor-, Roll- und Klappenflügeln, Auftriebshilfen, die Flugzeuge mit ihren von nun an immer stärkeren Motoren schneller in größere Flughöhen brachten. Hinzu kam 1934 erstmals die Erprobung von «Luftschrauben im Sturzflug», ein Hinweis auf die militärische Bedeutung ihrer Experimente. Aus einem weiteren Prüfbericht aus dem Jahr 1936 geht hervor, dass sie bereits als Versuchspilotin tätig war. Hermann Blenk, Leiter der Aerodynamischen Abteilung der DVL von 1934 bis 1936, brachte Melitta Schillers professionelles Profil am präzisesten auf den Punkt, wenn er feststellte, «sie wollte nicht nur etwas wissen, sondern das Wissen auch anwenden und etwas können. Dem entsprach auch ihr leidenschaftlicher Wunsch, fliegen zu lernen.»[9] Wenn schon ihre Tätigkeit außergewöhnlich war, dann erst recht ihr durch den Nimbus der Pilotin veredelter Status als Wissenschaftlerin.

Im Lauf der zwanziger Jahre, als die Luftfahrt zum Symbol für die nationale Wiedergeburt Deutschlands geworden war, hatte der Pilot die Rolle der zukunftsweisenden Lichtgestalt übernommen. Aus Anlass der zehnten Wiederkehr des Kriegsendes 1928 gab der damals vierunddreißig Jahre alte, nationalrevolutionäre Schriftsteller Ernst Jünger einen Band mit dem Titel «Luftfahrt ist not!» heraus. Das opulente, großformatige und mit zahlreichen Fotografien illustrierte Buch, erschienen «unter dem Protektorat des Deutschen Luftfahrtverbandes», stellte in siebenunddreißig Einzelbeiträgen auf über vierhundert Seiten die gesamte Breite der deutschen Luftfahrt in ihrer geschichtlichen, kriegsgeschichtlichen wie technischen Entwicklung dar.[10] Jünger hatte während des Großen Krieges vergeblich versucht, von der Infanterie zur Fliegertruppe versetzt zu werden. 1926 meldete er sich in Berlin-Staaken an, um den versäumten Traum nachzuholen, gab aber nach einigen Stunden Flugunterricht bei einem ehemaligen Jagdflieger wegen allzu großer Ungeschicklichkeit wieder auf. Seiner glühenden Verehrung für den Piloten tat dieses Scheitern keinen Abbruch.

Der «Flieger» stellte für Jünger den Superlativ desjenigen Typus dar, den er als wichtigstes anthropologisches Erbe des Ersten Weltkrieges begriff. Zunächst war ihm der Stoßtruppkämpfer dank dessen im Kampf erworbener kaltblütiger Intelligenz sowie entsprechender Nerven- und Körperkräfte als zukunftsweisende moderne Gestalt erschienen, 1929 war es die Figur des Piloten. «Der fliegende Mensch», postulierte Jünger geschlechterübergreifend, «ist vielleicht die schärfste Ausprägung einer neuen Männlichkeit. Er stellt einen Typus dar, der sich bereits im Kriege angedeutet hat.»[11] Das Zusammenspiel von Mensch und Maschine in der technisierten Form des Luftkampfes machte die Stahlgestalt des Fliegers zum prototypischen Vertreter einer die technische Zivilisation der Gegenwart als natürlichen Lebensraum begreifenden nationalen Elite. Der Pilot war nicht bloß kriegerischer Heros und nationaler Erlöser, sondern vor allem mit der modernen Maschinenwelt synthetisierter neuer Mensch.

In seiner 1932 erschienenen berühmt-berüchtigten Schrift nannte Jünger ihn «Der Arbeiter». Dessen Kennzeichen sei nicht nur seine «enge und widerspruchslose Verschmelzung … mit den Werkzeugen, die ihm zur Verfügung stehen»[12], sondern auch seine Konstitution jenseits der traditionellen Polarität der Geschlechter. Jünger war ein aufmerksamer Beobachter seiner Zeit. Die Gestalt des Arbeiters hatte sein physiognomischer Blick aus dem Ornament der Massen der Weimarer Republik, aus Fotos, Filmen, Zeitungen, Zeitschriften, Büchern herausdestilliert, auch aus dem Großstadtleben Berlins, wo er zu jener Zeit lebte. Durch «Hygiene, flache Sonnenkulte, Sport, Körperkultur»[13] sei während der Weimarer Republik ein vor dem Krieg unbekannter Typus entstanden, der sich durch Angleichung der Geschlechterphysiognomien wie eine Nivellierung der Geschlechterrollen auszeichne. Eine auffällige «maskenhafte Starrheit des Gesichtes» wecke bei «Männern einen metallischen, bei Frauen einen kosmetischen Eindruck»[14]. Sei die Nivellierung des Geschlechtsunterschiedes der Körper auf sportliches Training zurückzuführen, so die physiognomische Angleichung der Geschlechter auf die sich ausbreitende technisierte Arbeitswelt. Ohne Schutzmasken seien weder viele moderne sportliche noch berufliche Betätigungen möglich. Die allgemeine Uniformierung der modernen Massengesellschaft veranlasste Jünger, den Arbeiter mit der Entdeckung eines «dritten Geschlechts»[15] in Verbindung zu bringen. So wie im Typus des Arbeiters die Polarität der Geschlechter überwunden war, so war das antagonistische Herrschaftsverhältnis von Mensch und Maschine in eine organische Konstruktion verwandelt. In Adlershof kam die sportliche, sonnengebräunte, dem androgynen Typus zuneigende, fliegende Amazone Melitta Schil-

Viertes Kapitel

ler dem Jünger'schen Arbeiter recht nahe. Die DVL war eben nicht nur ein Ort «für die Züchtung von Schnellflugzeugen»[16], sondern auch für die des technikkompatiblen Neuen Menschen.

Es genügen wenige Blicke in ein Massenpublikationsorgan wie die auflagenstarke «Berliner Illustrirte Zeitung» (BIZ), um sich von der wachsenden Attraktivität und Faszination des Piloten im Laufe der Weimarer Jahre zu überzeugen. In der kaum übersehbaren Zahl von Reportagen, Berichten und Nachrichten zum Thema Luftfahrt war die Fotografie das entscheidende Bildmedium. Berücksichtigt man überdies, sei es in der BIZ oder vergleichbaren anderen Organen, Standfotos aus themenverwandten Spielfilmen, wird man Jüngers Diagnose vom «dritten Geschlecht» nur zustimmen können. Allenthalben blicken den Leser Gesichter an, die von Schutzmasken, Schutzhauben und Schutzbrillen verhüllt sind. Ob es sich um Männer oder Frauen handelt, ist nicht feststellbar, klar wird nur, dass sich die neue Spezies des Piloten gebildet hat. Auf solchen Fotoporträts ist ein Udet kaum von einer Marga von Etzdorf zu unterscheiden, eine Etzdorf nicht von einer Thea Rasche und eine Rasche kaum von einem Fliegerveteranen des Weltkriegs.

Wie alle anderen Fliegerinnen ihrer Zeit entsprach auch Melitta Schiller dem medial inszenierten Stereotyp der Pilotin mit Kappe, Schutzbrille, Kurzhaarschnitt, Overall, Zigarette. Thea Rasche, Liesel Bach, Vera von Bissing, Marga von Etzdorf, Georgia Lind, Antonie Strassmann, Elly Beinhorn waren jedoch im Gegensatz zu ihr freie Luftunternehmerinnen, die ihre riskanten Abenteuer als individuelle Taten unters Volk der Weimarer Republik brachten. Zwar pflegte auch Melitta Schiller wie die meisten ihrer Kolleginnen den der antibürgerlichen Gegenkultur der Jahrhundertwende entstammenden kühlen Gestus des Dandys. 1933 hatte sich dieser Fliegertypus jedoch ideologisch wie technologisch überlebt. Geschlechterrollen ironisierende, dandyeske

Das dritte Geschlecht des Fliegers: Wer ist Mann, wer Frau? Oben links: Marga von Etzdorf, rechts: Melitta Schiller mit einem Unbekannten, vermutlich zu Beginn der dreißiger Jahre. Unten: Eduard Ritter von Schleich.

Luftunternehmerinnen in eigener abenteuerlicher Sache waren von jetzt an kaum mehr als nützliches Beiwerk. Zukunft hatten fliegende Frauen nur dann, wenn sie im Interesse des nationalsozialistischen Staates als Propagandafiguren auftraten, wie Liesel Bach, Vera von Bissing, Thea Rasche und an erster Stelle die international bekannte Elly Beinhorn.

          Viertes Kapitel

Weniger prominente Pilotinnen profitierten von der Militarisierung der Luftfahrt im Zuge der allgemeinen Wiederaufrüstung in ihren entsprechenden beruflichen Stellungen. Die nach 1945 als Sexunternehmerin bekannte Beate Uhse, vor dem Krieg Beate Köstlin, etwa war Ein- und Überführungsfliegerin verschiedener Flugzeugfirmen, bei Kriegsende sogar Hauptmann eines Überführungsgeschwaders in Berlin-Tempelhof.[17] Für die Neue Zeit am besten gerüstet war eine Jünger'sche Arbeiterin wie Melitta Schiller. «Im übrigen ist es unwichtig, daß man etwas über mich schreibt», hatte sie gleich zu Beginn ihrer Ausbildung zur professionellen Motorfliegerin bekannt.[18] Das war weniger Koketterie als eine Reaktion darauf, dass der Abenteuer suchende Pilotentypus Anfang der dreißiger Jahre allmählich dem technologischen Fortschritt zum Opfer fiel. Gefragt waren andere, modernere Fliegertypen, keine vor einem sensationsgierigen Publikum Luftnummern zelebrierende Dandys. Gebraucht wurden zivile wie militärische Piloten, die sich auf die Sicherheit und Technik ihrer Maschinen verlassen konnten und Abenteuern aus dem Weg gingen.

Marga von Etzdorf, eine gute Freundin Melitta Schillers[19], wurde zum Opfer dieses Wandels. Nachdem ihre Bemühungen fehlgeschlagen waren, bei einer kommerziellen Fluggesellschaft Pilotin zu werden, konzentrierte sich von Etzdorf auf spektakuläre Fernflüge als Sportfliegerin. Dabei ging sie jedes Risiko ein. Bei ihrem ersten Fernflug auf die Kanarischen Inseln kam es zu einer unplanmäßigen Zwischenlandung, Schwierigkeiten bei der Einreise sowie einer Bruchlandung auf dem Rückflug. Aufsehen erregte die äußerlich betont maskuline Fliegerin dennoch, 1932 flog sie in zwölf Tagen im Alleinflug von Berlin nach Tokio, auf dem Rückweg verunglückte sie, ihre Junkers Junior erlitt Totalschaden, sie selbst wurde schwer verletzt. Ende Mai 1933 hatte sie genügend Geld für ihren nächsten Fernflug nach Australien gespart. Sie startete in Berlin-Staaken, kam aber nur bis ins syrische Aleppo, wo sie die Landebahn nicht gegen, sondern mit dem Wind anflog, bei der Landung ihr Flugzeug beschädigte und sich anschließend, noch nicht fünfundzwanzig Jahre alt, «im Gästezimmer des Flughafens»[20] erschoss. Verzweifelt darüber, dass man ihr zukünftig Sponsorengelder verweigern könnte, fürchtete die unglückliche Bruchpilotin, dass sie als geheime Waffenhändlerin entlarvt würde. An Bord ihrer Maschine fanden die zuständigen französischen Behörden Prospekte der Firma Schmeisser sowie eine Maschinenpistole als Muster für potenzielle Kunden. Die illegal eingeführte Waffe verstieß gegen internationale Bestimmungen, der Waffenhandel, dessen die junge Frau verdächtigt wurde, gegen den Vertrag von Versailles. Im Glauben, restlos desavouiert zu sein, ergriff Marga von Etzdorf die Schmeisser-MP und nahm sich das Leben. Ihr Tod am 28. Mai 1933 war deutliches Zeichen dafür, dass die Ära der abenteuernden Dandy-Fliegerinnen zu Ende ging. Es war nicht so, dass Etzdorf & Co. über die Funktionsweise von Flugmotoren und Flugtechnik nicht Bescheid gewusst hätten. Das genügte aber nicht. Mit der zunehmenden Technisierung des Fliegens kam es zu einer immer größeren Arbeitsteilung an Bord wie zu einer Spezialisierung, für die eine Vielzahl von technischen Fachkräften gebraucht wurde. Das Fliegen war zu komplex geworden, als dass sämtliche damit im Zusammenhang stehenden Vorgänge allein vom Flugzeugführer hätten beherrscht werden können.

Für die industrielle Entwicklung modernen Fluggeräts war Melitta eine Idealbesetzung. Da sie als angehende Ingenieurflugzeugführerin neues Gerät erproben musste, war ihr Risiko allerdings hoch. Gestorben wurde hier im Dienst vorgeblich kalkulierbarer Wissenschaft. Allein bei der DVL waren zwischen dem 1. April 1934 und dem 31. März 1937 dreizehn Mitarbeiter den «Fliegertod» gestorben, unter ihnen auch im Mai 1935 Mar-

Viertes Kapitel

tin Schrenk, ein Spezialist für Höhenflug und Kollege Melittas. Schrenk war im lettischen Dünaburg bei einem Troposphärenflug in acht bis zehn Kilometern Höhe im offenen Korb eines Höhenballons dem Höhentod erlegen und erstickt, andere Mitarbeiter der DVL stürzten als Flugzeugführer oder Flugbegleiter bei Schulungs- oder Probeflügen ab. Bei einem «Funkversuchsflug» im Mai 1936 kam die gesamte Besatzung aus sechs Mann in «Erfüllung ihrer dienstlichen Aufgaben für die deutsche Luftfahrtforschung»[21] ums Leben. Melitta wusste allerdings nicht erst durch diese Unfälle, worauf sie sich eingelassen hatte. Als sie sich Ende Oktober 1926, ein halbes Jahr bevor sie ihre Diplomprüfung ablegte, erstmals bei der DVL vorstellte, kam es während ihres Vorstellungsgespräches zu einem tödlichen Unfall. Der damalige Leiter der Aerodynamischen Abteilung, Friedrich Seewald, hatte sie aufgefordert, einen Versuchsflug zu beobachten. Auf dem Weg zum Flugfeld sah sie, wie das Flugzeug abstürzte, die Besatzung, darunter der Ingenieur Max Seefeldt, kam ums Leben.[22] Dennoch nahm Melitta die Herausforderung zwei Jahre später an.

Als Melitta begann, sich neben ihrer täglichen Arbeit auf die Prüfungen für die verschiedenen Flugzeugführerscheine vorzubereiten, bedeutete diese Aufgabenverdoppelung über viele Jahre hinweg ein erhöhtes Risiko. Selbst Luftfahrtingenieure, die Versuchspiloten werden wollten und als Flugschüler vorgeschriebene Streckenlängen zurücklegen mussten, bekamen keine modernen Maschinen zur Verfügung gestellt. Da Melitta in dieser Zeit «jede Gelegenheit zum Fliegen wahllos ergriff», wie sie sich später erinnerte, «und sei es auch mit den bedenklichsten, unerprobten oder veralteten Flugzeugen oder unter den schlechtesten Wetterbedingungen»[23], waren Zwischenfälle programmiert.

An einem Dezemberwochenende, der Flug fand wahrscheinlich zwischen 1933 und 1935 statt, hatte sich Melitta aufgemacht, um für ihre nächste Prüfung möglichst viele Kilometer im Alleinflug zu sammeln. Weil keine andere Maschine zur Verfügung stand, flog sie eine veraltete Militärmaschine, ein Jagdflugzeug, vermutlich eine Junkers K 47[24], mit offenem Cockpit, die wochentags der Ausbildung diente. Die Flugstrecke sollte sie von Berlin über Köln, Freiburg oder Stuttgart wieder zurück zu ihrem Abflugort Berlin führen. Das erste Unglück brach südlich von Köln herein. Ungenügend mit Streckenkarten ausgerüstet, «‹krebste› ich den Rhein hinauf, dicht über dem Wasserspiegel, was keineswegs so gemütlich war, wie ich es mir vorgestellt hatte. Ein aufkommender Orkan, wie er in unseren Gegenden nur selten auftritt, erhöhte die immer gefürchtete Böigkeit zwischen den Rheinufern so stark, daß mein Flugzeug in tollem Wirbel zwischen den Uferfelsen hin- und hergeschleudert wurde. Hagel und Schnee verklebten die Windschutzscheibe und meine Fliegerbrille, so daß ich so gut wie nichts mehr sehen konnte. Ich wischte mit dem Pelzhandschuh darüber, was zur Folge hatte, daß zwar Eiskörner losgingen, sich dafür aber eine dünne und völlig undurchsichtige Eisschicht bildete. Schließlich mußte ich die Brille abnehmen, aber bei der großen Geschwindigkeit entzündeten sich meine Augen sofort durch den Anprall der scharfen Eisnadeln, und noch tagelang nachher lief ich mit ganz verschwollenem Gesicht umher.»[25] Trotz Wetterverschlechterung setzte sie, eine zwischen den Ufern gespannte Hochspannungsleitung unterfliegend, ihre Reise fort, «zurück konnte ich auch nicht mehr, da der Brennstoff nicht mehr reichte»[26]. Es blieb nichts anderes übrig, als irgendwo einen noch so kleinen Flugplatz ausfindig zu machen. Das gelang, doch als sie nach der Landung noch im Flugzeug sitzend das Personal darum bat, tanken zu dürfen, verstand man sie nicht. Ihr wurde klar, dass sie irrtümlich «auf französisches Grenzgebiet geraten» war. «Mit einer herrischen Bewegung scheuchte ich daher die Leute von meinem Flugzeug fort, gab Vollgas und startete.»[27] Um nicht wieder deutsches Reichsgebiet zu verlassen, änderte sie die Flugroute und schlug eine nordöstliche Richtung ein. Dort musste sie irgendwann, nachdem der Motor zu stottern begonnen hatte, auf einem schlammigen Acker notlanden und überschlug sich. Da das Steuer bei der Bruchlandung an ihren Körper gepresst worden war, konnte sie sich nicht abschnallen, «um etwas Bewegungsfreiheit zu gewinnen. Ich versuchte nun mit der Hand seitlich eine Öffnung zum Luftholen zu graben, denn das Benzin lief in Strömen über mich und benahm mir den Atem.» Die Bauern, die sie aus ihrer prekären Lage befreiten, begriffen nicht, dass eine Frau die Flugzeugführerin war, und mutmaßten, der männliche Pilot müsse sich bereits mit dem Fallschirm gerettet haben. Wegen der Zwischenlandung in Frankreich, die als Verletzung des Hoheitsgebietes nach Deutschland gemeldet worden war, erhielt Melitta von ihrer Flugausbildungsleitung Flugverbot. Die Strafmaßnahme aufzuheben kostete sie viel Zeit, Mühe und Überredungskunst.

Schilderungen wie die Melitta Schillers sind in der Fliegerliteratur der Zwischenkriegszeit nicht ungewöhnlich. Ernst Udet, Marga von Etzdorf oder Elly Beinhorn verfassten ihre Erinnerungen möglichst massenwirksam, ein literarisch ambitionierter Schriftsteller wie der Franzose Antoine de Saint-Exupéry war jedoch kaum weniger erfolgreich. Notlandungen und Sturmflüge waren in jedem Fliegerbuch der zwanziger und dreißiger Jahre Standardmotive. Der einsame Flug über den Wolken, in Sichtweite der Erde oder inmitten sich auftürmender Wolkenformationen, war, so erfuhren und beschrieben es die Piloten dieser Luftfahrtepoche, die Erfahrung des Anderen schlechthin. In seinem 1939 erschienenen Buch «Terre des Hommes» erklomm der als Schriftsteller wie Pilot gleichermaßen berühmte Saint-Exupéry mit der Schilderung eines Sturmfluges wie schon in seinen vorangegangenen Publikationen abermals literarische Höhenflüge. «Ich war fast bis aufs Wasser gedrückt durch die Gewalt der Fallwinde», erzählt er von einem Flug über Patagonien. «Ich merkte, dass ich einen Fehler begangen hatte, und suchte wieder zu steigen. Aber da bekam ich erst die volle Kraft der Luftströmung zu spüren: Vollgas voran, zweihundertundvierzig Stundenkilometer, die Höchstgeschwindigkeit jener Zeit, zwanzig Meter über der Wellengischt – und ich kam nicht weiter! ... Ich krampfte mich mit ganzer Motorenstärke gegen diesen Sturm, in den jede Bergzacke ihr Kielwasser wie eine Schlange hinauszischen ließ.»[28] Die wahren Elixiere des Lebens hielten allein die gefährlichen Augenblicke an der Grenze zwischen Tod und Leben bereit. Kein Wunder, dass die in die Welt der Technik ebenso wie in das Kollektiv seiner Kameraden eingebundene Führergestalt des Piloten im Fadenkreuz totalitärer Ideologien stand, nicht nur des nationalsozialistischen Deutschlands, sondern auch des faschistischen Italiens wie der kommunistischen Sowjetunion. Der Pilot war der Antibürger seiner Zeit *par excellence*.

Höchste Lebensintensität erfuhr der Stoßtruppführer Ernst Jünger, wenn er über das von Granateinschlägen aufgewühlte Schlachtfeld stürmte und mit kaltem Verstand und heißem Herzen in die Schützengräben des Gegners einbrach. Die außeralltäglichen Erlebnisse in der dritten Dimension des Luftraums versprachen über solche Extremerfahrungen sogar noch hinauszugehen. Fliegen erlöste quasi religiös von irdischen Niedrigkeiten wie politischen Alltäglichkeiten und bot stattdessen den mystischen Rausch ungeahnter Hochgefühle. Dabei bestand allerdings das Risiko, ohne Kampf, Gefahr und Geschwindigkeit nicht mehr leben zu können, es waren Drogen, die süchtig machten. Solche Wünsche entsprachen durchaus dem Zeitgeist. In der Ära zwischen den beiden Weltkriegen erblühte inmitten um sich greifender technischer Rationalität das Bedürfnis nach rauschhafter Auflösung des personalen Ich wie eine verführerisch duftende böse Blume. Während sich die einen dem Geschwindigkeits- und Höhenrausch dank hochentwickelter Motoren hingaben, griffen andere zu halluzinogenen und anderen verbotenen Substanzen. Das Berlin der zwanziger Jahre galt als Lasterhöhle, in der die «Champagnerdroge» Kokain reißenden Absatz fand. Sich Schlaf, Traum, Trieb und dem Unbewussten hinzugeben war nicht bloß die Arbeitsdevise des künstlerischen Surrealismus, sondern ein generelles Symptom des Unbehagens an der europäischen Massenzivilisation. «Intensiv leben kann man nur auf Kosten des Ichs», lautete das Credo Harry Hallers, des Protagonisten in Hermann Hesses 1927 erschienenem Roman «Der Steppenwolf». Intensität, Besessenheit, Lust, Freiheit und die «tödliche Glut» waren mehr wert als jedes auf Selbsterhaltung bedachte bürgerliche Lebensmodell.

Die Kräfte des Rausches nicht allein für die individuelle Befreiung, sondern auch für die kollektive soziale Revolution zu gewinnen war nicht nur der Traum eines Walter Benjamin, sondern, nationalrevolutionär gewendet, auch der eines Ernst Jünger. Dass die Moderne keineswegs restlos rationalisiert sei und solch ein Zustand auch nicht wünschenswert, sondern degenerativ sei, meinte auch Gottfried Benn. Der Arzt und Dichter bewunderte die lebenssteigernde Wirkung von Stimulanzien, die bei sogenannten Primitiven gebräuchlich seien und ein bezeichnendes Licht auf «die denaturierten europäischen Gehirne» und deren armseliges Leben würfen.[29] Schöpferisches menschliches Leben, so Benn, sei allein durch bewusstseinserweiternde «Drogen, Räusche, Ekstasen, seelische Exhibitionismen» zu gewinnen, durch «Provoziertes Leben», wie sein berühmter kulturkritischer Aufsatz zum Thema lautete.

Eine leidenschaftliche Fliegerin wie Melitta Schiller brauchte keine Drogen, vielleicht nicht einmal das Aufputschmittel Pervitin, das im Zweiten Weltkrieg deutschen Bomberpiloten zur Leistungssteigerung verabreicht wurde und das auch Benn erwähnt.[30] Ihr genügten der sich über acht Jahre erstreckende Erwerb sämtlicher Flugzeugführerscheine sowie die Experimente der zeitgenössischen Luftfahrtwissenschaft mit dem Ergebnis zunehmender Schlaflosigkeit. «Schlaf ist Nebensache», hatte ihre Schwester Jutta bereits für die Anfänge von Melittas Fliegerleben diagnostiziert. Ihre Nerven lagen blank, immer häufiger zuckte sie bei jedem Geräusch zusammen,[31] erst über den Wolken, wo sie von irdischen Wirklichkeiten befreit war, fand sie wieder Einkehr. Sympathisanten totalitärer Regime müssen nicht Parteimitglieder oder Anhänger einer bestimmten politischen Ideologie sein. Die Garantie gefährlicher Augenblicke, außeralltäglicher Körperzustände und rauschhafter Hochgefühle reicht für das Mittun aus. Die militärische Luftfahrt des Dritten Reiches ermöglichte Melitta Schiller solche Entrücktheiten. Fliegen war die Droge, ohne die sie nicht leben konnte. «Manchmal hat sie bei uns», erinnerte sich ihre Freundin Dusi von Saucken, «auch ‹Kaspar Hauser› geheissen, als ob sie plötzlich aus einer anderen Region käme.»[32] Der Findling Kaspar Hauser ist aber nicht nur paradigmatische Figur ohne Weltbezug, sondern auch Mensch ohne biographische Herkunft. Der totalitäre Staat bot Melitta die Gelegenheit, zur totalen Ingenieurpilotin zu werden.

Askania

Am 31. Oktober 1936 war Melitta Schillers letzter Arbeitstag bei der DVL. Sie verlasse, hieß es im «Zeugnis» ihres Arbeitgebers vom 23. November 1936, «ihre Stellung auf eigenen Wunsch»[33]. Das Schreiben beurteilte Melittas achtjährige Tätigkeit «zunächst in der Höhenflugstelle und seit dem 1. Dezember 1928

im Institut für Aerodynamik» wohlwollend. Einige ihrer Untersuchungen seien «in der Fachliteratur veröffentlicht worden»,
hebt das Zeugnis hervor, außerdem habe sich «Fräulein Dipl.
Ing. Schiller mit grossem Eifer als Flugzeugführer» neben ihrer
wissenschaftlichen Arbeit betätigt, sie verfüge «über gute fliegerische Fähigkeiten», die es ihr ermöglicht hätten, «die im Rahmen
ihrer wissenschaftlichen Arbeiten notwendigen Flugversuche
selbst durchzuführen». Insgesamt, schließt die Beurteilung, habe
sie «die ihr übertragenen Arbeiten dank ihrer guten Vorbildung,
verbunden mit rascher Auffassungsgabe, stets in hohem Masse
selbständig zur Zufriedenheit der DVL erledigt». Man war zufrieden mit dem Fräulein Diplomingenieur, aber überschwänglich
fiel das Lob nicht aus.

Vermutlich schon am 1. November trat Melitta ihre neue Arbeitsstelle bei den Askania-Werken an. Johannisthal verließ sie
erst ein halbes Jahr später. Im April 1937 kehrte sie nach Berlin zurück und zog in die Nauheimerstraße 34 in Friedenau.[34]
Für die nächsten drei Jahre lebte sie in einem erst nach dem
Deutsch-Französischen Krieg entstandenen bürgerlichen Grün-
derzeitviertel aus der wilhelminischen Epoche, nach acht Jahren
DVL und Vorstadt für sie vermutlich gewöhnungsbedürftig. Die
Wohnung lag nur knapp zwei Kilometer von ihrem neuen Arbeitsplatz entfernt. Der Weg führte durch stille und für Berliner
Verhältnisse enge Straßen, Friedenau war ein grünes Idyll mit Al-
leen und Parks, wo Künstler unter Bürgern lebten. Bis zu ihrer
Emigration 1933 wohnten in der damaligen Kaiserallee (heute
Bundesallee) neben vielen anderen auch die jüdischen Schrift-
steller Kurt Tucholsky und Georg Hermann. In derselben Allee,
weiter südlich, fast an der Ecke Stubenrauchstraße, hatten die
Askania-Werke ihren Sitz.

Gegründet 1871 von dem Thüringer Feinmechaniker Carl
Bamberg, hatten die ursprünglich in der Linienstraße beheima-

teten «Werkstätten für Präzisions-Mechanik und Optik» das Berliner Zentrum 1888 verlassen. Fast von Beginn an war die Firma ein Rüstungsunternehmen. Als Hersteller für Schiffskompasse aller Art – Bamberg gilt als Erfinder des Erschütterungen dämpfenden Schwimmkompasses – entwickelte sich die Kaiserliche Kriegsmarine zum Hauptauftraggeber. Bald folgten Luftschiff- und mit der Erfindung des Flugzeugs und der aufstrebenden Luftfahrt Flugkompasse. Später ergänzten Filmkameras für wissenschaftliche wie künstlerische Zwecke die Produktpalette. Askania-Filmkameras wurden sowohl im Trudelkanal bei der DVL als auch bei der UFA in Babelsberg eingesetzt. Bordgeräte für Flugzeuge gehörten dank der zunehmenden Automatisierung des Fliegens nach dem Ersten Weltkrieg zu den wichtigsten feinoptischen Geräten des Unternehmens. Die Askania-Vollsteuerung ermöglichte, wie die hauseigene Zeitschrift «Askania-Warte» 1936 werbend informierte, mit Luft-Öl-Kraftwandler, Kurs- und Horizontkreisel eine selbsttätige Navigation von Flugzeugen bei fast jedem Wetter wie auch nachts.[35]

Mit ihrem Eintritt bei den Askania-Werken war Melitta endgültig in die Rüstungsforschung übergewechselt. Rein zivil war ihre Arbeit schon bei der DVL nicht gewesen. Alles, was sie dort an Tätigkeiten ausgeübt und hinzugelernt hatte, war militärisch verwendbar und für die Askania von großem Nutzen. So verhielt es sich schon mit ihrem anfänglichen Arbeitsgebiet bei der DVL, dem Höhenflug, mit dem sie sich in den vierziger Jahren abermals beschäftigen sollte. Flüge in großen Höhen waren militärstrategisch und -taktisch vorteilhaft, in der Stratosphäre waren höhentaugliche Flugzeuge vom Wetter unabhängig und konnten von der gegnerischen Abwehr nicht erreicht werden. Während ihrer dreijährigen Tätigkeit bei der Askania war Melitta zusammen mit Kurt Wilde, einem Spezialisten für Fernmesstechnik, vor allem mit der Entwicklung und Erprobung von Sturzflugvisieren für Sturzkampfbomber befasst. Auch auf diesem Gebiet hatte sie bereits bei der DVL Erfahrungen gesammelt, als sie 1934 das Verhalten von Luftschrauben bei Sturzflug im Windkanal untersucht hatte.

Über die wissenschaftliche Arbeit hinaus besaß sie sogar eine indirekte, vor allem kuriose praktische Sturzflugerfahrung. Unangenehm war ihr Übungsflug von Berlin über Köln den Rhein entlang mit einer irrtümlichen Zwischenlandung im Elsass nämlich auch deshalb gewesen, weil der 1928 entwickelte zweisitzige Jagdbomber K-47, mit dem sie vermutlich unterwegs war, ein Geheimnis hütete.[36] Gegen das Verbot einer deutschen Militärluftfahrt im Vertrag von Versailles verstieß er vor allem insofern, als dieser Bombertyp, mit entsprechenden technischen Vorrichtungen ausgestattet, für erste Sturzflugversuche verwendet wurde. Nach der Machtübernahme der Nationalsozialisten, Deutschlands Austritt aus dem Völkerbund wie der Genfer Abrüstungskonferenz war das Misstrauen der Franzosen seinem Nachbarn gegenüber berechtigterweise größer denn je. Nicht auszudenken, wäre Melitta von den Franzosen festgehalten worden, verständlich, dass sie in Deutschland zeitweilig Flugverbot erhielt.

Geheimnistuerei zur Umgehung des Versailler Vertrages war seit dem 1. März 1935 nicht mehr notwendig. An diesem Tag wurde die Luftwaffe, im Aus- wie Inland längst ein offenes Geheimnis, enttarnt, wenig später offiziell das erste Geschwader aufgestellt. Bis zum Herbst dieses Jahres war die erste Aufbauphase abgeschlossen, im folgenden Jahr wurden bereits diverse Prototypen von Bombern und Sturzkampfbombern erprobt, die wenige Jahre später im Zweiten Weltkrieg eingesetzt wurden. Der erste Ernstfall für die Reichsluftwaffe war der Spanische Bürgerkrieg. Die Ju 87 mit Knickflügeln und Jericho-Trompeten am Fahrwerk, Sirenen, deren Heulton eine psychologische Schreckwirkung entfalten sollte, kam in der Legion Condor[37] erstmals zum Kampfeinsatz. Für den Erfolg dieses berühmt-berüchtigten Sturzkampfbombertyps war die Treffsicherheit der unter dem Rumpf montierten Bombe ausschlaggebend. Daran arbeitete Melitta Schiller in ihrem neuen Aufgabenbereich bei der Askania.

Trotz der militärischen Erfolge in Spanien war der Sturzkampfbomber, wie sich im Verlauf des Zweiten Weltkrieges herausstellen sollte, eine fatale Entwicklung. Experimentelle Erprobungen mit dieser Waffe gab es bereits während des Ersten Weltkrieges wie der Weimarer Republik, maßgeblich durchgesetzt wurde sie aber nach der «Machtergreifung» von Ernst Udet. Der Kunstflieger, Bohemien und Frauenliebhaber hatte eine Staffel Doppeldecker 1928 erstmals bei einer Luftschau in den USA im Sturz gesehen, wenige Monate nach der «Machtergreifung» spendierte ihm sein alter Kriegskamerad Göring in seiner Funktion als Reichsluftfahrtminister zwei für Sturzflüge geeignete amerikanische Maschinen auf Reichskosten. Die amerikanische Air Force hatte die Sturzkampfmethode längst als untauglich verworfen, Udet, seit Februar 1936 Inspekteur der Jagd- und Stukaflieger, war hingegen von deren Wirksamkeit überzeugt. Seit der Enttarnung der Luftwaffe im Rang eines Obersten in die Armee zurückgekehrt, führte er Schausturzflüge durch, endlich hatte er auch Göring, dessen Stellvertreter Erhard Milch und andere vom Erfolg und der Notwendigkeit der Stukawaffe überzeugt. Von nun an mussten alle zukünftigen Bombertypen sturzkampffähig sein. Dass Stukas in der Lage waren, ihre Ziele in Einzelangriffen punktgenau anzusteuern, galt als ausreichend. Fast zwanzig Jahre nach Ende des Ersten Weltkrieges betrachtete der Kunstflieger und in schneller Folge erst zum Generalmajor, dann zum Generalleutnant beförderte Udet den modernen Luftkampf weiterhin aus der Perspektive der Jahre 1914 bis 1918 wie seiner eigenen Luftakrobatik. Im Zeitalter zunehmender Automatisierung kam

Flugkapitän Schiller: Nach der Verleihung des Ehrentitels im November 1937.

es aber weniger denn je auf individuelle heroische Leistungen des einzelnen Flugzeugführers an als auf die Beherrschung einer immer fortgeschritteneren Flugtechnik im Team. Der Sturzkampfbomber war nicht auf dem neuesten Stand einer zeitgemäßen Luftkriegsstrategie.

Als Melitta ihre Arbeit 1936 bei der Askania aufnahm, waren Misserfolge noch nicht absehbar. Im Frühjahr 1938 konnte man in einem Generalstabsschreiben lesen, «die Bereitstellung eines Stukavisiers (sei) dringlicher als die jeden anderen Bombenzielgerätes»[38]. Mit der Entwicklung und Erprobung von Sturzkampfvisieren sowie anderer optischer Zieleinrichtungen für verschiedene ein- und zweimotorige Typen von Sturzkampfbombern war Melitta bei der Askania demnach nicht zufällig beschäftigt. Zu diesem Zweck hatte sie 1935/36 noch bei der DVL sowie ein Jahr später im Winter 1936/37 bei ihrem neuen Arbeitgeber an Blindfluglehrgängen der Lufthansa in Hannover beziehungsweise Breslau teilgenommen. Auf verschiedenen Typen der Firma Junkers, der Ju W 33, W 34 sowie der berühmten Ju 52, hatte sie den Instrumentenflug wie auch verschiedene Blindlandeverfahren erlernt.[39] Wegen ihrer Komplexität waren punktgenaue Sturzangriffe nur dann erfolgreich, wenn der Vorgang zur Erleichterung des Piloten, der auch für den Abwurf der Bombe zuständig war, so weit als möglich automatisiert war. Ebenfalls eindeutig militärischer Natur waren Experimente mit Lenkwaffensystemen. Die Entwicklung ferngesteuerter Raketen steckte damals in den Kinderschuhen, Fernsteuerungen erprobte die Askania zunächst mit bemannten Flugzeugen, die vom Boden aus gelenkt wurden. Testpilotin war auch hier die im Instrumentenflug erfahrene Melitta Schiller.[40]

1937 wurde ihr als Anerkennung für ihre überragenden fliegerischen Qualifikationen vom Reichsminister der Luftfahrt die Bezeichnung «Flugkapitän» verliehen. Offiziell wurde die Verleihung des Ehrentitels mit dem Erwerb sämtlicher Flugzeugführerscheine im Motor-, Kunst-, Segel- sowie Segelkunstflug begründet. In Wirklichkeit hatte sich Melitta Schiller seit ihrer Tätigkeit in der Rüstungsindustrie zu einer unverzichtbaren fliegenden Amazone entwickelt. Das allerdings gab die freundlich in die Kamera lächelnde junge Frau auf Pumps, im schwarzen Kleid und mit einem Blumenstrauß im Arm am 9. November 1937, als ihr der Generaldirektor der Askania-Werke, Max Roux, die Urkunde überreichte, nicht zu erkennen. Wenn es darauf ankam, war Melitta, wie in der Presse treffend festgestellt wurde, «kein Sportmädeltyp, sondern durchaus Wissenschaftlerin und Dame»[41]. Die Meldung über die Ernennung zum Flugkapitän ging in unterschiedlicher Länge samt Foto durch die Presse des Dritten Reiches, vom «Völkischen Beobachter» über die «Deutsche Allgemeine Zeitung» bis ins kleinste Provinzblatt.

Unversehens stand Melitta im Rampenlicht und zählte von nun an zur Luftfahrtprominenz des Dritten Reiches, als Luftfahrtwissenschaftlerin, die sie in erster Linie war, allerdings eher zur unauffälligen. Aus Anlass des Ehrentitels meldete sich, angeregt offenbar durch den Zeitungsartikel im «Völkischen Beobachter», auch Melittas Münchener Lehrer Ludwig Föppl wieder, weiterhin Professor für Technische Mechanik an der TH München.

Voller Stolz auf seine erfolgreiche Schülerin sprach er «einer unserer eifrigsten Schüler an der Technischen Hochschule»[42] seine Glückwünsche aus, das «geehrte Fräulein Schiller» antwortete vier Wochen später, dass sie ohne Föppls «hochinteressante und anregende Sondervorlesungen, die ich viel eifriger besucht habe als alle Pflichtkollegs», schon bei der DVL ihre Aufgaben «garnicht ohne weiteres (hätte) übernehmen können»[43]. Unterzeichnet hatte sie den Brief an ihren ehemaligen Lehrer als Melitta Schiller, als solche erschien sie auch in allen Zeitungsartikeln.

«Fräulein» war sie zu diesem Zeitpunkt allerdings nicht mehr, schon am 11. August hatten sie und Alexander von Stauffenberg im Standesamt Berlin-Wilmersdorf geheiratet. Fotografien des frisch getrauten Ehepaares existieren nicht, es gab weder Feier, Fest noch Fotografen. Anders als die glanzvolle und standesgemäße Heirat von Paul von Handel und Baby von Uxkull-Gyllenband, auf der sich Melitta und Alexander 1931 kennengelernt hatten, wurde ihre Ehe in aller Stille amtlich vollzogen, anwesend waren nur die beiden Trauzeugen, Melittas jüngste Schwester Klara sowie Paul von Handel, mit dem Melitta und Alexander nach wie vor gut befreundet waren.[44] Auch nach ihrer Eheschließung blieb Melitta Gräfin Stauffenberg lieber weiter Melitta Schiller. Alexanders Geburtsadel sei, meinte ihre Schwester Jutta Rudershausen später, lange der Grund gewesen, warum sich Melitta einer Heirat widersetzt habe. Standes- und andere soziale Privilegien seien von ihr «als lächerlich empfunden und abgelehnt» worden.[45] Weil «Alex nicht begütert», sondern wie sie selbst Wissenschaftler war, «der von seiner Wissenschaft und für sie lebte»[46], habe sie sich endlich doch überzeugen lassen. Dass sich in der Ehe Melittas und Alexanders «Geistesadel» und «Namensadel» vermählt hätten, gehört zwar zu den heroischen Übertreibungen, zu denen Jutta Rudershausen in ihren Nachkriegserinnerungen stets neigte. Ein gewisser elitärer Egalitarismus war den beiden aber offenbar in dieser Phase ihrer Ehe nicht abzusprechen.

Richtig ist, dass Melitta auch als Gräfin Stauffenberg ihrem Kollektiv- und Fliegergeist treu blieb. Mit der Machtübernahme hatten die Nazis auch den Luftsport gleichgeschaltet und zum Zweck der Aufrüstung militarisiert. Im Deutschen Luftsportverband wurden unter seinem Präsidenten, Oberst Bruno Loerzer, dem Mann, der im Oktober 1929 von der «Berliner Illustrirten» neben Melitta Schiller als Gast des «Festes der Luftfahrt» abgebildet worden war, alle deutschen Luftsportverbände zusammengefasst. Dazu zählte vor allem der an jungem männlichem Nachwuchs reiche Segelflugverband, die vormalige Rhön-Rossitten-Gesellschaft, die unter Walter Georgii seit 1933 ein eigenes Forschungsinstitut in Darmstadt unterhielt. 1937 ging aus dem Deutschen Luftsportverband das Nationalsozialistische Fliegerkorps (NSFK) hervor, mit dessen Führung bis 1943 der Luftwaffenoffizier Friedrich Christiansen beauftragt wurde. Wer in den zwanziger Jahren über der Wasserkuppe als Segelflieger seine Runden gedreht oder wie Melitta Schiller 1932 ihren Segelflugschein in Darmstadt absolviert hatte, flog jetzt unter der Herrschaft des NSFK. Anfang Juli 1938 nahm Melitta mit einer ganzen Gruppe von Fliegerinnen, unter ihnen Thea Rasche und Vera von Bissing, am Zuverlässigkeitsflug der Sportfliegerinnen im Rahmen des Deutschen Küstenfluges teil. Die Route, geflogen auf einer Klemm 25 und mit dem Hakenkreuz am Höhenleitwerk, führte vom erst 1935 eröffneten Reichssportflughafen Rangsdorf bei Berlin, ein Entwurf Ernst Sagebiels, über Leipzig, Erfurt, Braunschweig und Hamburg nach Wyk auf Föhr. Melitta Schiller gewann trotz starker Konkurrenz, darunter auch Beate Köstlin, mit ihrer Orterin Hildegard Alt den ersten Preis. Die Anforderungen an die weiblichen Teilnehmer waren allerdings

Viertes Kapitel

lächerlich niedrig, die Veranstaltung war kein wirklicher Wettbewerb, sondern diente propagandistischen Zwecken.

In der «Askania-Warte» berichtete Melitta Schiller in launigem Tonfall über die Veranstaltung. Vor allem der letzte Teil, der «Flug nach den herrlichen Nordseeinseln»[47] bei strahlendem Sonnenschein, ähnelte eher einer Kraft-durch-Freude-Reise motorisierter Wandervögel. Nach ihrer Landung auf Föhr suchten die Fliegerinnen, um sich die Wartezeit bis zum Eintreffen der männlichen Piloten zu verkürzen, Abkühlung in der Nordsee.

Friedensengel kurz vor Kriegsausbruch: Elly Beinhorn und Melitta von Stauffenberg (rechts) während der Sudetenkrise Ende September 1938 bei einem Flugmeeting anlässlich der Eröffnung des Flughafens Chigwell bei London.

Bei einem kameradschaftlichen Abendessen für alle Teilnehmer klang der Küstenflug im Wyker Kurhaus gemeinschaftlich aus. Zur gemütlichen Runde zählte auch «unser allbeliebter Korpsführer General Christiansen», der sich aus gebotenem Anlass über den höheren Zweck derartiger nationaler Wettbewerbe verbreitete.[48] NSFK-Führer Friedrich Christiansen, Spitzname «Krischan», war ein gebürtiger Wyker, der mit dem Zielort des Küstenflugs wohl auch seiner Heimatstadt einen Gefallen tun wollte. Krischan, General der Flieger erst seit Juli 1938, während des Zweiten Weltkrieges Wehrmachtsbefehlshaber in den Niederlanden, ließ im Oktober 1944 als Vergeltung für einen Widerstandsakt das Dorf Putten niederbrennen und die männlichen Bewohner in das Konzentrationslager Neuengamme und weitere Lager deportieren, kaum einer der Häftlinge überlebte. 1948 wurde Christiansen von einem niederländischen Gericht zu zwölf Jahren Haft verurteilt und nach drei Jahren begnadigt. Wenn es darauf ankam, konnte der allbeliebte Krischan auch ungemütlich werden.

Im September 1938 flog Melitta abermals auf Anordnung des NSFK nach England, dieses Mal hatte sich der Wind allerdings gedreht. Als sie jetzt mit einer größeren Maschine, einer Klemm 35, im offenen Cockpit über den Ärmelkanal flog, hingen die Wolken tief und es regnete. In England nahm sie zusammen mit Elly Beinhorn an der Eröffnung des Flughafens Chigwell nordöstlich von London teil. Erneut berichtete sie in der «Askania-Warte» über ihre Erlebnisse, als «Flugkapitän» hieß es für sie, im Ausland für das Dritte Reich propagandistisch gut Wetter zu machen. Ihr Artikel fiel dieses Mal weniger launisch als verhalten ironisch aus. Von der NSFK plötzlich nach England abkommandiert zu werden schien ihr nicht zu gefallen, nicht nur «wegen des völligen Fehlens der mit Recht so beliebten (Askania-)Blindfluggeräte im Instrumentenbrett»[49], sondern auch wegen der politischen Umstände, unter denen die Veranstaltung in Chigwell

Viertes Kapitel

stattfand. «Unser Flugmeeting beginnt in dem Augenblick, in dem Chamberlain auf der Rückkehr von Godesberg in Heston landet.»[50]

Die Veranstaltung fiel mitten in die Sudetenkrise. Am 24. September war der britische Premierminister Neville Chamberlain von seinem zweiten Treffen mit Hitler in Bad Godesberg nach England zurückgekehrt. Nach dem Ende der Flugveranstaltung traf Melitta ihren Mann Alexander von Stauffenberg in London und hatte dort Gelegenheit, unter seiner Führung «die wunderbaren Bauten und hervorragenden Kunstschätze in Ruhe zu betrachten und das typische Leben im Hydepark und in der City zu studieren». Trotz der vielen positiven Eindrücke, die sie in England gesammelt hatte, war sie froh, «als ich am 27. September zum Heimflug starten kann»[51]. Zu diesem Zeitpunkt war die Sudetenkrise noch nicht gebannt. Das war erst drei Tage später der Fall, als das Münchener Abkommen geschlossen war und das Sudetenland, wie von Hitler gewollt, an das Deutsche Reich fiel. Der Krieg war noch einmal aufgeschoben.

Fünftes Kapitel

«Diese begeisterte und opferbereite Frau»: Soldatin ohne Uniform

Im Visier der Sippenforscher

Zwischen 1933 und dem Beginn des Zweiten Weltkrieges hatte Melitta Schiller, seit Sommer 1937 Gräfin Stauffenberg, im Neuen Reich des Nationalsozialismus einen erstaunlich steilen beruflichen Aufstieg erlebt. Aerodynamikerin bei der DVL, einem der wichtigsten Luftfahrtforschungsunternehmen des Dritten Reiches, Entwicklung hochtechnologischer Zielinstrumente für moderne Bombenflugzeuge samt deren Erprobung bei der für die Luftrüstung wichtigen Askania, das waren die beiden Stationen ihrer Karriere im militärisch-industriellen Komplex des NS-Staates. Im Oktober 1937 erhielt Melitta Schiller als äußeres Zeichen der Anerkennung ihrer in Deutschland für eine Frau einmaligen fliegerischen Kompetenz den Titel «Flugkapitän».

Öffentliche Wertschätzung vonseiten des Regimes hatte sie bereits ein Jahr zuvor erfahren. Am 31. Juli 1936 nahm sie, einen Tag vor der offiziellen Eröffnung der Olympischen Sommerspiele in Berlin, am «Olympiade-Großflugtag» in Tempelhof in Anwesenheit des «Führers» wie des italienischen Kronprinzen Umberto teil. Die Veranstaltung war eine einzige Machtdemonstration des deutschen Luftsportgeistes und der von Reichsluftsportführer Oberst Alfred Mahncke bereits zu Jahresbeginn herausgegebenen Parole «Durch Luftsport zur fliegenden Nation!». Melitta Schillers Auftritt vor Zehntausenden von Zuschauern erfolgte am Ende eines ereignisreichen Tages voller Flugschauen und dem Einsatz von Fesselballons, Segel-, Motor- und Modellflugzeugen. Nach einem Massenfallschirmabsprung und dem Abbrennen eines Tagesfeuerwerks flog «Melitta Schiller die Heinkel He 70, und zum Schluß umkreiste Elly Beinhorn auf ihrer Me 108 das Flugfeld»[1]. Die ihrer aerodynamischen Form wegen bestechend modern wirkende Heinkel, ihrer Schnelligkeit wegen «Blitz» genannt, war zeitweise das schnellste zivile Verkehrsflugzeug der Welt und das erste mit einziehbarem Fahrwerk. Auch Elly Beinhorns Messerschmitt, «Taifun» genannt, war

Melitta von Stauffenberg um 1939.

als freitragender Tiefdecker in Aluminiumbauweise und mit geschlossenem Cockpit technisch wie aerodynamisch ihrer Zeit voraus und gilt bis heute als Urtyp des eleganten und schnellen Sportflugzeugs. «Blitz» wie «Taifun» wurden von der Luftwaffe auch militärisch verwendet.

So viel Aufstieg und Erfolg, so viel Ehre für Melitta – wie war das in einem Regime möglich, das bereits kurz nach seiner Machtübernahme zu einer schrittweise eskalierenden Judenverfolgungspolitik überging? Hatte Melitta nicht einen, wie es im Nazi-Jargon

147

hieß, «volljüdischen» Vater? Wie konnte es ihr gelingen, trotz dieser Herkunft höher und höher zu steigen? Stieß sie im Verlauf ihrer Karriere nicht auf Hindernisse und Widerstände, geriet sie nicht in Gefahr? Wie sehr sie auch den technikkompatiblen Neuen Menschen personifizierte, der neue nationalsozialistische Mensch sollte reiner als rein, er sollte «rasserein» sein.

Zunächst hatte Melitta Schiller noch Glück. Was sie angesichts der jüdischen Herkunft ihres Vaters zu erwarten hatte, wusste sie gewiss sehr genau. Allerdings waren die Nazis über ihren «rassischen» Status vorerst nicht informiert, es gelang ihr bis in die ersten Jahre des Zweiten Weltkrieges, der Verfolgung wie auch der Erfassung durch die nationalsozialistischen Behörden zu entkommen. Die Diskriminierungen, denen Juden und sogenannte Halbjuden nach 1933 ausgesetzt waren, überstand sie unbeschadet. Das am 7. April 1933 verabschiedete «Gesetz zur Wiederherstellung des Berufsbeamtentums», ein Berufsverbot für jüdische Beamte, das gute zwei Wochen später auch für Arbeiter und Angestellte im staatlichen wie kommunalen Dienst galt, hatte für sie keine Folgen.[2] Vielmehr profitierte sie von der Neuordnung der Luftfahrtforschung wie des damit erweiterten finanziellen und personellen Spielraums der Luftfahrtforschungseinrichtungen, auch ihre Pilotenausbildung wurde nicht behindert. Nicht anders war es, nachdem am 15. September 1935 das sogenannte Reichsbürgergesetz verabschiedet worden war, das festlegte, «Reichsbürger» könne «nur der Staatsangehörige deutschen oder artverwandten Blutes» sein. Auch die zweite Entlassungswelle der Jahre 1935/36, in deren Verlauf die als Beamte oder Angestellte tätige jüdische technische Intelligenz fast vollständig vertrieben wurde, verschonte eine Melitta Schiller, die sich vermutlich bereits auf dem Weg zur militärischen Geheimnisträgerin befand.[3]

Am 23. November 1936 hatte Melitta Schiller bei der DVL gekündigt. War dieser Schritt, trotzdem er auf eigenen Wunsch geschah, wie es im Zeugnis der DVL geheißen hatte, wegen der «Nürnberger Rassengesetze» erfolgt? An den zeitgeschichtlichen Umständen gemessen, erscheint eine derart motivierte Entlassung durchaus wahrscheinlich. Melittas Kollege, der berühmte Aerodynamiker und Mathematiker Hans Reissner, mit dem sie 1932 bei der DVL zusammengearbeitet hatte, musste 1935 seiner jüdischen Herkunft wegen seine Professur an der TH Berlin aufgeben, 1938 emigrierte er in die USA. Aus den gleichen Gründen war ihre Fliegerkollegin Antonie Strassmann, deren Eltern getaufte Juden waren, schon 1933 nach Amerika ausgewandert. Ob Melitta jemals mit solch einem Gedanken spielte? Vermutlich erwog sie ihn deshalb nicht ernsthaft, weil sie ihn nicht erwägen musste. Immerhin war sie 1937 vom Reichsminister der Luftfahrt zum Flugkapitän ernannt und im September 1938 ausgesucht worden, das Reich in einer heiklen politischen Situation propagandistisch zu repräsentieren. Das Flugmeeting in Chigwell wäre eine gute Gelegenheit gewesen, in England zu bleiben. Schwerlich hätte sie auch am Olympiade-Großflugtag teilnehmen können, wenn das Regime Zweifel an ihrer «Deutschblütigkeit» besessen hätte.

Darüber hinaus arbeitete Melitta auch bei der Askania mit der Luftfahrtindustrie, der Luftwaffe wie der staatlich gelenkten Luftfahrtforschung zusammen, nicht gerade ein Zeichen für politisches oder «rassisches» Misstrauen vonseiten des Regimes. Ein naheliegender, möglicher Grund für ihren Wechsel zur Askania könnte die bessere Bezahlung von Ingenieuren in nichtstaatlichen Betrieben gewesen sein. Der Industrie fiel es leicht, Fachkräfte abzuwerben, davon war die DVL in den Jahren 1935/36 besonders hart betroffen gewesen.[4] Anlass für eine Kündigung mögen auch persönliche Unstimmigkeiten zwischen Melitta und ihren männlichen Kollegen wie auch ihren Vorgesetzten gewesen sein. In den Mittagspausen fuhr sie auf dem Gelände der DVL gelegentlich Motorrad und zelebrierte zum Nachweis ihrer Sportlichkeit auch Handstände auf ihrem Schreibtisch. Solche Kapriolen gingen vermutlich manch einem auf die Nerven und förderten den Neid auf das erfolgreiche Fräulein Diplomingenieur. Sorgloser Umgang mit dem ihr anvertrauten Fluggerät und das darauffolgende zeitweilige Flugverbot dürfte sie bei Böswilligen kaum beliebter gemacht haben. Bei der Kündigung spielte offenbar auch ein ominöser «Flug nach Budapest» eine Rolle sowie eine damit im Zusammenhang stehende «gegen sie persönlich gerichtete Intrige»[5]. Unkapriziös war Melitta nicht. «Schwierigkeiten in der DVL» erwähnt sie, ohne diese weiter auszuführen, selbst in einem Brief an Hermann Blenk, Mitarbeiter der DVL bis 1936, kurz bevor sie ihren Arbeitsplatz in Adlershof verließ.[6]

Worum es sich dabei handelte, verriet sie aber nicht.

Zwischen 1933 und 1935, als die rassischen Verfolgungskategorien der Nazis gesetzlich noch unklar waren, hätte Melitta, wäre die Herkunft ihres Vaters bekannt gewesen, als «Nichtarier» gegolten. Nachdem im November 1935 die «1. Verordnung zum Reichsbürgergesetz» erlassen worden war, hätte sie in die Kategorie des «jüdischen Mischlings ersten Grades» fallen müssen. Darunter wurden, was auf sie zutraf, Personen mit einem jüdischen Elternteil sowie zwei jüdischen Großelternteilen verstanden. Melittas Vater Michael, verheiratet mit der christlichen Margarete Eberstein, die ihrerseits keine jüdischen Großeltern besaß, lebte nationalsozialistischer Rassenideologie zufolge in einer Mischehe. Solche Ehen waren nach dem «Blutschutzgesetz» der «Nürnberger Gesetze» vom September 1935 verboten und

Fünftes Kapitel

Auf der Hochzeit von Otto Schiller 1936: Melitta, Marie-Luise, ein unbekannter Gast, Klara sowie Otto Schiller mit seiner Frau Ilse.

Melitta mit ihrer Schwester Klara.

erheblichen Diskriminierungen und Verfolgungen ausgesetzt. Nach der «Reichskristallnacht» 1938 änderte sich die Kasuistik abermals, jetzt wurde zwischen «privilegierten» und «nichtprivilegierten Mischehen» unterschieden. Michael Schiller, ein mit einer nicht jüdischen Frau verheirateter jüdischer Mann, dessen Kinder nicht jüdisch erzogen worden waren, fiel in die Kategorie der «privilegierten Mischehe». «Nichtprivilegierte Mischehen» waren demgegenüber Paare, bei denen «der Mann Jude und die Ehe kinderlos war»[7], aber auch Ehen, in denen ein Partner Jude oder konvertiert war und die Kinder eine jüdische Erziehung genossen. Solche Familien hatten keinen Anspruch auf ihr Ver-

Soldatin ohne Uniform   151

mögen und wurden aus ihrer Wohnung vertrieben. Wanderten sie aus, wurden beide Ehepartner wie Juden behandelt. Die steigende Zahl der Mischehen in den ersten beiden Jahrzehnten des 20. Jahrhunderts, neben Taufe und Namensänderung Zeichen für die zunehmende Integration der Juden in die Mehrheitsgesellschaft, stellte den Rassenwahn der Nazis vor arge Definitionsprobleme. Wer Jude sei, war durch den lang anhaltenden Assimilationsprozess nicht mehr ohne weiteres feststellbar. Die Willkür der antijüdischen Maßnahmen zeigte sich auch darin, dass neben angeblich bestimmbaren biologischen «Rassenmerkmalen» auch die Religionszugehörigkeit ausschlaggebend sein konnte.

Ob «privilegierte» oder «nichtprivilegierte Mischehe», ob «Nichtarier», «Halbjüdin» oder «jüdischer Mischling ersten Grades», keine dieser rassenpolitischen Verfolgungskategorien wurde in den ersten Jahren nach 1933 auf Melitta Schiller angewendet. Zwar hatte sie wie alle anderen deutschen Staatsbürger ihren Status als «Arier» nachzuweisen, ein Verfahren, bei dem die Kirchen durch Bereitstellung von Geburts- und Taufurkunden Mithilfe leisteten.[8] Der Umstand, dass Michael Schiller polnischer Bürger der Freien Stadt Danzig war, vor allem aber, dass seine Herkunftsfamilie aus Russland stammte, verhalf Melitta wie ihren Geschwistern jedoch dazu, die NS-Verfolgungsbehörden über Jahre hinweg zu täuschen. Geburts- und Taufscheine sowie Heiratsurkunden von Margarete und Otto Eberstein wie von deren Eltern konnten problemlos, auch wenn polnische Behörden im Spiel waren, besorgt werden. Die Heiratsurkunde von Michael und Margarete Schiller war in Breslau, dem Ort der Eheschließung, ebenfalls ohne Schwierigkeiten zu beschaffen. Anders verhielt es sich mit der Geburtsurkunde Michael Schillers, die von den zuständigen NS-Behörden immer wieder angemahnt wurde. Als Geburtsort ihres Vaters hatten die Geschwister Schiller im Falle einer Nachfrage Odessa angegeben. Aus Odessa aber war,

Fünftes Kapitel

trotz der Bemühungen des dortigen Deutschen Konsulats, die benötigte Geburtsurkunde nicht zu beschaffen, kein Wunder, Michael Schiller war ja in Wirklichkeit in Leipzig geboren worden. «Das Konsulat», hieß es aus Odessa am 18. April 1935, «hat sich in Ihrer Angelegenheit erneut dringend an die zuständige Sowjetbehörde gewandt und behält sich weitere diesbezügliche Nachricht ergebenst vor.»[9] Es sollte noch Jahre dauern, bis die für entsprechende Recherchen zuständige «Reichsstelle für Sippenforschung» am Schiffbauerdamm 26 in Berlin NW 7 den wahren Sachverhalt herausfand.

Den Stein ins Rollen brachte ungewollt Alexander von Stauffenberg. Bei seiner Eheschließung in Berlin-Wilmersdorf mit dem «jüdischen Mischling» Melitta Schiller 1937 fand die offenbar familiär getroffene Absprache, für Michael Schiller und dessen Eltern falsche Geburtsorte anzugeben, erneut Anwendung. Damals war alles gut gegangen. Jetzt aber, da der «a.o. Professor für Alte Geschichte an der Universität Würzburg Dr. Schenk Graf von Stauffenberg zum persönlichen Ordinarius»[10] ernannt werden sollte, verfing das Manöver nicht mehr. Die Universität Würzburg wie das Bayerische Staatsministerium für Unterricht und Kultus in München machten einen Strich durch Alexanders und Melittas Rechnung.[11] Beide Institutionen beharrten hartnäckig auf Erfüllung des Paragraphen 25.1 des Deutschen Beamtengesetzes, das verfügte, Beamter könne nur werden, wer selbst deutschblütig sei, und darüber hinaus vorschrieb, Beamte dürften nur mit «Ehegatten deutschen oder artverwandten Blutes» verheiratet sein. Auf Grund dieser seit Januar 1937 bestehenden Gesetzeslage bat das Staatsministerium, wie es in einem Schreiben an die «Reichsstelle für Sippenforschung» am 2. Dezember 1938 mitteilte, «über die deutschblütige Abstammung der Ehefrau des Professors Dr. Schenk Graf von Stauffenberg einen Abstammungsbescheid zu erteilen»[12]. Dass die Geburtsurkunden von Melittas Vater Michael wie ihrer Großeltern väterlicherseits nicht beigebracht werden konnten, wie es im selben Schreiben hieß, weil sie angeblich «im heutigen Sowjet-Rußland geboren wurden»[13], zeitigte einstweilen zwar noch aufschiebende Wirkung. Mit Alexanders Tätigkeit als außerordentlicher Professor, dem darauffolgenden Antrag der Philosophischen Fakultät der Universität Würzburg, ihn zum Ordinarius zu ernennen, sowie seiner schrittweisen Übernahme in ein Beamtenverhältnis nahm das Schicksal jedoch seinen Lauf.

Was immer Melittas Schwester nach dem Zweiten Weltkrieg über die Vermählung von Namens- und Geistesadel fabulieren mochte, die überlieferte Personalakte Alexanders von Stauffenberg legt einen anderen Eindruck nahe. Alexanders und Melittas Ehe scheint nicht ganz freiwillig, sondern auch unter dem Druck nationalsozialistischer Familienpolitik zustande gekommen zu sein, die unverheirateten Beamten zum Zweck der Familiengründung die Eheschließung empfahl.[14] Als sich die beiden zu diesem Schritt gedrängt sahen und sich entschlossen, zu heiraten, musste Melitta damit rechnen, als Nichtarierin enttarnt zu werden. Nach dem Erlass der Nürnberger Gesetze waren solche Ehen verboten, wissentlich falsche Angaben hatten die fristlose Entlassung, Anfechtung der Anstellung sowie Dienstentlassung zur Folge. Dem Rektorat der Universität hatte Alexander von Stauf-

Gefährten im Geiste: Melitta und ihr Mann Alexander, um 1939.

fenberg im Lauf seiner Berufungsprozedur unter anderem auch eine «Anzeige über Verheiratung»[15] zur Verfügung zu stellen. Darin hatte er unterschrieben, ihm sei nicht bekannt, «daß meine Ehefrau von jüdischen Eltern oder Großeltern abstammt», und darüber hinaus versichert, alle Angaben «nach bestem Wissen und Gewissen gemacht» zu haben. Das jedoch war nicht richtig. Immerhin wurde hier Michael Schillers Geburtsort Leipzig korrekt genannt, möglicherweise eine erste Konzession. Die übrigen Angaben zu den Großeltern Moritz und Clara Schiller waren dagegen falsch beziehungsweise unvollständig, Moritz hieß nun «Erich Moritz» und war «Landwirt, Rentner»[16]. Die Frage nach Sterbeort wie Sterbedatum der Großeltern Schiller wurde nicht beantwortet, die Angaben zu ihrem Geburtsort[17] wie ihren Geburtsdaten waren frei erfunden. Mit diesen letztlich nutzlosen Irreführungen bewies Alexander ein gehöriges Maß an selbstgefährdender Zivilcourage. Am 9. Dezember 1938 bestätigte die «Reichsstelle für Sippenforschung» dem Bayerischen Staatsministerium für Unterricht und Kultus, dass «der am 2. 12. 38 beantragte Abstammungsbescheid für Melitta Gräfin Schenk von Stauffenberg»[18] bearbeitet werde. Die Sache schwelte.

Als Alexander von Stauffenberg am 1. November 1936 zum außerordentlichen Professor für Alte Geschichte berufen wurde, war er nach vielen Jahren unentgeltlicher Lehrstuhlvertretungen in Berlin, Gießen und Würzburg endlich durch regelmäßige Bezüge finanziell abgesichert. In einem Antrag, sein Besoldungsdienstalter heraufzusetzen, hatte er in einem langwierigen Briefwechsel mit der Bayerischen Kultusbürokratie geltend gemacht, sein Jahresgehalt sei zu gering, um heiraten und eine Familie gründen zu können. Dieses Ansinnen wurde jedoch abgelehnt, und Alexander von Stauffenberg musste sich mit einem jährlichen Anfangsgehalt von 5700 Reichsmark «nebst Wohngeldzuschuß und Kolleggeldgewährleitung in Höhe von 1000 RM jährlich»[19] begnügen. Das war mindestens das doppelte Jahreseinkommen des durchschnittlichen Volksgenossen, angesichts eines in den gemeinsamen Haushalt einfließenden zweiten Gehaltes geradezu fürstlich.[20] Bei der Askania verdiente Melitta mehr als bei der DVL, sie erhielt dort «eine materiell glänzende Stellung»[21]. Das von ihr lange gesungene Loblied asketischer Bescheidenheit kannte offenbar auch seine Grenzen.

Spätestens seit 1938, vermutlich seit ihrer Eheschließung im Sommer 1937, bewohnte das Ehepaar Stauffenberg eine gemeinsame Wohnung in der Würzburger Methfesselstraße 4.[22] Der Flugplatz am Galgenberg lag nur anderthalb Kilometer entfernt, mit dem Aufbau der Luftwaffe war er samt neuerbauten Hangars und Kasernen seit 1936 Militärflugplatz. Die militärische Einrichtung in unmittelbarer Nachbarschaft bot Melitta die Gelegenheit, private mit dienstlichen Gründen zu verbinden und häufig nach Würzburg zu ihrem Mann zu fliegen, zweifellos ein Privileg, das sie ihrer beruflichen Stellung verdankte.

Über Melittas und Alexanders gemeinsames Leben in Würzburg ist nur wenig bekannt. Das mutmaßlich einzige private Dokument ist eine Fotografie, die Melitta im Sommerkleid an ihrem Schreibtisch in der Methfesselstraße schemenhaft erkennen lässt. Als befinde sie sich in einem Zustand konzentrierter Entrückung, thront sie, das Gesicht im Profil kaum zu erkennen, statuenhaft auf ihrem Sessel. Den Füller in der rechten Hand, die Linke auf einem Blatt Papier, den Blick dem Fenster zugewandt, wirkt sie, als wolle sie in das schattenvertreibende Licht einer höheren Erkenntnis eingehen. Ist sie, fragt man sich beim Betrachten des Bildes, noch von dieser oder schon von einer anderen Welt?

Das Datum der Aufnahme lässt sich nicht mehr feststellen, sie könnte noch vor Kriegsbeginn 1939 entstanden sein, der Fotograf war vermutlich Alexander von Stauffenberg. So chimärenhaft Melitta erscheint, so erstaunlich sind die Details. Von der

Fünftes Kapitel

Melitta privat: Am Schreibtisch in ihrer Würzburger Wohnung, um 1939.

funktionalen Sachlichkeit moderner Aviatik findet sich nicht die geringste Spur. Die Einrichtung ist schlicht, fast bieder, dennoch rankt es vegetativ-ornamental auf Teppich, Rock und Bluse, windet sich an der Zimmerwand empor, erblüht in Vasen, krümmt sich animalisch raubkatzenhaft als Tisch- und Hockerbein. Melittas Würzburger Zimmer stellt bis ins letzte Detail die Gegenwelt zu ihrem beruflichen Alltag dar, der sich im militärisch nüchternen Umfeld einer Männergesellschaft abspielte. Flugplätze, Kasernen, Hangars, Konstruktionsbüros, Laboratorien und Kasinos, das war die Welt, in der sich Melitta normalerweise aufhielt. Hing

Soldatin ohne Uniform

sie hier, in ihrer Stube, den Träumen nach, für die es sonst nur Raum gab in ein paar tausend Metern Flughöhe oder vielleicht nicht einmal dort? Würzburg war ihr Gehäuse, Refugium privater Ein- wie Zweisamkeit.

Alexander von Stauffenberg, wie Melitta kein Parteimitglied, hatte auf dem 19. Deutschen Historikertag in Erfurt 1937 eine gewisse Bekanntheit in Fachkreisen erlangt. Sein Vortrag «Theoderich der Große und seine römische Sendung» verweigerte sich dem nazistischen Germanenkult und wäre deshalb fast abgesetzt worden. Anstößig war auch sein 1941 publiziertes Werk «Die großen Wanderungen und das Hethiterreich», das sich durch polemische Kritik an den NS-Rassetheorien hervortat.[23] Schillernd war Alexander dennoch. Wie träge Offa anderen auch erscheinen mochte, seine Faszination für das Soldatische hatte durchaus praktische Folgen. Vor Beginn des Zweiten Weltkrieges waren seine militärischen Aktivitäten jedoch vergleichsweise bescheiden. Immerhin hatte er schon als Achtzehnjähriger im Ludwigsburger Kavallerieregiment Nr. 18 freiwillig Dienst getan, offenbar vor allem aus Leidenschaft für den Reitsport. In einem Schreiben an das Bayerische Staatsministerium für Unterricht und Kultus im Oktober 1936 gab er an, dass er «seit 1. August des Jahres zum Gefreiten der Reserve ernannt worden» sei, nicht eben eine beeindruckende soldatische Karriere.[24]

Allerdings besaß er eine nicht uninteressante paramilitärische Vergangenheit. «In der SA in Würzburg habe ich», fährt sein Brief an das Ministerium fort, «nachdem ich im Juni 1933 aus dem Wehrstahlhelm übernommen worden war, bis März 1934 Dienst getan. Als ich nach Berlin versetzt wurde, habe ich mich dort beurlauben lassen. Nachdem ich im Winter 1935/36 die Vertretung in Gießen übernommen hatte, habe ich mich im Januar dieses Jahres wegen beruflicher Überlastung mit der Bitte an die SA-Standarte in Würzburg gewandt, mich in Ehren zu ent-

Fünftes Kapitel

lassen. Ich erhielt die Auskunft, daß man mich, da keine Papiere aufzufinden seien, auch nicht als zugehörig betrachte und daher auch nicht entlassen könne. Die Papiere müssen durch mehrfache Uniformierungen der SA in Würzburg verloren gegangen sein.»[25]

Das klingt alles in allem nicht sonderlich ehrgeizig, seine Mitgliedschaft im «Wehrstahlhelm» ist aber ein klarer Hinweis darauf, dass Alexander von Stauffenberg aktiv aufseiten der antidemokratischen Rechten der Weimarer Republik stand und gegenüber dem «nationalen Aufbruch» von 1933 zumindest anfangs, also auch in der Zeit, in der er Melitta kennengelernt hatte, wohlwollend eingestellt war. Der «Wehrstahlhelm» war eine Abteilung des 1918 gegründeten «Stahlhelm, Bund der Frontsoldaten», ursprünglich zum Zweck der öffentlichen Anerkennung der Weltkriegsteilnehmer ins Leben gerufen, entwickelte er sich schnell zu einem mächtigen Wehrverband. Im Oktober 1931 schloss er sich mit NSDAP und DNVP zur «Harzburger Front» zusammen, nach der Ernennung Hitlers zum Reichskanzler schaltete sich der «Stahlhelm» zur Unterstützung der «nationalen Revolution» selbst gleich.[26] Trotz mancher Unangepasstheiten, wie mangelhaften Engagements für Staat und Partei, ist es nicht ganz erstaunlich, dass der NS-Dozentenbund der NSDAP, Gau Mainfranken, am 24. August 1938 Alexander von Stauffenberg in politischer, weltanschaulicher wie charakterlicher Hinsicht eine Unbedenklichkeitserklärung ausstellte.[27]

Der Genehmigung einer Studienreise durch den Rektor der Universität Würzburg stand insofern offenbar noch nicht einmal die schwelende Untersuchung zur Abstammung Melittas im Wege.[28] Vom 1. März bis zum 15. April 1939 hielt sich Alexander von Stauffenberg in Griechenland auf, zumindest zeitweise wurde er von seiner Frau begleitet. Ganz von der Leine ließ ihn das Regime aber nicht. Alexander wurde ersucht, sich nach sei-

Honigbiene: Melitta auf dem Hymettos bei Athen.

ner Ankunft in Athen «mit der zuständigen deutschen Auslandsvertretung sofort nach Ihrem Eintreffen ... in Verbindung zu setzen, die Sie bei der Durchführung Ihrer Arbeiten und Aufgaben beraten und unterstützen wird». Darüber hinaus habe sich der Forschungsreisende «nach Möglichkeit mit der örtlichen Auslandsorganisation der NSDAP in Verbindung zu setzen, die von Ihrer Reise unterrichtet werden wird»[29].

Der vom Rektor der Julius-Maximilians-Universität eingeforderte Reisebericht ist nicht erhalten, bei der Bombardierung Würzburgs am 16. März 1945 verbrannte auch das Universitätsarchiv. Forschungsinhalte und Reiseroute sind deshalb nicht bekannt. Geblieben sind nur wenige private Fotos. Auf einem davon macht Melitta einen so glücklichen Eindruck wie auf kaum einem der anderen Fotos, die von ihr existieren. Jung, schelmisch, androgyn, dennoch verführerisch weiblich, sitzt sie lächelnd auf einem Felsbrocken. Dass der Fotograf ihr Mann Alexander war, geht aus dem unzweideutigen Hintersinn der Fotografie hervor. Auf deren Rückseite ist handschriftlich der Ort verzeichnet, an dem sie entstand: «auf dem Hymettos». Der Hymettos ist ein knapp über tausend Meter hoher Bergrücken wenige Kilometer südöstlich von Athen auf der Halbinsel Attika. In der Antike war die felsige Erhebung berühmt wegen ihres Honigs und ihrer Bienen. Natürlich kannte Alexander diesen Hintergrund, andernfalls hätte er seine Honigbiene Melitta nicht auf den Gipfel des Hymettos geführt. Deshalb

Fünftes Kapitel

fotografierte er sie dort, deshalb lächelte sie so honigsüß. Olympische Ruhe, heitere Antike, ewiger Augenblick, fotografische Liebeserklärung eines Georgeaners und Althistorikers. Melitta und Alexander, ein glückliches Paar. Die äußeren Umstände waren jedoch weniger angenehm, als die griechische Sonne im Frühling 1939 glauben machen wollte. Ein halbes Jahr später war abermals Krieg in Europa und Melitta eine leidenschaftliche Stuka-Amazone. Und auch die Reichsstelle für Sippenforschung ließ nicht locker.

Einsatz in Rechlin

«Überall sind an diesem ersten Kampftag die Stukas, wie man kurz die Sturzkampfflieger nennt, bei der Arbeit, stürzen sie auf Flugplätze, Bahnhöfe, Bunker und andere wichtige militärische Ziele herab. Überall sieht man ihre gefürchteten Staffeln über den Himmel ziehen. Am Ziel angelangt, gibt der Staffelkapitän den Befehl zum Angriff. Durch ihre Kehlkopfmikrophone hören die Flugzeugführer die Stimme ihres Kapitäns, der bereits seine Maschine über die linke Tragfläche nach unten stürzen lässt, die zweite Maschine folgt, die dritte, die vierte … Jetzt rasen sie alle aus 7000 Meter Höhe mit einer Geschwindigkeit von 600 Kilometerstunden der Erde zu. Allein schon dieser tolle Sturz, bei dem sich der Luftdruck auf das Sieben- bis Achtfache des Körpergewichts erhöht, stellt gewaltige Anforderungen an Geist und Körper des Piloten. Dazu kommt meist noch die feindliche Abwehr durch Flak und Maschinengewehr. Jedesmal bis zum Äußersten steigert sich die Spannung, wenn das Ziel heransaust, der Bunker, die Brücke, der Bahnhof, das Munitionslager, kurz alles, was man als Punktziel bezeichnet, wenn der Augenblick des Auslösens und Abfangens heranrückt und die Bomben fallen.

Kriegsbeginn: Ein Sturzkampfbomber Ju 87 im Einsatz. NS-
Propagandabild, 1939.

Die Treffsicherheit der Sturzkampfflieger ist erstaunlich. Sie jagen ihre
riesigen Geschosse gleichsam ins
Schwarze des Ziels. Nach dem Abfangen starren aus der Kurve heraus
die Augen des Funkers zielwärts und
meist gelingt es auch dem Flugzeugführer, trotzdem er mit der Maschine alle Hände voll zu tun hat, mit
nur einem kurzen Seitenblick nach
unten, die ungefähre Wirkung des
Angriffs festzustellen. Rotes Auf-
blitzen des Feuers im Ziel, eine
schwarzbraune Rauchsäule, die zum
Himmel aufsteigt und sich gewaltig
nach allen Seiten ausdehnt, zeigen
den Erfolg.»[30]

So beschreibt einer der zahlreichen, den deutschen Vormarsch mit
viel Fotomaterial schmückenden,
zeitgenössischen Text-Bild-Bände
den ersten Tag des Zweiten Weltkriegs bei Dirschau an der Weichsel.
Der Überfall auf Polen am 1. September 1939 war Anlass, die
Luftmacht des Deutschen Reiches nach dem Sieg über das Nach-
barland propagandagerecht in Szene zu setzen. Die Sturzkampfbomber, deren Besatzungen sich mit heldenhaftem Mut treffsi-
cher auf ihre Ziele hinabstürzten wie Adler auf ihre Beute, waren
die Symbole der technologischen wie taktischen deutschen Luftüberlegenheit. Allerdings stimmte der Mythos militärischer
Schlagkraft mit der technischen Wirklichkeit des Sturzkampf-
bombers nicht immer überein. Trotz eingebauter automatischer

Fünftes Kapitel

Vorrichtungen waren Sturzflug, Anvisieren des Ziels und Treffsicherheit für die zwei Mann Besatzung der Ju 87 kein leicht zu bewerkstelligender Vorgang. Darüber vermochte noch nicht einmal das kalte Pathos des als Fliegerdichter bekannten Peter Supf in dem weitgehend von ihm verfassten Band «Luftwaffe schlägt zu!» hinwegzutäuschen. Tatsächlich gab es in den ersten Wochen des Krieges gegen Polen mehr technische Probleme mit den Fluggeräten und deren Bewaffnung, als den deutschen Einsatzkräften lieb war. Die Kampfhandlungen dauerten nicht länger als fünf Wochen, aber anders als von deutscher Seite behauptet, war die polnische Luftwaffe nicht schon nach dem zweiten Kriegstag zerstört, waren die deutschen Verluste an Menschen wie Material, darunter über hundert Bomber und Sturzkampfbomber, vergleichsweise hoch. Trotz Blitzsieg im Blitzkrieg galt es, die Stukas technisch zu perfektionieren.

Das vor allem war die Aufgabe von Melitta Gräfin Stauffenberg an der Flugerprobungsstelle Rechlin. Wenige Wochen nach der Kapitulation Polens wurde sie «am 24. Oktober 1939 zur Erprobungsstelle der Luftwaffe Rechlin kommandiert»[31]. Die militärische Wortwahl des Schreibens, dessen Inhalt wie die für die Versetzung verantwortlichen Institutionen sind in mehrfacher Weise aufschlussreich. Mit dem Datum des 24. Oktober unterstand Melitta endgültig der Verfügungsgewalt der Wehrmacht beziehungsweise der Luftwaffe. Allerdings blieb sie, da sie als Frau nicht einberufen werden konnte, aus rechtlichen Gründen weiterhin Angestellte der Askania-Werke. Ihre Überstellung von Berlin nach Rechlin ging auf – möglicherweise sogar persönliche – geheime Besprechungen mit dem Leiter des Heereswaffenamtes zurück, Generalleutnant Chefingenieur Karl Becker. Diese für die technische Entwicklung von Waffen zuständige Institution unterstand ihrerseits dem Befehlshaber des Ersatzheeres, zu jener Zeit Generalleutnant Friedrich Fromm.

Die Überstellung Melittas nach Rechlin durch die Luftwaffe bedeutete darüber hinaus, dass die Wehrmacht über das Verfahren zur Feststellung ihrer «arischen Herkunft» durch die Universität Würzburg, das Bayerische Ministerium für Unterricht und Kultus sowie die schwebende Untersuchung durch die Reichsstelle für Sippenforschung entweder nicht informiert war oder das Verfahren nicht zur Kenntnis nahm.

Bemerkenswert in diesem Zusammenhang ist auch der Umstand, dass weder Melitta noch ihre Geschwister in der Volkszählung vom 17. Mai 1939 auftauchten.[32] Auf Ergänzungskarten war bei dieser nach 1933 zweiten Volkszählung des NS-Staates ausdrücklich nach der jüdischen Abstammung im Sinne der Nürnberger Rassengesetze gefragt worden. Berücksichtigt werden muss allerdings, dass nicht alle Ergänzungskarten erhalten geblieben sind. Nicht überliefert sind «die Ergänzungskarten für das Land Thüringen, die Rheinprovinz, die Regierungsbezirke Erfurt und Minden sowie einige bayerische Kreise»[33]. Ein Teil dieser Karten wurde bei Luftangriffen zerstört, ein anderer noch 1945 von NS-Stellen vernichtet. Aus diesem Grund sind nur «ungefähr 87,2 % der [1939] im Deutschen Reich lebenden Personen jüdischer Abstammung»[34] namentlich bekannt. Ob die Ergänzungskarten der fünf Kinder der im Mai 1939 noch sicher in Danzig lebenden Michael und Margarete Schiller verlorengingen, ob Marie-Luise, Otto, Melitta, Jutta und Klara die jüdische Herkunft ihres Vaters ein weiteres Mal unter den Tisch fallen ließen, muss offenbleiben. Keines der Schiller-Kinder lebte jedenfalls in den vom Verlust der Ergänzungskarten betroffenen Gebieten. Fest steht nur, dass Melitta bis zu ihrem Tod militärische Aufträge für die Luftwaffe erfüllte und ihr Leben überwiegend in Kasernen und militärischen Sperrbezirken verbrachte. Seit dem Oktober 1939 war sie Soldatin ohne Uniform.

Zu dem Zeitpunkt, als Melitta Berlin verließ, besaß Rechlin

bereits eine vergleichsweise lange Geschichte. Schon 1916 als kaiserliche «Flieger-Versuchs- und Lehranstalt» geplant, wurde Rechlin noch Mitte 1918 eingeweiht, um nach dem Ende des Ersten Weltkrieges gemäß den Beschränkungen durch den Versailler Vertrag wieder demontiert zu werden. Dennoch erfolgte mit der Errichtung verschiedener Nutz- und Wohnbauten Mitte der zwanziger Jahre der Ausbau zur Erprobungsstelle für Luftfahrzeuge, Motoren und Waffen durch die Reichswehr. In Deutschland existierten mehrere Erprobungsstellen mit unterschiedlichen militärischen Funktionen, Rechlin, die größte und wichtigste, erhielt nach dem 30. Januar 1933 finanzielle Mittel in bislang unbekanntem Ausmaß. Technisch erprobt und überwacht wurde hier die Gebrauchsfähigkeit aller Arten militärischer Fluggeräte wie deren Ausrüstung und Bewaffnung, nach Kriegsbeginn stand vor allem die Fronttauglichkeit neuer Flugzeugtypen auf dem Prüfstand der Luftfahrtingenieure und Testpiloten.

Etwa hundertfünfzig Kilometer nordwestlich von Berlin am Ostufer des Müritzsees in einem nur schwach besiedelten Gebiet des ländlichen Mecklenburg gelegen, war Rechlin nach 1933 ein künstlicher Ort ganz im Zeichen der militärischen Luftfahrt. Um das kreisförmige Flugfeld mit seinen vier, auf alle Himmelsrichtungen verteilten und durch eine Ringbahn miteinander verbundenen Gebäudegruppen zu errichten, wurden mehrere Dörfer dem Erdboden gleichgemacht, sie wichen Arealen, auf denen Sprengversuche durchgeführt oder Bombenfallkurven gemessen wurden. Es entstand eine weitläufige, in sich geschlossene Anlage mit Hangars, Werkstätten, Büros, Hauptwache, Kommandantur sowie Häusern und Wohnungen für das Personal. Rechlin-Nord war eine (noch heute bestehende) Siedlung aus Ein- und Zweifamilienhäusern in rotem Klinkerstein, die in Form und Anlage den Charakter eines Wehrdorfes trug. Ende der dreißiger Jahre

betrug die Personalstärke der Erprobungsstelle fast dreieinhalb-
tausend Personen, gut siebenhundertfünfzig waren militärischen, der große Rest zivilen Dienststellen zugeordnet. Rechlin
war das Prestigeobjekt der Luftwaffe beziehungsweise des im
Reichsluftfahrtministerium für die luftfahrttechnische Entwicklung zuständigen Technischen Amtes.

Ob sich Melitta in Rechlin erst eingewöhnen musste? Die Erprobungsstelle lag einsam auf dem Mecklenburger Land, Berlin
war für kurze Stippvisiten zu weit entfernt, nach Würzburg, wo
Alexander seiner Lehrtätigkeit nachging, war es noch weiter. Melittas Arbeit in Rechlin dürfte ihrer Ehe nicht viel Zeit und Raum
gelassen haben. Allerdings unterhielt die Erprobungsstelle einen
eigenen Flugbetrieb, ein Sonderflugdienst der Lufthansa brachte
Mitarbeiter auf der Strecke Travemünde, wo sich ebenfalls eine
«E-Stelle» befand, über Rechlin in die Reichshauptstadt, wenn
sie dort Bericht zu erstatten hatten, mit anderen Einrichtungen
Kontakt aufnahmen oder ihren Urlaub antraten. Zumindest
dienstlich dürfte Melitta weiter enge Beziehungen nach Berlin
gehabt und dort auch ihren Mann, ihre Freunde und Geschwister getroffen haben.

Mit seinem Flugplatz, seinen Motoren- und Höhenprüfstän-
den, seiner archaisch-babylonisch anmutenden Funktionsarchi-
tektur ähnelte das Rechliner Erprobungsgelände dem Areal der
DVL, besaß aber im Gegensatz zu Johannisthal den Vorteil der
landschaftlich reizvollen Lage direkt am Ufer des großflächigen
Müritzsees. Idyllisch war das Leben in der Erprobungsstelle dennoch nicht. Der Betrieb war militärisch organisiert, entsprechend
streng war die Hierarchie, in jedem Fall strenger und weniger
zivil als bei der DVL, erst recht bei der Askania. Allerdings dürfte
sich Melitta, seitdem das Ministerium 1933 über sämtliche Be-
lange der Luftfahrt die Oberaufsicht übernommen hatte, an militärische Kommandotöne sowie Uniformträger gewöhnt haben.

Fünftes Kapitel

Trotzdem ist es ihr vermutlich nicht ganz leichtgefallen, sich in den Rechliner Betrieb zu integrieren. Ihr größtes Problem war sehr wahrscheinlich ihr sozialer Status. In dieser Beziehung saß sie noch mehr zwischen allen Stühlen als Ingenieure in der Luftwaffe ohnehin. Von den Luftwaffenoffizieren beziehungsweise den Militärpiloten (wurde) das «Ingenieurkorps ... innerhalb der Luftwaffe nicht als gleichwertig anerkannt»[35]. Der Kampfeinsatz genoss ein höheres Prestige als die Tätigkeit der Technischen Offiziere, von denen sich die Piloten vor allem dann nicht hineinreden lassen wollten, wenn diese Ingenieure selbst über fliegerische Kompetenz verfügten. Technische Offiziere waren in der Regel verbeamtet und trugen Uniform, ihre Waffenfarbe war rosa, je nach Dienstgrad waren die Symbole am Kragenspiegel zwei-, drei- oder vierblättrige Propeller. In Zivilkleidung durfte zum Beispiel in Rechlin niemand die Gesellschaftsräume des Offizierskasinos betreten, aus Protest gingen die Ingenieure deshalb eine Zeitlang «in Ziviljacke ins ‹Monteurskasino› (im Keller)»[36].

Wo aß Melitta, welchen Platz hatte sie innerhalb dieser Statuskonflikte als Ingenieurin wie als Frau? Weder war sie verbeamtet, noch besaß sie, da sie formell weiterhin Angestellte der Askania und keine Militärangehörige war, eine Uniform. Sie hätte jetzt, mit sechsunddreißig Jahren, Flieger-Oberstabsingenieur sein müssen, was dem Rang eines Oberstleutnants entsprochen hätte, trug aber Zivil. Sie war zwar nicht im Fronteinsatz, konnte sich jedoch Respekt durch ihre Sturzkampftätigkeit und den damit verbundenen soldatischen Mut verschaffen. Da sie Testpilotin und Wissenschaftlerin in einer Person war, war es ihr zudem möglich, auch den Animositäten aus dem Weg zu gehen, die Testpiloten gegenüber den wissenschaftlichen Experten hegten, die auf Messdaten statt auf Erfahrung pochten. Als Frau und Ingenieurpilotin zwischen allen Stühlen zu sitzen war vermutlich mit täglichen Statuskonflikten verbunden, bot unter Umständen aber auch den Vorteil, als Sonderfall durch die Maschen der Befehlshierarchie zu schlüpfen.

Melittas Tätigkeit unterschied sich im Kern nicht wesentlich von derjenigen ihrer vorhergehenden Arbeitsplätze, allerdings erweiterte sich der Umfang ihrer Testflüge beträchtlich. Sie war der Abteilung E7 auf der östlichen Seite des Flugbetriebsgeländes zugeteilt, das aus der Vogelperspektive gesehen einer überdimensionierten Thingstätte ähnelte. Für die Erprobung von Abwurfwaffen zuständig, führte E7 Flugerprobungen im großen Stil durch, warf Bomben aus verschiedenen Flugzeugmustern, prüfte, ob die Zünder funktionierten, sich die Bomben problemlos vom Flugzeug lösten, nahm entsprechende Bordinstrumente unter die Lupe. Im Lauf des Krieges kam die Erprobung optischer Hilfsmittel hinzu, frühe Hightech-Instrumente, die die Besatzung durch rechnergestützte Automatisierung entlasten sollten. Wie die Bombe mit Hilfe sogenannter Sturzvisiere während des technisch wie fliegerisch komplexen Sturzfluges möglichst präzise in das Ziel gelenkt werden könne, das vor allem war die Aufgabe von Melitta Gräfin Stauffenberg.

In Rechlin flog sie unterschiedliche Flugzeugtypen, die einmotorige Messerschmitt Bf 109, der Standardjäger der Luftwaffe, das zweimotorige Kampfflugzeug Bf 110, ebenfalls ein Messerschmitt-Produkt, sowie den zweimotorigen Bomber Dornier Do 17. Überwiegend scheint sie ihre Arbeit jedoch mit der Ju 88 verrichtet zu haben. Ursprünglich als Horizontalbomber geplant, erging 1937 die Anweisung, die zweimotorige Ju 88 vom Schnellbomber zum Sturzkampfbomber umzukonstruieren. Diese Entscheidung war auch deshalb problematisch, weil die Maschine durch ihre den Bedingungen des Sturzfluges angepasste Technik schwerer und damit verletzlicher wurde. Dennoch entwickelte sich die Ju 88 in zahlreichen Versionen als Bomber, Aufklärer, Zerstörer und Jäger ebenfalls zu einem der gebräuchlichsten

Fünftes Kapitel

deutschen Kampfflugzeuge des Zweiten Weltkriegs. Die Maschine mit ihrer charakteristischen, optimale Sicht bietenden Vollsichtkanzel war für vier Mann Besatzung ausgelegt, bei Nachteinsätzen waren es drei, die Ju 88 konnte aber auch nur vom Piloten geflogen werden. Melitta ist vermutlich am häufigsten allein oder mit einem Begleiter geflogen, zwei weitere Mann Besatzung waren für den Auftrag, den sie zu erfüllen hatte, nicht zwangsläufig notwendig. In der Ju 88 war der Pilot ohnehin die wichtigste Person. Die Ausrüstung des Cockpits mit seinen hundert Instrumenten und Hebeln war auf ihn allein ausgerichtet. Da er beim Sturzflug für den Vorgang des Einleitens, des Abwerfens der Bombe sowie des Abfangens der Maschine verantwortlich war, dienten Automatisierung des Sturzfluges sowie Technisierung des Zielvorganges durch optimale Visieranlagen vor allem seiner Entlastung.

Melittas Flüge in Rechlin ähnelten denjenigen der Kampfpiloten im Einsatz. Zwar drohte ihr kein Abschuss durch Gegner, gefährlich war ihre Tätigkeit dennoch. Zwischen 1927 und 1945 gab es bei Testflügen der «E-Stelle Rechlin» insgesamt über dreihundert Tote, 1937 waren bei sechs Abstürzen mindestens achtzehn Mitarbeiter getötet worden, in den Kriegsjahren kam es zu weiteren tödlichen Unfällen. Am 18. März 1941, Melitta könnte Augenzeuge gewesen sein, zerbrachen bei einem Versuchsflug des Großraumlastenseglers Go 242 Höhenleitwerk und Leitwerksträger, der Pilot konnte abspringen, sein Begleiter kam ums Leben.[37] Von solchen Zwischenfällen ließ sich Melitta wie gewöhnlich nicht abschrecken. Todesgefahr gehörte zu ihrem Beruf. Wie ein Kampfpilot beim Angriff hatte sie, kurz bevor sie in den Sturzflug abkippte, eine Reihe von Tätigkeiten zu beachten. Sie schaltete das «Reflexvisier ein, trimmte das Flugzeug für den Sturzflug, stellte die Höhe für das Hochziehen aus dem Sturzflug auf dem Kontakt-Höhenmesser ein, schloss die Kühlerklappen, nahm das Gas zurück und öffnete die Belüftung für die Windschutzscheibe (um ein mögliches Beschlagen beim Hinflug in niedrigere, feuchte Luft zu verhindern) … Ein Sturz aus 4000 m Höhe auf eine Bombenauslösehöhe von 1000 m (gewöhnlich bei Angriffen gegen verteidigte Ziele) dauerte etwa 30 Sekunden, in denen der Pilot versuchte, das Ziel in der Mitte seines Reflexvisiers zu halten. Vier Sekunden bevor der Sturzkampfbomber die Abfanghöhe passierte, die zuvor auf dem Höhenmesser eingestellt worden war, ertönte ein Signalhorn. Wenn der Ton auf der Auslösehöhe aufhörte, drückte der Pilot einen Knopf an seiner Steuersäule, um eine starke Feder zu betätigen, die die Trimmklappe am Höhenruder in die neutrale Stellung zurückbrachte. Das Flugzeug, das nun schwanzlastig getrimmt war, begann automatisch, sich selbst aus dem Sturzflug aufzurichten. Das Drücken des Knopfes hatte auch die Bombenwurfautomatik gestartet, und nach einer festgelegten Zeit wurden die Bomben automatisch ausgelöst. Eine Ablenkgabel warf die Rumpfbombe nach unten aus dem Propellerkreis. Nach dem Abfangen übernahm der Pilot wieder die Steuerung, schwenkte die Sturzflugbremsen um 90 Grad, gab Gas, trimmte für Flug in gleich bleibender Höhe und flog nach Hause.»[38]

Diesen trotz aller Automatisierung komplexen Vorgang beherrschte Melitta meisterhaft. Ihr fliegerisches Können, die Fähigkeit, ihre Wahrnehmung optimal an die technische Apparatur anzupassen sowie die erforderlichen Handlungsabläufe zu verinnerlichen, muss außergewöhnlich gewesen sein. Bis zum Februar 1942, als sie Rechlin verließ, absolvierte sie «über 900 vermessene und gefilmte steile Sturzflüge, durchschnittlich von 5000 auf 1000 m Höhe auf Flugzeugen der Klasse B und C mit verschiedenen neuen Visiergeräten»[39]. An ihre Arbeit als Luftfahrtingenieurin bei der DVL wie bei der Askania konnte sie nahtlos anschließen, «die genaue Auswertung der Messstürze

Fünftes Kapitel

Im Anflug: Bildlegende von Melitta auf der Rückseite des Fotos: «Meine Ju 88».

wurde von Gräfin Stauffenberg selbst geleitet und die Ergebnisse wissenschaftlich durchgearbeitet»[40]. Für die erfolgreiche Anwendung der Sturzvisiere in den Maschinen der fliegenden Truppe an der Front war ihre Arbeit «von ausschlaggebender Bedeutung»[41].

Einmalig und unübertrefflich war Melitta jedoch nicht. Unter der überwiegend männlichen Rechliner Belegschaft war sie nicht die einzige Pilotin. Als Melitta 1939 kam, war Hanna Reitsch schon da. Sie war bereits zwei Jahre zuvor an die Erprobungsstelle versetzt und von Ernst Udet persönlich wie auf dessen Betreiben noch vor Melitta zum «Flugkapitän» ernannt worden, dem ersten weiblichen Deutschlands. Damit war und blieb die Reitsch die unbestrittene Nummer eins unter den deutschen Fliegerinnen, darüber hinaus mit ihren seit Anfang der dreißiger Jahre fortwährenden nationalen wie internationalen Rekorden eine Berühmtheit in der deutschen Luftfahrt wie weltweit. In Rechlin verrichtete sie eine ähnliche Arbeit wie Melitta, flog erstmals in ihrem Leben Militärmaschinen, darunter auch Sturzkampfbom-

Soldatin ohne Uniform

ber, und traf als einzige Pilotin unter Männern anfangs auf wenig Begeisterung.

Anders als Melitta war die Reitsch allerdings nur Testfliegerin. Sie besaß keine Ingenieursausbildung und war deshalb weder zur Entwicklung von Bordinstrumenten in der Lage noch zu entsprechenden mathematisch-physikalischen Berechnungen. Ihrer Prominenz tat dies aber keinen Abbruch. Gewiss war Melitta eine außergewöhnlich gute Fliegerin. Hanna Reitsch war jedoch nach dem Urteil zahlreicher ihrer Kolleginnen und Kollegen wie auch zeitgenössischer Luftfahrtexperten eine alle anderen exzellenten Könner übertreffende fliegerische Ausnahmeerscheinung. Als solche war sie auch eine der wichtigsten Propagandafiguren des Dritten Reiches, vertreten in Film, Funk und Presse, warb für die Opferwilligkeit der deutschen Frau[42] im Kriege, besuchte die Ostfront auf Einladung des von ihr verehrten, zwanzig Jahre älteren Generals der Flieger Robert Ritter von Greim und war jedem Volksgenossen durch alle Generationen hindurch bekannt. An diese nationale Prominenz reichte Melitta Schillers sich auf Kollegenkreise beschränkende Bekanntheit nicht ansatzweise heran, ein Umstand, unter dem sie im Gegensatz zu ihrer Bescheidenheit in ihren fliegerischen Anfängen später sehr gelitten hat.[43]

Mit der nur ein Meter fünfzig großen Frau teilte die gleichfalls nicht hochgewachsene, dennoch größere, zartgliedrige Melitta Schiller einige Gemeinsamkeiten. Hanna Reitsch war in Hirschberg in Schlesien geboren worden, dort, wo Melitta als Kind ihre Ferien bei ihrer Großmutter Eberstein und die letzten Jahre ihrer Schulzeit verbracht hatte. Reitschs Elternhaus unterschied sich in sozialer Hinsicht nicht wesentlich von demjenigen Melittas. Hannas Vater Willy war Chefarzt einer Augenklinik, die einer Tiroler Adelsfamilie entstammende Mutter Emy war Hausfrau. Hanna hatte zwei Geschwister, den zwei Jahre älteren Bruder Kurt und die vier Jahre jüngere Schwester Heidi. Wie die Schillers waren auch die Reitschs Bildungsbürger. Nicht die Malerei, sondern die Hausmusik stand bei ihnen hoch im Kurs, auch sie legten großen Wert auf Wandern in der frischen Bergluft des Riesengebirges wie eine strenge Erziehung, bei der es, im Unterschied zu den Schillers, auch Hiebe setzte. Im Vergleich mit der viel moderneren, mitunter auch mondäneren Familie Melittas mit ihrer Begeisterung für Technik, Naturwissenschaft und künstlerischer Vorkriegsavantgarde erscheinen die Reitschs als kleinbürgerliche Biedermänner. Allerdings stellten sich auch Emy und Willy Reitsch dem Fortschritt nicht in den Weg, als sich ihre Tochter Hanna entschied, ihr Medizinstudium abzubrechen und Berufsfliegerin zu werden. Im Übrigen war die Familie Reitsch ebenso nationalkonservativ wie die Schillers, hegte sie als Schlesier den Polen gegenüber ähnlich starke Antipathien.

Wichtiger als die Gemeinsamkeiten waren jedoch die Gegensätze. Denn Melitta Schiller und Hanna Reitsch verkörperten denkbar unterschiedliche Generationen moderner junger Frauen. Hanna, 1912 geboren und damit neun Jahre jünger als Melitta, gehörte der Nachkriegsgeneration an, war ohne Kriegstraumata in die Weimarer Republik hineingewachsen und hatte weit weniger biographische Brüche zu verarbeiten als die ältere Kriegsjugendgeneration beziehungsweise der besondere Fall der Grenzlandjugend Melittas. Hanna Reitschs auffälligstes Kennzeichen war deshalb nicht ganz zufällig ein zeitlebens überschwängliches, zähnebleckendes Dauerlachen, das sie auf fast jeder der zahllosen Fotografien zeigt, die von ihr existieren. Mit ihrer meist blütenweißen Kleidung war die immer sonnengebräunte, sportliche, gesunde, ebenso asexuell wie hypervital wirkende junge Frau das Idealbild für die Reinheit des fliegenden Menschen wie den Optimismus der nationalsozialistischen Jugend.

Anders als Melitta hatte es Hanna Reitsch nur wenig Mühe gekostet, Fliegerin zu werden. Ihren Segelflugunterricht bezahlten anfangs ihre Eltern, schnell fand die junge Frau mit dem exzellenten fliegerischen Gefühl Förderer, an erster Stelle Wolf Hirth, einen der seinerzeit berühmtesten und erfolgreichsten deutschen Segelflieger, den sie ihren «Fliegervater» nannte. Vom Grunauer Galgenberg in Schlesien, wo sie, wie Melitta vor ihr, ihre ersten Runden drehte, war der Weg in die von den Nationalsozialisten militarisierte Segelflugbewegung nicht weit. 1934 war sie am «Deutschen Forschungsinstitut für Segelflug» in Darmstadt Versuchs- und Forschungsfliegerin, dem vier Jahre später in «Deutsche Forschungsanstalt» umbenannten und dem Reichsluftfahrtministerium unterstehenden Institut gehörte sie bis Kriegsende an. Zu diesem Zeitpunkt lag ihr erster Flugrekord bereits zwei Jahre hinter ihr. Fünfeinhalb Stunden ohne Unterbrechung war noch keine Frau vor ihr mit einem Segelflugzeug am Himmel gewesen.

Solche außerordentlichen fliegerischen Fähigkeiten ließen sich die Nazis nicht entgehen. Hanna, die bis zum Beginn des Zweiten Weltkriegs sämtliche Segelflugweltrekorde für Frauen brach, durfte im Dritten Reich fliegen, was sie wollte. In allem war sie die Erste: Die erste Frau im Rang eines Flugkapitäns, die erste und einzige Frau, die das EK I und das EK II erhielt, die erste Frau, die die Alpen im Segelflug überflog, die erste Frau, die einen Hubschrauber in einer Halle, der erste Mensch, der das «Kraft-Ei» flog, das Raketenflugzeug Me 163 der Firma Messerschmitt. Ihr Mut und ihr Ehrgeiz waren maßlos genug, um sich den Nazis für die gefährlichsten Testflüge zur Verfügung zu stellen und sich von ihnen nach Kräften ausnutzen zu lassen. Dafür heimste sie Privilegien ein und musste anders als Melitta nicht jahrelang kaserniert in Rechlin ausharren, sondern unternahm ihre Testflüge nach einem individuell abgestimmten Zeitplan, der es ihr erlaubte, eine Wohnung im Berliner Aero-Club zu beziehen. Der Club war im «Haus der Flieger» untergebracht,

Fünftes Kapitel

dem Gebäude des ehemaligen Preußischen Landtags gleich neben dem Gebäude des RLM, das Göring dort demonstrativ antiparlamentarisch von seinem Leibarchitekten Ernst Sagebiel hatte umbauen und pompös einrichten lassen.

Hanna Reitsch, ein «Vogelmensch»[44], wie sie sich selbst bezeichnete, kannte in ihrem Leben nur das Fliegen. Sie überlebte zwei Abstürze mit schweren Verletzungen um Haaresbreite, heiratete nie, bekam nie Kinder, sie war die perfekte, jedweden flugtechnischen Experimenten wie Fluggeräten zugetane Junggesellenmaschine. Von ihren Fliegervätern abgesehen, liebte sie am meisten und über alles den «Führer». Ihr vielleicht waghalsigstes Flugabenteuer fand am 26. April 1945 statt.[45] In Begleitung Ritter von Greims, der es ihr angetan hatte, flog sie mit einer Focke-Wulf 190 von Rechlin nach Gatow, nach einem Zwischenstopp setzte sie mit einem Fieseler Storch zur Landung im schwer umkämpften Berliner Zentrum an. Trotz detonierender sowjetischer Geschosse ringsum gelang es ihr und Greim, auf der Ost-West-Achse unmittelbar vor dem Brandenburger Tor halbwegs sicheren Boden zu erreichen und in den Führerbunker vorzudringen. Greim und Reitsch verharrten dort fast drei Tage unter immer heftigerem sowjetischem Trommelfeuer und in Gegenwart eines den Realitäten zunehmend entrückten Hitler, der Greim anstelle Görings zum Oberbefehlshaber einer Luftwaffe ernannte, die praktisch nicht mehr existierte. Endlich gelang es einer Arado 96, nach Berlin durchzudringen und das ungleiche führertreue Paar zurück zur Erprobungsstelle nach Rechlin zu bringen. «Sie tapfere Frau!», hatte Hitler im Bunker zu Hanna gesagt, «es gibt noch Treue und Mut auf der Welt.»[46] Reitsch hat nach dem Krieg nie bedauert, nie bereut, nie Unrechtsbewusstsein gezeigt. Die fliegende Zwergin mit dem Dauerlächeln war vom ersten bis zum letzten Tag des Dritten Reiches glücklich. Das konnte ihre erbitterte Rivalin Melitta Gräfin Stauffenberg von sich nicht behaupten, am wenigsten, seitdem das Sippenforschungsamt auf der Spur ihrer «nicht-arischen Herkunft» war.

Die Bombe platzte am 23. Mai 1940. Ob sich Melitta an diesem Dienstag in Rechlin, Berlin oder sogar in der Wohnung in der Würzburger Methfesselstraße aufhielt, ist nicht bekannt, auch nicht, wann und wie sie die Nachricht der «Reichsstelle für Sippenforschung» aufnahm. Einen Tag zuvor war «Professor Stauffenberg laut Postzustellungsurkunde» über die Abstammung seiner Frau aufgeklärt worden. Mit dem Datum vom 7. Mai hatte die «Reichsstelle» unter Berufung auf das Reichsbürgergesetz vom 14. November 1935 per «Abstammungsbescheid» festgestellt, «Melitta Klara Schenk Gräfin von Stauffenberg, geb. Schiller, in Würzburg, geboren zu Krotoschin am 9. 1. 1903 ist jüdischer Mischling mit zwei der Rasse nach volljüdischen Großelternteilen»[47]. Dem Rektor der Universität Würzburg war vom Bayerischen Staatsministerium für Unterricht und Kultus bereits eine Woche zuvor mitgeteilt worden, Alexander von Stauffenbergs Berufung zum ordentlichen Professor werde so lange zurückgestellt, bis geklärt sei, «ob er an seiner Ehe festhält … oder ihre Lösung herbeiführt»[48].

Sieben Jahre nach der «Machtergreifung» und fünf Jahre nach dem Erlass der Nürnberger Gesetze waren die Täuschungsmanöver der Geschwister Schiller wie Alexander von Stauffenbergs hinsichtlich der Abstammung Michael Schillers abrupt beendet. Es hatte lange gedauert, bis die NS-Verfolgungs- und Ausgrenzungsbehörden Vollzug melden konnten, lücken- und reibungslos hatten Überwachung und Erfassung nicht funktioniert. Melittas Abstammungsbescheid klärte jedoch den in Frage stehenden Fall restlos, in Leipzig war die «Reichsstelle» auf das Geburtsregister der Juden und damit auf die korrekten Daten Michael Schillers wie dessen Eltern Moritz und Clara gestoßen. Obwohl mit den falschen Angaben in der «Anzeige über Verhei-

Fünftes Kapitel

ratung» eine bewusste Irreführung der Behörden auf der Hand lag, warf das Staatsministerium für Unterricht und Kultus auch Argumente zugunsten von Alexander von Stauffenberg in die Waagschale. «Da die Ehe erst im Jahre 1937 geschlossen wurde», hieß es im Schreiben vom 15. Mai 1940, «ist wohl keine Schlechtgläubigkeit des Ehemannes anzunehmen.» Perfidie und Taktik waren bei dieser Argumentation zwei Seiten derselben Medaille. Dass ein «arischer Reichsbürger» durch die Nürnberger Gesetze vom Vergehen der «Rassenschande» abgeschreckt werde

Melittas Abstammungsbescheid.

und sich deshalb weder in eine jüdische oder «halbjüdische» Frau verlieben noch diese heiraten könne, wird als Selbstverständlichkeit angenommen und als Argument für Alexanders Unbescholtenheit ins Feld geführt.

Für Melitta wurde in dem Verfahren, bei dem es um Scheidung, Strafverfolgung, Entfernung aus dem Dienst und weitere diskriminierende Maßnahmen ging, als entlastend vorgebracht, dass sie «am 9. November 1937 zum Flugkapitän ernannt»[49] worden war. Für Alexander von Stauffenberg kam eine Scheidung nicht in Frage, er stand zu seiner Frau.

Um Zeit zu gewinnen, spielte er den Ahnungslosen. Da er die Genehmigung zur Heirat allein durch den Nachweis der Deutschblütigkeit «meiner Braut nach Formblatt» erhalten habe, so seine formelle «Erklärung», müsse er annehmen, «dass der Bescheid des Sippenamtes auf einem Irrtum beruht»[50]. Diese ebenso tollkühne wie gefährliche Behauptung war der Deckmantel eines Strategiewechsels, denn nach der Entdeckung der einschlägigen Urkunden von Moritz und Clara Schiller in Leipzig war klar, dass es aus den Fängen der NS-Rassenforschung kein Entkommen mehr gab. Den Kopf aus der Schlinge ziehen konnten Alexander und Melitta von Stauffenberg jetzt allerdings nicht mehr aus eigener Kraft, sondern nur noch durch Intervention bei den höchsten Repräsentanten des NS-Staates. Seine Frau, ließ Alexander von Stauffenberg den Rektor der Universität Würzburg am 13. Juni wissen, habe den durch das Bayerische Kultusministerium zugestellten Abstammungsbescheid der Reichsstelle «sowie die entgegenstehenden Unterlagen ihrer vorgesetzten Behörde, Herrn Generalleutnant Udet»[51] vorgelegt. Dieser habe den Vorgang seinerseits «zur rascheren Erledigung der Angelegenheit … dem Herrn Generalfeldmarschall» zugestellt.

Der Zeitpunkt für eine Hilfe von höherer Warte war militärisch günstig. Der Frankreichfeldzug stand unmittelbar vor seinem siegreichen Ende, am Tag nach Alexanders Schreiben, dem 14. Juni, marschierte die Wehrmacht in Paris ein. Die Situation der «jüdischen Mischlinge», die in der Wehrmacht Dienst taten, hatte sich im selben Zeitraum hingegen verschlechtert. Eine Verfügung des OKW vom 8. April 1940 bestimmte deren offizielle Entlassung aus dem Militärdienst, nicht nur der «Mischlinge», sondern auch der «jüdisch versippten» Ehemänner.[52] Ausnahmen waren unter bestimmten Bedingungen möglich, einen «kla-

Fünftes Kapitel

ren Dienstweg» gab es nicht.[53] Für Melitta, keine Wehrmachtsangehörige, wurden sowohl ihr alter Bekannter Udet tätig, häufiger Gast in Rechlin, als auch der im Juni 1940 häufig in Frankreich weilende Generalfeldmarschall Göring. Dass Melitta ihrerseits aktiv an Udet herantrat und mit dem «Herrn Generalleutnant» in ihrer Angelegenheit wiederholt persönlich gesprochen hatte, geht aus Alexanders Schreiben gleichfalls unzweideutig hervor.[54] Mitte September setzte der weiterhin außerordentliche Professor für Alte Geschichte den Rektor der Universität darüber in Kenntnis, «dass inzwischen das Reichsluftfahrtministerium (Generaloberst Udet) an den Herrn Reichsminister des Innern ein Gesuch gerichtet hat, in Anbetracht der Unentbehrlichkeit meiner Frau für die kriegswichtigen Sturzkampfbombererprobungen der Luftwaffe das Bayerische Staatsministerium für Unterricht und Kultus zu veranlassen, vorläufig von weiteren Schritten abzusehen»[55]. Bereits drei Monate später hieß es in einem weiteren Brief Alexanders an den Rektor, dass «die Angelegenheit erledigt sei»[56]. Dennoch betreibe, schloss das Schreiben, Melitta von Stauffenberg «die Untersuchung zur klaren Feststellung ihrer Deutschblütigkeit» weiter.

Was das bedeutete, wurde im Frühjahr des folgenden Jahres deutlich. Alexander und Melitta von Stauffenberg hatten den Spieß umgedreht. Längst ging es nicht mehr darum, einen Irrtum der «Reichsstelle für Sippenforschung» zu unterstellen. Die Nachforschungsergebnisse der «Reichsstelle» stillschweigend anerkennend, setzte Melitta vielmehr dank ihrer guten Beziehungen zur Spitze der Luftwaffenführung alles daran, dass sie, wenn sie schon nach Meinung der Nazis nicht «deutschblütig» geboren worden war, dann doch wenigstens per Dekret «Deutschblütigen» gleichgestellt werden sollte.

Am 25. Juni 1941 stellte der Direktor des Reichssippenamtes eine «Bescheinigung» aus. Darin wurde «Melitta Klara Schenk

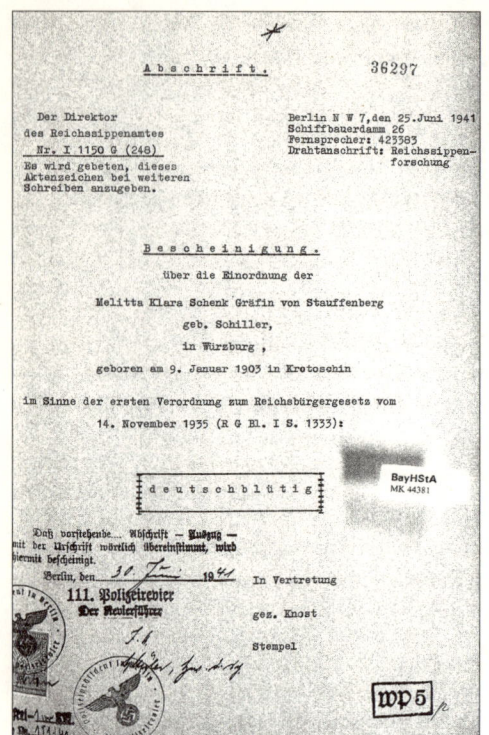

Melittas «Deutschblütigkeitsbescheid»
aus dem Jahr 1941.

Gräfin von Stauffenberg, geb. Schiller, in Würzburg, geboren am 9. Januar 1903 in Krotoschin im Sinne der ersten Verordnung zum Reichsbürgergesetz vom 14. November 1935 (RGBl. I S. 1333): deutschblütig» erklärt.[57] Damit war das Berufungsverfahren Alexander von Stauffenbergs zu einem guten Abschluss gekommen. Im September erhielt er seine Ernennung zum planmäßigen ordentlichen Professor der Alten Geschichte der Universität Würzburg. Auch Melitta blieb, wo sie war: auf ihrem Posten in Rechlin.

Laut den nach Klassifikationsmerkmalen des NS-Staates ermittelten Ergebnissen der Volkszählung vom 17. Mai 1939 lebten zum damaligen Zeitpunkt in Deutschland 233 646 «Volljuden», 52 005 «Jüdische Mischlinge ersten Grades» sowie 32 669 «Jüdische Mischlinge zweiten Grades»[58]. Melitta von Stauffenberg war nicht die Einzige, die versuchte, nach der Stigmatisierung durch die «Reichsstelle für Sippenforschung» den diskriminierenden Status des «Nicht-Ariers» loszuwerden.

Um eine Befreiung vom Reichsbürgergesetz zu erreichen und zu einem im Volksmund sogenannten «Ehrenarier» von Nazi-

Fünftes Kapitel

Gnaden ernannt zu werden, boten sich unterschiedliche Wege an. Der «Führer» spielte dabei, wie Melittas amtliche Bestätigung der «Gleichstellung» zeigt, immer eine Rolle. Paragraph 7 der Ersten Verordnung des Reichsbürgergesetzes ließ Ausnahmen zu und bestimmte, dass nur «der Führer und Reichskanzler … Befreiungen» vornehmen kann. Gelangte ein Antrag über das Reichsministerium des Inneren bis in die Reichskanzlei, ließ sich Hitler zwischen 1935 und 1940/41 in seinen Entscheidungen vom Chef der Reichskanzlei, Hans Heinrich Lammers, beraten, der seinerseits auch mit Göring Absprachen treffen konnte. Wenn es in dem an die Würzburger Adresse zugestellten Bescheid hieß, der «Führer hat die Melitta Klara Schenk Gräfin von Stauffenberg … deutschblütigen Personen gleichgestellt», bedeutete das nicht, dass Hitler zwangsläufig persönlich über ihren Fall entschieden haben muss.[59]

Insgesamt waren es knapp zehntausend Personen, die zwischen 1935 und 1941 den Versuch unternahmen, eine «Gleichstellung» zu erreichen, positiv beschieden wurden von diesen Anträgen aber nicht einmal dreihundert.[60] Die geringsten Chancen bei diesen Verfahren hatten die sogenannten «Volljuden», besser war es um die «Mischlinge» ersten, am besten um diejenigen zweiten Grades bestellt. Allein die Tatsache, dass Melittas Petition den Weg durch die Instanzen bis in die Reichskanzlei fand und an keiner Stelle über sie abschlägig beschieden wurde, machte ihren Fall zu einer Ausnahme. Allgemein galt die Regel, Gesuche abzuweisen. In dem Zeitraum, in dem Melitta ihren Antrag stellte, war die Situation für «Mischlinge» noch vergleichsweise günstig. Erst ab 1942 wurde diese Politik durch den zunehmenden Einfluss der Partei – in Gestalt des fanatischen Antisemiten Martin Bormann – restriktiver.

Für die Bewilligung der «Gleichstellung» waren mehrere Gründe ausschlaggebend. Bedeutsam war vermutlich die Protektion durch Udet, der seine Fliegerkameraden nicht alleinließ, zumal wenn es sich um Fliegerkameradinnen handelte, als deren Förderer er sich schon in den zwanziger Jahren profiliert hatte. Der unmittelbare Zugang des Generals der Flieger, zu dem Udet 1940 ernannt worden war, zu seinem Vorgesetzten Göring war ein zusätzlicher entscheidender Vorteil. Dass der selbstherrliche Oberbefehlshaber der Luftwaffe und Reichsluftfahrtminister tatsächlich behauptet hatte, wer Jude sei, bestimme er, ist zwar strittig, dennoch kam es vor, dass er sich entsprechend verhielt. Dabei ging es nicht um Gefallen aus Menschlichkeit, sondern um handfeste Interessen. Melittas Karriere als Luftfahrtingenieurin, ihre Ernennung zum Flugkapitän, die Eingliederung in die Luftwaffe durch ihre Arbeit bei der Rechliner Erprobungsstelle – all dies macht die von ihrem Mann ins Feld geführte kriegswichtige, aus diesem Grund für die deutsche Volksgemeinschaft ebenso unerlässliche wie nützliche Tätigkeit plausibel. Sie war eine Expertin, deren Arbeit der Geheimhaltung unterlag, auch deshalb war es besser, ihre fachliche wie fliegerische Kompetenz weiterhin in Anspruch zu nehmen. All diese Motive zusammengenommen, traf auf Melitta zu, was für das Gros der wenigen galt, denen es gelungen war, per Erlass gleichgestellt zu werden. In den Genuss dieser auf Willkür wie Beliebigkeit beruhenden Gnade gelangten vor allem diejenigen, die einer Elite angehörten und über Bildung, Beziehungen, Karriere sowie besondere fachliche Kompetenzen verfügten. Dazu gehörten prominente Künstler, wie etwa der populäre Filmschauspieler Hans Moser, dem gestattet wurde, an der Ehe mit seiner «volljüdischen» Frau festzuhalten, oder auch Funktionäre wie Erhard Milch, Staatssekretär im RLM und als Generalinspekteur der Luftwaffe deren bedeutendster Stratege, dem es gelang, seinen höchstwahrscheinlich jüdischen Vater zu vertuschen. Dass Milch «Mischling» gewesen sein soll, hat das Bild von der angeblich liberalen Luftwaffe mitgeprägt.

Fünftes Kapitel

All dies waren Einzelfälle, Melitta von Stauffenbergs «Gleich-stellung» war für das Schicksal der «Mischlinge» in Deutschland zwischen 1933 und 1945 ein nicht repräsentativer Ausnahme-fall. Um ihre «Gleichstellung» zu erlangen, hatte die lange Zeit Privilegien abholde Melitta all die Privilegien ausgeschöpft, die ihr dank ihrer Karriere, aber auch ihrer Heirat mit einem Mit-glied der gräflichen Familie Stauffenberg zur Verfügung stan-den. Anderen, die als «rassisch geringer belastet» galten, erging es schlechter. Karl Josef Partsch etwa, Jünger des George-Kreises und als «Cajo» auch Alexander von Stauffenberg gut bekannt, hatte sein juristisches Studium im Dritten Reich nicht abschlie-ßen können, da seine Mutter «Halbjüdin» war.[61] Im Allgemeinen hatten «Mischlinge ersten Grades» während des Dritten Reiches zunehmend Diskriminierungen zu ertragen. Sie waren in ihren sozialen wie sexuellen Beziehungen benachteiligt, hatten Pro-bleme am Arbeitsplatz wie bei der Berufswahl und wurden beim Zugang zu Bildungseinrichtungen jeglicher Art behindert. Nach dem Attentat vom 20. Juli 1944 verschlechterte sich die Situation für «Mischlinge» rapide. Bereits im Juni wurden alle «Mischlinge zweiten Grades» aus der Wehrmacht entlassen, bis zum Ende des Jahres folgten die noch verbliebenen «Mischlinge ersten Grades». In der zweiten Kriegshälfte wurde mehr als die Hälfte der männlichen «Mischlinge ersten Grades» zur Zwangsarbeit verpflichtet.[62] Ohne «Gleichstellung» hätte Melitta von Stauffen-berg ihre Tätigkeit an kriegswichtigen Stellen der militärischen Luftfahrt des Dritten Reiches nicht weiter ausüben können.

Melitta Schiller hatte ihre Arbeit in Rechlin, auch während das Verfahren der «Gleichstellung» in der Schwebe war, weiter verrichtet. Ihre zeit- und kraftraubende Tätigkeit dürfte für genü-gend Ablenkung gesorgt haben. Bis in den März 1940 hinein war der Winter allerdings so hart gewesen, dass der Rechliner Flug-betrieb fast völlig eingestellt werden musste.[63] Ob diese Zwangspause mit Schreibtischarbeit ausgefüllt wurde oder eine nervöse Leidenszeit voller Bangen und Warten war, ist nicht bekannt. Möglicherweise war die Gelegenheit einer Zwangspause günstig, in Berlin bei entsprechenden Stellen zu antichambrieren. Als die Bescheinigung der «Deutschblütigkeit» durch den «Führer» am 25. Juni 1941 auf dem Tisch lag, setzte Melitta ihre Teststurzflüge für den deutschen Endsieg wie in all den Tagen, Wochen und Monaten zuvor fort. Drei Tage vorher war die Wehrmacht in die Sowjetunion einmarschiert, begannen die Einsatzgruppen ihr Morden, entwickelte sich der Krieg gegen die Sowjetunion zum Vernichtungs- und Rassenkrieg. Am 1. September war das Tragen des «Judensterns» auch im Deutschen Reich verordnet worden. Ende 1941 nahm die «Endlösung der Judenfrage» im europäischen Maßstab Gestalt an. Wie war es um Melittas Loyalität angesichts des mörderischen Antisemitismus eines Staates bestellt, dessen Verfolgungen sie soeben durch einen staatlichen Gnadenakt entkommen war?

Der bekannte Historiker Peter Gay, 1923 als Peter Joachim Fröhlich in Berlin geboren, 1939 mit seinen Eltern in die USA emigriert, schrieb in seiner Autobiographie, man könne «auf dreierlei Weise Jude werden: durch Geburt, durch Konversion und durch staatliche Verfügung». Er selbst, «vom Judentum nur schwach angehaucht», fand sich «nach dem 30. Januar 1933 zwangsweise in der dritten Gruppe wieder»[64]. Melitta, evangelischer Konfession und konfirmiert wie ihre vier Geschwister, war vom Judentum ihres Vaters noch nicht einmal schwach angehaucht. An der jüdischen Kulturrenaissance der Weimarer Republik, als sich eine jüngere Generation von Söhnen und Töchtern von der Assimilation ihrer Väter verabschiedete, hatte sie ebenfalls keinen Anteil. Zum Judentum ihres Vaters hatte sie deshalb keine Beziehung, weil auch dieser den Bezug zu seiner Herkunft verloren hatte. Als Michael Schiller mit achtunddreißig

Fünftes Kapitel

Jahren, für damalige Verhältnisse ungewöhnlich spät, erstmals Vater geworden war, lag seine Konversion schon etwa fünfzehn Jahre zurück. Was ihre Assimilation wert war, hatten viele jüdische Männer erfahren müssen, als ihnen während des Ersten Weltkriegs in den Schützengräben der Antisemitismus ihrer Mitkämpfer entgegenschlug, die ihnen die Kameradschaft verweigerten. Michael Schiller war zwar ebenfalls im Krieg, seines Alters wegen aber nie Frontkämpfer gewesen. Ressentiments vonseiten seiner Kameraden hatte er nicht erfahren, weil er als Dolmetscher in den Mittfünfzigern «Etappenhengst» blieb und keine Kriegskameraden im eigentlichen Sinn hatte, sondern in der Schreibstube saß. So konnte er auch nach dem Krieg tun, was er immer getan hatte, und dank seines Posener Grenzlandbewusstseins so deutsch wie möglich sein. Michael Schiller war sein Leben lang der Wilhelminer, für den die Reichsgründung, der er als Jude die rechtliche Gleichstellung verdankte, das prägende Erlebnis blieb. Er war die Verkörperung des wohlerzogenen Grandseigneurs, der sein Haus niemals ohne Hut verließ, auch im Sommer nicht ohne Anzug in Erscheinung trat und sich im Übrigen als preußischer Beamter im Ruhestand, vor allem aber als Ingenieur begriff.

Seine Identifikation mit dem Deutschtum wurde nach 1919 anscheinend weder durch seine polnische Staatsbürgerschaft in Frage gestellt, noch scheute er davor zurück, Sympathien für die zu empfinden, auf deren Sympathien er als Jude im Zweifelsfall nicht hätte zählen können. Ende 1935 schickte er «Meinem lieben Lilichen!» die Dezemberausgabe von «Natur und Geist, Monatsheft für Wissenschaft, Weltanschauung und Lebensgestaltung», die einen Artikel aus seiner Feder enthielt.[65] Adressatin war Marie-Luise Lübbert, seine älteste Tochter in Neumünster, die den Vater mit ihrem Mann Adolf und ihren beiden Kindern Gerda und Jürgen häufig in Danzig-Oliva besuchte. «Natur und

Geist» war begründet worden von Heinrich Schmidt, einem Anhänger des in der zweiten Hälfte des 19. Jahrhunderts ebenso
einflussreichen wie populären deutschen Zoologen Ernst Haeckel, der Darwins Evolutionslehre in Deutschland bekannt gemacht und eugenisch-rassenhygienisch aufgerüstet hatte. Als die
Haeckel'schen «Monistischen Monatshefte» von den Nazis, die
keine konkurrierende Säkularreligion tolerierten, 1933 verboten
worden waren, rief Schmidt «Natur und Geist» ins Leben, nicht
ohne sich bei den neuen Machthabern lieb Kind zu machen.

Michael Schillers im Geist Haeckels verfasster Beitrag «Mo-
nismus als Weg zum Vollmenschentum» hat sich in dieser Hinsicht nichts vorzuwerfen. Er wäre kaum der Rede wert, würfe der
gut drei Druckseiten lange Artikel nicht ein erhellendes Licht
auf seine Biographie wie die Erziehung, die er seinen Kindern
angedeihen ließ. Wie «Vollmenschentum» zu erlangen sei, ver-
kündete der zum Zeitpunkt der Veröffentlichung seines Beitrags
vierundsiebzig Jahre alte Mann in schlichten handlungsanweisen-
den Worten. Erfolg stelle sich dann ein, wenn man bereits seine
Kinder von klein auf «zu logischem Denken» anhalte, ihnen den
Glauben an «übernatürliche Mächte» austreibe, da «zähes Ringen im Kampf gegen die fortschrittsfeindlichen Mächte … nicht
nur notwendig (ist), sondern geradezu sittliche Pflicht desjenigen, der das Ziel des Menschenlebens richtig erkannt hat: zum
Vollmenschentum … zu gelangen»[66]. Früh schon hatte Michael
Schiller sein Judentum durch eine säkulare Zivilreligion ersetzt,
zu der die Staatsbürgertreue des Wilhelminers wie das Vertrauen
des passionierten Ingenieurs in Wissenschaft und technischen
Fortschritt gehörte. Dennoch war mehr als ein halbes Jahrhundert nach seiner Konversion sein Zeitschriftenaufsatz mehr
als die Bekräftigung seines Deutschtums sowie seines säkularen
Selbstverständnisses. Eigenwillig darwinistisch pochte er darauf,
dass die Erziehung zu «Vollmenschen», «wie ich auch bei der

Erziehung meiner eigenen Kinder habe feststellen können»[67], nicht nur den Einzelmenschen, sondern auch die menschliche Spezies als solche vervollkommne.

Offenbar glaubte Michael Schiller 1935, als Danzig noch Freie Stadt war und noch nicht wieder zu Deutschland gehörte, dass seine eigene Assimilation wie die seiner Kinder unumkehrbar sei. Auf tragische Weise hatte er damit sogar recht. Die Anpassungsleistung des Vaters an die wilhelminische Mehrheitsgesellschaft war bei seiner Tochter Melitta unter den Lebensbedingungen des Nationalsozialismus in Überanpassung umgeschlagen. Aus dem Judentum ihres Vaters kam sie dennoch nicht heraus. Von dem Moment an, in dem sie «deutschblütigen Personen» gleichgestellt war, sah sie sich in Rechlin größtem inneren wie äußeren Druck ausgesetzt.

Georg Pasewaldt, während des Zweiten Weltkrieges Kommodore verschiedener Kampfgeschwader, begegnete Melitta in Rechlin wenige Monate später. In seiner Funktion als zeitweiliger Chef der Amtsgruppe Entwicklung im Technischen Amt des RLM[68] beobachtete er sie bei ihren Testflügen und lernte nicht nur eine unnahbare, bescheidene und einsam ihrer Tätigkeit nachgehende Frau kennen, sondern vor allem eine Fliegerin, die jede Gefahr in Kauf nahm. «Diese begeisterte und opferbereite Frau» sei «eben nicht nur schlechthin im Sturzflug» geflogen, «sondern sie führte den Flug in extremste Sturzfluglagen hinein, um in den durchflogenen Stadien die Werte zu ermitteln und festzuhalten, welche die eigens zu diesem Zweck über die übliche Instrumentierung hinaus eingebauten Spezialgeräte anzeigten.»[69] Was der als Nationalsozialist[70] geltende Kommodore und Luftwaffen-Oberst, der nur drei Jahre älter war als Melitta, als männlich-soldatische Opferbereitschaft interpretierte, hatte einen viel weiteren, tragischen Hintergrund. Wenn Melitta sich über alle Grenzen der Selbsterhaltung hinauswagte, so zeigte sich darin auch das Anpassungsverhalten des gleichgestellten «jüdischen Mischlings ersten Grades». Ihre nach der «Gleichstellung» noch gesteigerte überdurchschnittliche Leistungsbereitschaft beruhte vermutlich auch darauf, dass jetzt erst recht keine Zweifel an ihrer Treue zur nationalsozialistischen Volks- und Wehrgemeinschaft aufkommen durften.

Wer diesen perfiden Mechanismus intuitiv erkannt hatte, war Hanna Reitsch. Ihr war klar, dass es nicht nur um eine Konkurrenz unter Frauen ging, sondern vor allem auch um einen Zweikampf zwischen einer «echten deutschblütigen Frau» und einer Frau, die «deutschblütig» nur auf dem Papier war. Reitschs Rivalität reichte sogar über den Tod Melittas hinaus. In zwei Briefen an deren jüngste Schwester Klara Schiller[71] dreißig Jahre nach Kriegsende erhob sie den Vorwurf der Unredlichkeit und der Lüge. Ihre Ernennung zum Flugkapitän habe Melitta nur durch Intrigieren erreicht, frei erfunden sei, dass sie im Januar 1943 das Eiserne Kreuz II. Klasse sowie das Militärfliegerabzeichen in Gold mit Brillanten und Rubinen verliehen bekommen habe. «Bei ihr war es nicht der normale, gesunde Ehrgeiz», schrieb Reitsch an Klara Schiller im Februar 1975, «sondern sie ließ sich verführen, vielleicht aus einer inneren Verzweiflung oder Bedrückung heraus um ihrer rassischen Belastung willen, die sie vor ihrer Arbeitsstelle und möglichst allen verschweigen wollte. Vielleicht sagte sie sich: ‹Auszeichnungen und Titel machen es unmöglich, mir wegen der rassischen Belastung die Arbeit eines Tages zu legen.›»[72] Das war zwar infam, da die Reitsch Melitta Schiller verdächtigte, diese habe sich ihre Auszeichnungen ohne echte fliegerische Kompetenz erschlichen, traf in aller Abgründigkeit aber dennoch einen wunden Punkt. Denn trotz ihrer «Gleichstellung» musste Melitta für ihre Unversehrtheit weiter Sorge tragen. Orden als Schutzschilder waren mehr als ratsam. Im August 1942 entfiel die offizielle Möglichkeit, «Gleichstellung» oder Verbesserung des «rassischen Status» zu ersuchen, ersatzlos. Mit ihrem positiven Bescheid ein gutes Jahr zuvor hatte Melitta Glück gehabt. Hinzu kam, dass sich ihr Schutzengel Ernst Udet im November 1941 das Leben genommen hatte. Nachdem er als Generalluftzeugmeister mit seinen Luftrüstungsplänen in der Luftschlacht um England und im Krieg gegen die Sowjetunion gescheitert war, erschoss sich das alkohol- und tablettenabhängige Flieger-Ass. Damit hatte Melitta ihren wohl wichtigsten Fürsprecher in der Luftwaffe verloren.

Wie rasend ehrgeizig Melitta auch immer sein mochte, mit Hanna Reitsch konnte sie nicht mithalten. Schon zwei Jahre vor ihr, am 28. März 1941, hatte Reitsch von Göring das Goldene Militärfliegerabzeichen erhalten, tags darauf verlieh ihr der «Führer» persönlich das EK II in der Reichskanzlei, die Ehre, Hitler zu begegnen, widerfuhr ihr schon zum zweiten Mal, bereits 1937 hatte sie aus seiner Hand die Ernennungsurkunde zum «Flugkapitän» empfangen. So weit ins Zentrum der nationalsozialistischen Macht ist Melitta Schiller nie vorgedrungen. Als «Gleichgestellte» hatte sie sich damit abzufinden, dass sie hinter ihrer «reinrassigen» Rivalin die ewige Nummer zwei bleiben würde.

Nachdenklich: Melitta, vermutlich um 1940.

Sechstes Kapitel

«An der Steilküste der Seele»:
Der Luftkrieg und das EK II

Gatow

Die ersten drei Monate des Jahres 1942 sind die härtesten Wintermonate des gesamten Dritten Reiches. Von Januar bis Mitte März erlebt Berlin-Dahlem achtundvierzig Eistage, die Temperatur steigt nie über den Gefrierpunkt. Der Krieg scheint für das Reich noch nicht verloren, im Sommer des Jahres erreicht die deutsche Machtausdehnung ihren Höhepunkt. Doch die Wende bereitet sich an allen Fronten vor. An der Ostfront sind die deutschen Truppen bereits im Dezember des vorangegangenen Jahres sowohl am russischen Winter mit Temperaturen von unter minus vierzig Grad als auch an der sowjetischen Gegenoffensive gescheitert. Ende Februar erhält Arthur T. Harris, genannt Bomber- oder auch Butcher-Harris, den Befehl über das Bomber Command der Royal Air Force. Von jetzt an sind deutsche Städte immer häufiger Ziele britischer Luftangriffe, ist die deutsche Zivilbevölkerung immer häufiger Opfer britischer Bomben. Der Himmel über Deutschland wird zum neuen Kampfgebiet, eine Heimatfront entsteht.

Um die Wirksamkeit des Flächenbombardements zu testen, nehmen sich die Briten Ende März Lübeck vor und legen die historische Innenstadt in Schutt und Asche. Thomas Mann beklagt die Zerstörung des Buddenbrook-Hauses, im Rückblick auf die Bombardierung Coventrys durch die deutsche Luftwaffe 1940 hat er jedoch «nichts einzuwenden gegen die Lehre, daß alles bezahlt werden muß». Auf die Bombardierung Lübecks reagiert Hitler mit sogenannten Baedeker-Angriffen auf kunsthistorisch wertvolle, aber militärisch bedeutungslose englische Städte. Ende Mai wird Köln von tausend britischen Bombern angegriffen, in England setzt der Aufbau der 8. US-Luftflotte ein, die ersten «Fliegende Festungen» genannten, viermotorigen amerikanischen Bomber vom Typ Boeing B-17 beginnen mit Präzisionsangriffen auf die deutsche Rüstungsindustrie. Die deutsche Reichshauptstadt bleibt vorerst verschont.

Am 1. Februar 1942 tritt Melitta von Stauffenberg ihre neue Stellung an der Luftkriegsakademie in Berlin-Gatow an. Dorthin ist sie vom Reichsminister der Luftfahrt ebenso kommandiert worden wie schon zuvor von Adlershof nach Rechlin.[1] Alexander von Stauffenberg ist zu diesem Zeitpunkt bereits an der Ostfront. Gleich zu Kriegsbeginn war er Unteroffizier bei der Ersatzbatterie Ansbach, nahm 1940 seine Lehrtätigkeit in Würzburg wieder auf, Ende Januar 1942 wurde er zum Artillerieregiment 389 einberufen. Seitdem führte Melitta eine Kriegsehe, die von nun an häufigen Fronteinsätze Alexanders und die damit verbundenen wochenlangen Trennungen waren für sie kaum erträglich.

Die Luftkriegsakademie Gatow lag am westlichen Wannseeufer an der Straße von Gatow über Kladow nach Potsdam. Rechts und links des Kladower Damms verteilten sich die Gebäude auf einer Fläche von über vier Hektar. Auf der linken Straßenseite sah man aus Berlin kommend die Luftkriegsakademie liegen, auf der rechten die Gebäude der Luftkriegsschule, am westlichen Rand des Geländes grenzte der Flugplatz mit seinen Hangars an unbewohntes Gelände aus Wald und Heide. Laboratorien, Un-

Faschistische Moderne: Die Luftkriegsakademie in Berlin-Gatow
mit Sporthalle und Laboratoriumsbauten.

terkunfts- und Lehrsaalbauten, ein Kasino, eine Sporthalle sowie
diverse Funktionsbauten ergänzten die Anlage.

Nach Rechlin lebt Melitta abermals in dem scharf bewachten,
exterritorialen Mikrokosmos einer militärischen Elite. Die Lage
zwischen Wäldern und Havel war idyllisch und bestens geeignet
für sportliche Betätigung, in diesen letzten Kriegsjahren ging
Melitta ausführlich ihren liebsten Freizeitbeschäftigungen nach,
dem Segeln und der Jagd. Im Unterschied zu Rechlin lebte und
arbeitete sie in Gatow in unmittelbarer Nähe zu den Schaltstel-
len der nationalsozialistischen Macht. Bis zum Reichsluftfahrtministerium in der Berliner Wilhelmstraße waren es gut zwanzig
Kilometer. Melitta sprach von nun an häufig dort vor. Keine vier
Kilometer Luftlinie von der Akademie entfernt, in Sichtweite von
Kladow am südlichen Ufer des Wannsees, fand nur fünf Wochen
nach Melittas Dienstantritt im Gästehaus des Reichssicherheitshauptamtes die zweite der drei Konferenzen statt, auf denen

Sechstes Kapitel

unter Vorsitz des SS-Obergruppenführers Reinhard Heydrich besprochen wurde, ob «jüdische Mischlinge ersten Grades» zwangssterilisiert und «Mischehen» geschieden werden sollten oder nicht. Die preußisch-arkadische Idylle des Wannsees zählte in der Hauptstadt des Dritten Reiches zu den trügerischsten Schauplätzen einer unheimlichen Gleichzeitigkeit.

Verantwortlich für das unter Geheimhaltung geplante Bauvorhaben der Luftkriegsakademie Berlin-Gatow war Ernst Sagebiel, 1892 in Braunschweig geboren und Mitglied der NSDAP seit 1933. Der rasante Aufstieg Sagebiels zum maßgeblichen Architekten des RLM hatte 1934 begonnen, zu seinen bekanntesten Werken zählt das zwischen 1934 und 1936 erbaute Gebäude des Reichsluftfahrtministeriums im Zentrum Berlins, zahlreiche Flughäfen und Militärbauten im gesamten Reich, sowie sein Hauptwerk, der 1935 begonnene gigantische Bau des Flughafens Berlin-Tempelhof.[2] Seit der Machtübernahme der Nationalsozialisten hatte sich die Luftwaffe zu einem bedeutenden öffentlichen Bauherrn entwickelt. Von diesem Aktivismus profitierten nicht nur Militärs, sondern auch stellungslose Architekten und Bauingenieure. Schon im August 1933 waren achtzehn Fliegerschulen in Auftrag gegeben worden, insgesamt entstanden zwischen 1933 und 1939 fast zweihundert Fliegerhorste und Fliegerschulen, komplexe städtebauliche Gebilde, «dessen wichtigstes Element das Rollfeld mit den Flugzeughallen und der Befehlsstelle»[3] war.

Bei der Luftkriegsakademie in Gatow war Ernst Sagebiel am Gesamtkonzept beteiligt, er besaß zwar die Bauaufsicht, hatte aber mit den architektonischen Entwürfen nur mittelbar zu tun. Während die Unterkunfts- und Hörsaalgebäude konventioneller Kasernenarchitektur entsprachen, fielen die Gebäude auf dem Akademiegelände am Havelufer origineller aus. Das bauliche Zentrum mit Sporthalle, Werkstätten, Laboratorien war Ausdruck einer spezifisch nationalsozialistischen Architekturmoderne. Die meditative Wirkung des großen Wasserbeckens, in dem sich die Fassaden der vergleichsweise sachlichen Funktionsbauten spiegelten, verband klösterliche Askese mit militärischer Disziplin. Zwischen Wald und Wannsee hatte sich Technik mit Natur in Gestalt einer Architektur versöhnt, die Züge einer säkularreligiösen Kultstätte trug. Dieser völkische Organizismus bildete den Schauplatz für Melittas Arbeit bis fast an das Ende des Krieges.

Was befähigte Melitta von Stauffenberg zu ihrer Versetzung an die Luftkriegsakademie? Wie gelang es ihr als Frau, in die ausschließlich von Männern bestimmte Generalstabsausbildung der Luftwaffe ein- und in ihrer quasi-militärischen Karriere mehrere Stufen höher zu steigen?

Nach ihrer Gründung 1935 benötigte die schnell aufgerüstete Luftwaffe ein erhöhtes Kontingent an qualifizierten Offizieren in den verschiedenen Abteilungen des Reichsluftfahrtministeriums wie den höheren Stabsstellen. Wegen der Einschränkungen der militärischen Luftfahrt durch den Versailler Vertrag waren aber Kapazitäten wie Kompetenzen im erforderlichen Umfang nicht vorhanden. Man musste sich zunächst mit knappen Ressourcen begnügen. Genutzt werden konnten die zivile Verkehrsluftfahrt der Zwischenkriegszeit, Lufthansa sowie Flugschulen für Sport- und Segelflieger als geheime Reserveluftwaffe[4], hinzu kam die ebenfalls geheime militärische Flugausbildung der Reichswehr in der Sowjetunion zwischen 1926 und 1933. Von der Entwicklung modernen Fluggeräts abgesehen, bedurfte es auch kompetenten Führungspersonals. Notwendig war eine effektive, zukunftsorientierte Ausbildung technisch kompetenter Luftwaffengeneralstabsoffiziere.

Zu diesem Zweck war die Luftkriegsakademie bereits am 1. November 1935, als Melitta noch bei der DVL in Adlershof arbeitete, mit großem Aplomb eröffnet worden. Zur Einweihung wurde, wie der «Völkische Beobachter» mit devoter Pflichtschuldigkeit tags darauf mitteilte, «der *Führer*» vom «Reichskriegsminister Generaloberst von *Blomberg* und dem Oberbefehlshaber der Luftwaffe, General der Flieger *Göring*, des Heeres General der Artillerie Freiherr *von Fritsch* und der Kriegsmarine Dr. h.c. *Raeder*, dem Staatssekretär des Reichsluftfahrtministeriums, Generalleutnant *Milch*, der Generalität, der Reichsluftwaffe und dem Amtschef des Reichsluftfahrtministeriums empfangen und in den großen Hörsaal geleitet»[5]. Hitlers Anwesenheit wie die der obersten Vertreter der militärischen Führung verdeutlichte die Bedeutung, die Partei, Staats- und Militärelite der Generalstabsausbildung der neu gegründeten Reichsluftwaffe beimaßen.

Ursprünglich gliederte sich die Gatower Einrichtung in drei Abteilungen, die Luftkriegsakademie (LKA), die Lufttechnische Akademie sowie die Luftkriegsschule. In ihrem achten Dienstjahr mussten sämtliche Offiziere der Luftwaffe an der Luftkriegsschule mehrmonatige Lehrgänge besuchen, die besonders Geeigneten unter ihnen hatten den Vorzug, «den vollen Luftwaffengeneralstabslehrgang» an der Luftkriegsakademie über drei Jahre hinweg zu durchlaufen.[6] Ingenieurwissenschaftliche Kenntnisse standen dabei ebenso auf dem Lehrplan wie Taktik und Operation, die traditionellen Lehrinhalte der Generalstabsausbildung. Ganz reibungslos verlief die Zusammenführung von Taktik und Technik in Gatow allerdings nicht, 1938 wurde die Lufttechnische Akademie geschlossen und ihr ingenieurwissenschaftliches Lehrprogramm in die LKA integriert. Dennoch konnte das Technikverständnis der Luftwaffe mit demjenigen der Luftstreitkräfte anderer Nationen mithalten.[7] Weil jedoch nicht ausreichend viele fachlich qualifizierte Militärs zur Verfügung standen, wurden zivile Lehrkräfte von Technischen Hochschulen nach Gatow versetzt. Eine Absprache zwischen Reichsluftfahrt- und Reichskultusministerium verpflichtete Lehrpersonal

Technischer Hochschulen an luftwaffeneigene Institute wie die Lufttechnische Akademie in Gatow.[8] Für Physik, Mathematik und Ballistik war hier Hubert Schardin zuständig, für Mathematik und Mechanik Werner Herrmann. Wie ihre übrigen für Chemie, Elektro-, Flug-, Funktechnik, Luftfahrtgeräte, Motorwesen sowie Werkstoffkunde zuständigen Kollegen übten sie die Doppelfunktion eines Institutsleiters in Gatow wie Professors an der Technischen Hochschule Berlin-Charlottenburg aus.

Herrmann war Leiter der 1942 unter dem Dach der Luftkriegsakademie gegründeten Technischen Akademie der Luftwaffe (TAL). Die abermalige institutionelle Selbständigkeit der ingenieurwissenschaftlichen Ausbildung war möglicherweise der Grund für Melittas Versetzung von Rechlin nach Gatow. Mit Schardin und Herrmann arbeitete sie bis Kriegsende eng zusammen. Immerhin erfüllte sie mit ihrer Doppelqualifikation als Pilotin wie Wissenschaftlerin alle Voraussetzungen, die man von einem technischen Generalstabsoffizier erwarten konnte. Sie besaß so viele Flugzeugführerscheine wie nur wenige männliche Flieger, eine Extremflugerfahrung, über die bestenfalls Kriegspiloten verfügten, war mathematisch, technik- und naturwissenschaftlich gebildet und hatte mehrere Jahre in der Rüstungsindustrie gearbeitet. Dass sie unter den für sie in Gatow optimalen Arbeitsbedingungen das Promotionsvorhaben in Angriff nahm, das ihr bereits am Ende ihres Studiums Ludwig Föppl vorgeschlagen hatte, ist nicht verwunderlich. Auch nicht, dass eine so ehrgeizige Frau wie sie noch höher hinauswollte und gleichzeitig an einer Habilitationsschrift zu schreiben begann.[9] Aber nicht allein deshalb erweiterte und veränderte sich ihr Aufgabenbereich im Vergleich mit Rechlin. Zwar erhöhte sie die Zahl ihrer Sturzflüge bis Ende Juni 1944 um erstaunliche 1477 weitere Stürze.[10] Ihr 1942 verfasster Bericht «Windmessungen im Sturzflug»[11] bedeutete allerdings nicht die Fortsetzung ihrer Sturzflugtätigkeit, sondern dessen Ende. Der allmähliche Verlust der Lufthoheit über Deutschland und die dadurch notwendige «Reichsverteidigung» veränderten Melitta Schillers Tätigkeit grundlegend.

Der Sommer 1942 ging zu Ende, der Herbst rückte heran. Da erreichte Melitta die Meldung, Alexander sei an der Ostfront verwundet worden. Er befinde sich bereits auf dem Weg nach Würzburg, Lebensgefahr habe zu keinem Zeitpunkt bestanden. Das war beruhigend. Melitta flog häufig nach Würzburg, besuchte ihren Mann im Lazarett, kehrte zurück nach Gatow und nahm dann dort ihre Arbeit wieder auf. Alexanders Genesung schritt voran, und der Alltag nahm wieder seinen gewohnten Gang. Plötzlich traten neue Turbulenzen aus gänzlich unvorhersehbarer Richtung auf.

Der «Oberstleutnant und Adjutant» wird seinen Augen nicht getraut haben, als er den Eingang des auf den 26. Oktober 1942 datierten und in Danzig-Oliva verfassten Schreibens beim «Reichsmarschall des Großdeutschen Reiches» mit Stempel und Unterschrift bestätigte. «Euerer Excellenz», hieß es da in akkurater Handschrift, «unterbreite ich als Vater der Flugkapitän Melitta Schiller, jetzt verehelichte Stauffenberg, zur Zeit Flugplatz Gatow, die gehorsamste Bitte, sie in ihrer Eigenschaft als Mathematikerin und nicht mehr als Sturzkampffliegerin beschäftigen lassen zu wollen, da diese letztere Tätigkeit die Möglichkeit des Nachwuchses nach ärztlicher Meinung verhindert, zumal wenn sie in so überreichem Maße ausgeführt wird, wie durch Melitta Schiller-Stauffenberg.»[12] Unterzeichnet war der Brief von «Schiller, preuß. Baurat i. R., Kriegsfreiwilliger 1914–18, Hauptmann d. Ldw. II a. D., Inhaber des EK II». Die Bitte, seine Tochter nicht mehr als Sturzfliegerin einzusetzen, begründete Michael Schiller für einen Mann jüdischer Herkunft wie ihn nicht eben ungefährlich, nämlich erbbiologisch. «Die in unserer Familie bestehende

Fähigkeit für Mathematik», gab er Göring zu bedenken, «die gerade ihr in ungewöhnlich hohem Maße vererbt ist, müsste im Interesse des Vaterlandes unbedingt weitergeleitet werden.»[13] Dass Melitta ihrer beruflichen Tätigkeit wegen freiwillig keine Kinder haben wollte, war Michael Schiller offenbar nicht bekannt. Um seinem Ansinnen, die von seiner Tochter durcheinandergebrachte Geschlechterordnung vom modernistischen Kopf wieder auf traditionelle Beine zu stellen, zum Erfolg zu verhelfen, bat er deshalb Göring vorsichtshalber, «Melitta von dieser meiner Eingabe keine Kenntnis zu geben»[14].

Ob diese von der Intervention ihres Vaters jemals erfuhr, ist nicht bekannt, ebenso wenig, ob Michael Schiller jemals Antwort von «Seiner Excellenz» erhielt. Entsprochen wurde der Bitte, Melitta von ihrer Sturzkampftätigkeit abzuziehen, jedenfalls nicht, vielleicht auch weil Michael Schiller seine Rechnung ohne seine Frau gemacht hatte. Sechs Wochen später, am 11. Dezember 1942, richtete Margarete Schiller einen maschinegeschriebenen Brief in derselben Angelegenheit an Göring. Darin bat sie, das Schreiben ihres bereits «über 81 Jahre» alten Mannes «zu vernichten und als nicht geschehen zu betrachten». Melitta die Sturzflüge zu verbieten, hieß es weiter, betrachte sie als «völligst unverständlich». Damit nähme man ihrer Tochter «die Freude und Befriedigung», die ihr «gerade die sportliche Betätigung bei der Fliegerei» biete. Dass Sturzflüge die Nachkommenschaft beeinträchtigten, hielt sie für eine Altersmarotte ihres Mannes. Damit hatte Margarete Schiller die Geschlechterordnung zwar im Sinne ihrer zu diesem Zeitpunkt bereits neununddreißig Jahre alten Tochter wieder zurechtgerückt. Klein beigegeben hatte Michael Schiller aber nur dem Anschein nach. Ein knappes Jahr nach seiner Eingabe wandte er sich erneut mit derselben Bitte an den Reichsmarschall, dieses Mal war es die offenbar durch die steigende Zahl der Kriegsopfer hervorgerufene verständliche

Sechstes Kapitel

«Sorge um ihr Leben». Weder wollte er sich, stellte er gegenüber Göring richtig, von seiner Frau als «Alterstrottel» hinstellen noch sich das Recht streitig machen lassen, sich in die persönlichen Angelegenheiten seiner Kinder einzumischen, «denn unsere Kinder bleiben sie ja immer!»[15]. Das allerdings hatten sich diese bereits ein Jahr zuvor höflich, aber deutlich verbeten. Offenbar war keines der fünf Schiller-Geschwister in der Lage gewesen, am 12. April 1941 nach Danzig zu reisen, um dem Vater persönlich zu seinem achtzigsten Geburtstag zu gratulieren. Stattdessen traf ein Glückwunschbrief in Oliva ein, dessen Urheber unbekannt ist, der aber im Sinne aller fünf Kinder formuliert war. «Dass Du, lieber Pa, mit pädagogischem Geschick, mit Herz und Überlegung und Vernunft Deine Kinderschar regiert hast», heißt es dort zu Anfang, «wissen wir 5 Dir zu danken.»[16] Auf diesen versöhnlichen Eingang folgt bereits wenige Zeilen später des Pudels Kern. «Du kannst mit Befriedigung das Fazit Deines Lebens ziehen: was Du an Erbmasse, an guten Eigenschaften und an Formung weitergegeben hattest, ist auf fruchtbaren Boden gefallen – wie sich nun, unter den verschiedenartigen Umwelteinflüssen, jedes Einzelne weiter entwickelt, entzieht sich Deinem Einfluss und Verantwortungsgebiet, braucht Dich also nicht mehr innerlich zu berühren – nur noch zu interessieren: Was Du auf die Beine gestellt hast – was Ihr Eltern auf die Beine gestellt habt – war gut, was dann daraus wird, ist Sache jedes Einzelnen.» Deutlicher kann man sich zukünftige Einmischungen in eigene Angelegenheiten nicht verbitten. Das Konfliktpotenzial zwischen Michael Schiller und seinen längst erwachsenen Kindern muss erheblich gewesen sein. Seine Unzufriedenheit mit ihren Lebenswegen lässt sich auf dem Hintergrund der Korrespondenz mit Göring allerdings nur erahnen.

Über das Leben des Pensionärs Michael Schiller in Danzig seit 1925 ist kaum etwas bekannt. War er in der ruhigen, abseitsgelegenen Lessingstraße im Stadtteil Oliva von allen Widrigkeiten der Zeitgeschichte geschützt, interessierte er sich nur für seine Enkel, war er nichts weiter als ein alter Mann, dessen polnische Staatsbürgerschaft nur auf dem Papier stand und dessen jüdische Herkunft vergessen war? Dass er nur seinen Garten gepflegt hat, ist kaum vorstellbar. Obwohl Danzig in Gestalt eines Hochkommissars unter Aufsicht des Völkerbundes stand, war die Stadt ein Bollwerk des Nationalsozialismus. Zwar wurden die «Nürnberger Gesetze» anders als im Reich erst 1938 modifiziert eingeführt, dennoch hatte schon vorher die Entrechtung der Juden wie ihre schrittweise Entfernung aus dem öffentlichen Leben begonnen. In den letzten beiden Jahren vor Beginn des Zweiten Weltkrieges kam es zu Pogromen, die auch viele polnische Juden trafen, die nach 1919 der besseren wirtschaftlichen Lage wegen immigriert waren. Die meisten Juden retteten sich durch Auswanderungen, die die jüdische Gemeinde mit dem Danziger Senat ausgehandelt hatte. Von den 1936 etwa zehntausend Juden waren bei Kriegsausbruch weniger als zweitausend übriggeblieben, Auswanderungen waren nur noch bis 1940 möglich, wer danach als Jude noch in der Stadt war, wurde in den folgenden beiden Jahren deportiert, in das Warschauer Ghetto, das KZ Lublin, nach Theresienstadt.[17] Und all diese Vorgänge sollen Michael Schiller nicht betroffen haben?

In den Familien der Geschwister Schiller scheint in der Tat, glaubt man den Eintragungen Marie-Luise Lübberts, von Schulproblemen der Kinder abgesehen, in den ersten Kriegsjahren alles normal verlaufen zu sein. «Lichtblicke», schreibt Melittas älteste Schwester Lili rückblickend auf die Jahre 1940 und 1941 nach dem Krieg, «brachten stets die Sommerferien», man machte Verwandtenbesuche, fuhr nach Pressburg, wo Jutta Schiller mit ihrem Mann Kurt Rudershausen lebte, oder nach Oliva, «das man nun, nachdem Danzig ‹heim ins Reich› kam, mit dem Zuge,

Sechstes Kapitel

Kriegssommerlachen in Oliva: Michael Schiller, mit seiner Frau Margarete (zweite Reihe links), den Töchtern Lili und Jutta, Sohn Otto (erste Reihe links), Schwiegersohn Adolf sowie den Enkeln Gerda, Jürgen und Helgard. Um 1941/42.

ohne ‹Polnischen Korridor› erreichen konnte, und wo man sich, verwöhnt von den Großeltern, gut erholen konnte.»[18] Immer nur Sommerferien also in Oliva?

Es fällt schwer, sich vorzustellen, was Michael Schiller bewegt hat, als der Zweite Weltkrieg unmittelbar vor seiner Haustüre ausbrach und Danzig «heim ins Reich» geholt wurde. Bis zur Westerplatte waren es von Oliva aus nur ein paar Kilometer. Dort setzten mit dem Beschuss der polnischen Munitionsdepots durch das deutsche Kriegsschiff «Schleswig-Holstein» am 1. September 1939 sieben Tage lange Kämpfe ein. Der Kanonendonner muss auch in Oliva deutlich zu hören, die Sturzkampfbomber, die am zweiten Kriegstag eingriffen, müssen auch am Himmel über Oliva zu sehen gewesen sein. Dachte Michael Schiller daran, dass seine Tochter teilhatte an der Entwicklung der Stuka-Waffe, war er froh über deren Einsatz wie darüber, dass die Deutschen es den Polen zwanzig lange Jahre nach der Abtrennung Posens endlich zeigten? Der Sieg der Deutschen war für ihn als polnischen Staatsbürger jüdischer Herkunft allerdings alles andere als ungefährlich. Wer im besetzten Polen nicht in die drei Kategorien «Bekenntnisdeutscher», «Deutschstämmiger», «zur Eindeutschung befähigt» passte, wurde in das «Generalgouvernement» deportiert.

Michael Schiller lebte in Danzig bis zu seinem Tod im April 1945. Ging der in einer «privilegierten Mischehe» lebende «Volljude», wie senil er auch gewesen mag, gar kein so großes Risiko ein, wie man glauben könnte, als er 1942 an den Reichsmarschall schrieb, einen Mann, der detaillierte Kenntnis über Deportation und Vernichtung der europäischen Juden besaß? Michael Schiller konnte nicht wissen, dass am 27. Oktober, einen Tag nachdem er seinen ersten Brief an Göring geschickt hatte, in der Kürfürstenstraße 116 in Berlin die dritte «Endlösungskonferenz» stattfand. Das Treffen stand unter dem Vorsitz von SS-Obersturmbann-

Sechstes Kapitel

führer Adolf Eichmann, der eigentlich zuständige Reinhard Heydrich war Anfang Juni bei einem Attentat in Prag tödlich verwundet worden. Wie schon auf der ersten ‹Wannseekonferenz› im Januar und auf der zweiten im März 1942 stand abermals die Frage der «Mischlinge» und «Mischehen» auf der Tagesordnung. Zwischen Partei und Ministerialbürokratie bestanden Meinungsverschiedenheiten.[19] Die Partei strebte die Vernichtung der «Mischlinge» an, die Ministerien empfahlen Maßnahmen, die zu einem allmählichen Aussterben führen sollten. Für die Teilnehmer der ersten «Endlösungskonferenz» hatten sämtliche «Mischlinge» sowie in «Mischehe» lebende Juden als Deportationskandidaten gegolten. Wäre es nach Heydrich gegangen, hätte man privilegierte Juden nach Theresienstadt deportiert. Auf der dritten «Endlösungskonferenz», als Michael Schillers Brief bereits auf dem Weg zu Göring war, wurde das Schicksal der «Mischlinge» wie der «Mischehen» endgültig entschieden. Weil über kein Verfahren Einigung erzielt werden konnte, die «Endlösungspläne» aber nicht ins Stocken geraten sollten, blieben «Mischlinge und Mischehe-Juden … die einzigen Deportationskandidaten, die dem Schicksal, das Heydrich ihnen zugedacht hatte, entgingen»[20]. Dennoch hatten sich «Mischlinge» in Acht zu nehmen. Sich in den Augen irgendwelcher Parteibonzen allzu auffällig «jüdisch» zu verhalten, konnte sie das Leben kosten. Unauffälligkeit war oberste Überlebensdevise. Daran, dass «Mischlinge» wie Juden zu behandeln seien, hielt die Partei-Kanzlei der NSDAP bis Kriegsende fest.

Hatte sich mit der dritten Wannseekonferenz auch Michael Schillers Schicksal entschieden? Das scheint nicht der Fall gewesen zu sein, schließlich waren seine beiden Briefe wie der Brief seiner Frau an Göring alles andere als unauffällig. Von den Diskriminierungen, Schikanen und Bedrohungen, die andere Mischehen, ob privilegiert oder nicht privilegiert, zu ertragen hatten, war Michael Schiller offenbar nicht betroffen. Immerhin hatte er die Frage der Nachkommenschaft seiner Tochter Melitta zu einem Zeitpunkt aufgeworfen, an dem die (nie umgesetzte) Massensterilisation der «Mischlinge ersten Grades» weiter auf der Tagesordnung stand. Das war riskant wie auch die Tatsache, dass «Deutschblütigkeitserklärungen», wie sie Melitta erhalten hatte, keineswegs einen absoluten Schutz boten, sondern «jederzeit eingeschränkt oder zurückgenommen werden» konnten und «von der Willkür oder der zufälligen Erreichbarkeit der Gewährenden abhing»[21]. War Michael Schiller nicht in den Sinn gekommen, dass Göring nicht allein Kenntnis von Melittas durch Hitler genehmigter «Gleichstellung» hatte, sondern diese aller Wahrscheinlichkeit nach begünstigt hatte? War der Glückwunsch seiner Kinder zu seinem achtzigsten Geburtstag deshalb so schroff ausgefallen, weil er den Bogen seiner Einmischungen überspannte? Aus Michael Schillers Schicksal haben seine vier Kinder Lili, Otto, Jutta und Klara nach dem Krieg ein großes Geheimnis gemacht und nicht preisgegeben, ob die gesamte Familie einen Sonderstatus genoss oder nicht.

Geschadet hat die Göring-Posse Melittas Karriere offensichtlich nicht. Kaum sechs Wochen nachdem Margarete Schiller den Brief ihres Mannes an den Reichsmarschall widerrufen hatte, wurde ihrer Tochter am 22. Januar 1943 das Eiserne Kreuz II. Klasse verliehen, obendrein das Militärfliegerabzeichen in Gold mit Brillanten und Rubinen. Weder der «Führer» als Ordensgeber noch der Reichsmarschall als Überbringer hatten gegen Melitta von Stauffenberg Einwände erhoben. Melittas fünfzehnjährige Dienstzeit zum Wohle der deutschen Luftfahrt hatte sich ausgezahlt. Mit zwei militärischen Orden an der Brust war sie Offizieren so gut wie ebenbürtig und, was immer gegen sie als «Gleichgestellte» vorgebracht werden konnte, bis auf weiteres unantastbar.

Sechstes Kapitel

1943 wurde Melitta vierzig Jahre alt, das Jahr wurde zum Triumph ihres Lebens. Die Meldung von der Verleihung des EK II wurde in zahlreichen großen wie kleinen Zeitungen veröffentlicht, wenn auch nicht an prominenter Stelle. Nur im «Holsteinischen Courier», dem «Generalanzeiger für Neumünster», wo Melittas Schwester Marie-Luise lebte, erschien die Nachricht auf der ersten Seite. Das fast immer beigefügte fotografische Porträt der lächelnden, eleganten, jungen und attraktiven Frau war allerdings nicht aktuell, sondern bereits anlässlich der Ernennung zum «Flugkapitän» erschienen. Der Text der Meldung lautete, von gelegentlichen Kürzungen abgesehen, immer gleich: «Der Führer hat auf

Arbeitskleidung mit EK II:
Melitta 1943 in Berlin-Gatow.

Vorschlag des Oberbefehlshabers der Luftwaffe, Reichsmarschall Göring, dem im Dienst der fliegerischen Entwicklung und Erprobung der Luftwaffe stehenden Dipl.-Ing. Flugkapitän Melitta Gräfin Schenk von Stauffenberg, geb. Schiller, das Eiserne Kreuz II. Klasse verliehen. Durch diese Auszeichnung finden der für eine Frau außergewöhnliche lange fliegerische Einsatz und die von ihr in der Weiterentwicklung von Luftwaffengerät, insbesondere der flugtechnischen Erprobung deutscher Sturzkampf-Flugzeuge erzielten kriegswichtigen Ergebnisse ihre Würdigung.»[22] Melittas mediale Präsenz war deutliches Symptom für einen erhöhten

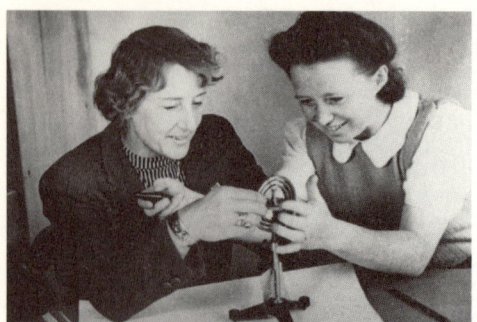

Berechnungen: Melitta um 1943
in der Luftakademie Gatow.

Propagandabedarf angesichts der sich an allen Fronten rapide
verschlechternden Kriegslage. Am 31. Januar, drei Wochen bevor
Melitta von Stauffenberg das EK II erhielt, war die Schlacht um
Stalingrad für die 6. Armee unter Generalfeldmarschall Paulus
verlorengegangen. Im Mai kapitulierte das Afrika-Korps, und der
U-Boot-Krieg wendete sich zu Ungunsten der Reichsmarine.

In der Nacht vom 1. auf den 2. März erlebte Berlin seinen bisher schwersten Luftangriff, zwanzigtausend Wohnungen wurden
zerstört, mehr als siebenhundert Menschen kamen ums Leben.
Ausgerechnet am nächsten Morgen blickte die Sturzflugpilotin
Melitta Gräfin Stauffenberg den Lesern der «Deutschen Allgemeinen Zeitung» auf der letzten Seite «Zeitbilder» entgegen. Schon

Sechstes Kapitel

am 25. März folgte die «Berliner Illustrirte Zeitung» mit zwei Fotos, die Melitta im Cockpit eines Kampfflugzeuges sowie mit dem EK II am Revers bei Berechnungen am Arbeitstisch zeigten. Den ausführlichsten Bericht mit sechs zum Teil großformatigen Fotografien, eigens für diese Publikation im März in Gatow angefertigt, brachte Anfang April «Der Adler», die Propagandazwecken dienende «Zeitschrift der deutschen Luftwaffe».

Der von einem gewissen Dr. H. Franz verfasste Artikel gab freimütig zu, dass Melittas «Leistung von nahezu 1500 Sturzflügen ... wesentlich die der meisten männlichen Sturzflieger» überstieg.[23] Die Verleihung des EK II war nicht nur ein individuelles Nehmen, sondern vor allem auch ein propagandistisches Geben. Auch deshalb durfte eine Ausnahmefrau wie Melitta öffentlich als Amazone posieren, allerdings in der eingeschränkten, speziellen Öffentlichkeit einer Illustrierten für Frontsoldaten. Emanzipation fand zwar statt, aber nur in einem engen, kontrollierbaren und militärisch-männlich dominierten Rahmen. Ähnlich verhielt es sich mit dem Artikel, der am 1. April in der Zeitschrift «Deutsche Luftwacht» unter der Überschrift «Frauen fliegen für den Sieg» erschien. Zum ersten und einzigen Mal wurden hier die beiden Rivalinnen Hanna Reitsch und Melitta Gräfin Schenk von Stauffenberg in einem Atemzug genannt und mit Bild und Text öffentlich gewürdigt.[24] Auch das war nicht die ganz große Anerkennung, bis in die «Deutsche Wochenschau» der Filmtheater schaffte sie es nicht.

Das Eiserne Kreuz aber erhielt sie aus der Hand des Reichsmarschalls persönlich. Die Verleihung fand nicht in den Amtsräumen des Oberbefehlshabers der Luftwaffe statt, sondern in Görings benachbarter Villa, die unweit des Reichsluftfahrtministeriums in der Leipziger Straße lag. Melitta hat – eines ihrer seltenen persönlichen Zeugnisse – die um die Mittagszeit des 28. Januar anberaumte Feierstunde auf gut zwei Schreibma-

Amazone: Melitta posiert vor einer JU 88 im März 1943
für die Luftwaffenzeitschrift «Der Adler».

schinenseiten anschaulich festgehalten. Melitta wurde zunächst
«in einen Riesensalon mit Gobelins und alten Bildern geführt,
allmählich versammeln sich einige Damen, die Schwester und
Nichte von Frau Göring und eine Freundin, Leiterin einer Thea-
terschule»²⁵. Schließlich gibt sich auch die von einer Kieferver-
eiterung leicht behinderte Emmy Göring die Ehre, schließlich
der korpulente Reichsmarschall selbst. Er bittet Melitta zum *tête à*

Sechstes Kapitel

tête in sein Arbeitszimmer und heftet ihr nach einigem Geplauder über die ihn höchst erstaunende Anzahl ihrer Stürze das EK II an, auf das Militärfliegerabzeichen müsse sie, so Göring, noch warten, die Juweliere könnten damit erst in zwei Monaten fertig sein. Eine längere Fachsimpelei unter Fliegerkollegen schließt sich an, schließlich rückt der Dicke mit dem Angebot heraus, sie möge doch ihren Vertrag mit der Askania, wo sie noch immer angestellt war, auflösen, «es sei viel besser, ich käme zum Reich, er würde das schon machen»[26].

Beim anschließenden Mittagessen bei Fisch, Topfenpfannkuchen und leichtem Tischwein treiben Gäste und Gastgeber munter Konversation, es wird «sehr gemütlich vom Essen, von Görings Diät und seinen Tantalusqualen, von Frau Görings Kieferoperation, von möglichen Bombenangriffen der Engländer am 30., vom neu verstärkten Karinhaller Luftschutzbunker, von meinem merkwürdigen Mann, der mich so fliegen lässt, gesprochen»[27]. Melitta hat «das deutliche Gefühl», Göring hätte ihren Mann «sofort zum Professor geschlagen … wenn ers noch nicht gewesen wäre»[28]. Erst um vier Uhr nachmittags löst sich die heitere Runde auf, zuvor gibt es noch «einen erstklassigen Kaffee mit Rahm und Likeur oder Kognak»[29]. Emmy Göring drängt Melitta zum Abschied «ein Päckchen Tee und Kaffee auf», lädt sie ein, jederzeit auch mit ihrem Mann Alexander in einem der Göring'schen Gästezimmer zu übernachten und «so oft ich wollte, in ihre Theaterloge zu kommen». Kurzum, «es war urgemütlich, der Ton vergnügt und humorvoll und man hatte das Gefühl von einer aufrichtigen und rührenden Herzlichkeit». Man meint in Melittas Bericht ein untergründiges zweifelndes Erstaunen darüber zu spüren, dass die, denen sie den Gnadenakt der «Gleichstellung» verdankte, sie aber auch ans Messer hätten liefern können, menschlicher Gefühle fähig seien.

Tatsächlich hatte der Dicke, als er davon gesprochen hatte,

Melitta solle ihren Vertrag bei der Askania aufgeben, Wort gehalten. Zwei Wochen nach der Ordensverleihung erließ Göring in Gestalt des Technischen Amtes des Reichsluftfahrtministeriums eine Weisung an das Ballistische Institut der Technischen Akademie der Luftwaffe, an dem Melitta beschäftigt war. «Auf Anordnung des Herrn Reichsmarschall», heißt es in dem entsprechenden Schreiben, «soll der Vertrag zwischen Frau Flugkapitän Gräfin Schenk von Stauffenberg und der Firma Askania gelöst werden. Statt dessen soll ein Reichsvertrag zwischen der Gräfin Stauffenberg und dem Ball. Inst. abgeschlossen werden.»[30] Zunächst mussten bestimmte Bedingungen für eine Vertragsänderung erfüllt, vor allem aber ein Weg für einen neuen Vertrag gefunden werden.

Warum war Göring so sehr daran interessiert, Melittas Arbeitsvertrag mit der Askania zugunsten eines Reichsvertrags aufzulösen? Eitelkeit mag im Spiel gewesen sein, Göring ging es jedoch um mehr, nämlich darum, ein Exempel zu statuieren. Dass Melitta als Angestellte eines privatwirtschaftlichen Unternehmens in der staatlichen Institution Luftwaffe unter Aufsicht des Reichsluftfahrtministeriums Dienst tat, hatte mit einem seit längerem schwelenden Konflikt um die Luftfahrtforschung zu tun. Bereits der Weimarer Staat hatte als Finanzier der Luftfahrtforschung eine bedeutende Rolle gespielt. Das Dritte Reich hatte im Zuge der Luftrüstung wie der damit einhergehenden personellen wie finanziellen Ausstattung der verschiedenen Luftforschungsanstalten größtes Interesse an einem direkten Zugriff auf die Ergebnisse der Luftfahrtforschung. Die privatwirtschaftliche Anhäufung von Forschungswissen war dem Reichsluftfahrtministerium ein Dorn im Auge, weil «dadurch nicht nur die Priorität der staatlichen Stellen in der Organisation von Forschung und Entwicklung, sondern die Lenkung des Rüstungsprozesses durch das RLM insgesamt in Frage» gestellt war.[31] Eine eigenwirtschaftliche, der Konkurrenz der verschiedenen Luftfahrtunternehmen wie Junkers, Heinkel, Dornier, Focke-Wulf oder Messerschmitt ausgesetzte Forschung sollte verhindert werden. Aus ebendiesem Grund echauffierte sich Göring im Gespräch mit Melitta über den «Skandal, daß es jetzt im Krieg immer noch Firmengeheimnisse gäbe»[32], sprich Forschungen, die der Kontrolle des Staates entzogen waren. Dieser Autonomie sollte im Hoheitsbereich des Reichsluftfahrtministeriums ein Dämpfer versetzt werden.

Erfolg war dem Unternehmen allerdings nicht beschieden. Der Versuch, Melitta zur Reichsangestellten zu machen, zog sich über ein Jahr hin, am Ende scheiterte er. Da die militärisch dekorierte Luftfahrtingenieurin vertragsrechtlich gesehen keine Militärperson war und auch nicht werden konnte, musste sie als Zivilperson behandelt werden. Der naheliegende Weg war, Melitta wie ihre an der Technischen Akademie der Luftwaffe tätigen männlichen Zivilkollegen als Hochschullehrerin in den Staatsdienst zu überführen. Die Bedingungen dafür waren allerdings abgeschlossene Promotion sowie Habilitation. Zu diesem Zweck benötigte sie zunächst ein politisches Führungszeugnis der Kreisleitung der NSDAP ihres Wohnortes Würzburg. Obwohl Melitta in der Ortsgruppe «wenig bekannt» sei, bescheinigte ihr die Gauleitung Mainfranken, dass ihre «politische Zuverlässigkeit gegeben» sei.[33] In der Folge setzte Melitta, dem Briefwechsel zwischen Erhard Milch, Staatssekretär der Luftfahrt sowie Generalinspekteur der Luftwaffe, und dem Reichsmarschall zu entnehmen, alles daran, diese Qualifikationen zu erfüllen. Sie stehe, heißt es im Schreiben vom 11. März 1943, «unmittelbar vor ihrer Promotion» und habe «außerdem eine ‹Habilitationsschrift› bereits ausgearbeitet»[34]. Man bitte darum, bei der Abwicklung des Promotions- wie Habilitationsverfahrens «unnötigen Zeitverlust zu vermeiden» und dafür zu sorgen, «daß die Angelegenheit vordringlich behandelt wird». Obwohl zunächst die Reichsuniversität Straßburg, daraufhin die Technische Hochschule Berlin als mögliche Lehrstätte ins Auge gefasst worden war und Göring sein Einverständnis mit dem angestrebten Lösungsweg erklärt hatte[35], kommt es zu keinem Reichsvertrag. Da die Einreichungsdaten der beiden akademischen Arbeiten nicht bekannt sind, kann man über die Gründe nur spekulieren. Tatsächlich scheint sich Melitta zunächst mit ihrer Habilitation eingehender als mit ihrer Promotion beschäftigt zu haben. Ende April notiert sie, «Habilitationsarbeit zusammenschreiben»[36]. Von August bis fast zum Ende des Jahres beschäftigt sie sich dann aber doch fortwährend mit ihrer Doktorarbeit, die sie offenbar Mitte Dezember abschließt.[37] Im darauffolgenden Jahr ist weder von der einen noch der anderen Arbeit jemals wieder die Rede. Über eine spätere Lehrtätigkeit Melittas ist nichts bekannt.

Bei der Suche nach einem alternativen Weg, den Vertrag mit der Askania zu lösen, ergaben sich neue Hindernisse. Jetzt hakte es nicht an mangelnder akademischer Qualifikation, sondern an Melittas Stolz und Eigensinn. Anstelle eines Reichsvertrages als Hochschullehrerin wird die Gründung eines als Verein eingetragenen Instituts vorgeschlagen, dessen Leiterin Gräfin Stauffenberg sein soll. Darüber wird Ende November 1943 erstmals konkret verhandelt, nun wird es richtig zäh. Melitta ist nicht gewillt, an ihre Arbeit weibliche Vergleichsmaßstäbe anlegen zu lassen, die den Namen Hanna Reitsch tragen. Die Lieblingsfliegerin des «Führers» gilt den Bürokraten des Reichsluftfahrtministeriums bei der Berechnung des Gehalts als Bemessungsgrundlage, aber da sind sie bei Melitta an die Falsche geraten. Vergleiche mit «H. R.» sind für sie abwegig. Sie möchte dieselben Bezüge erhalten wie «Beamte oder männliche Angestellte im Reich mit gleichen Vorkenntnissen bei gleichen Leistungen»[38]. Was die Vorkenntnisse anging, konnte die Reitsch, mochte sie eine noch so exzellente Fliegerin sein, nicht mithalten. Dass Hanna Reitsch

Sechstes Kapitel

keine ausgebildete Ingenieurin war, spielte Melitta eiskalt aus. Ein Vergleich sei schon deshalb nicht möglich, «weil H. R. nicht studiert ... (und) wohl nur die fliegerischen Kenntnisse einzusetzen habe»[39]. Melitta hingegen sei nicht nur Erprobungsfliegerin, sondern im Auftrag des Technischen Amtes autonom arbeitende, seit 1928 im Dienst der Luftfahrtforschung stehende hochqualifizierte Wissenschaftlerin mit den allerbesten Noten. Dieser Argumentation der Unvergleichbarkeit der beiden um ihre Einzigartigkeit buhlenden Frauen schloss sich das Technische Amt in Person von Oberst Max Pendele, Adjutant Erhard Milchs, schlussendlich an.

Melitta erhielt ihre eigene Forschungsstelle, die «Versuchsstelle für Flugsondergerät e. V.» mit Sitz in Gatow, mit einmaligen Mitteln zum Aufbau von einhunderttausend Reichsmark und laufenden Mitteln für deren Betrieb in derselben Höhe sowie maximal acht Angestellten.[40] Als Leiterin wurde ihr ein monatliches Gehalt von 1400 Reichsmark zugesprochen. Das waren fünfhundert Mark mehr, als sie von der Askania erhalten hatte, und fast drei Mal so viel, wie ihr Mann Alexander als Professor für Alte Geschichte verdiente. Hanna Reitsch hatte vom Reichsluftfahrtministerium einschließlich Zulagen ein Bruttogehalt von 978 Reichsmark erhalten. Letztlich scheiterte der Abschluss eines Reichsvertrages, wie es im Schreiben Oberst Pendeles sybillinisch-bürokratisch hieß, auch daran, «dass die Ausbringung derart hoher Bezüge für die Gräfin St. als *Reichs*angestellte ... Weiterungen und Berufungen mit sich bringen (würde), die den Abschluß der Angelegenheit in unerwünschter Weise hinauszögern würden»[41]. Melittas Vertragsabschluss war ein überwältigender persönlicher Sieg für die Anerkennung ihrer im Dritten Reich einzigartigen Stellung als Fliegerin *und* Wissenschaftlerin. Auch wenn ihr Gehalt immens hoch war, war der Ertrag ihrer Hartnäckigkeit vor allem symbolisch, zu kaufen gab es aus Kriegsgründen ohnehin nicht mehr viel. Wenigstens dieses eine Mal hatte sie es «H. R.» heimgezahlt.

Am Montag, den 3. März 1943, ist Melitta «müde u. nervös», am Dienstag «noch müder u. nervöser», am Freitag «müde», am Samstag hat sie «Kopfweh», am Mittwoch und Donnerstag der folgenden Woche ist sie «sehr müde», am Samstag, den 20. März, ist sie «abends erschöpft». Wie der Alltag der Gräfin Stauffenberg vom 28. Februar 1943 bis zum 8. Januar 1945 verlief, ist im Gegensatz zu manchen vorhergehenden Lebensphasen bestens bekannt. Aus dieser Zeit existieren zwei Notizkalender, ob sie nur in dieser relativ kurzen Zeitspanne geführt wurden, ist nicht bekannt, frühere oder spätere Aufzeichnungen könnten verlorengegangen sein. Vor dem 28. Februar 1943 sind die Seiten ihres Notizkalenders unbeschrieben, mit dem 8. Januar 1945 enden ihre Aufzeichnungen, was sich mit den Wirren der letzten Kriegsmonate erklären lässt. Melitta benutzte für das Jahr 1943 einen «Notiz-Kalender», für 1944 einen «Taschen-Notiz-Kalender», beide kleinformatig.[42] Eine Doppelseite umfasst jeweils eine Woche, pro Tag blieb deshalb nur wenig Raum für stichwortartige Notizen. Vor allzu vertraulichen Mitteilungen hat sich Melitta gehütet. Wegen der Geheimhaltung ihrer beruflichen Arbeit, vermutlich aber auch aus politischer Vorsicht begnügte sie sich vor allem bei Eigennamen mit Vornamen oder den Initialen der betreffenden Personen.

Über politische Einstellungen und Vorgänge erfährt man so gut wie nichts. Vom peniblen Festhalten jeden Luftalarms abgesehen, wird kaum einmal der Verlauf des Luftkrieges erörtert. Geständnisse haben Melittas Aufzeichnungen nicht zu bieten, ein unschätzbares Dokument für die Alltagsgeschichte des Dritten Reiches sind die beiden Taschenkalender dennoch. Wie eine an kriegswichtiger Stelle tätige Frau der militärischen Funktions-

Sechstes Kapitel

Vor dem Abheben: Melitta in Gatow, 1943.

elite ihre Werk- und Feiertage verbracht und mit wem sie sich verabredet hat, erfährt man aus erster Hand.

In ihrer Zurückhaltung und Knappheit entsprechen die Aufzeichnungen naturwissenschaftlicher Sachlichkeit. Melittas Telegrammstil sammelt vor allem Daten. Notiert werden nicht nur ihre Flüge, Sturzflüge und Luftschutzkelleraufenthalte, sondern auch die Abfahrts- und Ankunftszeiten der Züge, die sie benutzt, selbst dann, wenn die Reise bereits vorbei ist und sie am Ende des Tages über ihr Notizbuch gebeugt zu memorieren beginnt. Dass die Erprobungsfliegerin das bei ihren Sturzflügen angewandte Verfahren der Datenmessung auf ihre jeweiligen emotionalen Zustände bezieht, ist das eigentlich Überraschende an ihren Notizen. Die beiden Kalender liefern psychogrammatische Daten, die von dem Bemühen Zeugnis ablegen, einem drohenden Selbstverlust entgegenzuwirken. Die Knappheit der Notizen bildet deshalb nicht allein den Arbeitsstil der Luftfahrtingenieurin ab, sondern auch die Rasanz eines beschleunigten Lebens, das nur noch im Moment der täglichen Notizen Einkehr findet. Seitdem 1943 der in den deutschen Luftraum eindringende alliierte Bomberstrom nicht mehr abreißt und auch Berlin immer weniger zur Ruhe kommt, hat der Luftkrieg Melitta fest im Griff. Sie entwickelt sich immer mehr zur Gejagten – der sich steigernden alliierten Luftüberlegenheit, ihrer überhandnehmenden beruflichen Tätigkeit, ihrer psychischen Nöte, ihrer inneren wie äußeren Unruhe.

Melitta nahm neben ihrer fliegerischen Tätigkeit viele Termine wahr. Um über die Änderung ihres Arbeitsvertrages zu verhandeln, fuhr sie zeitweise täglich mit dem «RLM-Bus» ins Reichsluftfahrtministerium im Berliner Zentrum. Generalstabsoffiziere gehörten allein wegen des militärischen Führungspersonals der Luftkriegsakademie zu Melittas gewohntem Umgang. Mit Heinz Hellmuth von Wühlisch, Generalleutnant, zeitweilig Kommandeur der Luftkriegsakademie, vor allem dessen Tochter Marie Luise, scheint sie freundschaftlichen Umgang gepflegt zu haben, ebenso mit Oberst Viktor von Loßberg, Generalstabsoffizier im Technischen Amt des RLM, Kommandeur der TAL seit September 1944 und ausgebildeter Flieger. Weitaus am häufigsten traf sie Oberst Friedrich Jakoby, ursprünglich Kommandeur der Landespolizei-Gruppe General Göring, wurde er 1935 als Oberstleutnant zur Luftwaffe versetzt.[43] Der, wie es in einer abschließenden Beurteilung 1935 hieß, «gewissenhafte, befähigte und strebsame Offizier» war unter den Militärs der TAL Melittas engster Mitarbeiter. Mit ihm besprach sie, obwohl er kein Ingenieur war, sämtliche ihrer Arbeiten. Als ihr eines Tages kein Dienstmädchen zur Verfügung stand, schickte Jakoby «mittags … Polin zum Aufräumen»[44]. Solche Gefälligkeiten gehörten offen-

Sechstes Kapitel

bar zu den Privilegien, die Mitarbeiter von Eliteinstitutionen wie der Luftkriegsakademie genossen.[45]

Abwechslung fand Melitta gelegentlich im Aero-Club im «Haus der Flieger», einer der wenigen *hot spots* des in den Kriegsjahren mit Unterhaltungsmöglichkeiten nicht reich gesegneten nationalsozialistischen Berlins. Hier traf sich die Elite der Flieger und Luftwaffenoffiziere in lockerer Runde und tauschte in klobigem Mobiliar und unter überdimensionierten Kristalllüstern die neuesten Informationen und Gerüchte aus. Melitta verabredete sich hier häufig zum Mittagessen, und man muss vermuten, dass sie hier auch gelegentlich Hanna Reitsch, die im «Haus der Flieger» ihre Wohnung hatte, über den Weg lief. Manchmal erhielt sie in Gatow auch Besuch von ihrer jüngsten Schwester Pims oder ihrem Bruder Otto. Mit Onkel Nux' Tochter Dusi verband sie eine enge Freundschaft, in der Zehlendorfer Wohnung der Uxkulls war sie häufig zu Gast, ihren Schwager Claus traf sie ihren Notizen zufolge so gut wie nie, dann und wann telefonierte sie mit ihm. Häufiger hingegen kam sie mit ihrem Schwager Berthold von Stauffenberg zusammen, einige Male ergab es sich, dass die beiden im Kreise von Freunden und Familienangehörigen auf dem Wannsee segelten.[46]

Im gesamten Jahr 1943 verbrachte Melitta allerdings nur den April ohne Unterbrechung in Gatow, in allen übrigen Monaten war sie (für den Januar und Februar sind die Seiten leer) unterwegs. In vielen Fällen handelte es sich um Dienstreisen, häufig um Flüge oder kombinierte Flug-Bahn-Reisen aus privaten Gründen oder aus einer Verbindung von privaten und dienstlichen Reisen. Bis zum Juni besuchte sie monatlich ihren Mann Alexander, der während dieser Zeit an einem Artillerie-Ausbildungslehrgang in Metz in Lothringen teilnahm. Melitta nutzte diese Gelegenheit zu gelegentlichen Abstechern nach Lautlingen, um dort ihre Schwiegermutter Caroline von Stauffenberg zu besuchen. Dort traf sie auch auf andere Gäste, Bertholds Frau Mika sowie Claus' Frau Nina und deren gesamte Kinderschar. Das hört sich entspannt an, war es aber nicht. Die Flugzeiten waren damals länger als heute, schlechtes Wetter ein häufiger Grund für stundenlange Wartezeiten auf Flughäfen. Kriegsbedingt waren auch die Zugverbindungen nicht mehr zuverlässig, die zunehmenden alliierten Bombardements bedeuteten Wartezeiten, geänderte Verbindungen, Umsteigen an nicht vorhergesehenen Orten, Zwangspausen. Wenige Tage nachdem die Edertalsperre im Sauerland Mitte Mai durch die Royal Air Force bombardiert worden war, gab es für Melitta, die gerade mit dem Zug von Berlin nach Metz unterwegs war, kein Durchkommen.[47] Nach zweistündiger Wartezeit ging es weiter, Anschlusszüge in Frankfurt und Deidesheim gab es jedoch nicht. Es kam auch vor, dass Melitta von einer Reise zurückkam, in Berlin wegen eines Bombenangriffs nicht bis Anhalter Bahnhof fahren konnte, sondern bereits in Wannsee aussteigen, sich in einen Splittergraben flüchten und, weil es keine Möglichkeit gab, nach Gatow zu kommen, bei ihren Schwägern Claus und Berthold von Stauffenberg in der Tristanstraße in Wannsee übernachten musste.[48]

Der häufige Luftalarm war nervenaufreibend, Übermüdung wurde für Melitta zum Dauerzustand. In Gatow zu wohnen und zu arbeiten war jedoch ein Privileg, Gatow hieß Schonung der Nerven und Überleben. In dieser Hinsicht hatte Melitta es unvergleichlich viel besser als die meisten übrigen Berliner, die dichtbesiedelten Berliner Wohngebiete standen an erster Stelle des britischen *moral bombing*. Saß Melitta im Luftschutzkeller der Luftkriegsakademie, wurde sie nur gewahr, dass die Angriffe nicht Gatow, sondern dem Berliner Zentrum galten. Der Ort, an dem sich Melitta am häufigsten entspannte, war der Wannsee vor ihrer Gatower Haustüre. Während Berlin in Schutt und Asche versank, zog die begeisterte Seglerin in den beiden Kriegs-

Sechstes Kapitel

sommern 1943 und 1944 von Mai bis Oktober mehrmals in der Woche hinaus auf das Wasser. Am 9. Mai 1943 notierte sie: «Ansegeln, wir kurz Ruderboot, zu windig, nachher Kreuzer, mit Hptm. Schmidt, Schubert, Frl. v. Wühlisch. Regi. Sehr starker Wind.»[49] Melitta segelte oft allein, meist aber mit Freunden, seltener mit Arbeitskollegen. Die Törns, keinesfalls nur an Wochenenden, führten nach Wannsee-Ort, Potsdam oder Sacrow, am Zielort suchte man häufig ein Kaffeehaus auf oder ging in einem Restaurant essen und segelte bei Mondschein zurück. Von solchen Annehmlichkeiten in Kriegszeiten konnte der durchschnittliche Volksgenosse nur träumen. Bedacht werden muss allerdings, dass es eine Nervosität gab, von der während des Zweiten Weltkriegs vor allem Flieger betroffen waren, die ihre körperlichen und psychischen Leistungsgrenzen überschritten. In der Fachsprache der Flieger hießen diese Symptome «Abgeflogenheit»[50], als Gegenmittel wurden Sport, vor allem «Skilauf und Bergwandern» empfohlen.[51] Für Melitta war es das Segeln, häufig entspannte sie sich auch beim Plastilieren. Aus ihrer Abgeflogenheit fand Melitta allerdings nicht mehr heraus.

Es konnte vorkommen, dass sie an einem einzigen Tag «11 Stürze, 14 Messflüge»[52] ausführte und abends bis spät im Büro saß. Ihre Segeltörns waren angesichts solch eines Tagesablaufes nur eine schnell vergessene Begleiterscheinung, an ihren Erschöpfungszuständen änderten solche Atempausen kaum etwas. «Mütlich», so ihr kindlicher Ausdruck für Behaglichkeit und Wohlempfinden, ging es nur selten zu, meist wenn sie den Abend alleine in ihrer Gatower Kasernenwohnung verbrachte. Es vergeht kaum ein Tag, an dem sie nicht ihre schlechte psychische Befindlichkeit beziehungsweise ihren mangelhaften Gesundheitszustand festhält. Müdigkeit, Nervosität, Kopfschmerzen, Migräne, schwere Träume, schlechter Schlaf, Übermüdung, plötzliche Traurigkeit sind an der Tagesordnung. Ein Erschöpfungszustand folgt auf den anderen, häufig plagt sie die Grippe, die sich mit Halsweh und Fieber ankündigt und mit einer eitrigen Mandelentzündung endet. Einen ihrer schlimmsten Zusammenbrüche hatte sie bereits zu Anfang des Jahres erlebt. Im «Hotel Metropol» in Metz, wo sie sich mit Alexander verabredet hatte, stürzte sie die Hoteltreppe hinab. «Ohnmacht, Wahnsinnsvorstellg., schrecklich, Weinkrampf, Schn. sehr besorgt. Schienbein gequetscht.»[53]

Ihren Aufstieg zur hochdekorierten, ersten Sturzkampftestfliegerin des Dritten Reiches muss Melitta mit schreckenerregenden Nervenzusammenbrüchen bezahlen. Kein Mensch kann Tausende von Sturzflügen ohne schwere gesundheitliche Schäden überstehen. Mit vierzig Jahren glich Melitta einer alten Frau. Das aber war keine neue Entwicklung. Ein, zwei Jahre vorher war sie ihrem früheren Adlershofer Kollegen Georg Wollé zufällig an der Ecke Wilhelm-, Leipziger Straße in Berlin in der Nähe des Reichsluftfahrtministeriums begegnet. «Ich war erschreckt zu sehen», erinnert sich Wollé, «daß die physischen und psychischen Anstrengungen eines harten fliegerischen Erprobungseinsatzes ihre einstmals hübschen, glatten und ebenmäßigen Züge mit tiefen Runen durchfurcht hatten»[54]. Der bereits früher entstandene Eindruck von der unnahbaren «Steilküste ihrer Seele»[55] hatte sich für ihn bestätigt. Wer trotz solcher Beeinträchtigungen weitermacht, hat ein akutes Suchtproblem. Melitta war zum Sturzflug-Junkie geworden.

Turbulenzen

Der 21. Juni 1943 ist für Melitta der Tag einer entscheidenden Begegnung. Ein Jahr später wird sie sich ausdrücklich mit einer Notiz an diesen Montag erinnern. Die Eintragung ist eine der

Gezeichnet: Melitta von Stauffenberg im Cockpit 1943,
vierzig Jahre alt.

kürzesten der beiden ohnehin nicht redseligen Taschenkalender. «Stürze 87 – A. im Büro»[56], heißt es lakonisch. Sturzflüge mit der Ju 87 sind im Rahmen von Melittas Arbeit nichts Ungewöhnliches, wohl aber der Besuch des geheimnisvollen A. in ihrem Büro. Bereits der Vermerk am folgenden Tag verrät ein ungewöhnlich großes Interesse für den neuen Arbeitskollegen: «Treffe Ob. A. auf Rad, frage, was er für Pläne hat.»[57] Bereits zwei Tage nach dem ersten Zusammentreffen heißt es: «Plötzlich Oblt. A., möchte später anrufen, braucht Apparate. Finde es komisch, beauftrage ihn, Langer Bescheid zu sagen. Als Werkstatt, Monteure sagen, daß Ob. A. mich sprechen will. Kommt an, lehne ab, meine 87 zu geben, soll sich Ausbildungs-Ju beschaffen. Schlägt vor, daß andere 87 kommen lassen soll.»[58] Was sich nach Empörung anhört, ist in Wirklichkeit Geplänkel und Ausdruck gegenseitiger Zuneigung. Am 27. Juni, immerhin ein

Der Luftkrieg und das EK II   221

Samstag, findet Melitta Zeit und ist «87 d für Amsinck geflogen». In den nächsten Monaten wird sie Friedrich Franz Amsinck, dessen vollständigen Klarnamen sie kaum je verwendet, fast täglich sehen. Im Einvernehmen mit der «Flugausbildungsleitung der Luftkriegsschule 2 (Berlin-Gatow)» führt der junge Offizier zum Zweck seiner fliegerischen wie technischen Fortbildung an der TAL Flugversuche mit der Ju 87 durch. Betreut werden soll er von Melitta Gräfin von Stauffenberg.

Oberleutnant Amsinck ist ein außergewöhnlicher Mann. Er trägt das Eiserne Kreuz I. Klasse sowie das Goldene Verwundeten-abzeichen. Er ist schwer kriegsverletzt, die linke Hand und der rechte Ellbogen fehlen ihm. Geboren wird er am 15. November 1919 in Bremen. Zu dem Zeitpunkt, als Melitta ihn kennenlernt, ist er noch keine vierundzwanzig Jahre alt. Sein eigentlicher Name lautet Friedrich Franz Schütte, er ist der Sohn eines reichen Bremer Kaufmanns. Als sich seine Mutter Dorothy Ellen, eine Amerikanerin, scheiden lässt, bringt sie Franz in die neue Ehe mit ein. Sein Stiefvater Heinrich Amsinck, Nachkomme einer der ältesten und reichsten Hamburger Kaufmannsfamilien, schließt den Jungen ins Herz und adoptiert ihn. Bei Kriegsbeginn wird Franz zur 1. Reiter-Schwadron der Aufklärungsabteilung 158 in Lüneburg eingezogen. 1941 folgt auf die Panzer-Kavallerie-Schule in Potsdam die 2. Schwadron der Aufklärungsabteilung 99.[59] Nach dem Überfall auf die Sowjetunion kämpft er an der Ostfront. Er ist Zugführer einer Infanterie-Kompanie. Anfang Juli 1941 ist er mit einem Trupp unterwegs auf Vorposten. Seine Männer und er liegen fest auf die Erde gepresst und spähen über eine deckungslose Ebene vor ihnen. Den Rand der Ebene begrenzt ein Wald, es ist unklar, ob sich der Feind dort versteckt hält. Langsam kriechen die Männer, ihre Karabiner und Maschinenpistolen schussbereit in der Hand, eine Furche entlang, die ein wenig Deckung bietet. Sie kommen gut voran. Hundertfünfzig Meter sind sie noch vom Waldrand entfernt, wer ihn besetzt hält, ist im Vorteil. Leutnant Amsinck gibt das Zeichen zum Sprung. «Wie von Furien gejagt», so der Kriegsberichterstatter Jochen Scheurmann in seinem heroisierenden Einsatzbericht 252 für die Zeitschrift «Luftwelt» im Juni 1944, «rennen die Männer vor.»[60] Doch das Dickicht des Waldrandes ist von Soldaten der Roten Armee besetzt. Die über das freie Feld heranstürmenden Deutschen geben prächtige Zielscheiben ab. Die ersten fallen verletzt zu Boden oder versuchen sich hinter einer flachen Bodenwelle notdürftig zu verbergen. Sieben deutsche Soldaten sind bereits tot, die anderen verletzt. Niemandem kann geholfen werden, wer den Kopf hebt, ist verloren. Die Lage ist aussichtslos, keiner kann sich rühren, ohne sofort beschossen zu werden. Auch Franz wird getroffen. Plötzlich ist die linke Hand «nur noch ein blutender Stumpf, aus dem ein heller, roter Strahl quillt»[61]. Mit der Rechten presst er die Schlagader ab, um nicht zu verbluten. Ein weiteres Geschoss fährt ihm in den rechten Arm. Dann verliert er das Bewusstsein und wacht erst im Lazarett wieder auf. Mit noch nicht einmal zweiundzwanzig Jahren ist Franz ein Kriegskrüppel. Nach den Begriffen der Propaganda ist der junge Mann ein Held und entsprechend dekoriert worden.

Zwei Jahre lang wird Amsinck von Lazarett zu Lazarett geschickt, Luck, Breslau, Charité Berlin, Reserve-Lazarett Berlin. Gleich beim ersten Mal wird der linke Unterarm amputiert, das zertrümmerte Ellbogengelenk entfernt und der rechte Arm gerettet. Der Weg zur vollständigen Genesung ist lang. Er kämpft verzweifelt gegen den Tod, keiner der Ärzte gibt dem abgemagerten jungen Mann eine Chance. Nach zwei Jahren hat er es geschafft. Aus dem Dämmer des Genesungsprozesses allmählich auftauchend, stellt Franz fest, dass er ein Wrack ist. Er will niemandem zur Last fallen und nicht aufgeben. Einhändig steckt er sich das Ziel, ein ganzer Mann zu sein oder wieder zu werden. Er

Der Luftkrieg und das EK II

beschließt, Flugzeugbau zu studieren, er möchte Pilot werden, als Junge hat er bereits das Segelfliegen erlernt. Der kaum mittelgroße, schlanke Franz entwickelt ungeahnte Energie, beginnt, Leichtathletik zu treiben, fängt, begeisterter Kavallerist, der er ist, wieder an zu reiten und schreckt auch vor schwierigen Geländeprüfungen nicht zurück. Technisch begabt, besitzt er genügend Erfindungsgeist, Prothesen für seine amputierte Linke zu entwickeln. Im Sommer 1942 schreibt er sich als Student für Flugzeugbau an der Technischen Hochschule in Berlin ein. Seinen Plan, Pilot zu werden, belächeln seine Kommilitonen mitleidig.

Zerschossen: Friedrich Franz Amsinck, wie ihn Melitta erlebt hat.

Aber er schafft es. Dem Mann mit dem eisernen Willen und der eisernen Faust macht keiner etwas vor. Es geht um seine Wiedergeburt als Mann. Er will Kampfflieger werden.

Mitte März 1943 wird er als dienstfähig zur Truppe aus der ambulanten Behandlung entlassen. Im April bescheinigt ihm das Stellvertretende Generalkommando des III. Armeekorps, dass «er zum Studium (Fachrichtung: Maschinenwesen, Flugzeugbau) an der T. H. Berlin-Charlottenburg kommandiert ist und die Erlaubnis hat, an weiterer Segelflugausbildung teilzunehmen»[62]. Bald nimmt er, vermutlich an der Versuchs- und Lehrabteilung der Luftwaffe in Jüterbog, Unterricht an einer Flugzeugführerschule. Dort erscheint er mit einem Koffer, in dem sich fünf von

Sechstes Kapitel

ihm entwickelte Handprothesen befinden, die es ihm erlauben, die verschiedensten Flugzeugtypen zu bedienen. Die Fliegertauglichkeitsprüfung ist kein Spaziergang, auch an Gesunde und Unversehrte stellt sie höchste Ansprüche. Franz besteht sie ohne Schwierigkeiten. Inzwischen ist er zum Oberleutnant befördert worden. Aus dem Mitleid seiner Kameraden und Kommilitonen ist Bewunderung geworden. Franz ist leuchtendes Vorbild fliegerischer Disziplin und soldatischer Selbstdisziplin.

Melittas Kalendernotizen geben nicht preis, wie ihr Verhältnis zu Franz aussah. Dass es mehr war als eine kollegial-freundschaftliche Beziehung, wird deutlich, allein die häufige Nennung seines Namens, die Vielzahl ihrer Begegnungen spricht Bände. Wäre die Liaison einer verheirateten Frau an einem Ort wie der Luftkriegsakademie, an dem sich private und berufliche Sphären nur schlecht trennen ließen, überhaupt möglich gewesen? Am Standort der TAL lebten etwa zweihundert Menschen in engster Gemeinschaft und unter ständiger gegenseitiger Beobachtung. Illegitime Liebesverhältnisse wären vermutlich schnell publik geworden, zumal Melitta als einzige im militärischen Umfeld tätige Frau der Akademie vermutlich ohnehin große Aufmerksamkeit auf sich zog. Auffällig zu werden war auch wegen der Ehefrauen der verheirateten Offiziere nicht ratsam, die ebenfalls auf dem Gelände der Akademie lebten. Eifersucht, Gerüchte und üble Nachrede mussten in jedem Fall vermieden werden. Wer mit dem EK II ausgezeichnet war, hatte Vorbild zu sein, auch was die Tadellosigkeit des Lebenswandels betraf. Das galt vor allem für die, die nicht dafür vorgesehen waren – Frauen und für «deutschblütig» erklärte «Mischlinge».

Geheimhaltung ist für Verliebte in illegitimen Verhältnissen zwar nicht die leichteste, aber die auf der Hand liegende erste Übung. Und daran, dass Melitta in Franz verliebt war, kann kein Zweifel bestehen: Bald sitzen sie nicht mehr nur zusammen im selben Cockpit, sondern beobachten die Sturz- und Kunstflüge des jeweils anderen, arbeiten gemeinsam an flugtechnischen Problemen. Sie segeln ohne Begleitung weiterer Freunde, gehen ins Kasino, in den Aero-Club, zu festlichen Essen. Franz lernt Melittas alten Freund Paul von Handel, sie Franz' Schwester Anny und sogar seinen Vater kennen. Von Franz' jugendlichem Charme und seinem Witz ist Melitta bezaubert, hingerissen, sie schwärmt nicht nur für ihn, sie scheint ihm verfallen. Sie springt für ihn in die Bresche, wenn er allzu dreist im Kasino auftritt oder allzu draufgängerisch fliegt und den Unmut seiner Vorgesetzten auf sich zieht. Franz ist häufig in ihrer Wohnung, auch abends nach getaner Arbeit. Einmal gibt es einen «Disput mit Röder wegen A., abgehetzt zu mir, spät A., übermüdet und Bogen etwas überspannt»[63]. Manfred Roeder war Kriegsgerichtsrat und ein un-

Vertraute Stunden: Am Wannsee, um 1943. Im Vordergrund möglicherweise Franz Amsinck.

angenehmer Zeitgenosse. Als Oberkriegsgerichtsrat war er 1942 mitverantwortlich für die Todesurteile im Verfahren gegen die «Rote Kapelle» wie auch gegen Bonhoeffer, Canaris und Hans von Dohnanyi wenige Wochen vor Kriegsende. Gravierend war Melittas Streit mit Roeder nicht, es ging um Amsincks Tiefflüge über dem Akademie-Gelände. Das war verboten, bereitete dem Oberleutnant aber diebische Freude.

Den Bogen überspannt haben Melitta und Franz ohne Frage. Franz rührte tief an Melittas Seele, vielleicht so tief wie niemand in ihrem ganzen Leben. Mit dem Auftreten des jungen Fliegeroffiziers begann eine Zeit schwerer Träume, die so schnell nicht enden sollte. Franz erging es umgekehrt wenig anders. Er ist von Melitta fasziniert und wirbt um sie. Gut zwei Wochen nach ihrem ersten Zusammentreffen schenkt er ihr ein Exemplar von Antoine de Saint-Exupérys «Wind, Sand und Sterne» und schreibt eine Widmung in das Buch.[64] Saint-Exupérys Bücher passierten die nationalsozialistische Zensur ungehindert. Der Heroismus des französischen Piloten stieß auf keine Bedenken. «Wind, Sand und Sterne» war bereits 1939 erschienen und gehörte zu den Bestsellern des Dritten Reiches.[65] Franz' symbolische Gabe stellte eine Verbindung zwischen zwei Ebenbürtigen her. Ebenbürtig war das ungleiche Paar hinsichtlich ihrer bildungsbürgerlichen Herkunft, beide gaben sich als Leser zu erkennen. Gleichrangig waren die beiden aber vor allem in Bezug auf die Fliegerei. Endlich waren beide im jeweils anderen jemandem begegnet, mit dem über das Fliegen als Daseinsweise größtmöglicher Lebensintensität keine Worte gemacht werden mussten. Dass nur wirklich lebt, wer fliegt, war auch die Botschaft von «Wind, Sand und Sterne». Saint-Exupéry war für Franz und Melitta so etwas wie der geheime Trauzeuge ihrer illegitimen Beziehung.

Der zweite und vorerst finale Vorgang ihrer Seelenvermählung erfolgte nur vier Tage nach dem Buchgeschenk. Am 12. Juli

Der Luftkrieg und das EK II   227

passt Franz Melitta auf dem Akademie-Gelände ab, als diese in die Stadt fahren möchte, und begleitet sie nach Berlin. Dieser Montag sollte abermals ein besonderer Tag werden. Den Abend wird Melitta «sehr vergnügt»[66] mit einem Fest bei Sekt und Kerzenschein, aus welchem Anlass verrät sie nicht, in der Luftkriegsakademie beenden. Mit von der Partie, wenn auch nicht als Tischherr, ist Franz Amsinck.

Am Vormittag hatte sich Melitta zunächst in die Räume des Unternehmens «Heinrich Hoffmann – Verlag nationalsozialistischer Bilder» begeben. Der Hauptsitz befand sich in der Kochstraße 10, Ecke Friedrichstraße. Melitta hatte einen Termin vereinbart, sie ließ ein Fotoporträt anfertigen. «Heinrich Hoffmann-Aufnahme», hält ihr Notizbuch lakonisch für diesen Tag fest.[67] Vermutlich begab sie sich nicht in die Kochstraße, sondern betrat das im Kaiserreich erbaute, elegante «Hotel Bristol», Unter den Linden 65. Dort hatte die 1932 ihrer jüdischen Herkunft wegen emigrierte Vicki Baum in den zwanziger Jahren als Zimmermädchen für ihren späteren Weltbestseller «Menschen im Hotel» recherchiert. 1934 war hier das Unternehmen Heinrich Hoffmann mit einem Atelier für Presseporträts eingezogen. Dass sich der Chef persönlich um Melitta gekümmert hat, ist nicht belegt, es standen versierte angestellte Fotografen zur Verfügung. Welchem Zweck das Porträt dienen sollte, gibt Melitta in ihren Notizen nicht preis. So weit bekannt, ist es in keiner Zeitschrift oder Zeitung veröffentlicht worden. Offenbar wurde es nur im Freundes- und Bekanntenkreis weitergegeben.

Der Mann, in dessen Atelier sich Melitta an jenem Montag im Juli 1943 begab, war der «Leibfotograf des Führers» und Besitzer der größten privaten Pressebildagentur des Dritten Reiches. Hoffmann war ein alter Kämpfer, den Vormarsch der braunen Bewegung in München hatte der gelernte Fotograf von Anfang an mit seiner Kamera begleitet, 1925 wurde er Parteimitglied.

«Hitler, wie ihn keiner sah», «Hitler in seiner Heimat», «Hitler in seinen Bergen», «Hitler abseits vom Alltag» lauteten die Titel der propagandistischen Bildbände, mit denen der sogenannte Reichsbildberichterstatter den Führerkult nach der «Machtergreifung» in Millionenauflagen auf die Spitze trieb. 1943 hatte Hoffmann den Höhepunkt seiner Karriere erreicht, in diesem Jahr verdiente sein Unternehmen mit Sitz in München, Filialen in Deutschland und den besetzten Gebieten sowie dreihundert Mitarbeitern so viel Geld wie nie zuvor, fünfzehn Millionen Reichsmark.[68] Hoffmanns persönliches Vermögen betrug sechs Millionen Reichsmark, er besaß eine Kunstsammlung und Immobilien auch in von den Deutschen während des Krieges besetzten Städten. Bereicherung, Ruhmsucht und Antisemitismus waren die Hauptmotive des grobschlächtigen und trinkfreudigen Mittelfranken, der nationalsozialistischen Diktatur Sympathie entgegenzubringen.

Porträts von Prominenten hatten schon vor dem Ersten Weltkrieg zu den wichtigsten Betätigungsfeldern Heinrich Hoffmanns gehört. Seit dem Münchener Hitlerputsch 1923 posierten führende Nationalsozialisten vor Hoffmanns Kamera, im Dritten Reich waren es Prominente aus Staat und Wehrmacht. Göring als Pour-le-Mérite-Träger oder Reichsjägermeister, Joseph Goebbels, die Generalfeldmarschälle Keitel, von Brauchitsch, von Reichenau oder von Rundstedt zählten zum Kreis der Erlauchten. Sich von dem Mann ablichten zu lassen, der dem «Führer» auch persönlich nahestand, war etwas Besonderes und verlangte seinen Preis. Am 12. Juli 1943 war Melitta von Stauffenberg an der Reihe. Was hatte sie unter all den Uniformträgern und Antisemiten zu suchen?

Von Melitta ist eine überschaubare Zahl von Fotografien aus allen Lebensphasen erhalten, viele Gruppen-, wenige Einzelaufnahmen. Melitta als Kind, kostümiert für das häusliche Thea-

Melitta von Stauffenberg im Juli 1943, fotografiert im Atelier von Heinrich Hoffmann.

terspiel, mit ihren Geschwistern im Garten ihres Elternhauses in Krotoschin, im Matrosenanzug im Kreise der Familie, als Studentin am Schreibtisch; mit Fliegerkappe im Cockpit eines Sportflugzeuges, mit einem Ingenieurkollegen in einer Junkers 88 in Gatow, im Abendkleid mit ihrer jüngsten Schwester Klara 1936 bei der Hochzeit ihres Bruders in Danzig-Oliva. Blickt das kleine Mädchen lächelnd oder gelassen, so die junge Frau ernst und skeptisch und die Erwachsene konzentriert und in sich gekehrt, selten gelöst oder lächelnd. Im Profil zeigt sich Melitta unter den insgesamt etwa achtzig überlieferten Fotografien immer dann, wenn es sich nicht um Schnappschüsse handelte, sondern wenn sie sich vor der Kamera posierend selbst inszenierte.

In der Rolle der Neuen Frau hatte sie am Ende der zwanziger Jahre als avantgardistische Garçonne *en profil* posiert[69], ähnlich aber auch schon zu Beginn ihrer Studentenzeit als Schwabinger Bohemienne. Die noch vom Schwung des Jugendstils beseelte Gesichtslinie der Bleistiftzeichnung hatte die Herkunft des von Melitta bevorzugten Profils aus der Tradition des Scherenschnitts verraten, den sie als Schülerin mit großem Geschick ausgeübt hatte. Im Hoffmann-Porträt von 1943 waren Kindheitstage, Schwabinger Boheme und androgyne Berliner Garçonne jedoch grauer Schnee von gestern. Die Rollenspiele der Avantgarde waren nur mehr ein fernes Echo, jetzt galt es, eine Maske auf-

Sechstes Kapitel

zusetzen, die innere Brüche und äußere Störungen in eine über alle Nervositäten erhabene glasklare Form goss.

Als Hanna Reitsch 1941 das EK II erhielt, blickte Melittas Konkurrentin in vollem Ordensschmuck breit lächelnd in die Kamera, das Glück, vom «Führer» persönlich ausgezeichnet worden zu sein, strahlte aus jeder Pore ihres dem Publikum offen und ohne jedes Geheimnis dargebotenen Jungmädchengesichtes. Frontalgesichter treten in Dialog, sind in der Welt, lassen Nähe des Betrachters wie dessen psychologische Deutung zu. In der Ruhe des Profilgesichtes hingegen liegt eine dialogverweigernde, seltsame Spannung, wie schön eine Profilansicht auch sein mag, für den Betrachter bleibt der Dargestellte abstrakt. In der langen Kunstgeschichte des Porträts dienten Profilansichten der Steigerung des Prestiges wie der idealisierenden Verherrlichung des Dargestellten. Kaum anders verhält es sich mit Melittas Hoffmann-Porträt, auf dem sie nicht den Anflug «eines Lächelns zeigt. Dass sie diese Pose selbst bestimmt und bei der Sitzung im Atelier ein gewichtiges Wort mitgeredet hat, ist bei einer versierten Porträtplastikerin, wie sie es war, mehr als wahrscheinlich.

Lächeln für den «Führer»: Hanna Reitsch 1941 mit 29 Jahren.

«Den ewigen Juden» machte die nationalsozialistische Rassenkunde mit Hilfe der Pseudowissenschaft der Physiognomik dingfest. Aus Augen, Nasen, Gesichtern, Körperbau sprach die angebliche Verschlagenheit und Niedertracht der Juden, ihre «rassische Minderwertigkeit»[70]. Auf ihrem Porträt verweigert Melitta dem Betrachter ihr Frontalgesicht nicht etwa deshalb, weil sie nicht als «jüdischer Mischling» erkannt werden möchte. Vielmehr tritt sie, als lasse sie sich freiwillig erkennungsdienstlich behandeln, als «rassereiner» Idealtyp ins heroisierende Licht des Fotografen. Die messerscharfe helle Profillinie vor dunklem Hintergrund soll sie physiognomisch veredeln und von allen «rassischen Makeln» befreien. Das Porträt ist Melittas Haupt- und Staatsbildnis, die bildliche Beglaubigung ihrer Gleichstellung mit deutschblütigen Personen durch den Nimbus, der den Leibfotografen des «Führers» umgab. War die statuarische Pose mit Perlenkette und schwarz-weißem Ornat die aristokratische Antwort auf die Orden und Gebiss vulgär zur Schau stellende «H. R.», der Versuch, die Reitsch wenigstens im Bildnis zu übertrumpfen?

Auf dem Hoffmann-Porträt trägt Melitta am Revers nicht das Eiserne Kreuz, sondern eine Brosche, die das Band des Ordens als Motiv für eine Schleife verwendet. Diese Spezialanfertigung hatte ihr Alexander von Stauffenberg verehrt.[71] Nach dem Besuch im Foto-Atelier waren es jedoch nicht Melitta und Alexander, sondern Melitta und Franz, die gemeinsam nach Gatow zurückfuhren. Unterwegs schenkte Franz ihr ein «kleines EK»[72], ebenfalls eine Sonderanfertigung.

Was fand Melitta an dem jungen Oberleutnant, was ihr Alexander nicht geben konnte? Franz und Melitta gehörten zwei gänzlich verschiedenen Generationen an. Die harten Schicksalsjahre, die Melittas Kriegsjugendgeneration im Weltkrieg wie der frühen Weimarer Republik bestanden hatte, waren jungen Männern wie Franz erspart geblieben. Im ersten Jahr nach dem Ende des Großen Kriegs geboren, gehörte er der «Kerngeneration der Luftwaffe»[73] an, die geprägt war vom Körper- und Technikkult der zwanziger Jahre, in der NS-Diktatur ihre Jugend verbrachte,

Sechstes Kapitel

«eine generationsbedingte Affinität zum Nationalsozialismus»[74] hatte und im Zweifelsfall eine große Fliegerbegeisterung mitbrachte. Allerdings war es nicht die Sport-, Technik- und Flugbegeisterung allein, durch die das ungleiche Paar Melitta und Franz über alle Generationendifferenz hinweg miteinander verbunden war.

Seelische wie emotionale Übereinstimmung fanden Franz und Melitta exterritorial, nämlich außerhalb der Selbstbestätigungszwänge, die sich beide auferlegt hatten. Die alltäglichen Bewährungsproben müssen für Melitta immens anstrengend gewesen sein. Männliche Rituale waren der Arbeitersoldatin in Fleisch und Blut übergegangen, auch in ihrer Freizeit. Wann immer es möglich war, griff Melitta in Gatow zur Schrotflinte, begab sich auf das waldnahe Flugfeld hinaus zum «Pirschgang», Karnickel standen häufig auf ihrem Speiseplan. Bei ihren Besuchen in Lautlingen gab sie sich allerdings nicht mit der Kaninchenjagd zufrieden. Auf dem Tierberg, einem Jagdgebiet der Stauffenbergs, erlegte sie Böcke, und dies nicht ohne Passion. «Pirschgang, sinnlos, abends verpatzt», heißt es Ende Juli, einen Tag später «Einstangenbock angepirscht, 2 Stücke aufgescheucht»[75]. Solche Notizen finden sich häufig. Jagdflieger waren nur gute Jagdflieger, wenn sie auch gute Schützen waren. Häufiges Üben an Schießständen gehörte zu ihrer Profession. Auch die Pirsch galt als empfehlenswerte Übung.[76] Bei Melittas Jagdfieber war auch die Fliegerin, die kaum je etwas anderes getan hatte, als dafür zu sorgen, Bomben und Projektile optimal ins Ziel zu lenken, mit im Spiel.

Der amputierte Franz wiederum war lebender Beweis dafür, was es hieß, unter den Bedingungen des nationalsozialistischen Weltanschauungskrieges ein Krüppel zu sein. Untätig herumzusitzen wäre für ihn einer persönlichen Kapitulation gleichgekommen. Der eher schmächtige Oberleutnant wollte kein halber

Mann, er wollte ein ganzer Kämpfer sein. Es komme darauf an, schrieb er an seine Schwester Ellen im September 1943, «Vorbild» zu sein und «eiserne Haltung» zu zeigen.[77] Melittas und Franz' Beziehung zeichnete sich allerdings gerade dadurch aus, dass beide von heroischer Programmatik wenigstens zeitweilig entlastet waren. Dem Altersunterschied war es zu verdanken, dass die beiden aus den beruflichen wie geschlechterspezifischen Konkurrenzen und Abhängigkeiten, aber auch aus den Unbilden der Kriegszeit heraustreten konnten. Melitta war vierzig Jahre, ein Alter, in dem Frauen, damals noch mehr als heute, zum ersten Mal den Verlust der Jugend zu spüren beginnen, wissen, dass eine Schwangerschaft unwahrscheinlich geworden ist und es mehr denn je auf eine erfolgreiche berufliche Zukunft ankommt. Melitta hatte ihre Karriere in einer von militärischen Kodizes bestimmten Männerwelt gemeistert, von Franz als begnadete Fliegerin wie Ingenieurin bewundert, konnte sie die Konkurrenz mit ihren männlichen Kollegen in ihrer Beziehung zu ihm für eine Weile außer Acht lassen. Die Versehrtheit des jungen Mannes ermöglichte es ihr, ihm gegenüber ihren mütterlichen Gefühlen freien Lauf zu lassen, aber auch ihren erotischen Bedürfnissen, denn sicherlich fand Franz sie mit ihren vierzig Jahren attraktiv. Umgekehrt hatte dieser keinen Grund mehr, sich wegen seiner Amputation zu schämen, denn sicherlich fand auch Melitta ihn begehrenswert, das seiner Verwundung geschuldete übertriebene Draufgängertum konnte er ihr gegenüber beiseitelassen. Von einer Gleichaltrigen hätte Franz nicht so viel Mitgefühl erwarten können, er hätte sich bewähren müssen, im Gegenzug konnte Melitta endlich einmal ihre kühle Unnahbarkeit beiseite- und sich gehenlassen. Beiden gelang es, sich zu rehabilitieren, Melitta als Frau, Franz als Mann, beide waren sie vor der Zeit gealtert, Franz war kein Twen, er sah aus wie ein uralter Landser, Melittas Gesicht war zerfurcht. Und schließlich hatte in ihrer Beziehung

Sechstes Kapitel

auch der in Kriegszeiten immer und überall lauernde Tod für eine Weile das Nachsehen.

Und Alexander? Im Sommer und im Herbst 1943 war er meist abwesend. Nach seiner Verwundung im Herbst zuvor war er im Februar 1943 wieder zum Wehrdienst einberufen worden. Im April absolvierte er einen Artillerielehrgang in Jüterbog bei Berlin, wo er sogar Amsinck über den Weg gelaufen sein könnte und es genügend Zeit gab, Melitta zu treffen. Es folgte ein abermaliger Einsatz an der Ostfront, Ende Mai war er wieder in der Normandie für weitere Artillerielehrgänge.[78] In Metz, ihrem gemeinsamen Treffpunkt, besuchte Melitta ihren Mann im Mai und Juni jeweils etwa eine Woche, im August auf einer Dienstflugreise von Paris nach Würzburg bei einer Unterbrechung möglicherweise nur ein paar Stunden, seine Urlaubstage verbrachte Alexander offenbar meist in Gatow beziehungsweise in Berlin.[79] All diese Trennungen waren für das Ehepaar nichts Ungewöhnliches, Melitta und Alexander hatten auch vor dem Krieg nicht ohne fortwährende Unterbrechungen zusammengelebt.

In Kriegszeiten bedeuten unfreiwillige Trennungen aber etwas anderes. Trennungsschmerz, verbunden mit Angst um das Leben des anderen, Angst vor dem Tod an der Front oder als ziviles Bombenopfer halten mindestens unterschwellig beständig in Atem. Durchhalten, so gut als möglich durchhalten, lautete die Devise. Solange Alexander in der Etappe oder bei Lehrgängen war, telefonierten beide häufig miteinander, Melitta nutzte offenbar das Privileg ihres Diensttelefons. Hatte sie morgens und abends Amsinck getroffen, war sie bei mittäglichen Telefongesprächen mit ihrem Mann allerdings «nervös», und es wurde «gefremdelt»[80]. Als Alexander im September erneut an die Ostfront versetzt wurde, gab es keine Telefongespräche mehr, fast den ganzen Monat über auch keine Briefe. Voller Angst wartete

Melitta auf «Schn. Post»[81], Ende September erhielt sie drei Briefe von «Schnepfchen», war aber dennoch seinetwegen, wie sie tags darauf ihrem Notizkalender anvertraute, «sehr labil» und litt an «Herzweh»[82]. Eine Trennung Amsincks wegen hatte sie offenbar nie ernsthaft erwogen, dazu blieb ihr Verhältnis zu Alexander viel zu vertraut, Melitta bangte, fürchtete um ihn, wartete auf ihn, auch im Oktober, als erneut die Post ausblieb und sie zu somatisieren begann.

Mitte des Monats plagte sie zwei Tage lang das «Nesselfieber», «Morphium»[83] lautet der lakonische Zusatz. Eine Woche später verbrachte sie einen «schwarzen Tag», war «verheult» und hatte «geschwollene Augen»[84]. Dann, am vorletzten Oktobertag, erreichte sie die Nachricht, Alexander sei an der Front abermals verwundet worden, dieses Mal bei Nowo Lipowo.[85] «Er lag ja als vorgeschobener Beobachter am oder besser gesagt im Djnepr», berichtete sie ihrer Schwester Lili nach Neumünster, «und hat 2 Tage wüster Sturmangriffe unsererseits mitgemacht, die einen verlorengegangenen Abschnitt wieder einbringen sollten. Am 2. Tag hat es ihn erwischt. Die Verluste waren allgemein sehr hoch.»[86] Alexander von Stauffenberg hatte an der letzten Phase der Schlacht am Dnjepr in der südlichen Ukraine teilgenommen. Nach der Rückeroberung Charkows durch die Rote Armee war diese über den Unteren Dnjepr vorgestoßen und hatte dadurch dem Südflügel der deutschen Heeresgruppe Süd den Zugang zur Halbinsel Krim versperrt. Als Melitta ihrer Schwester vom Gesundheitszustand ihres Mannes Ende November berichtete, war Kiew von der Roten Armee auf ihrem Weg nach Westen bereits befreit worden. Mittlerweile, so Melitta, gehe es «Alex» wieder ausgezeichnet, «es war ein Granatsplitter, der tief in den Rücken gedrungen ist und noch dort steckt, aber weder Rippen noch Lunge verletzt hat. Die Ärzte wollen ihn stecken lassen, die Wunde heilt schon so zu.»[87] Alexander von Stauffenberg war gegen

Sechstes Kapitel

seinen Willen in die Heimat zurückgeschickt worden, angeblich wäre er lieber in der Nähe seiner Truppe geblieben.[88]

Melitta hatte es jedoch, dank welcher Beziehungen auch immer, geschafft, das tapfere Schnepfchen von einem Lazarett in Oberschreiberhau in Schlesien, das ihr aus ihrer Kindheit bekannt gewesen sein mag, nach Würzburg verlegen zu lassen. Als sie die Meldung von seiner Verwundung erhielt, war sie gerade auf dem ihrer Wohnung in der Methfesselstraße benachbarten Fliegerhorst damit beschäftigt, eine Versuchsstelle der Luftwaffe aufzubauen.[89] «Nun liegt er in einem sehr angenehmen Lazarett in der Nähe der Wohnung und kommt jeden Nachmittag nachhaus.»[90] Bis zum Februar 1944 kurierte Alexander seine Verwundung in Würzburg aus, dann wurde er wieder einberufen. Bis zum Jahresende pendelte Melitta zwischen Würzburg und Gatow, wieder einmal war sie viel unterwegs. Sobald sie in Würzburg eintraf, nahmen die beiden ihr gewohntes Eheleben wieder auf. Schon im Sommer, in der Normandie, hatte Alexander Zeit gefunden, den «VII. Gesang» der «Odyssee» zu übersetzen; außerdem hatte er aus Anlass des zehnten Todestages Stefan Georges an einem Langgedicht über den «Tod des Meisters» gearbeitet, das ihm nach dem Krieg noch einigen Verdruss bereiten sollte.[91] Während seiner Genesung in Würzburg beschäftigte er sich wieder mit seiner noch unvollendeten lyrischen Arbeit. «Schn. dichtet», heißt es in Melittas Notizen.[92] Die Rollen sind weiter gut verteilt. Alexander verfolgt, wann immer sich die Gelegenheit ergibt, seine althistorischen Interessen und bleibt, wie seine Brüder Claus und Berthold, dem Andenken des Meisters treu. Der Kreis ist wie eh und je exklusiv männlich, teilhaben lässt Alexander Melitta aber doch. Ende Oktober befasst sie sich mit der Lektüre seines soeben erschienenen Aufsatzes «Vergil und der Augusteische Staat», wenig später liest er ihr seinen jetzt erst verfassten Nekrolog auf den bereits 1939 tödlich verunglückten

Freund Woldemar von Uxkull-Gyllenband vor. «Woldi» hatte sie an dem Tag kennengelernt, an dem sie auch Alexander zum ersten Mal begegnet war. «Meisterhaft», lautet ihr Urteil.[93] Um ihren Mann muss sich Melitta am Ende des Jahres 1943 keine Sorgen machen, in Würzburg, im Lazarett wie in der Methfessel-straße, ist er, in Gedanken bei Woldi, George und Homer, in Sicherheit.

Nicht außer Gefahr hingegen war ihr Seelengefährte Franz Amsinck. Zwei Monate lang, im Juli und August, als Alexander bereits wieder beim Militär war, hatte sie ihn fast täglich gesehen. Im September beendete er seine Ausbildung in Gatow und durchlief am Fliegerhorst Altenburg in Thüringen einen Nachtjagdlehrgang. Seitdem war Melitta wieder mit sich, ihrer Doktorarbeit, ihren flugtechnischen Experimenten allein. Ihre Angst hatte sich verdoppelt, zur Sorge um Alexander kam die um Franz. Auf das Ende seines Nachtjagdlehrgangs sollte sein erster Kampfeinsatz folgen. Mit seiner technischen Ausbildung, technischen Begabung sowie exzellentem fliegerischen Können entsprach Franz Amsinck zwar dem Wunschbild des Ingenieuroffiziers. Zu seinem Entschluss, Nachtjäger zu werden, hatte Melitta dennoch mindestens indirekt beigetragen. Schon vier Wochen nach Ausbildungsbeginn hatte sie ihm ein exzellentes Zeugnis ausgestellt. Sowohl die einmotorige Ju 87 mit zwei Mann als auch die zweimotorige Ju 88 mit vier Mann Besatzung fliege, so Melitta in ihrem Gutachten, der einarmige Pilot ohne Probleme:

«Mit Hilfe seiner speziell dafür entwickelten Handersatzvor-richtungen beherrschte er dieses Muster [Ju 87] einwandfrei, und die Umschulung ging ohne Schwierigkeiten vonstatten. Bei Durchführung der Messungen im Geschwindigkeits-, Steig- und Sturzflug war er in der Lage, gleichzeitig ein brauchbares Protokoll über die Instrumentenanzeige zu führen. (Auch beim Fliegen in Bodennähe und in grosser Höhe von 8,5 km). – Im

Sechstes Kapitel

Sturz beherrscht er die Maschine kräftemässig mit und ohne Abfangautomatik, ebenso im Kunstflug.

Meines Erachtens dürfte auch die für seine spätere technische Tätigkeit erforderliche Ausbildung auf schweren mehrmotorigen Maschinen ihm bei seinem technischen Verständnis und seinen fliegerischen Anlagen keine Schwierigkeiten bereiten, wie schon die Beherrschung der Bedienungsgriffe der Ju 88 mit einer speziellen Hilfsvorrichtung zeigt.

Die ihm übertragenen Flugversuche hat Oblt. Amsinck selbständig ausgewertet. In die mit den Flugversuchen zusammenhängenden Probleme hat er sich schnell eingearbeitet, obwohl er seine ingenieurmäßige Ausbildung noch nicht beendet hat.

Gez. M. Grfn. Stauffenberg»[94]

Mit diesem Zertifikat in der Tasche standen Franz alle Türen offen. «Die Fronteinsatzfrage», also seine Entscheidung, die Ingenieurslaufbahn aufzuschieben und stattdessen Jagdflieger zu werden, hatte er, wie er in einem Brief an seine Schwester Ellen schrieb, bereits Ende Juli 1943 «mit Papa besprochen»[95]. Der Besuch bei seinen Eltern in Hamburg-Blankenese hatte offenbar während der britischen Luftoperation «Gomorrha» oder kurz danach stattgefunden. Dabei waren fünfunddreißigtausend Zivilisten ums Leben gekommen und große Teile der Innenstadt wie auch innenstadtnahe Arbeiterviertel und Hafengebiete fast völlig zerstört worden. Womöglich war Franz Augenzeuge des von den britischen Brandbomben ausgelösten verheerenden Feuersturmes, jedenfalls war er vom Anblick ganzer ausgebrannter Stadtviertel tief erschüttert gewesen. «Das Bild von Hamburg», bekannte er, «hat mich damals in meiner eigenen Haltung bestärkt.»[96] Franz blieb seiner Überzeugung unbeirrbar treu. Als Staffelkapitän, eine Staffel umfasste mindestens neun Flugzeuge, wurde er zum Jagdgeschwader 301 versetzt.

Letzte Anweisungen: Gatow, um 1943.

Wie vor ihm bereits Melitta, hatte jedoch auch Franz nicht mit seinem Vater gerechnet. Unter der Namensangabe «Major Amsinck» richtete der Herr Papa ebenfalls ein Schreiben an das Reichsluftfahrtministerium, sein Vorgehen war allerdings geschickter als Michael Schillers Intervention. Heinrich Amsinck wandte sich nicht an den Reichsmarschall, sondern an den zuständigen Mann, Werner Kreipe, General der Fliegerausbildung und Kommandeur der LKA Gatow. In starken Worten wies der besorgte Stiefvater auf Franz' Invalidität hin: «Oblt. A. hat durch Verwundung im Juli 41 die linke Hand verloren, ausserdem das Ellbogengelenk des rechten Armes: Ober- und Unterarm hängen durch Sehnen und Muskeln lose zusammen. Infolge Schäden an den Nerven sind an der rechten Hand nur die ersten 3 Finger voll verwendungsfähig.»[97] Deshalb «erscheint es mir als frevelhafter Leichtsinn, sein Leben zwecklos aufs Spiel zu setzen». Statt sich seiner als Pilot zu bedienen, solle man sich, so Heinrich Amsincks Vorschlag, Franz' überragender technischer Fähigkeiten bedienen und ihn nach Abschluss seines Ingenieurstudiums als Konstrukteur einsetzen.

Anders als Melittas Vater Michael hatte Vater Amsinck mit seiner Petition Erfolg, und sein Stiefsohn erhielt «Feindstartverbot»[98]. Kaum zwei Wochen später war jedoch wieder alles beim Alten. Franz hatte sich sofort nach Erteilung des Verbotes an Kreipe gewandt, um eine Aufhebung des Startverbots zu erwirken. Eine «Nachuntersuchung auf Wehrtauglichkeit», eine Einschätzung Kreipes wie eine Beurteilung durch seinen Geschwaderkommodore Major Weinreich gaben den Ausschlag. Alle drei Gutachten bescheinigten ihm körperliche Tauglichkeit, technische Funktionsfähigkeit seiner Prothesen sowie Flugfähigkeit auf drei verschiedenen Flugzeugtypen. Von der Ju 87 abgesehen, beherrsche er die Arado 96 im Kunstflug sowie die Focke-Wulf 190 auch im Nachteinsatz.[99] Folglich käme er als «Flugzeugführer», «für den Nachteinsatz auf 1-motor. Flugzeugen» sowie als «Staffelkapitän» in Frage. «Gerade auf Grund seiner schweren Verwundung», bescheinigte ihm Geschwaderkommodore Weinreich, einen Tag bevor dieser selbst abgeschossen und tödlich verletzt wurde[100], «ist Oblt. A. als Einheitsführer im Einsatz besonders geeignet. Durch das Beispiel seines Einsatzes hat er auf die Truppe einen mitreissenden Einfluss, der heute mehr denn je erforderlich ist.»[101] Auf einem Fliegerhorst östlich Wilhelmshaven wartete der als Kämpfer rehabilitierte Franz Amsinck als Staffelkapitän des Jagdgeschwaders 301 auf seinen ersten Einsatz.

Dieses Geschwader trug, wie auch das Jagdgeschwader 302, den Beinamen «Wilde Sau». Das JG 301 war erst im Oktober, das JG 302 im November aufgestellt worden. Beide Geschwader wurden Ende August beziehungsweise im September erstmals eingesetzt. Die «Wilde Sau» war ein spezielles Nachtjagdverfahren mit einmotorigen Jagdflugzeugen. Erfinder war der Melitta von Stauffenberg auch persönlich bekannte, 1913 geborene Ritterkreuzträger Oberst Hajo Herrmann, der 1942 in den Führungsstab der Luftwaffe versetzt worden war. Die «Wilde Sau» war eine mehr oder weniger verzweifelte Reaktion auf die zunehmende Bedrohung des deutschen Reichsgebietes durch die von Churchill und Roosevelt auf der Konferenz von Casablanca im Januar 1943 beschlossene alliierte Bomberoffensive. Deren vorläufiger Höhepunkt, die «Operation Gomorrha» im Sommer 1943, hatte nicht nur Franz Amsinck schockiert, sondern die gesamte deutsche Luftwaffenführung überrascht. Bei dem Angriff auf Hamburg hatte die Luftabwehr einen herben Rückschlag hinnehmen müssen. Zwar hatten die deutschen Fernsuchgeräte die englischen Bomber bis zu ihrem Einflug in die Deutsche Bucht erfassen können. Aber sobald sie in den Bereich der schon seit mehreren Jahren ausgebauten «Kammhuber-Linie» kamen, ein von Jütland bis nach Zentralfrankreich reichender Riegel aus

Bodenleitstellen, Bodenradarstationen, Flak- und Scheinwerfer-batterien, waren sie von den Bildschirmen verschwunden. Die Royal Air Force hatte ein Mittel gefunden, die Frequenzen des deutschen Radars zu stören. 92 Millionen aus der Luft abgeworfene Aluminiumstreifen, von den Deutschen «Düppel» genannt, hatten Feuerleit- und Flugmeldegeräte ausfallen lassen und der RAF freie Flugbahn gegeben. Da kurzfristig technische Neuentwicklungen auf dem Gebiet des Radars nicht zu erwarten waren, der Zustrom alliierter Bomber aber unter Kontrolle gebracht werden musste, sprang Hajo Herrmanns «Wilde Sau» in die Bresche. Einsatzmittel waren die einmotorigen Jäger Messerschmitt Bf 109 sowie die Focke-Wulf Fw 190. Für den Einsatz bei Tage bestimmt, besaßen diese Maschinen allerdings weder die für eine Ortung feindlicher Flugzeuge notwendigen Bordradargeräte, noch konnten sie vom Boden aus geleitet werden. Der Ersatz für die fehlende Nachtjagdausrüstung war ein tollkühnes Verfahren, das ein maximales Draufgängertum des Piloten erforderte. Mit bloßem Auge erkannt werden konnten die feindlichen Bomber nämlich erst, wenn sie ihr Zielobjekt, die deutschen Städte, bereits erreicht hatten. Vom Boden mit Scheinwerfern, Flak-Leucht-raketen erfasst oder durch bereits ausgebrochene Flächenbrände erkennbar, wurden sie von den über ihnen fliegenden Jägern ins Visier genommen. In diesem Inferno aus Lichtstrahlen, explodierenden Leuchtgranaten und Leuchtgeschossgarben suchten die einmotorigen Nachtjäger ihre Opfer und griffen aus einer Nähe von nur fünfzig bis fünfundsiebzig Metern an.

Im Sommer und Herbst 1943 war die «Wilde Sau» in absoluten Zahlen gemessen vergleichsweise erfolgreich. Allerdings hätten die Abschüsse doppelt so hoch sein müssen, um die alliierte Luftoffensive effektiv zu behindern. Hinzu kam, dass die Einsitzer wegen fehlender Navigationsinstrumente bei Nachtflügen oft hilflos waren. Ihre hohen Geschwindigkeiten von mehr als sechshundert Stundenkilometer führten bei Starts und Landungen in der Dunkelheit häufig zu Bruchlandungen, die auch deswegen nicht immer glimpflich ausgingen, weil die Ausbildung der Piloten den schwierigen Anforderungen nicht gerecht wurde. Die Wende im Luftkrieg über Deutschland brachte der Einsatz des vergleichbaren deutschen Maschinen überlegenen US-amerikanischen P-51-Mustang-Jagdeinsitzers. Schon im November und Dezember stiegen die Verluste der deutschen Jägerwaffe kontinuierlich an.[102]

Zwar beschwor Franz Amsinck gegenüber seiner Schwester, dass «ich meine Bedienungshandgriffe auch im Dunkeln ausführen kann, sodass ich keine grösseren Schwierigkeiten beim Nachtflug habe, als jeder andere auch»[103]. Dennoch wäre Mitte Dezember, wie Melitta notiert, «A. fast verbrannt, Fahrwerk ging nicht rein, daher wieder gelandet, durchgestartet, gebrannt, mit Rückenwind gelandet, rausgeworfen, Maschine verbrannt»[104]. Mit leichten Verbrennungen in der rechten Gesichtshälfte kam Franz gerade noch davon, wie er seiner anderen Schwester Anny mit kokettem Stolz über seine Pilotenkünste berichtet. «Beim Werkstattflug hat das Biest kurz nach dem Start angefangen zu brennen. In 50 m Höhe, zum Absprung mit dem Fallschirm viel zu niedrig, ist es mir aber gelungen, den Vogel so schnell wie möglich auf dem Flugplatz zu landen und mich im Ausrollen aus der Maschine fallen zu lassen, gerade noch zur rechten Zeit, denn die rechte Gesichthälfte ist schon leicht angekokelt gewesen (Verbrennungen 1. Grades, die schon beinahe vollständig wieder abgeheilt sind).»[105] Am Jahresende 1943 war der tollkühne Franz mit dem Leben nur knapp davongekommen.

War Franz Amsinck ein Fanatiker? Er war kein nationalsozialistischer Weltanschauungsfanatiker, das Vokabular des Dritten Reiches sucht man zumindest in den Briefen an seine beiden Schwestern vergebens. Vor allem war er ein an Körper wie Seele verwundeter junger Mann, der seine Traumatisierungen durch übersteigerten Heldenmut zu kompensieren versuchte. Franz' Bedürfnis, «Vorbild» zu sein «und eiserne Haltung» zu zeigen, war deutlich beeinflusst von einer Einsatz- wie Opferbereitschaft, die hochdekorierte und öffentlich verehrte junge Fliegerhelden wie Werner Mölders, Adolf Galland oder Hajo Herrmann und eine ganze Reihe anderer seiner Generationsgenossen repräsentierten. Weder sein Stiefvater noch seine beiden ebenfalls um sein Leben fürchtenden Halbschwestern konnten ihn von seinem Nachtjägereinsatz abhalten. Franz war überzeugt, dass «nur außergewöhnliche Leistungen … uns einem Sieg näher (bringen), nur Einsatz bis zum Letzten»[106]. Und Melitta? Waren nicht ihre Sturzkampfversuchsflüge im zweiten Halbjahr 1943 stetig zurückgegangen, wusste sie nicht besser als viele andere, dass die jetzt akute Reichsverteidigung das endgültige Ende der deutschen Luftoffensive besiegelte? Hielt nicht wenigstens sie den jungen Mann von seinem nutzlosen Heldentum ab, oder war der eine Junkie nicht in der Lage, den anderen von seiner Flugsucht zu befreien?

Wie zum Hohn auf die deutsche Luftabwehr und die Ohnmacht der Stuka-Angriffswaffe fiel die Verleihung des Flugzeugführerabzeichens in Gold, das Göring Melitta bereits im Januar versprochen hatte, in das erste schwere Flächenbombardement der Royal Air Force Ende November auf Berlin. In einer Woche starben über zweitausend Menschen, fast zweihunderttausend wurden obdachlos. «Wir haben einen Weltuntergang erlebt», lautete die einhellige Meinung der Berliner.[107] Melittas kleine Feier fand um fünf Uhr nachmittags in Anwesenheit einiger Kollegen statt, später genehmigte man sich Sekt, in der Luftkriegsakademie stand er offenbar für besondere Gelegenheiten noch zur Verfügung. Der Abend endete für Melitta und ihre Gäste jedoch im Luftschutzkeller, auch am folgenden Tag gab es wieder

Alarm. Die alliierten Bombardierungen waren der Auftakt der «Battle of Berlin», sie versetzte die Stadt für die kommenden vier Monate in Angst und Schrecken.

Schon im März war die Kulturabteilung des Auswärtigen Amtes sowie die mittelbar dem Reichspropagandaministerium unterstellte «Nordische Verbindungsstelle» mit einer Bitte an Melitta herangetreten. Von einigen Auftritten im Rundfunk abgesehen, war sie im zweiten Halbjahr 1943 nicht mehr öffentlich in Erscheinung getreten. Trotz abermaliger Weigerung musste sie jetzt den Auftrag annehmen und nach Stockholm reisen und dort vor der Deutsch-Schwedischen Gesellschaft einen Vortrag halten. Zu Jahresbeginn hatte sie noch mit der Begründung abgelehnt, «dass Alex zum Kurs nach Jüterbog und anschliessend womöglich gleich ins Feld sollte»[108]. Im November gab es keine Entschuldigung mehr. Die Deutsche Gesandtschaft war der Brückenkopf des Deutschen Reiches in Schweden, das im Krieg neutral geblieben und ein Partner war, den es unter Kontrolle zu halten galt. Melittas Auftritt fiel in den kriegspropagandistischen Aufgabenbereich der Presse- und Kulturabteilung der deutschen Botschaft. In einem vierseitigen Typoskript hat Melitta die Begleitumstände ihrer Reise nach Stockholm vermutlich für private Zwecke *en détail* geschildert.

Eine erneute Verweigerung des Reiseauftrages kam vor allem wegen der Bombardierung Berlins nicht mehr in Frage. In Stockholm sollte nicht der Eindruck entstehen, Melittas Vortrag müsse wegen der alliierten Luftangriffe ausfallen. Da aber der Sitz der Nordischen Verbindungsstelle brannte, die schwedische Gesandtschaft zerstört war und das Auswärtige Amt in Berlin Bombenschäden hatte, «war es unendlich mühsam, alle Vorbereitungen – Pass, Visum, Devisen, Flugplatz u.s.w. – rechtzeitig zu treffen. Auch die Telefone funktionierten nicht mehr richtig. Alles musste durch Boten von einer Stelle zur anderen getragen

Sechstes Kapitel

werden.»[109] Ein schwedisches Visum war vorerst nicht zu bekommen, die entsprechenden Formulare waren verbrannt. Die Sitzplätze im Flugzeug Berlin–Stockholm waren längst ausverkauft, einen Regierungsplatz erhielt Melitta zunächst nicht, weil der zuständige Major im RLM behauptete, Frauen stünden solche Plätze nicht zu. Endlich erhielt sie ihren Flugschein, «derselbe Mann knickte natürlich innerhalb einer Minute in die Kniee, als er von oben eine drauf bekam»[110].

Zu diesem Zeitpunkt befand sich Melitta noch in Würzburg, von dort wollte sie selbst fliegen, doch der Motor der ihr zur Verfügung gestellten Maschine war defekt. Als sie mit dem Zug endlich in Berlin ankam, griff die RAF abermals Berlin an, und es gelang ihr nicht, von Wannsee nach Tempelhof zu fahren. Die Fahrzeuge des Auswärtigen Amtes waren ausgebrannt oder beschädigt, das RLM hatte Weisung gegeben, das Flugzeug bis zum Eintreffen Melittas zurückzuhalten. Als sie endlich mit einem Taxi, das das Auswärtige Amt geschickt hatte, am Tempelhofer Flughafen ankam, war das Flugzeug gestartet. Der schwedische Pilot war in Erwartung weiterer alliierter Angriffe bereits aufgebrochen. Stattdessen wartete eine verspätete Maschine nicht nach Stockholm, sondern nach Malmö auf ihren Abflug, als Melitta an Bord war, musste der Start wegen Fliegeralarms abgebrochen werden. Da der Pilot dieser Maschine keine weitere Nacht in Berlin verbringen wollte, startete er trotz «Nebels und Vereisungsgefahr» doch noch. Der Flug führte nach Kopenhagen, Malmö fiel aus.

In Kopenhagen verharrte Melitta ohne schwedisches Visum und ohne Devisen, man hatte ihr versprochen, beides der widrigen Umstände wegen ausnahmsweise bei der Ankunft auszuhändigen, was jedoch fehlschlug. Melitta beschloss, mit «einer Einsatzmaschine auf eigenes Risiko am nächsten Morgen nach Malmö» zu fliegen. Die Nacht musste sie allerdings noch in Kopenhagen verbringen. An Bettruhe war nicht zu denken, vor dem

Hotel, in dem Melitta wohnte, hatten dänische Partisanen einen deutschen Feldwebel erschossen. Wenig später erschütterten zwei Explosionen benachbarte Fabriken, abermals ein Sabotageakt von Partisanen. Am nächsten Tag erhielt Melitta in Malmö auf Weisung des schwedischen Außenministeriums ein provisorisches Visum aus den Händen des deutschen Generalkonsuls, dann nahm sie den letzten Zug und fuhr nach Stockholm.

Kaum im Hotel angekommen, wurde sie von Reportern bestürmt, gleich am Montag, dem Tag des Vortrags, setzten gesellschaftliche Verpflichtungen ein, die sich bis zum Mittwochabend hinzogen, bevor am Donnerstag die Rückreise begann. In ihren drei Stockholmer Tagen plauderte Melitta mit Diplomaten und Generälen, Vertretern von Wissenschaft und Forschung, verkehrte in adligen Kreisen, begegnete sie «zwei Schwestern von Karin Göring», der verstorbenen ersten Frau des Reichsmarschalls, die Schwedin war. Auch der berühmte Forschungsreisende Sven Hedin, der enge Kontakte zum Dritten Reich pflegte, war mit von der Partie. Auf Melittas Vortrag folgte ein Festessen mit anschließendem Tanz, leider war Frau Berta Schneider-Opholzer, eine aus Wien angereiste Opernsängerin, wegen der langen Bahnfahrt «stimmlich indisponiert». In den beiden nächsten Tagen folgten Empfänge, Banketts und Diners am laufenden Band, der Besuch eines Freiluftmuseums, einer Aufführung der Oper «Carmen» sowie eines Konzerts, das Wilhelm Furtwängler dirigierte. Die Deutsche Gesandtschaft in Stockholm hatte alles getan, den Vortrag der Gräfin Stauffenberg zu einem aufsehenerregenden Medienereignis werden zu lassen.

Melitta deutete in ihrem Reisebericht die Gründe für die Unaufschiebbarkeit ihres Vortrages nur an. Genaues wisse sie nicht, man habe ihr mitgeteilt, die kulturellen Beziehungen zu Schweden seien gespannt, auch wegen «Sympathiekundgebungen der schwedischen Studenten für die norwegischen»[111]. In

Sechstes Kapitel

Stockholm wird man ihr wohl erklärt haben, was vorgefallen war. Nicht allein die kulturellen Beziehungen zwischen Schweden und dem Deutschen Reich waren gespannt, schlecht bestellt war es vor allem um das politische Verhältnis. Der Grund war die Schließung der Osloer Universität durch die deutsche Besatzungsmacht erst wenige Tage vor Melittas Abreise. Gegen die seit 1940 immer wieder unternommenen Versuche der Nazifizierung hatte es Proteste gegeben, dabei waren unter Einsatz von Wehrmacht und Gestapo mehr als tausend Studenten verhaftet und zum Teil in Konzentrationslager deportiert worden. In Schweden wie anderen nordischen Nachbarländern war es daraufhin zu Solidaritätsbekundungen für die norwegischen Studenten gekommen, die zu Beginn des Zweiten Weltkrieges gespaltene öffentliche Meinung Schwedens gegenüber Deutschland schlug in offene Ablehnung um. Die Politik der Nachgiebigkeit in Gestalt von Handelsbeziehungen und Durchmarscherlaubnissen für deutsche Truppen wurde revidiert, Schweden begann sich schrittweise westlich zu orientieren. Weil das Deutsche Reich ein militärisches Vorgehen gegen Schweden aus Furcht vor einer alliierten Invasion in Norwegen nicht riskieren wollte, ließ Berlin propagandistische Geschütze sprechen. Melittas Vortrag fiel in den Beginn der sich abkühlenden Beziehungen. Als geeignetes Mittel für den Zweck sanfter Sympathiewerbung trat Melitta Gräfin Stauffenberg in Aktion. Die in militärischen Diensten tätige Frau sollte die deutsche Kriegsmacht in einem unaufdringlich positiven Licht erscheinen lassen.

Dass Melittas Auftritt zum Erfolg wurde, war kein Wunder. Die Schwedisch-Deutsche Gesellschaft, die sie offiziell eingeladen hatte, gehörte zu den wenigen Kreisen, in denen die traditionelle schwedische Deutschfreundlichkeit pronationalsozialistisch ausfiel. «Eine Frau in der Flugerprobung» lautete der Titel ihres etwa fünfundvierzig Minuten langen Vortrages. Wie, wann und wo hatte sie die Zeit und die Ruhe gefunden, die Rede zu schreiben? Wer hatte sie gegengelesen, Empfehlungen gegeben, kontrolliert, zensiert? Das erlauchte Publikum hörte eine verhaltene Rede, im Dienste der Propaganda schlug Melitta nur leise propagandistische Töne an und stellte im Wesentlichen ihre Karriere als Fliegerin dar. Da sie auf ihren militärischen Aufgabenbereich aus Gründen der Geheimhaltung nicht näher eingehen konnte, erzählte sie ihr stürmisches Flugabenteuer aus der Zeit vor dem Krieg, als sie in Frankreich hatte notlanden müssen. Das war spannend und mitreißend, aber das Problem, wie sie als Frau ihren «letzten – man möchte sagen soldatischen – Einsatz, sei es auch um den des Lebens»[112] legitimieren sollte, war damit nicht zu lösen.

Ihre Rolle als Sympathiewerberin für den NS-Staat brachte sie in eine unangenehme ideologische Zwickmühle. Einerseits scherte sie aus dem nationalsozialistischen Geschlechterbild nicht aus, wenn sie sich in das Kollektiv der deutschen Volksgemeinschaft einordnete und betonte, «wir Fliegerinnen sind keine Suffragetten»[113]. Im Widerspruch zu ihrer Aussage, «die Fliegerei (sei) für uns [die deutschen Fliegerinnen] nie eine Sache der Sensation oder gar der Emanzipation gewesen», beschreibt sie im Weiteren allerdings deutlich, wie hart der Weg ihrer Flugausbildung für sie als Frau gewesen sei. Sie hätte «überdurchschnittliche Leistungen vorweisen, d. h. wesentlich mehr riskieren [müssen] als ein männlicher Flugschüler, um mich überhaupt durchzusetzen»[114]. Sturzkampfflugzeuge, ergänzte sie lakonisch untertreibend, bevorzuge sie von allem Fluggerät «ganz einfach deswegen, weil sie fliegerisch besonders interessant sind»[115]. In Stockholm trat Melitta anders als im Berliner Fotoatelier Heinrich Hoffmann nicht im schwarzen Ornat, sondern mondän, elegant und betont weiblich im Abendkleid vor das Publikum.[116] Diese Entscheidung, sich nicht als waffenkundige Amazone, sondern als charmante

Sechstes Kapitel

Frau in kriegswichtiger Tätigkeit in Szene zu setzen, ließ keine andere Wahl, als ihrer Sturzkampftätigkeit «laut Sonderauftrag des Reichsluftfahrtministeriums im unmittelbaren Dienst der Luftwaffe» die mitfühlende Krankenschwester folgen zu lassen. Ursprünglich habe sie gehofft, ihre Fähigkeiten im Ernstfall «nicht so sehr ‹ingenieurmässig› ... als vielmehr helfend und heilend im Rahmen des Roten Kreuzes, wie es der Frauen edelster und vornehmster Auftrag bleibt, verwerten zu dürfen»[117].

Das war zwar die reine Unwahrheit, aber irgendwie musste die immer strebsame und aufstiegsorientierte Ingenieurpilotin aus der Zwickmühle der NS-Geschlechterideologie herauskommen. Angesichts der Luftangriffe auf deutsches Reichsgebiet war es ohnehin nicht leicht für sie, die Schweden bei der propagandistischen Stange zu halten, erst recht nicht in der Rolle der Technikerin, die besser beim Roten Kreuz gelandet wäre. Als soldatische Frau stand Melitta in Stockholm *coram publico* für eine Modernitätslogik, die der NS-Staat für Frauen so nicht vorgesehen hatte, unter den 1943 herrschenden Bedingungen des totalen Krieges aber auch nicht mehr ausschloss. Nicht dem NS-Propagandabild vom sowjetischen «Flintenweib» zu ähneln, sondern trotz männlicher Tätigkeit Frau zu bleiben, hieß Melittas Stockholmer Rollenproblem. Lag es an dieser Ambivalenz, dass das Schlussbekenntnis ihres Vortrages eher lau ausfiel? Sie glaube nicht, endete sie, dass der Luftkrieg «uns brechen wird», «die eigentliche, die innerste Substanz des Volkes greift dieser Bombenkrieg – so hoffen wir – nicht an»[118]. Über die Lage an der Ostfront äußerte sie sich weniger zurückhaltend. Dieser Kampf «geht wirklich um Sein oder Nichtsein, auf Leben und Tod»[119]. Markig und kämpferisch waren diese Worte nicht, Vertrauen in den deutschen Endsieg hörte sich anders an.

Dennoch waren alle Beteiligten zufrieden. Die schwedische Presse hatte nach den Ereignissen in Norwegen zum Boykott deutscher kultureller Veranstaltungen aufgerufen und bereits vor Melittas Auftritt in Stockholm vor allem Furtwängler scharf kritisiert. «Wer sich diesem Regime zur Verfügung stelle», gibt Melitta den Tenor der schwedischen Presse in ihrem Reisebericht wieder, «wäre nicht mehr befugt, die 9. zu dirigieren.» Diesen Angriff allerdings habe das Konzertpublikum «durch grossen Beifall Lügen» gestraft. Sie selbst hatte vor immerhin «6–700»[120] Gästen gesprochen, «mein Vortrag», konstatierte sie, «wurde ausserordentlich gut aufgenommen»[121]. Das sah auch die Kulturpolitische Führungsstelle der Deutschen Gesandtschaft in Stockholm nicht anders. In ihrem Vortrag habe sich «Gräfin Schenk von Stauffenberg», hieß es in einem Bericht an das Auswärtige Amt, «auch selbst als Vertreterin der für den Einsatz in der Heimatfront an zahllosen Stellen tätigen deutschen Frau» bekannt, «der nach Form und Inhalt gleich wertvolle Vortrag löste bei den Zuhörern tiefe Ergriffenheit und einen bei diesen Veranstaltungen bisher noch nicht gekannten Beifall aus»[122]. Dass Gräfin Stauffenberg «trotz größter technischer Hindernisse der Einladung» gefolgt sei, habe im Übrigen zum Ausdruck gebracht, «dass die Terrorangriffe auf Berlin die Durchführung der kulturellen deutschen Tätigkeit nicht ernstlich hindern können»[123]. Medial war die Veranstaltung kein Erfolg, die Presse begnügte sich mit knappen Meldungen.[124] Dennoch hatte Melitta in den Augen des NS-Regimes ihren Dienst, das Reich nicht als Verlierer dastehen zu lassen, erfolgreich abgeleistet.

Erschöpft kam sie zu Hause an, mit Furtwängler hatte sie sich «auf der gemeinsamen Rückreise nach Berlin … recht angefreundet»[125], noch am selben Tag traf sie einen müden und blassen Amsinck. Dann empfing sie wieder der übliche Betrieb aus fieberhafter Arbeit, enervierenden Telefongesprächen und Terminen im RLM. Dort traf sie in den letzten Wochen des Jahres häufig Oberst Viktor von Loßberg, Gegenstand der Gespräche war die auch zur nächtlichen Luftverteidigung eingesetzte zweimotorige Ju 88, die im Radarkrieg mit den Alliierten bei der Entwicklung effektiver Funkmessgeräte eine wichtige Rolle spielte.

Mitte Dezember begab sich Melitta nach Würzburg, dort erfuhr sie, Tante Mietz sei gestorben. Am selben Tag erhielt sie die Nachricht, «A. beinahe verbrannt»[126]. Drei Tage vor Weihnachten fand die Trauerfeier für Tante Mietz auf Schloss Greifenstein in der Fränkischen Schweiz statt, an der sie zusammen mit Alexander von Stauffenberg teilnahm.[127] An Weihnachten kehrte in Würzburg endlich Ruhe ein. Am Nachmittag des Heiligen Abends schmückten Melitta und Alexander gemeinsam den Weihnachtsbaum, Melitta erschien im «Brokatkleid». Der späte Abend wurde plötzlich «leicht gestört», der soeben knapp dem Tode entronnene Amsinck stand vor der Tür und blieb über Nacht.

Ob Alexander über das vertraute Verhältnis seiner Frau zu dem jungen Mann Bescheid wusste? Tatsächlich kannte er Amsinck, Franz war bereits ein paar Wochen vorher, kurz nachdem Alexander in das Würzburger Lazarett eingeliefert worden war, in der Methfesselstraße erschienen. «A. kommt zu uns, Tee und Abendessen, will nicht fortgehen», notierte Melitta, «aber Schn. winkt ab. Schn. bis sehr spät, endlich 1 h doch noch Lazarett.» Führte das Trio eine Art *ménage à trois,* gab es ein stillschweigendes *gentlemen's agreement* zwischen Melittas beiden Männern? Zwar war Amsinck gehalten, am 25. Dezember wieder nach München-Schleißheim zurückzufliegen, wo er inzwischen stationiert war. Ihr Fest wollten sich die drei dennoch nicht verderben lassen, es blieb dabei, «wir kochen Gans, spätes Essen, A. nervös, weil 19 h Mü sein sollte, geht aber gut ab. Gemütlicher Weihnachtsabend»[128]. Bis weit über den Jahreswechsel hinaus folgten für Melitta dann meist nur noch schlechte Nächte mit Husten, Ohrenschmerzen und Fieber, außerdem «sinnlose Erwartungen

und Träume»[129]. In Stockholm hatte Melitta noch die Unerschüt-
terlichkeit ihrer physischen Konstitution gerühmt. Das war vor
allem Propaganda. In Wirklichkeit war Melitta dabei, innerlich
zu zerbrechen.

Siebtes Kapitel

«Am Orte, Liebstes, wo Du weilst»: Der Absturz

Tod eines Freundes

Der Winter 1943/44 war bitterkalt und schneereich. Melitta hatte Gatow bereits Mitte Dezember Richtung Würzburg verlassen, erst Ende Januar kehrte sie nach Berlin zurück. Ihre Tagebuchnotizen beginnen über das diskrete Andeuten beruflicher wie privater Sorgen und Vorkommnisse hinauszugehen. Redseliger wird sie zwar nicht. Doch als ob sie sich zunehmend ihrer selbst vergewissern müsse, dokumentiert sie die einzelnen Tage in Form eines Gerüstes alltäglicher Daten und Fakten.

So stand sie am 10. Januar um drei Uhr morgens auf, Alexander fuhr nach Überlingen.[1] Dort hatte sich Mitte der dreißiger Jahre im «Haus am See» eine Kolonie derjenigen Georgeaner eingerichtet, die nach 1933 in Deutschland geblieben waren und anders als zu des Meisters Lebzeiten auch nicht mehr ausschließlich die erotische Vorliebe für adonishafte Jünglingsgestalten pflegten. Es war Offas zweiter Besuch am Bodensee im neuen Jahr. Melitta hatte offenbar bereits zum Jahreswechsel hinter georgeanischen Belangen zurückstehen müssen. Alexanders Freund Rudolf Fahrner, den er 1941 in Würzburg kennengelernt hatte[2], «konnte ihn zur Sylvesternacht 1943 im Haus am See empfangen, wo das Abschlussgedicht zu seinem Dichtwerk ‹Der Tod des Meisters› seinen Ursprung nahm»[3]. Nach Alexanders zweiter Abreise ging sie nochmals zu Bett, nach dem Aufstehen räumte, packte, wusch sie den ganzen Tag und war «abends totmüde»[4]. Am nächsten Tag fuhr sie um «8.35» mit dem Zug zum Fliegerhorst Schleißheim, die Windschutzscheibe des Cockpits der Ju 87, die sie dort flog, platzte. Die nächsten sechs Tage waren ausgefüllt mit Besprechungen auf den Fliegerhorsten Schleißheim, Oberföhring und Neu-Biberg, Werkstattflügen vorwiegend mit der Focke-Wulf 190, Ruhepausen, Migräne und Grippe. Abwechslung bot ein zweimaliger Besuch im «Hotel Vierjahreszeiten» in München, wo Alfred Walterspiel, einer der berühmtesten Köche des Reiches, als Vorspeise Austern, als Hauptgang Ente reichte,[5] nicht gerade das übliche Mahl des durchschnittlichen Volksgenossen in Kriegszeiten. Ob der in Neu-Biberg stationierte Amsinck ebenfalls mit von der Partie war, erwähnt Melitta nicht.

Mitte Januar reiste sie von München nach Lautlingen, wo es «viel Lärm um Stockholmer Vortrag» und «abends Krach mit Mika»[6] gab, Berthold von Stauffenbergs Frau. Man war wohl über Melittas schwedische Eskapade wenig amüsiert und der Meinung, sie habe sich, trotz langem Zögern, instrumentalisieren lassen. Die folgenden Tage waren ausgefüllt mit Spaziergängen bei Sonnenschein, Teestunden mit Onkel Nux' Frau Hupa, Alexanders Mutter Duli und deren Schwester Lasli, an einem Abend gab es Sekt und Wein, zurück aus Überlingen musste Schnepfchen zum Zahnarzt. Alles war friedlich und voller Muße. Melitta ahnte nicht, dass sie die letzten ungetrübten Tage ihres Lebens verbrachte.

Am Sonntag, den 23. Januar, fanden sich Alexander und Melitta um elf Uhr auf dem Ulmer Hauptbahnhof ein, um nach Würzburg zurückzufahren. Anscheinend war Melitta aus berufli-

Siebtes Kapitel

chen Gründen gezwungen, von der Bahnhofskommandantur auf dem Fliegerhorst in Schleißheim anzurufen. Was sie in diesem Moment erfuhr, zog ihr den Boden unter den Füßen weg.

Amsinck war tot.

Er war schon zwei Tage zuvor mit seinem Jagdflugzeug abgestürzt. Am 21. Januar gegen 19 Uhr hatte eine erste Angriffswelle britischer Bomber Berlin erreicht. An der Luftverteidigung waren auch die Nachtjagdgeschwader 301 und 302 beteiligt.[7] Vermutlich hatte Amsinck mit seiner Focke-Wulf 190 A-7 die Nachtjagd über der Reichshauptstadt halbwegs gut überstanden, dann aber beim nächtlichen Landeanflug die Kontrolle über seine Maschine verloren. Zehn Kilometer «nördlich der Stadt Kehlheim (!) in Bayern»[8] war er zerschellt, die Ursache für den Absturz blieb ungeklärt.

«Benommen und tränenlos»[9] besteigt Melitta den nächsten Zug zurück nach München, dort holt Major Mössinger, der Kommodore des Nachtgeschwaders 301, sie vom Bahnhof ab und erzählt ihr den Hergang des Unfalls. In Riem übernachtet sie in «Zimmer 13», wie sie, von nun an voller Aberglauben und Schwarzseherei, akribisch notiert.[10] Wieder in Würzburg, wendet sie sich an diesem wie am folgenden Tag an einen Arzt, wohl um die schweren Schlafmittel zu erhalten, ohne die es für sie vorerst keine Nachtruhe mehr gibt. Auch «Schn. ist erschüttert»[11], Melitta aber findet aus ihrer Trauer um Franz Amsinck nicht mehr heraus, nicht für die nächsten Tage, nicht für die nächsten Wochen und Monate, nie mehr.

Als sie wenige Tage später in Berlin ankommt, übernachtet sie im Hotel Fürstenhof am Potsdamer Platz, wo ihre Schwester Pims auf sie wartet, die ihr in der nächsten Zeit Trost und Hilfe ist. Die Nacht ist schlecht, ohne Schlafmittel findet Melitta keine Ruhe. Am nächsten Tag fährt sie nach Gatow, erzählt Oberst Herrmann von Amsincks tödlichem Unfall, am Abend bombardieren 515 Lancaster-Bomber, begleitet von 15 Mosquitos, die Reichshauptstadt. «Schwerer Angriff»[12]. Es ist ein einziges Elend. Melitta bereitet sich auf ihre Abreise nach Hamburg vor, um dort an Amsincks Beisetzung teilzunehmen. Kaum in Blankenese angekommen, ist sie, als die Nachricht eintrifft, der Sarg sei angekommen, am Ende ihrer Nervenkraft und kann, wie in den Tagen zuvor, nicht aufhören zu weinen. Franz' Mutter ist verhältnismäßig ruhig, der Stiefvater allerdings kann nur noch gebrochen reden.[13] Heinrich Amsinck, der Franz über alles geliebt hat, wird in der Folgezeit sämtliche Dokumente über seinen Stiefsohn sammeln, derer er habhaft werden kann, sie eigenhändig mit der Maschine abschreiben und säuberlich ablegen.

Am Donnerstag, den 3. Februar, wurde Franz auf dem Nienstedtener Friedhof im Familiengrab der Amsincks beigesetzt. Nachdem das Adagio As-Dur aus Tschaikowskys «Pathétique» auf der Orgel verklungen war, ergriff Pastor Schmidt das Wort und schlug, dem sinnlosen Tod des jungen Franz Sinn verleihend, nationalistisch-ideologische Töne an. «Er ist vollendet im letzten Einsatz für die Sache seines Führers und Vaterlandes, an die er glaubte.»[14] In dieselbe Kerbe schlug Major Mössinger sowie, wenige Tage später bei einer Gefallenen-Stunde, Oberst Hajo Herrmann. Mütter, Frauen und Kinder verteidigen, sich für die Volksgemeinschaft opfern sei «eine Mannestat», darauf dürfe man stolz sein.[15]

Und Melitta? Weder Schmerzensmutter noch gramverzehrte Geliebte, hielt sie an diesem Tag ebenjene Durchhalterede, die sie in Stockholm vermieden hatte. War sie so unerbittlich, weil sie im schwarzen Kostüm, das EK II am Revers, als Fliegerin in Erscheinung trat, als irreguläre weibliche Soldatin in Anwesenheit regulärer männlicher Soldaten? Oder weil ihre Trauerrede zur Veröffentlichung bestimmt war und sie Kompromisse machen musste? In der Nienstedtener Kirche rühmte Melitta den armen

Siebtes Kapitel

Krüppel Franz als «Beispiel und Vorbild soldatischen Lebens und Sterbens», sein «stürmisches junges Kämpfertum», das sich «nicht schöner und sinnvoller hat erfüllen können als durch solchen Tod für Volk und Land»[16]. Zwar ließ sie den «Führer» in dieser Formel unter den Tisch fallen, das von ihr verfasste fünfstrophige Gedicht zum «Andenken Friedrich Franz Amsincks» trieb jedoch das dem nationalsozialistischen Toten- und Heldenkult eigene Pathos umso vehementer auf die Spitze. Jugend, so der Tenor ihrer lyrischen Anrufung, in der Franz als «Knabe» erschien, finde erst im Augenblick des Todes «Vollendung» und Erfüllung. Das waren deutliche Reminiszenzen an die Jugendbewegung nach dem Ersten Weltkrieg, von Melitta auch im Stockholmer Vortrag erwähnt, vermischt mit Anklängen an das 1917 erschienene Kultbuch «Der Wanderer zwischen den Welten» von Walter Flex, das unter den Nazis wieder zu Ehren gekommen war. Dass zum vorbildlichen Leben des Offiziers auch das vorbildliche Sterben gehöre und sich das Leben in der ewigen Jugend des Todes erfülle, war eine von Flex' Botschaften gewesen.[17] Von Melitta aus Anlass des Begräbnisses von Franz Amsinck aufgegriffen, trug der neuheidnische Vitalismus ihres Gedichtes aber auch bemerkenswerte zeitgenössische Spuren:

Es ist die Ganzheit in Dir, die mich anrührte:
Deine herzergreifende Tapferkeit, die Liebe
Zum eigenen Schicksal; urgermanische Überlie-
ferung, neu und herrlich in Dir geboren

So lautet die zweite Strophe der knapp vier Jahre zuvor per Führerbefehl «arischen Personen» gleichgestellten Melitta Gräfin Schenk von Stauffenberg, geborene Schiller, deren Großvater aus Brody stammte und dort in die Synagoge gegangen war. Hatte Litta all das vergessen, oder sollte sie davon nichts gewusst

haben? Sie hätte während der Trauerfeier auch schweigen können, das peinliche Gedicht nicht verfassen müssen. Warum tat sie
es dennoch? Um sich als «Ehrenarierin» zu beweisen, nicht den
geringsten Verdacht ideologischer Untreue aufkommen zu lassen? War ihre systemkonforme Haltung Mittel der Verdrängung
all der bitteren Gefühle, die auf sie einstürmten, des Schmerzes,
der sie zerriss, oder des schlechten Gewissens, weil sie am Tod
Amsincks nicht ganz unschuldig war? Immerhin war es auch ihr
Gutachten, das grünes Licht für seinen Einsatz als Nachtjäger gegeben hatte. Franz' Tod konfrontierte sie zum ersten Mal direkt
und schonungslos mit den Auswirkungen der technisierten militärischen Gewaltanwendung, die ihr Arbeitsgebiet war.

Drei Tage nach der Beerdigung, als Melitta wieder in Würzburg war, kehrten Schmerz und Trauer mit aller Macht zurück.
Sie jammerte nachts im Schlaf[18], kurz darauf setzte sich ein über
bloßes Erinnern hinausgehendes Ritual der Vergegenwärtigung
des geliebten Toten in Gang, von dem sie nicht mehr lassen sollte. Franz' Tod spaltete Melitta in eine konforme öffentliche und
eine verstörte private Person. Die eine ging ihrer Arbeit nach
und eckte nicht an, die andere nahm in Notizen Gestalt an, die
trotz aller Knappheit ein nur schwer kontrollierbares Innenleben
verrieten.

Drei Wochen nach Amsincks Tod ging sie nachmittags um
zwei ins Kino, um dort den Film mit dem beziehungsreichen Titel «Nacht ohne Abschied» anzusehen, den sie bereits mit Franz
besucht hatte. Die Hauptdarstellerin «Anna Dammann», eine
Brünette von markanter Schönheit, die weniger im Film als auf
der Bühne auftrat, war Amsincks «Schwarm» gewesen.[19] Melitta
verfügte allerdings über ein weit probateres Mittel, den toten
Amsinck ins Reich der Lebenden zurückzuholen. Bereits wenige
Tage nach der Beerdigung hatte sie sich «Plastilin f. Kopf»[20] besorgt. Fortan modellierte sie Amsincks Porträtbüste, von ihr nur

Siebtes Kapitel

als «Kopf» bezeichnet. Beharrlich arbeitete sie daran mit häufigem Kopfweh das ganze Jahr hindurch.[21] In der Luftkriegsakademie, wo sie Amsinck kennengelernt hatte, lebte dieser dank Melittas außerordentlichen physiognomischen Gedächtnisses wie ihres geisterbeschwörenden Modellierens *in effigie* fort. Gatow war von jetzt an nicht mehr nur Ort luftfahrtwissenschaftlicher Experimente, sondern auch intimer *lieu de mémoire*. Vollendet hat Melitta Amsincks Kopf wohl nie, im Dezember arbeitete sie noch immer daran, «mit nicht viel Elan», dennoch zufrieden.[22] Der Kopf blieb eine Kopfgeburt, plastischer Ausdruck eines fortwährenden Schwangerseins, das nicht beendet werden durfte, um den im Begräbnisgedicht angerufenen Knaben, den Geliebten, der noch ein halbes Kind war, ihr Kind, nicht ziehen lassen zu müssen. Der tote Amsinck wich nicht mehr von ihrer Seite.

Auch nicht in ihrer Ehe mit Alexander von Stauffenberg. Gegenüber ihrem Mann weckte der Wiedergänger Franz keine zwiespältigen Gefühle, sondern eine alles beherrschende depressive Angst, Alexander könne dasselbe Schicksal wie Franz ereilen. Als Alexander Mitte Februar wieder einberufen wurde, notierte sie «Schn. kommt zur Fronttruppe! Abschließend trostloser Abend.»[23] Vor dem Hintergrund der beiden Verwundungen ihres Mannes und seiner Einsätze im Osten waren solche Befürchtungen nur allzu verständlich, hinzu kam die Verschlechterung der allgemeinen Kriegslage, Anfang März war Berlin erstmals auch bei Tage von alliierten Bombern angegriffen worden, Melitta musste jetzt auch tagsüber häufig in den Luftschutzkeller. Dass sie wegen Alarm ihre Flugversuche nicht durchführen konnte, war bald normaler Arbeitsalltag. Unter diesen Bedingungen ihren Mann an der Front zu wissen spannte ihre ohnehin empfindlichen Nerven bis zum Zerreißen. Ihr sehnlichster Wunsch war es, Alexander in Sicherheit zu wissen.

Bereits im Jahr zuvor hatte es Anstrengungen gegeben, ihn

vom Kriegsdienst freizustellen. Rudolf Fahrner, im September 1943 durch Claus und Berthold von Stauffenberg in die Attentatspläne des militärischen Widerstandes eingeweiht, hatte Melitta brieflich darüber informiert, die beiden Brüder «seien mit Schritten zur Freistellung ihres Mannes von weiterem Frontdienst einverstanden»[24]. Claus bestritt dies und ließ Fahrner wissen, Alexander oder Melitta könnten sich mit «protektions-machenschaften[25]» nicht einverstanden erklären. Im Frühjahr 1944 hatte sich das Blatt gewendet. Inzwischen Oberleutnant und abermals nach Lothringen zur Schweren-Artillerie-Ersatz-und-Ausbildungsabteilung in St. Avold versetzt[26], waren etwa seit Anfang März Bestrebungen im Gange, Alexander eine U.K.-Stellung zu verschaffen, eine Unabkömmlichkeitsstellung, die ihm einen weiteren drohenden Dienst an der Ostfront ersparen sollte. Melitta wurde aktiv, schrieb an das zuständige Reichsministerium für Wissenschaft, Erziehung und Volksbildung[27] und stand in dieser Zeit, wie aus ihrem Notizkalender hervorgeht, in regem Kontakt mit Claus und Berthold von Stauffenberg. Für den 3. März verzeichnete sie «Gespräche über Schn., Schritte geklärt» in Wannsee mit Onkel Nux und Claus, am nächsten Tag ein weiteres «Gespräch über Schn», dieses Mal mit Berthold im Aero-Club.[28] Die Planungen, Alexander vom Frontdienst zu befreien, gingen wohl im Wesentlichen auf Rudolf Fahrner zurück, er verfügte über die Beziehungen zu den entscheidenden ministeriellen Amtspersonen. Tatsächlich war Alexander zunächst wenig geneigt, seinen Dienst an der Front aufzugeben, dass er nachgab, dürfte deshalb vor allem auf Melittas ängstliches Drängen zurückzuführen sein.[29]

Rudolf Fahrner war der Gründungspräsident des Deutschen Wissenschaftlichen Institutes (DWI) in Athen, das im Oktober 1941 eröffnet worden war. Institute mit dieser Bezeichnung gab es in vielen europäischen Ländern, überwiegend dienten sie propagandistischen Aufgaben. Fahrner war es jedoch gelungen, dem DWI in Athen eine vergleichsweise große inhaltliche wie personelle Autonomie zu bewahren. Der gebürtige Österreicher, nicht nur hellenophil, sondern auch ein Freund der Frauen und Feind der Ehe, war kein Georgeaner der ersten Stunde, sondern einer der Epigonen, die den Meister nie kennengelernt hatten.[30] In der Weimarer Republik war er Mitarbeiter des Historikers Friedrich Wolters, einem der ergebensten älteren Jünger Georges, der am Ende der zwanziger Jahre mit völkisch-antisemitischen Tönen die jüdischen Kreismitglieder vor den Kopf gestoßen hatte. Nach anfänglichen Sympathien für den nationalsozialistischen Staat schwor Fahrner Mitte der dreißiger Jahre ab und ließ sich von seinem Heidelberger Lehrstuhl beurlauben. Mit Claus und Berthold von Stauffenberg hatte ihn Georges letzter Gefährte und Geliebte Frank Mehnert alias Viktor Frank, anfänglich ebenfalls ein begeisterter Nationalsozialist, bekannt gemacht. Als gute Georgeaner hatten sie sich alle der Erneuerung der Gegenwart im Geist der griechischen Antike verschrieben. Unter vielen anderen Projekten war deshalb auch die Neuübersetzung des Homer beschlossen worden, die mit dem fünften Gesang aus der «Odyssee» begann. Verlegerische Heimat dieses Unternehmens wie vieler anderer George huldigender Schriften war der Mitte der dreißiger Jahre in der Überlinger Kolonie gegründete Delfinverlag. Nennt Melitta in ihrem Notizbuch das Stichwort «Homer», hält sie fest, «Schn. dichtet», dann war Alexanders passionierte Arbeit für den Delfinverlag gemeint.

Mitte April erhielt Offa von Effendi, wie Fahrner im Überlinger Kreis hieß, eine Einladung, am DWI in Athen zwei Vorträge zu halten. Dabei handelte es sich um den ersten Schritt einer ausgeklügelten Strategie, Offa zukünftige Frontdienste zu ersparen. Alexander von Stauffenberg war bereits 1942 auf den althistorischen Lehrstuhl der Reichsuniversität Straßburg berufen worden, die «als geistiger Mittelpunkt einer langfristig angelegten Regermanisierungspolitik und als Modell einer nationalsozialistischen Universität» konzipiert worden war.[31] Dort hatte Alexander Ende 1942 einen «Arbeitsurlaub» verbracht, war Mitte Februar 1943 an die Front zurückgekehrt, in der Folgezeit hatte er seine Lehrbefugnis an der Reichsuniversität nicht mehr wahrnehmen können.[32] Hier hakte, tatkräftig assistiert von Melitta, Fahrner als graue Eminenz ein. Während der findige Effendi seine Verbindungen in die Auslandsabteilung des Reichserziehungsministeriums nutzte und dessen Leiter Herbert Scurla instruierte, trat Melitta ihrerseits schriftlich an den «sehr geehrten Herrn Dr. Scurla» heran. Ihrer Bitte, den von der Universität Straßburg für das laufende Jahr wegen personeller Engpässe für ihren Mann abermals beantragten «Arbeitsurlaub» in Gestalt einer vierwöchigen Athener Vortragsreise zu bewilligen, wurde selbstredend entsprochen.[33]

Am Samstag, den 15. April, flog Alexander von Wien nach Athen, prompt widmete sich Melitta in Gatow Amsincks Kopf.[34] Zwei Wochen später machte sie sich auf den Weg nach Wien, um dort ihren Mann zu treffen. Die Reise war strapaziös, der Flug Berlin–Wien fiel aus, deshalb wich sie auf den Zug nach Prag aus. Dort gelang es ihr, einen Flug nach Wien zu bekommen, es bestand Hoffnung, Alexander doch noch pünktlich zu empfangen. Der kam aber erst vier Tage später. Die Wartezeit verbrachte Melitta im Wiener Nobelhotel «Imperial», wegen der wiederholten Fahrten zum Flughafen Aspern war der Aufenthalt trostlos, abermals versank sie in Depression.[35] Immerhin raffte sie sich auf, ihre Schwester Jutta in Engerau bei Bratislava zu besuchen.

In Athen hatte Alexander mit seinen beiden Vorträgen «Themistokles» sowie «Tragödie und Staat im werdenden Athen» seine Zuhörer beeindruckt und trotz der Kriegsumstände herrliche Tage verbracht. Das Osterfest verbrachten Offa und Effendi am

Siebtes Kapitel

Strand von Marathon nordöstlich von Athen unter griechischen Freunden, laut Fahrner mehr oder weniger große Sympathisanten der Partisanen. Ein gemeinsames Bad Alexanders und Fahrners «im Euripos, dem Meeresarm zwischen Marathon und der Insel Euboia, die uns vor Augen lag», durfte nicht fehlen.[36] Als Alexander am 2. Mai endlich in Wien eintraf, folgten zwei wundervolle Tage, das Paar ging essen, flanierte in der Stadt, auch eine Aufführung des Burgtheaters wurde besucht. Gemeinsam flogen sie nach Berlin zurück. Wenige Tage nach ihrer Ankunft brach Melitta nachts zusammen, nach einer Stunde stechender Schmerzen im Darm verlor sie das Bewusstsein.[37]

Es war gelungen, die Athener Vortragsreise zu arrangieren, aber wie sollte es weitergehen? Wie schon vor Alexanders Abreise fand Melitta auch jetzt keine innere Ruhe. «Sie ist ziemlich deprimiert», hatte Pims Lili bereits Ende April nach Neumünster berichtet, «findet keine rechte Zuflucht in der Arbeit oder sonstigen kleinen Frühlingsfreuden mehr, weil sie die Sorgen völlig absorbieren.»[38] Trotz der schönen Tage in Wien ging es ihr im Mai wieder schlechter, «sie ist nicht sehr fröhlich, wo auch nun Alex noch weg ist. Sie macht sich auch immer gleich die schwärzesten Gedanken.»[39] Dazu hatte sie Grund, «Alex» war wieder an der Ostfront.[40]

Dann kommt die erlösende Nachricht. Ende Mai wird Alexander aus dem Kriegsdienst entlassen und dauerhaft nach Athen versetzt. Seit dem 1. Juni ist er NSFO, Nationalsozialistischer Führungsoffizier beim LXVIII. Armee-Korps in Griechenland. Ideologische Kontrollfunktion, die eigentliche Aufgabe des NSFO, übt er allerdings nicht aus. Das Amt ist Mittel zum Zweck, Alexander aus der Schusslinie zu holen.[41] Fahrner hatte im Hintergrund die Fäden gezogen und Generalmajor Kurt Schuster-Woldan, Artillerie-Kommandeur im Stab des LXVIII. Armee-Korps und häufiger Gast im DWI, überredet, ihn anzufordern.[42]

Die Geschwister Schiller waren froh darüber, «dass Alex wieder da ist, denn Litta», so Pims abermals an Lili, «war völlig niedergeschlagen, da sie glaubte, sie würde ihn überhaupt nicht mehr sehen»[43]. Es fügte sich, dass Alexander offenbar nicht vor Mitte Juni nach Athen abreiste. Er verlebte mit Melitta zwei glückliche Wochen, zunächst in Lautlingen, wo sie ihn «braun u mager, etwas matt u süss»[44] erlebte, gemeinsam fuhren sie nach Würzburg, zuletzt nach Gatow. In Lautlingen gingen sie auf die Pirsch, brieten in Gatow selbst erlegte Karnickel, ansonsten «Homer, abends weiter Kaffee, Wein, bis spät geschwätzt»[45]. So verging, trotz der alliierten Invasion am 6. Juni in der Normandie und Berliner Regenwetter, die Zeit harmonisch. Es waren ihre letzten glücklichen Tage miteinander. Kaum war Alex nach Athen abgereist, war Melitta wieder «depressiv».

Ende Mai war sie offiziell damit beauftragt worden, die «Versuchsstelle für Flugsondergerät» im Rahmen der LKA aufzubauen und zu leiten. «Frau Gräfin Schenk von Stauffenberg wird», hieß es in ihrem Anstellungsvertrag, «mit der technisch-wissenschaftlichen Leitung der Versuchsstelle für Flugsondergerät e. V.» beauftragt.[46] Endlich waren die mehr als ein Jahr dauernden Vertragsverhandlungen erfolgreich abgeschlossen worden. Bereits im Februar hatte sich Göring damit einverstanden erklärt, den Vertrag mit der Askania durch die Gründung einer Versuchsstelle als eingetragener Verein aufzulösen.[47] Das Ergebnis war mehr als zufriedenstellend. Die zur Verfügung stehenden Mittel waren beträchtlich, für Auf- und Ausbau wurden einmalig einhunderttausend Reichsmark investiert, die laufenden Mittel für den Betrieb beliefen sich auf dieselbe Summe. Räumlich wie personell waren die Bedingungen ebenfalls exzellent. Zur Verfügung standen Werkstatt, Fotolabor, Büroräume samt Inventar, tätig waren sieben feste Mitarbeiter inklusive Sekretärin und Leiterin, hinzu kamen «1-2 Versuchsingenieure und Erprobungsflieger für Pa-

Siebtes Kapitel

rallelversuche»[48]. Zur Ausstattung gehörten außerdem die notwendigen Flugzeuge als «Versuchsträger» sowie entsprechende Hangars, die Mitglieder des Vereins hatten nach den Weisungen «des R. d. L. u. Ob. d. L.», des Reichsministers der Luftwaffe und Oberbefehlshabers der Luftwaffe, Hermann Göring, zu stimmen.[49] Mit diesen Regelungen war beiden Seiten gedient. Melittas Vertrag mit der Askania war nichtig, trotzdem unterstand sie, obwohl nicht Reichsangestellte, den Belangen des Reiches, die jährlichen Personalkosten erstattete ebenfalls der «RdluObdL». Kein Wunder, dass Melitta 1944 insgesamt fünfunddreißig Termine im Reichsluftfahrtministerium wahrnahm, die meisten im zweiten Halbjahr. Sie gehörte zum inneren Kreis der militärischen Reichsluftfahrtforschung.

Am 23. Mai, der Gründungsversammlung der Versuchsstelle, war Melitta zwar wieder einmal alles «zu viel», Grund, ihren Erfolg zu feiern, gab es aber allemal. Zu den Herren aus dem RLM wie der TAL hatte sich auch ihr alter Freund Paul von Handel gesellt. Ihr Karrieresprung dürfte Balsam für ihre Seele gewesen sein, bereits zu Jahresbeginn hatte sie nämlich eine Demütigung hinnehmen müssen. Dem «Vorschlag auf Verleihung des EK I an Flugkapitän Gräfin Stauffenberg», eingereicht vom damaligen Kommandeur der LKA, Generalleutnant Knaus, initiiert angeblich von Generalluftzeugmeister Erhard Milch, war nicht entsprochen worden.[50] Für Melitta war das eine schwere Niederlage. Hätte sie den Orden erhalten, hätte sie ihre Rivalin Hanna Reitsch endlich auch öffentlich überflügeln oder wenigstens mit ihr gleichziehen können. Schon im Februar 1941 hatte die Reitsch das EK II erhalten, ein Jahr später das EK I, in beiden Fällen war sie von Hitler empfangen worden, am 28. Februar 1944 hatte sie auf dem Obersalzberg aus der Hand des «Führers» eine Urkunde zur Verleihung des EK I nachgereicht bekommen, auch dieses Mal war wieder der «Reichsbildberichterstatter» Heinrich Hoff-

Neuer Orden: Antrag auf Verleihung des EK I
für Melitta Gräfin Stauffenberg.

mann zugegen, und wieder gingen die Bilder von Hanna und Adolf durch die Reichspresse. Hanna Reitsch war die erste Frau überhaupt, die das EK I erhielt, und sie sollte, da Melitta leer ausging, auch die einzige bleiben.

Wie ehrenvoll Melitta eine Auszeichnung mit dem EK I auch immer empfunden hätte, 1944 hätte es sich angesichts der Kriegslage um reine Propaganda gehandelt. Naturgemäß waren die fünfundzwanzig Punkte, die den Antrag auf Verleihung begründeten, ein Rückblick auf geleistete Arbeit und vergangene Erfolge. Fast zwei Drittel der Liste betrafen die Sturzflugerprobungen in Rechlin von 1940 bis 1942 sowie bis zu ihrer Anstellung in Gatow. Angesichts der alliierten Flächenbombardements auf Berlin zwischen Herbst 1943 und März 1944 war der Rekurs auf die Sturzflugtaktik der Reichsluftwaffe ein blanker Anachronismus. Sturzkampfbomber waren taktische Angriffsmittel zur Unterstützung der Panzerwaffe, die in den Zeiten der Blitzkriege und Blitzsiege ihre Erfolge hatten. Schon im Luftkampf über England waren die Stukas wegen geringer Reichweite, geringer Bombenlast wie ihrer Verwundbarkeit im Sturzflug ohne großen militärischen Nutzen geblieben. Eine deutliche Wirkung auf den Feind war, wie der Luftkrieg der Alliierten gegen die deutschen Städte zeigte, nur durch Flächenbombardements massenhaft einfliegender Horizontalbomber im Hinterland des Gegners zu erreichen.

Für solch einen Zermürbungskrieg war die Luftwaffe, die zu lange an der Blitzkriegsstrategie festgehalten hatte, technisch aber nicht gerüstet. Die dazu nötigen viermotorigen Langstreckenbomber fehlten, die Heinkel 177, die solche Aufgaben hätte erfüllen können, wurde jedoch als Sturzkampfbomber konzipiert, ging nie in die Serienproduktion, kam kaum zum Einsatz und scheiterte kläglich. Offensivgedanken waren 1944 ohnehin überflüssig, jetzt ging es um Verteidigung, Verteidigung und nochmals Verteidigung, dazu aber brauchte man moderne Jagdflugzeuge und gut ausgebildete Piloten in ausreichender Zahl. Der Antrag auf Verleihung des EK I an «Flugkapitän Gräfin Stauffenberg» dokumentierte nicht nur die Fehlentscheidungen der Luftwaffe, sondern auch die militärische Nutzlosigkeit der Sturzflüge, die Melitta in all den Jahren zuvor absolviert und mit denen sie ihre Gesundheit aufs Spiel gesetzt hatte.

Im Sommer 1944 war die intensive Phase ihrer Sturzflüge beendet. Das Arbeitsprogramm der «Versuchsstelle für Flugsondergeräte» stand zum großen Teil im Dienst der Nachtjagd. Von der Notwendigkeit der Reichsverteidigung konnte sich Melitta täglich überzeugen, wenn sie zu ihren Terminen mit dem «RLM-Bus» oder ihrem Fiat-Kleinwagen die etwa zehn Kilometer lange Strecke von Gatow in die Wilhelmstraße fuhr.

1944 war es sechzehn Jahre her, dass Melitta nach Berlin gekommen war. Geliebt hatte sie die Reichshauptstadt, als sie 1928 von Hamburg hierhergezogen war, nach eigenem Bekunden nicht, was sie jetzt sah, dürfte jedoch ihre Angstdepression weiter befördert haben. Immerhin war Würzburg, wo sie sich häufig aufhielt, 1944 noch unzerstört. Der Kontrast zu Berlin hätte nicht schärfer ausfallen können. Denn was sah sie, wenn sie sich im Mai 1944 über die Ost-West-Achse dem Zentrum näherte? Ein Trümmerfeld. «‹Dem Erdboden gleichgemacht› ist nicht der richtige Ausdruck für die von Bomben heimgesuchten Teile der Stadt. Berlin ist auch nicht ‹niedergebrannt›, wie es im Kriege mit Orten geschehen kann, die aus Holz erbaut sind, sie ist ‹ausgebrannt›. Straßauf und straßab stehen versengte und geschwärzte Hauswände als Schirmbretter vor der Leere zusammengestürzter Wohnungen. Straßauf und straßab sind die Bürgersteige mit Haufen von graubraunschwarzen Erdmassen eingefaßt, zu denen alle Dinge, viele Stadien der Auflösung durchlaufend, zurückkehren. Am längsten wehren sich Glas und Metall gegen die Auflösung – schimmernde Glasscherben, verrostete Badewannen, verbogene Radiatoren ragen aus den Schutthaufen hervor. Ganz grotesk wie Broschen an einer Mumie wirken die Kachelöfen, die vielerorts durch alle Stockwerke hindurch an den rauchgeschwärzten Mauerwänden hängen geblieben sind. Fliegenschwärme surren über dem Abfall in der sommerlichen Wärme. Fette Ratten eilen pfeilschnell unter den Kellergewölben hin und her.»[51] So lautete der Bericht eines Augenzeugen.

Auf dem Weg zwischen dem S-Bahnhof Charlottenburg im Westen und dem Alexanderplatz im Osten, den auch Melitta ins Zentrum nehmen musste, war fast alles zerstört. In der Kant-, der Rankestraße und auf dem Kurfürstendamm standen noch einige Häuserblöcke, das Charlottenburger Schloss war eine Ruine, das Viertel rund um die Kaiser-Wilhelm-Gedächtnis-Kirche existierte nicht mehr, ebenso wenig der Alte Westen von der Budapester Straße bis zur Potsdamer Brücke. Hier war die Keimzelle jenes Berlins, in dem die beiden Flaneure Franz Hessel und Walter Benjamin gelebt, geschrieben hatten, spazieren gegangen wa-

Ruinen und Trümmer: Berlin 1944.

ren. Jetzt lag das Viertel in Trümmern, die beiden Freunde, nach Frankreich emigriert, waren tot, der eine im Internierungslager gestorben, der andere verzweifelt von eigener Hand. Der Tiergarten war in weiten Teilen abgeholzt, die Ränder der Charlottenburger Allee säumten ausgebrannte Autos, Ministerien, Banken, die alte Reichskanzlei, Stettiner und Potsdamer Bahnhof, Schlüters Stadtschloss, die Staatsbibliothek, die Palais Unter den Linden, alles Asche, Trümmer, Ruinen. Das waren die Stadtansichten, die sich Melitta von Stauffenberg im Sommer 1944 boten.

Und doch war das zerstörte Berlin ein komplexerer städtischer Organismus, als seine trostlosen Ruinen vermuten ließen. Das «Hotel Fürstenhof», in dem Klara Schiller eine Zeitlang wohnte und wo sich Melitta gerne verabredete, lag am Potsdamer Platz. Das Hotel war beschädigt, hielt seinen Betrieb aber in begrenztem Umfang aufrecht. Der Pariser Platz lebte noch, auch das berühmte «Hotel Adlon». Die Halle «könnte Schauplatz eines Kolportage-Romans sein», schrieb Ursula von Kardorff in ihren «Berliner Aufzeichnungen» im Dezember 1943, «Bonzen in klirrender Parteiuniform, Urlauber aller Dienstgrade, die noch eine Illusion von Komfort mitnehmen wollen, ausländische und deutsche Diplomaten, Schauspieler. Dahlemer Damen in Hosen, die sich vom Aufräumen in ihren zerstörten Villen erholen, Geschäftsleute, die die Aura ‹Rüstung› um sich verbreiten und schweinslederne Aktenmappen tragen, und schließlich Abenteuerinnen aller Grade, die sich der Männer annehmen.»[52] Es gab ein Berlin bei Tag, das in den Betrieben arbeitete wie eh und je, ohne zu murren, das die durch Bomben lahmgelegte U- und S-Bahn nach wenigen Tagen wieder zum Laufen brachte. Und es gab ein Berlin bei Nacht, in dem die Moral kippte, die Sitten verrohten, sich der tödlich bedrohte Lebenswille exaltiert und exzessiv zeigte. Lieber heute leben als morgen tot sein. Ehebrüche nahmen zu, vor allem vonseiten der Frauen, die es nicht mehr ertragen konnten, ihre Männer an der Front zu wissen, oder nicht mehr daran glaubten, dass diese zurückkämen. Es wurde getanzt, getrunken, gehurt, unter die Menge der verdreckten Ausgebombten mischten sich auffällig geschminkte und, so weit noch möglich, elegante Frauen, begafft von Schlager summenden Swingboys, die sich auf dem Kurfürstendamm herumtrieben. Die Polizei führte Razzien gegen Jugendbanden durch, denen auch viele Mädchen angehörten. Die Banden trieben sich nachts auf den Straßen herum, tanzten in Cafés zu Jazz-Musik, prügelten sich mit konkurrierenden Cliquen, brachen ein, stahlen, trieben Schwarzhandel.[53] Es gab Straßen, dort hörte man kaum Deutsch, sondern Französisch, Tschechisch, Serbisch, Bulgarisch, Rumänisch, Polnisch, Russisch. Nazi-Berlin war eine Vielvölkerstadt. «Fremdarbeiter» räumten Schutt und Trümmer beiseite, schlugen sich mit Schwarzhandel durch, russische Kriegsgefangene, Polen, Ungarn, Tschechen schleppten die schwere Munition, sobald sich die alliierten Bomber am nächtlichen Berliner Himmel zeigten und die Flak zu feuern begann.[54] Bestückt wurde sie von deutschen Halbwüchsigen, die noch zur Schule gingen. In diesen Stunden nutzloser Abwehr wuchsen jene illusionslosen jungen Männer heran, die als «skeptische Generation» die Demokratie der frühen Bundesrepublik prägen sollte.[55]

Berlin war ein Kriegsschauplatz voller Grotesken. Auch für Melitta in Gatow. Sie konnte auf dem Wannsee segeln, im Wannsee schwimmen, während sie die Bomber einfliegen, die Jäger am Himmel kreisen sah und die Flak schießen hörte. «Wir machen ja jetzt mal wieder ziemlich viel Angriffe mit», berichtete Pims über ein Treffen mit Melitta an ihre älteste Schwester Lili, «aber wenn diese nicht direkt im selben Stadtviertel sind, spürt man sie nicht viel. Heute standen wir auf dem Balkon … und beobachteten die Flieger und die Abschüsse. 28 haben wir allein direkt über Berliner Bezirk zählen können. Es war sehr interessant und da es weit genug weg war und wir gleichzeitig Drahtfunk hörten, war es nicht weiter gefährlich.»[56] Melitta konnte aber auch in einem äußeren Bezirk, im Garten von Helmut Lent etwa, einem berühmten Nachtjäger-Piloten, der sie seiner Jugend wegen an Amsinck erinnerte, sitzen, mit Lent und dessen Frau frühstücken und das Ende des Luftalarms unter Bäumen abwarten, währenddessen Tausende, um ihr Leben und ihre Habseligkeiten fürchtend, in die innerstädtischen Luftschutzbunker drängten. Und es war möglich, sich im Hotel «Fürstenhof» oder im «Adlon» zu verabreden, das den Krieg fast unzerstört überlebte. Und trotz allem blieb Berlin die Terrorzentrale des Reiches, mit Gefängnissen, Spitzeln, Denunziationen, dem Volksgerichtshof und seinen Todesurteilen, Plötzensee mit seinen Hinrichtungen, dem Reichssicherheitshauptamt, in dem politische Gegner verhört, gefoltert und der Massenmord an den Juden geplant und organisiert wurde.

Der 20. Juli

Am Donnerstag, den 20. Juli 1944, misslang das Attentat auf Adolf Hitler, der Attentäter Claus von Stauffenberg wurde noch am Abend im Hof des Bendlerblocks, Sitz des Allgemeinen Heeresamtes des OKH, mit drei weiteren Mitverschwörern erschossen. Am 26. Juli wurde Alexander von Stauffenberg in Athen festgenommen. Nach einer viertägigen Zugreise erreichte er Berlin, dort schaffte man ihn in das Gefängnis an der Lehrter Straße. Melitta war bereits am Tag zuvor in Gatow verhaftet worden. Ein erstes Verhör fand im Reichssicherheitshauptamt statt, der Zentrale der Geheimen Staatspolizei in der Prinz-Albrecht-Straße 8.[57] Gegenüber lagen der Aero-Club, den Melitta Mitte Juni noch besucht hatte, sowie das graue Ungetüm des Reichsluftfahrtministeriums, in dem sie ein und aus ging. Dass in der Prinz-Albrecht-Straße nicht nur verhört, sondern auch gefoltert wurde, war ein offenes Geheimnis. Als es sich Melitta in den Fauteuils des Aero-Clubs noch bequem gemacht und in den Amtsräumen des RLM Termine wahrgenommen hatte, da hatte die Welt noch anders ausgesehen. Da hatte sie beiseiteschieben können, dass das Areal des Ministeriums samt der Villa des Reichsfeldmarschalls, wo sie ihr EK II in Empfang genommen und von Hermann und Emmy Göring und deren Entourage umsorgt worden war, in unmittelbarer Nachbarschaft zur Topographie des nationalsozialistischen Terrors lag.

Nach ihrem ersten Verhör in der Prinz-Albrecht-Straße wurde

Das Regime sinnt auf Rache: Reichsmarschall Göring im zerstörten Kartenraum der Wolfschanze, 20. Juli 1944.

Melitta in das Gefängnis des Polizeipräsidiums am Alexanderplatz verlegt. Nach einem weiteren Verhör wurde sie in eine Zelle geführt, später ging sie mit den übrigen Gefangenen in den Keller. Es war wieder Luftalarm in Berlin. Melitta verbrachte die erste von vielen schlechten Nächten in Haft.

Knapp sechs Wochen später war Melitta wieder frei. Am 3. September wurde sie aus der Haft entlassen. Zu diesem Zeitpunkt waren ihre beiden Schwäger Claus und Berthold von Stauffenberg bereits tot, der eine unmittelbar nach seiner Verhaftung zusammen mit Werner von Haeften, Albrecht Mertz von Quirnheim sowie Friedrich Olbricht exekutiert, der andere am

Der Absturz 275

Tag seiner Verurteilung durch den Volksgerichtshof am 10. August 1944 in Plötzensee erhängt.

Wusste Melitta von Stauffenberg von den Attentatsplänen ihrer Schwäger, war sie in irgendeiner Form beteiligt?

Gerhard Bracke hat in seiner vor über zwanzig Jahren erschienenen Biographie von einer Mitwisserschaft gesprochen und behauptet, Melitta von Stauffenberg sei in die logistischen Planungen des Attentats auf Hitler mit einbezogen gewesen.[58] Der deutsch-kanadische Historiker Peter Hoffmann, Fachmann für die Geschichte des 20. Juli 1944, ist Bracke in seiner grundlegenden Biographie über die Brüder Stauffenberg[59] in diesem Punkt gefolgt, die Behauptung einer Mitwisser- beziehungsweise Mittäterschaft Melitta von Stauffenbergs ist seither weitgehend unwidersprochen geblieben, zumindest nie widerlegt worden. Tatsächlich gibt es für ihre aktive Beteiligung an den Attentatsplänen des 20. Juli keinerlei stichhaltige Beweise.

Der einzige Zeitzeuge, den Bracke aufbieten konnte, war Melittas alter Freund Paul von Handel. Davon abgesehen, dass, wie der römische Geschichtsschreiber Livius wusste, *testis unus testis nullus,* ein Zeuge kein Zeuge ist, sind Handels «Erinnerungen an Litta»[60] wolkig. Bevor er sich dem Kern seiner Aussage, Melittas angeblicher Mitwisserschaft, nähert, lässt er beiläufig einfließen, er habe von «Klaus Stauffenberg» und dessen «Entschluß» gewusst, und zwar, weil «ich dabei gewisse Funktionen übernehmen sollte». Mit welchen Aufgaben er hätte betraut werden sollen, bleibt allerdings Handels Geheimnis. Stattdessen will er im «Mai oder Juni 1944» von Melitta persönlich erfahren haben, «daß Klaus mit ihr gesprochen habe über sein Vorhaben und sie gefragt hätte(,) ob sie bereit sein würde(,) ihn mit einem der Flugzeuge, die ihr zur Verfügung standen, nach Ostpreußen in Hitlers Hauptquartier zu fliegen, dort eine Notlandung, etwa wegen Treibstoffmangels, vorzutäuschen, dann auf ihn zu warten bis die

Tat geschehen sei, um ihn dann nach Berlin zurück zu fliegen. Sie habe ihm dies selbstverständlich zugesagt.» Glaubwürdiger werden Handels Angaben auch dadurch nicht, dass er Hitlers ostpreußisches Hauptquartier weitere drei Male erwähnt.

Tatsächlich verzeichnete Melitta in ihrem Kalender einige Besuche ihres Freundes in Gatow im Mai, Juni sowie Juli, dennoch übersah Paul in seiner Aussage zwei wichtige Dinge.[61] Weder im Mai noch im Juni befand sich Hitlers Hauptquartier in Ostpreußen, sondern auf dem «Berghof» bei Berchtesgaden. An der «Wolfschanze» östlich von Rastenburg wurden seit Februar 1944 Umbauarbeiten vorgenommen, erst am 14. Juli stand sie als Hauptquartier wieder zur Verfügung.[62] Eine Attentatsplanung, die bereits im Mai oder Juni von einem Flug Berlin–Ostpreußen ausging, konnte es nicht gegeben haben. Im Übrigen war zu diesem Zeitpunkt auch noch nicht absolut sicher, dass Claus von Stauffenberg, der zwar prinzipiell dazu bereit war, tatsächlich der Attentäter sein würde.[63] Was den Ort des Attentats betrifft, musste man im Mai, Juni und sogar noch im Juli mit dem Obersalzberg rechnen. Tatsächlich erhielt Stauffenberg, zu dieser Zeit Stabschef im Allgemeinen Heeresamt, erstmals Zugang zu Hitler am 7. Juni, die «Sonderbesprechung» fand auf dem «Berghof» statt, Begegnungen, die sich am 6. sowie 11. Juli am selben Ort wiederholten. Am 11. Juli war er tatsächlich zur Tat bereit, führte sie aber nicht aus. Salzburg, wo die aus Berlin kommenden Flugzeuge starteten und landeten, kommt in Handels Ausführungen allerdings nicht vor.

Genau zu wissen meint er hingegen, dass Melitta «zur freien Verfügung nur ein Flugzeug des Typs Fieseler Storch gestanden war (!) und dessen Reichweite nicht die ganze Strecke von Ostpreußen bis Berlin bewältigen konnte (!) ohne Zwischenlandung zum Auftanken. Sie wäre deshalb beim Rückflug nach Berlin mit Klaus schon bei dieser Zwischenlandung abgefangen und verhaftet worden ...» Melitta habe zwar gewusst, «daß der Plan mit dem Fieseler Storch beinahe aussichtslos gewesen ist», sei aber aus Pflichtgefühl «nicht bereit» gewesen, «dies Klaus zu sagen». Schlussendlich sei er, Paul von Handel, es gewesen, der Melitta von der Unmöglichkeit solch eines Fluges überzeugt habe. Dass ausgerechnet der Nichtflieger Handel die erfahrene Pilotin Melitta von ihrem Plan abgebracht haben will, ist schon deshalb unsinnig, weil Claus von Stauffenberg es gar nicht nötig hatte, sich einen Fieseler Storch beschaffen zu lassen. Seit Mitte Juni 1944 war er Chef des Stabes beim Befehlshaber des Ersatzheeres und hatte Zugang zu Eduard Wagner, Generalquartiermeister des Heeres und Mitwisser der Verschwörung. Wagner stellte Stauffenberg am 20. Juli eine Heinkel 111 zur Verfügung, die die Strecke von Rastenburg nach Berlin in längstens zwei Stunden bewältigen konnte.[64] Im Übrigen vertrug die Operation «Walküre», bekanntlich ein bereits seit mehreren Jahren schrittweise ausgearbeiteter Plan, keine von außen eingeführten, fremden Elemente. Im Attentatsfall kam es vor allem auf ein unauffälliges Abwickeln der vorhandenen Befehle an.

Handels Behauptung, der Fieseler Storch, bis heute das bekannteste einmotorige deutsche Propellerflugzeug des Dritten Reiches, sei Indiz für Melittas Rolle als Mitverschwörerin, meint Bracke durch entsprechende Kalendernotizen stützen zu können. «In der Zeit vom 17. bis 26. Juni führte Gräfin Stauffenberg auffälligerweise immer wieder Nachtflüge mit dem ‹Storch› durch, was kaum mit ihren dienstlichen Aufgaben zu erklären sein dürfte.»[65] Diese «Serie merkwürdiger Nachtflüge mit dem Fieseler Storch» sei dann aber «plötzlich» abgerissen.[66] In welchem Zusammenhang, fragt man sich, sollen Nachtflüge mit dem Attentat auf Hitler stehen? Tatsächlich gibt es keinen. Melittas Nachtflüge waren weder merkwürdig noch auffällig. Sie gehörten zum Arbeitsbereich ihrer «Versuchsstelle für Flugsondergerät», der sich

Siebtes Kapitel

aus der Notwendigkeit der Reichsverteidigung durch Nachtjäger ergab. Weder setzte die Serie ihrer Nachtflüge erst im Juni
1944 ein, noch riss sie im selben Monat plötzlich ab. In einem in
diesem Monat von ihr verfassten Rechenschaftsbericht hielt Melitta fest, dass sie seit Juli 1942 «358 Nachtflüge durchgeführt»
habe[67], bis zum Ende des Jahres, verstärkt im Herbst, verzeichnen
ihre Notizen weitere vierunddreißig Nachtflüge. Das «Arbeitsprogramm» ihrer Versuchsstelle nannte unter insgesamt sieben
Aufgabenbereichen ein «Optisches Nachtlandeverfahren», das
entwickelt werden sollte, «weitere Aufgaben für die Nachtjagd …
auf Wunsch von Oberst H. Herrmann» sowie «einige dringende
Probleme der Nachtjagd auf Wunsch von Oberstlt. Lent»[68]. Das
Nachtlandeverfahren, mit dem Melitta beauftragt war, testete sie
noch unmittelbar vor ihrer Verhaftung in der ersten Julihälfte.
Melittas Nachtflüge sind nicht einmal Indizienbeweise für eine
Beteiligung an der Verschwörung des 20. Juli, sie beweisen allein
die Kriegswichtigkeit ihrer Tätigkeit, der sie letztlich ihre Entlassung aus der Haft verdankte. Kaum anzunehmen im Übrigen,
dass Melitta ihren Status als «Deutschblütigen Gleichgestellte» leichtfertig aufs Spiel setzte, eine Mitwisserschaft hätte sie
selbst, ihre Geschwister wie auch ihre Eltern in höchste Gefahr
gebracht. Deshalb dürfte auch Claus Stauffenberg, der seinen
Bruder Alexander nicht in die Verschwörung einbezogen hatte,
davon abgesehen haben, seine Schwägerin einzuweihen. Es gab
zu viele Risikofaktoren.

Für Sonntag, den 16. Juli, sowie Montag, den 17. Juli, verzeichnet Melitta von Stauffenberg in ihrem Notizkalender Begegnungen mit «C.» beziehungsweise «B.», also mit Claus und
Berthold von Stauffenberg, in Wannsee. Was bei diesem Aufenthalt zwischen den dreien gesprochen wurde, kann niemand
sagen. Wäre Melitta in konspirative Besprechungen einbezogen
gewesen, hätte sie jedoch sicher auf entsprechende Einträge ver-

zichtet, um im Ernstfall keinen Verdacht zu erregen. Über den Abend des 16. Juli notiert sie: «C., B., noch Besuch, in Küche mit Schweizer Abendessen gerichtet, endlich C., gleich fort»[69].

Am Tag des Anschlags befand sie sich mit einer Ju 88 auf einem Werkstattflug nach Dessau, dort erfuhr sie, wie sie notierte, von dem «Attentat» durch Johann Albrecht Eggeling, dem Gauleiter von Halle-Merseburg, seit 1942 auch Reichsverteidigungskommissar und in dieser Funktion für den Luftschutz seines Wehrkreises zuständig.[70] Zu den Vorgängen des 20. Juli äußerte sie sich in ihrem Notizkalender erst am folgenden Tag: «10 h Anruf General der Schlachtflieger[71] Verabredung für abends. Fernschreiben, Fr. Hubenthal [Melittas Sekretärin in Gatow] fragt, ob ich schon gehört habe, weiss nichts als was Eggeling sagte, im Radio soll Ob. Gf. St. erwähnt sein! Versuche durch Ob. v. Wurmb u. Gen. Rieckhoff[72] Näheres zu erfahren. Ausnahmegespräch Reichsmarschall, ist erst 10 h abends Adj. zu erreichen, wegen Nachtflügen, erst spät zurück, nicht mehr anger[ufen].»[73]

Nach einschlägigen Kenntnissen über eine Verschwörung klingt diese Notiz nicht, eher nach Erstaunen über die Vorgänge des vorhergehenden Tages. Melitta hatte am 20. und 21. Juli ihre übliche Arbeit erledigt, Nachtflüge mit der Ju 87 und 88. Nach Gatow zurückgekehrt, hatte sie offenbar die Absicht, sich bei Göring telefonisch zu erkundigen, was in Berlin vorgefallen war, als aber nur dessen Adjutant zu erreichen und sie wegen Nachtflügen unterwegs war, verzichtete sie auf ein späteres Telefonat.

Drei Tage später klopfte die Gestapo an ihre Bürotür.

Der 26. Juli, ein Mittwoch, war Melittas erster Tag im Gefängnis am Alexanderplatz. Sie durfte ihren Notizkalender behalten, die Zeit ihrer Haft protokollierte sie minutiös. Trotz oder wegen der unruhigen ersten Nacht in Haft voller Gedanken und Grübeleien wachte sie offenbar mit dem festen Entschluss auf, sich nicht unterkriegen zu lassen. Um in Form zu bleiben wie um ih-

Siebtes Kapitel

rer Unruhe Herr zu werden, trieb sie Gymnastik. Sie war bereit zu kämpfen, aber nicht um jeden Preis. «Bin völlig ruhig, auf alles gefasst», heißt es am zweiten Tag ihrer Haft. «Wenn Schnepfchen für seinen Bruder fallen müsste», fährt sie fort, «hätte ich hier nichts mehr zu suchen. Trotzdem möchte ich vorher rasch meine Arbeiten zum Abschluss bringen. Die plötzliche Untätigkeit nach dem gehetzten Tagesbetrieb und den Nachtflügen ist schwer erträglich, der Zeitverlust wird sich kaum einholen lassen.»[74] Kaum in Haft, schwankte Melittas psychische Verfassung noch extremer als zuvor. Mal war sie zu Tode verzweifelt und angsterfüllt, mal voller Hoffnung und Zuversicht, ihre Entlassung zu erwirken, um wieder an die Arbeit gehen zu können. Die Trennung von ihrem Mann wurde währenddessen immer unerträglicher.

Voller Empathie erwähnte sie in ihren Notizen die Toten des 20. Juli, sie denke, schrieb sie, «viel an die Gefallenen. Vielleicht sehe ich sie bald.»[75] Immer wieder überfiel sie der Gedanke, sterben zu müssen. Kam sie auf die Verschwörer zu sprechen, ließ sie Vorsicht walten, gab chiffriert ihr Entsetzen zu erkennen, als sie am 9. August las, «8 Verräter erhängt», und hinzufügte «Ganz schwarzer Tag». Die Nachricht hatte sie aus «Zeitungen», die man ihr, vermutlich um sie einzuschüchtern, zur Verfügung gestellt hatte. Am selben Tag berichtete der «Völkische Beobachter» auf der Titelseite unter den Überschriften «Das Volk hat gerichtet, acht Verbrecher vom 20. Juli traf die verdiente Strafe» vom Prozess vor dem Volksgerichtshof. Am 8. August waren verurteilt und hingerichtet worden: Erwin von Witzleben, Erich Hoeppner, Hellmuth Stieff, Albrecht von Hagen, Paul von Hase, Robert Bernardis, Friedrich-Karl Klausing und Peter Graf Yorck von Wartenburg. Als Melitta die Nachricht erfuhr, schien, wie sie fast ungläubig notierte, die Sonne, sie hatte Ausgang im Hof, war aber nur «mühsam gefasst»[76]. Jetzt war auch für sie der Terror des Regimes unübersehbar geworden. Melittas Loyalität bröckelte, die Anpassung des «Deutschblütigen gleichgestellten jüdischen Mischlings ersten Grades» begann, in taktisches Verhalten umzuschlagen. Von der Ermordung ihres Schwagers Berthold von Stauffenberg am 10. August erfuhr sie nichts.

Drei Tage nach Haftbeginn wurde sie endlich zur Vernehmung abgeholt. Sie musste lange warten, als sich die Türe öffnete, kamen «2 Marineleute» heraus. «Einer gefesselt!»[77] Dann war sie an der Reihe. Die erste Vernehmung erwähnt sie als einzige in ihrem Notizkalender ausführlicher. Lächerlicher alter Kram aus alten Akten sei es gewesen, über den gesprochen wurde. Alles Dinge, auf die auch der sich korrekt verhaltende Verhandelnde nichts gebe. Der «Georgekreis wird untersucht, wittern dahinter Politik»[78]. Der Gestapo war nicht entgangen, dass Claus von Stauffenbergs Ethos der Tat georgeanisch munitioniert war, bei Melitta war in dieser Hinsicht an Verdachtsmomenten jedoch nichts zu holen.

Als sie am nächsten Tag vom Verhör bei der Gestapo in der Prinz-Albrecht-Straße zurückkehrte, wurden ihre Haftbedingungen erleichtert. Sie erhielt «Schreib- und Rauchgenehmigung» sowie seichte englische Unterhaltungsromane von P. G. Wodehouse, Elynor Glyn und Mary Braddon. Vor allem aber begann jetzt der Kampf um ihre Entlassung bei ihren Vorgesetzten im Reichsluftfahrtministerium, sie setzte «Gesuche an Reichsm.» auf, vermutlich Göring, an Generalmajor Ulrich Diesing, Chef der Technischen Luftrüstung, ihren Gesprächspartner Freiherr Kress von Kressenstein, Ministerialdirigent im Reichsluftfahrtministerium, mit dabei auch Hajo Herrmann, der Erfinder der «Wilden Sau», mit dem sie daran arbeitete, die Probleme der Nachtjagd zu lösen.[79] Die einzige Möglichkeit, schnell freizukommen, war die Kriegswichtigkeit ihrer Gatower Tätigkeit. «Ich bitte», lautet der Entwurf eines ihrer Gesuche, «während der Zeit meiner Inhaftierung an 2 kriegsentscheidenden Erfindungen bezw. Entwicklungen weiterarbeiten zu dürfen, die unmittelbar

Siebtes Kapitel

mit dem Jägerprogramm zusammenhängen: Das eine ist eine Vorrichtung, die für unsere ausgebildeten Nachtjäger unerlässlich ist und –». Auch wenn der in ihrem Kalender notierte Entwurf hier abbricht, ist klar, dass ihr die technische Weiterentwicklung der Nachtjagd aus der Haft heraushelfen sollte. Als ihrem Gesuch stattgegeben wurde, begann sie fieberhaft zu arbeiten, meldete ein Patent für ein Nachtlandeverfahren an, notierte, sie habe «Knieend auf dem Schemel gezeichnet u geschrieben»[80].

Alle Gesuche waren nutzlos, solange es nicht gelang, Melittas Häftlingsstatus zu ändern. Inhaftiert wurde sie, wie alle übrigen Angehörigen der Verschwörer des 20. Juli, als Sippenhäftling. Das gleiche Schicksal traf zwei Tage nach dem Attentat auch die Witwe des Attentäters, die zu diesem Zeitpunkt schwangere Nina von Stauffenberg. Auch sie verbrachte einige Wochen im Polizeigefängnis am Alexanderplatz, Melitta wusste davon, aber es gelang ihr nicht, ihre Schwägerin zu sprechen. Bereits kurz nach ihrer Inhaftierung hatte Melitta erfahren, welche Bedeutung das nationalsozialistische Terrorinstrument der Sippenhaft besaß. «Sonderegger sagte, wie Sippenhaftung gehandhabt(,) richtet sich nach der Tragweite der Tat. Also möglich trotz erwiesener Unschuld herangezogen.»[81] Dass Sippenhaft für die Familien derjenigen galt, die nach nationalsozialistischer Auffassung Straftäter waren, und der Einschüchterung politischer Gegner diente, wusste Melitta offenbar nicht.

Tatsächlich wurde die Maßnahme erst nach dem 20. Juli umfassend angewendet. Schon einen Tag nach dem misslungenen Anschlag war im Amt IV des Reichssicherheitshauptamtes die «Sonderkommission 20. Juli» eingerichtet worden.[82] Chef der bald auf vierhundert Mitarbeiter und elf Abteilungen anwachsenden Stelle war Reichskriminaldirektor und SS-Gruppenführer Heinrich Müller. Kriminalkommissar Franz-Xaver Sonderegger, der Melitta verhörte, besaß einschlägige berufliche Erfahrungen.

Der Gestapo-Mann war an den Ermittlungen beteiligt, die im April 1943 zur Verhaftung der Widerstandsgruppe um General Hans Oster geführt hatten. Ende September 1944, als Melitta bereits entlassen war, gelang Sonderegger ein spektakulärer Coup. In Zossen, dem etwa vierzig Kilometer südlich von Berlin gelegenen Sitz des Oberkommandos der Wehrmacht, fanden er sowie der Gestapo-Mann Walter Huppenkothen in einem Tresor sämtliche Aufzeichnungen über die Putschvorbereitungen der Oster-Gruppe. Erst dadurch wurde das ganze Ausmaß der unterschiedliche Personenkreise umfassenden Verquickung von militärischem und zivilem Widerstand von der Sudetenkrise 1938 bis zum 20. Juli 1944 deutlich.[83]

Melittas Fall übernahm Kriminalkommissar Paul Opitz, Mitarbeiter der «Sonderkommission 20. Juli», Oberregierungsrat sowie SS-Sturmbannführer. Opitz, 1897 in Bad Schmiedeberg, Kreis Wittenberg, geboren, im Ersten Weltkrieg mit dem Eisernen Kreuz I. und II. Klasse sowie weiteren Orden ausgezeichnet, war seit Beginn der NS-Diktatur für die Geheime Staatspolizei, seit 1939 für die SS tätig. Im Winter 1941/42 diente er bei der Grenzüberwachung, danach wurde er als Sonderbeauftragter der Sicherheitspolizei zur Partisanenbekämpfung in Slowenien abgestellt. Aufnahme in die NSDAP hatte er erst im August 1942 beantragt.[84] In seiner Funktion als Mitarbeiter der «Sonderkommission 20. Juli» erwies sich Opitz als Helfer einiger Frauen, die nach dem Attentat auf Hitler als Sippenhäftlinge inhaftiert worden waren. Nina von Stauffenberg sprach deshalb davon, dass «Litta einen anständigen Gestapogönner (hatte), einen ‹weißen Raben›, der ihr sehr behilflich war»[85].

Am Mittwoch, den 2. August, teilte Opitz Melitta mit, der Reichsführer-SS, Heinrich Himmler, habe verfügt, ihr ab sofort den Status eines «Ehrenhäftlings» zuzuerkennen. Am selben Tag erhielt sie Besuch von Ulrich Diesing sowie ihrem engsten Mitar-

Siebtes Kapitel

beiter Friedrich Jakoby. In ihre Sache war Bewegung gekommen. Eindeutige Kriterien für den Status «Ehrenhaft» gab es nicht. Manche «Ehrenhäftlinge» verbrachten ihre gesamte Haftzeit im KZ, andere lebten unter Bewachung in ehemaligen Luxushotels oder Sanatorien, die in KZ-Außenstellen umgewandelt worden waren.[86] Ehrenhaft war eine der vielen Willkürmaßnahmen des NS-Repressionsapparates. Für Melitta folgten aus diesem Status erhebliche Erleichterungen. Noch am selben Tag, an dem Opitz ihr die Entscheidung mitteilte, wurde ihr offenbar sogar erlaubt, ihren Mann Alexander zu treffen. Von den dreißig Zigaretten, die sie erhalten hatte, ließ sie ihm eine «Mentholzigarette da»[87].

Am Samstag, den 5. August, wurde sie um «14 Uhr» unter der Nummer 201 in das Frauengefängnis Charlottenburg an der Kantstraße verlegt.[88] Wer das Viertel nicht kannte, wäre nicht auf den Gedanken gekommen, dass sich hier, in der gediegenen Kantstraße unweit des Lietzenseeparks, ein Gefängnis verbarg. Die äußeren Haftbedingungen waren in dem ehemaligen Gerichtsgefängnis schlechter als am Alexanderplatz, es war schmutzig, düster, die Kost miserabel, eine eigene Toilette stand Melitta hier nicht mehr zur Verfügung.

Eines Morgens reißt eine Halskette, die ihr einst Alexander geschenkt hat, sie erschrickt furchtbar. Am Freitag, den 11. August, verbringt sie einen einsamen Hochzeitstag, abends heulen die Sirenen, sie sorgt sich, ob nicht eine der Bomben das Gefängnis trifft, in dem Alexander einsitzt. Eines Nachts hört sie «das Wehklagen einer z. Tode Verurteilten»[89]. Obwohl Melitta weiter Gymnastik treibt, fällt es ihr schwer, Haltung zu bewahren. Dennoch hat sich ihre Situation verbessert, sie arbeitet gut und viel, schreibt weiter Gesuche, hat die Erlaubnis, im «Bereitschaftszimmer» einen «Bericht Nachtldgn.»[90] für ihre Versuchsstelle zu tippen, erhält Besuch von ihrer Sekretärin Frau Hubenthal, die ihre Briefe in die Post gibt, erhält weiteren Lesestoff. Opitz versichert ihr, ihre

Frauengefängnis Kantstraße: Hier war Melitta von Stauffenberg im August 1944 in Haft.

Sache stehe günstig, aber all das ist umsonst. Sie notiert, «trotz dauernder Zwangsvorstellungen»[91] habe sie «einigermaßen gut geschlafen», Kopfschmerzen und Kopfneuralgien, schwere Träume stellen sich ein.

Schon als Untersuchungshäftling am Alexanderplatz hatte sie nach wenigen Tagen begonnen, sich mit ihrem «Sp.-tgb.» zu beschäftigen. Hinter diesem geheimnisvollen Kürzel verbargen sich Eintragungen in ein eigenes Tagebuch, in dem Melitta ihre Erinnerungen an Franz Amsinck auf der Grundlage eines Notizbuches festhielt, das ihr offenbar nach Amsincks Tod vermacht worden war. «Sp.» bezeichnet ihren Kosenamen für Franz, als «A.» oder «Sp.» war er stets in ihren eigenen Eintragungen erschienen. Jetzt enthüllt sie die Bedeutung des Kürzels. «Von kl. Spiessböckchen geträumt», heißt es Ende Juli.[92] Mitte August folgt ein weiterer Traum. Dass sie gleichzeitig «Dead love has chains» liest, einen Roman der viktorianischen Schriftstellerin Mary Braddon, ist an Symbolik kaum zu übertreffen. Auch nicht der zentrale Traum ihrer Haft, den sie ausführlich schildert.

Melitta irrt in einem surrealen parkähnlichen Gelände umher, über dem ein Flugzeug schwebt, das sich bedrohlich aufbäumt. Sie sucht Franz, kann ihn aber nicht finden. Als sie nach ihm fragt, deutet jemand «in die Höhe, dort wartet er in einem

Siebtes Kapitel

Fenster, ich will ihm Vorwürfe machen, dass er so gedankenlos, er sagt gleich lebhaft, kuck mal u. zeigt mir einen neuen Kragenschnitt, den ein Schneider ihm entworfen hat. Er hat einen groben hellen Anzug an, der aber nur ein Entwurf ohne Futter ist. Finde Kragen schlecht, sage, er soll doch bei dem von seiner grünen Joppe bleiben … Denke dabei, es lohne sich nicht mehr etwas neues zu machen, weil er bald sterben müsste. Ich frage, ob ich vorgehen soll, er küsst mir süss die Hand, sagt, wir sollten zusammen gehen, das wäre netter als wenn jeder allein sich durchfinden muss. Abends Opitz: Führerbescheid, zunächst nicht entlassen. Alle Stauffens verhaftet. B. verurteilt, Las verh., Kinder NSV! Soll noch Gesuch, halte es für zwecklos.»[93]

Innere und äußere Geschehnisse, Vergangenheit und Gegenwart, Traum und Wirklichkeit, Schmerz, Sehnsucht und Todesangst münden hier in einen Strom der Verzweiflung. Im Unterschied zur mythischen Erzählung von Orpheus und Eurydike, den Melitta in ihrem Traum variiert, muss sie auf Franz nicht verzichten, sondern geht mit ihm gemeinsam in die Totenwelt. Verstärkt wird ihre Verlassenheit durch aktuelle Ereignisse. Tatsächlich waren die Kinder von Nina und Claus sowie Berthold und Mika von Stauffenberg am 17. August verschleppt worden; dass Caroline von Stauffenberg und ihre Schwester Lasli schon kurz nach dem Attentat festgenommen worden waren, erfuhr Melitta offenbar erst jetzt. Auch die furchtbare Nachricht, dass ihr Schwager Berthold in Plötzensee ermordet worden war, hatte sie noch immer nicht erreicht. Zu diesem Zeitpunkt wusste sie nur, dass Berthold, «B.», verurteilt worden war.

Als Melitta schon fast vier Wochen im Gefängnis saß, lernte sie Philippa von Bredow kennen. Die Zweiundzwanzigjährige wurde am 22. August um 24 Uhr in das Frauengefängnis Charlottenburg unter der Nummer 225 eingeliefert, nachmittags um halb vier war bereits ihre älteste Schwester Alexandra überstellt worden, am nächsten Tag um 17.30 Uhr folgte die zweitälteste Schwester Diana.[94] Philippa, von Beruf Stenotypistin, wurde Melitta als Schreibhilfe von Opitz zugewiesen, eine Maßnahme, die bewies, dass der Gestapo-Mann weiter auf ihrer Seite stand. Weniger gut bestellt war es um Philippa von Bredow, die, anders als Melitta, unter Anklage stand. Sie lautete auf «Mitwisserschaft und Beihilfe zum Hochverrat», als Vollstreckungsbehörde nannte das Einlieferungsformular «Gestapo Berlin IV – Sk. 20.7.44 (Gr. II)»[95]. Solch ein Vermerk fehlte bei Melitta, Hinweis darauf, dass ihr keine Kenntnisse über die Vorbereitungen zum Attentat am 20. Juli unterstellt wurden. Bei Philippa von Bredow lag der Fall anders. Sollte sie die Verdächtigungen nicht entkräften können, drohte ihr ein Prozess vor dem Volksgerichtshof.

Als sie im September 1944 Melittas Zelle betrat, konnte sie nicht ahnen, dass sie überleben würde.[96] Philippa wusste viel, zu viel, zum Glück hatte auch sie den nachsichtigen Opitz auf ihrer Seite. Claus von Stauffenbergs Adjutant, Werner von Haeften, im Hof des Bendlerblocks in der Nacht vom 20. auf den 21. Juli erschossen, war im Haus der Hitler feindlich gesinnten Familie von Bredow in Potsdam häufig zu Gast gewesen. Melitta sah Philippa, die zwischendurch immer wieder vernommen wurde, im Gefängnis fast täglich. Dass bei diesen Begegnungen nicht nur für die «Versuchsstelle» geschrieben und diktiert wurde, sondern die beiden auch viel miteinander sprachen, macht Melittas Notizkalender zwischen den Zeilen deutlich. Offenbar war es Philippa, die Melitta die entscheidenden Informationen über den 20. Juli gab. Als die beiden am 24. August erstmals «stundenlang» zusammen in der Zelle saßen, erhielt sie «erschütternde Nachrichten», daraufhin hat sie «wenig gearbeitet» und ist «etwas erschöpft». Vermutlich war es Philippa, die Melittas Loyalität gegenüber dem NS-Regime den Todesstoß versetzte.

Am 2. September wurde Melitta entlassen. Ihr Beschützer

Opitz «hat mit seinem Kopf für mich gehaftet»[97]. Die als Sippen-häftling inhaftierte «Ehrenarierin» durfte nach ihrer Ernennung zum «Ehrenhäftling» nach Gatow zurückkehren. Sie wurde nicht unter Anklage gestellt, belastende Punkte hatten sich offenbar nicht gefunden. Am 7. September erhielt sie eine «Bescheini-gung» des Reichssicherheitshauptamtes IV – SK. 20. 7. 44 (Gr.II), die bestätigte, «Flugkapitän Dipl.-Ing. Melitta Schenk Gräfin v. Stauffenberg ist auf Weisung des Reichsführers-SS aus der Ehren-haft entlassen worden und wieder als Vorstand der Versuchsstelle für Flugsondergerät in Berlin-Gatow tätig»[98]. Sie verabschiedete sich von den drei Bredow-Schwestern, wieder in Freiheit, kaufte sie Lebensmittel und begab sich sofort in das Gefängnis in der Lehrter Straße. Dort sah sie ihren Mann Alexander wieder. Ob er ihr das Liebesgedicht, das er für sie in der Haft geschrieben hat, zeigen oder mit auf den Weg geben konnte?

«Heimgedenken» hatte er im «August 1944 für Litta» ge-schrieben:[99]

Ununterbrochen tasten die Gedanken
Am Orte, Liebstes, wo Du weilst.
So wisse, dass Du auch von fern den Kranken
Den Dulder durch ein Lächeln heilst;

Ein wehes Lächeln, das die kahle Zelle
Wie wolkige Abendröte füllt
Und das wie eine schaumgekrönte Welle
Schmeichelnd im Sand die Füsse hüllt.

Und alles, was gemeinsam uns beglückte:
Das abendliche Fest des Weins,
Wenn Dich und mich des Geistes Hauch berührte,
Der ganze keusche Glanz des Seins,

Wenn durch den Baldachin der Wälder dringt
Ein Schimmern in die Schatten floss,
In alter Mauern Winkel ferner Klingen
Sich die Vergangenheit ergoss:

Das alles wird des Kerkers Schwermut mildern
Wie es die leeren Wände ziert.
Es sammelt unvermerkt in bunten Bildern
Sich im beengenden Geviert.

Ich ahne wohl Dein unruhvolles Träumen
Und wie Dich dumpfe Qual zerreisst.
Harr' aus, Geliebte, denn wir überdauern
Die Fülle, die der Gott verheisst.

Und lindre einstens, reif in Frost und Bränden
Uns, wenn die Flut steigt, Zoll um Zoll,
Die Angst mit bräutlich-mütterlichen Händen
Auf meiner Stirne gnadenvoll.

«Schn. süss», bemerkt Melitta in ihrem Notizbuch nach dem Besuch bei ihrem Mann. Am nächsten Tag steht sie spät auf, macht sich aber, obwohl es Sonntag ist, auf zu den Hangars des Flugplatzes Gatow und kehrt, als habe sie Entzugserscheinungen, augenblicklich in ihren fliegerischen Alltag zurück. Am Abend setzt sie die durch ihre Haft abgebrochenen «Nachtflüge» fort, auch der nachmittägliche «Werkstattflug» gehört zu ihrem üblichen Arbeitsprogramm. Erstaunlicher ist, dass sie, obwohl sich dieser Teil ihrer Arbeit erledigt hat, «Stürze» absolviert, weitere Sturzflüge sind in ihrem Notizkalender nicht mehr verzeichnet.[100] Was bewog sie, am ersten Tag nach ihrer Haft ein letztes Mal im Sturz zu fliegen?

Siebtes Kapitel

Es war Melittas Befreiungssturz. Vielleicht dachte sie für den Bruchteil einer Sekunde daran, die Maschine nicht abzufangen. Dann entschied sie weiterzumachen, aber anders als bisher. Ihr Gefängnisaufenthalt, ihre Verhöre, die Verhaftung ihres Mannes, Bertholds Verurteilung, die Gespräche mit Philippa von Bredow, die Wehklage der zum Tode Verurteilten, die sie im Frauengefängnis in der Kantstraße vernommen hatte, all dies war wie ein Weckruf gewesen. Als Melitta aus dem Gefängnis entlassen wurde, war der Ring, den die Alliierten um das Reich geschlossen hatten, noch enger geworden. In Italien verlief die Front bereits südlich des Apennin, Paris war Ende August erobert worden, am 3. September standen die Engländer in Brüssel. Nach einer ruhigeren Phase im Sommer war jetzt auch wieder Berlin Ziel alliierter Luftangriffe. Vor dem Untergang des Dritten Reiches wie dem mörderischen Terror, den die Nazis gegen die Familie Stauffenberg entfachten, gab es jetzt kein Wegsehen mehr.

Die Welt, die sie 1931 betreten hatte, als sie ihren Mann Alexander kennenlernte, war während ihrer Haftzeit zerbrochen. Den ganzen Jammer der Stauffenbergs erlebte sie, als ihr Opitz gestattete, kurz nach ihrer Entlassung über «Augsburg–Ulm nach Lautlingen» mit dem Nachtzug zu fahren, um persönliche Dinge abzuholen und mit den «örtlich in Sippenhaft oder noch in Lautlingen befindlichen Verwandten in Verbindung» zu treten.[101] Gemeinsam mit der bereits aus der Sippenhaft entlassenen Alexandrine von Uxkull sowie ihrer Freundin Dusi besuchte sie ihre Schwiegermutter Caroline im Gefängnis in Balingen. Wer aus der Familie saß nicht im Gefängnis, war nicht verschleppt worden, lebte noch? Als Caroline von Stauffenberg einige Wochen später aus der Sippenhaft entlassen wurde, musste sie mit acht Familien von Gestapo-Angehörigen, die im Schloss einquartiert wurden, unter einem Dach hausen. Lautlingen, wie es Melitta kennengelernt hatte, mit seinen Teestunden, den Abenden bei Wein und

Gespräch, den Pirschgängen, die sie so liebte, war einen lautlosen Tod gestorben.

Das Ende

Der 20. Juli 1944 war Melitta von Stauffenbergs Schicksalstag, die Wende ihres Lebens. Nicht weil sie an dem Attentat ihres Schwagers in irgendeiner Form beteiligt oder Mitwisserin gewesen wäre, sondern weil sie als Unbeteiligte im Lauf ihrer Haftzeit eine Einstellung entwickelte, die sich in ihren letzten sieben Lebensmonaten in einer unerhörten Zivilcourage äußerte. Von nun an zeigte sie eine tiefe Bekümmernis um das Los der anderen, die sich in ihrer Leidenschaft für den Kriegskrüppel Franz angekündigt hatte und in der nicht zu besänftigenden Trauer um ihn weiterlebte. Kaum aus dem Gefängnis entlassen, lief Melitta von einer Behörde und Gestapostelle zur anderen: Was sollte aus ihrem Mann werden, aus ihren Schwägerinnen Nina und Mika von Stauffenberg? Nina war nach kurzer Haft im Polizeigefängnis am Alexanderplatz in das Konzentrationslager Ravensbrück deportiert worden, Mika saß weiter im Gefängnis Moabit, wo Melitta sie einige Male besuchte, Alexander noch immer in der Lehrter Straße. Und wo waren ihre Nichten und Neffen, wo waren Berthold, Heimeran, Franz Ludwig und Valerie, Elisabeth und Alfred geblieben?

Der Kreis derer, denen Melitta beistand, hatte sich jedoch längst erweitert. Nachdem Alexandra und Diana von Bredow aus dem Gefängnis entlassen worden waren, freundete sie sich mit den beiden Schwestern an und kümmerte sich mit ihnen gemeinsam um die weiter inhaftierte Philippa. Melitta besorgte Kleidung und Essen, packte aber nicht nur für Philippa Pakete, sondern auch für Reinhild von Hardenberg, die im Frauenge-

Siebtes Kapitel

fängnis in der Kantstraße ebenfalls unter Kälte und miserabler Kost litt.[102] Wonte, wie sie genannt wurde, war die Verlobte des hingerichteten Werner von Haeften, auch ihr Vater Carl-Hans von Hardenberg war nach dem 20. Juli inhaftiert und in das KZ Sachsenhausen deportiert worden. Darüber hinaus sorgte Melitta auch für die nicht inhaftierten Angehörigen der gefangenen Frauen, etwa Reinhild von Hardenbergs Mutter Renate wie auch Therese Freifrau von und zu Guttenberg. Deren Mann, Karl Ludwig Freiherr von und zu Guttenberg, gehörte schon seit 1934 dem konservativen Widerstand an. Karl Ludwig zählte zum Kreis um Hans Oster und Hans von Dohnanyi, er saß im selben Gefängnis wie Alexander von Stauffenberg und wurde in der Nacht vom 23. auf den 24. April 1945 in der Umgebung der Lehrter Straße von einem SS-Sonderkommando ermordet.[103] Therese von und zu Guttenberg war im Herbst und Winter 1944 häufig mit Melitta von Stauffenberg verabredet, meist suchten sie gemeinsam Opitz auf.[104]

Gefährdete sich Melitta als «Deutschblütigen Gleichgestellte» durch ihre Hilfsaktionen nicht selbst, stand sie nicht unter der Beobachtung durch die staatlichen Verfolgungsbehörden, musste sie nicht ihre erneute Verhaftung befürchten? Auch sie durfte den Namen Stauffenberg nicht mehr führen, auf Anordnung hieß sie nurmehr «Gräfin Schenk», Gräfin war sie wenigstens geblieben. Tatsächlich wäre es naiv zu glauben, Melitta habe ihre Entlassung weiblichem Charme und rhetorischem Geschick zu verdanken. Fragwürdig war diese Freiheit ohnehin, die Gestapo hatte sie weiter in der Hand. Der Willkürakt ihrer «Gleichstellung mit arischen Personen» bot jetzt keinen Schutz mehr. Nach dem Umsturzversuch vom 20. Juli setzte sich die Parteikanzlei, zentrales Führungsorgan der NSDAP unter der Leitung von Martin Bormann, unter anderem zuständig für die Durchsetzung der NS-Rassenpolitik, dafür ein, gleichgestellte Beamte von ihren

Posten zu entfernen sowie schärfer gegen «Mischlinge» vorzugehen. Melitta hatte demnach genügend Grund, sich wegen ihrer «rassischen» Statusunsicherheit bedroht zu fühlen. Ob sie sich von Michael und Margarete Schiller fernhielt, um diese und sich nicht zu gefährden, ist nicht nachweisbar, auffällig aber ist, dass in keinem ihrer beiden Notizkalender Reisen zu ihren Eltern in Danzig erwähnt werden.[105]

Hatte auch Melitta gegenüber der Gestapo einen Trumpf in der Hand? Die «Versuchsstelle für Flugsondergerät» war indirekt auf Görings Betreiben gegründet, der Verein erst Mitte Juni[106] eingetragen worden, vermutlich wollte im RLM niemand das Gesicht verlieren. Am wichtigsten dabei war die von ihren Gatower Kollegen wie ihren Gönnern im RLM bezeugte Kriegswichtigkeit ihrer Nachtflugtätigkeit. Die Unverzichtbarkeit ihrer fachlichen wie fliegerischen Kompetenz gab Melitta die Möglichkeit, sich auf einen Handel mit denen einzulassen, die ihren Mann gefangen hielten und dessen Brüder ermordet hatten. In der Überzeugung, den inhaftierten Sippenhäftlingen besser helfen zu können, wenn sie frei bliebe, erklärte sie sich zur Ausübung ihrer kriegswichtigen Tätigkeit unter der Bedingung bereit, Alexander in der Haft regelmäßig besuchen zu dürfen. So zumindest haben nach dem Krieg unabhängig voneinander Nina von Stauffenberg[107] wie Fey von Hassell[108], beide Sippenhäftlinge der SS nach dem 20. Juli, Melittas Haftentlassung wie ihre *Caritas* erklärt.

Aber war Melitta tatsächlich so unersetzlich? Sicher ist, dass ohne den «weißen Raben» im RSHA, Paul Opitz, Melittas Hilfsaktionen nicht möglich gewesen wären. Sie «befand sich», erinnerte sich Nina von Stauffenberg nach dem Krieg, «in einer schwierigen Doppelsituation: Vertrauensperson der Gestapo und Betreuerin der Gefangenen»[109]. Was sollte das heißen? Melitta, eine Doppelagentin, die SS und Gestapo hinters Licht führte? Dass sich Melittas Leben nach ihrer Entlassung aus der Haft

Siebtes Kapitel

auf einem schmalen Grat bewegte, sie lavieren, täuschen, simulieren musste, um ihre humanitären Ziele zu erreichen, lag auf der Hand. Tatsächlich setzte sie von jetzt an ihr EK II sowie ihr funkelndes Militärfliegerabzeichen am Revers gezielt ein, um an entsprechenden Stellen besser antichambrieren zu können. Ein Entrinnen aus diesen Rollenspielen gab es nicht. Ende Oktober hatte Melitta erfahren, dass ihr Mann nicht mehr in der Lehrter Straße einsaß, sondern nach Bad Reinerz im schlesischen Adlergebirge deportiert worden war.[110] *Harr' aus, Geliebte, denn wir überdauern / Die Fülle, die der Gott verheisst.* Alexanders Verse waren für Melitta bittere Wahrheit geworden.

Mit den Anstrengungen nahm auch ihre Erschöpfung zu. Um den Sippenhäftlingen, an erster Stelle ihrem Mann Alexander, beistehen zu können, musste sie die Kriegswichtigkeit ihrer Nachtflüge unter Beweis stellen, um Regimetreue vorzutäuschen. Ende November händigte sie ein Essenspaket für Reinhild von Hardenberg an Ursula von Kardorff in deren Wohnung aus. In Erscheinung trat eine «mädchenhafte Gestalt, lockiges Haar, kurze, fast griechische Nase, eine weiche, etwas müde Stimme», von der sich Ursula von Kardorff fragte, «wann sie eigentlich schläft»[111]. Genauso gut hätte sie sich fragen können, wann Melitta etwas aß. Wie sie sowohl ihre berufliche Belastung als auch ihre quälende persönliche Situation ertrug, war ihrer Schwester Klara bereits eine Woche nach ihrer Haftentlassung «schleierhaft»[112]. Melitta fliege jede Nacht, komme auch tagsüber nicht zum Schlafen und gebe «alles, was sie überhaupt nur zusammen bekommt, weiter … sie hat ja auch zu viele zu betreuen, sodass für sie selber nichts richtiges übrig bleiben wird»[113]. Alles, was sie zu ihrer Ernährung benötige, schenke sie den Sippenhäftlingen oder deren Angehörigen. Damit «Litschel», so Klara, auch selber etwas esse, bringe sie ihr «Äpfel und Tomaten» vom Lande mit, «damit sie auch mal so was hat»[114]. Über solche profanen Dinge war Melitta allerdings hinaus. Essen verschenkt, selbst kaum gegessen hatte sie zuletzt als Schülerin in Hirschberg mit sechzehn, siebzehn Jahren. Damals litt sie unter den Wirren des Ersten Weltkrieges wie dem Verlust ihres Krotoschiner Elternhauses. Sportliche Hyperaktivität und paramilitärische Selbstdisziplin hatten ihr seinerzeit aus der Krise herausgeholfen. Jetzt aber ging in einer Art Systemzusammenbruch aus ihren Karrieresüchten eine Nächstenliebe hervor, die so radikal und unverbrüchlich war wie alles, was sie in ihrem Leben angepackt hatte. Melitta entpuppte sich als barmherzige Samariterin, Soldatin ohne Uniform musste sie aber weiterhin bleiben.

Drei Tage vor dem letzten Kriegsweihnachtsfest meldete Oberst Viktor von Loßberg in seiner Eigenschaft als Kommandeur der Technischen Akademie Oberstingenieur Leutert den Erfolg des von «Gräfin Schenk» entwickelten Nachtlandeverfahrens.[115] Auf Funkpeilungen war in der Endphase des Krieges noch kein hundertprozentiger Verlass, in der Dunkelheit breiteten sich die Funkwellen nicht gleichmäßig aus, die Reichweiten waren beschränkt, die Navigation war ungenau.[116] Vor allem «die schlechten Sichtverhältnisse bei der Landung», so Oberst Hajo Herrmann[117], stellten für die Nachtjäger eine ernsthafte Gefahr dar. Hier setzten Melittas Untersuchungen für ein «Optisches Nachtlandeverfahren für Jäger» an, die sie bereits im Mai intern vorgestellt hatte.[118] Loßberg musste über zwei konkurrierende Verfahren entscheiden, die beide versuchten, die anfliegenden Jäger in der Dunkelheit durch ein optisches System sicher auf den Boden zu bringen. Melitta schlug vor, seitlich wie am Ende der Landebahn Lichterketten aufzustellen, die sich in einem Reflexvisier spiegelten und den Piloten unter genauer Messung der Entfernung an den Landeplatz heranführten. Eine zusätzliche, allerdings erst in Bodennähe taugliche Variante bestand im Anbringen eines Scheinwerfers am Flugzeugrumpf, der den Schat-

Siebtes Kapitel

ten des Fahrwerks auf den Boden wirft. Loßberg entschied sich für Melittas Vorschlag «Abfangen nach Dunkelpunkt im Scheinwerferstrahl»[119]. Ihr Konkurrent, SS-Obersturmbannführer Oppermann, der eine das Abfangen der Maschine erschwerende Nachtlandevariante ohne Reflexvisier entwickelt hatte, ging leer aus. Melitta hatte, auch dank Loßbergs Fürsprache, die Kriegswichtigkeit ihrer Tätigkeit glänzend bestätigt.

Am Tag nach dem positiven Votum brach sie nach Bad Sachsa auf. Melitta hatte den Aufenthaltsort der Kinder von Claus und Berthold von Stauffenberg ausfindig gemacht und eine Besuchserlaubnis erhalten.[120] Offenbar auch deshalb hatte sie mehrfach in der Meinekestraße 10 vorgesprochen, bis 1941 Sitz des für Auswanderungen zuständigen Palästinaamtes der Jewish Agency, seither RSHA-Dienststelle, unter anderem zuständig für politische Gegner.[121] Allein dreizehn Mal hatte sie zwischen Ende September und Weihnachten Paul Opitz aufgesucht. Zwar war es ihr nicht gelungen, eine Besuchserlaubnis für Alexander zu erwirken, wenigstens aber konnte sie mit den Stauffenberg-Kindern Weihnachten verbringen.

Auf dem Weg in den Harz kam es zu einer gespenstischen Begegnung. Im Zug von Berlin Richtung Halle saß ihr Hans Wilhelm Hagen gegenüber, Ordonnanzoffizier im Stab des Berliner Wachbataillons «Großdeutschland». Hagen hat maßgeblich zum Scheitern der Verschwörung des 20. Juli beigetragen. An der Rechtmäßigkeit des Walküre-Befehls zweifelnd, hatte er telefonisch Joseph Goebbels verständigt und dadurch den Stein zur Niederschlagung des Umsturzes ins Rollen gebracht.

Melitta verlor in ihrem Notizkalender kaum ein Wort über die Begegnung mit dem überzeugten Nationalsozialisten, der vier Jahre jünger war als sie. Dass sie über dessen fatale Rolle Bescheid wusste, wird daran deutlich, dass sie lakonisch nur ein «Gespräch mit Lt. Hagen, Wachbataillon, 20. Juli» erwähnt.[122]

Nicht ausgeschlossen, dass sich der inzwischen zum Hauptmann beförderte Hagen ihr gegenüber brüstete. Der sich gewitzt dünkende Schöngeist, der über Rilke promoviert hatte, beging nämlich einen furchtbaren Irrtum. Auch jetzt trug Melitta wieder ihre militärischen Auszeichnungen. Aber dieses Mal erwiesen sie ihr einen schlechten Dienst. Der beflissene Hagen, der sich nach dem Krieg für seine Aktion am 20. Juli wortreich legitimieren sollte[123], glaubte, eine Frau mit militärischen Orden an der Brust könne niemand anderes sein als Hanna Reitsch. In seinen fast zwanzig Jahre später publizierten Erinnerungen[124] hatte der weiter überzeugte Nationalsozialist seinen Irrtum noch immer nicht bemerkt. «Gnädige Frau», berichtet er, habe er im Zug gesagt, «darf ich mich Ihnen vorstellen? Ihren Namen zu nennen, ist überflüssig, denn es gibt nur eine Frau auf der Welt mit diesen Auszeichnungen.» Melitta hatte ihre wahre Identität wohl auch deshalb verschwiegen, weil ihr dadurch peinliche Fragen nach Grund und Ziel ihrer Reise erspart blieben. Dennoch muss die Zugfahrt zu den unschuldigsten Opfern des 20. Juli ausgerechnet in Gegenwart dieses Mannes, der erst nach etwa zwei Stunden ausstieg, unerträglich gewesen sein. Dass Hagen sie mit ihrer Intimfeindin verwechselt hatte, mochte sie jetzt sogar verschmerzen. Die Konkurrenz mit der Hitler-Vertrauten hatte sich mit dem Terror des NS-Regimes gegen die Familie Stauffenberg wohl erledigt.

An Weihnachten war es bitterkalt, der Harz erstarrte in Schnee und Eis. Die Stauffenberg-Kinder waren voller Freude über den unerwarteten Besuch ihrer «Tante Litta». Endlich sahen sie nach der monatelangen Trennung von ihren Familien wieder ein bekanntes Gesicht. Sie wussten nicht, was außerhalb des Kinderheimes, in das man sie deportiert hatte, vor sich ging, hatten nichts von ihren Müttern oder anderen Familienmitgliedern gehört. Ihre Nachnamen hatte man ihnen genommen und ihnen

Siebtes Kapitel

neue Namen gegeben, beraubt ihrer Biographie, ihrer Familie, ihrer Tradition, waren sie ausgestoßen. Das Kinderheim, sieben im Heimatstil erbaute spitzgiebelige Holzhäuser, war der Nationalsozialistischen Volkswohlfahrt übergeben worden. Die Betreuer, berichtet der damals zehnjährige Berthold von Stauffenberg Jahrzehnte später, seien «ausgesprochen freundlich»[125] zu ihnen wie den übrigen Kindern anderer Sippenhäftlinge gewesen. Allerdings waren die Stauffenberg-Kinder bei ihrer Ankunft auf drei verschiedene Häuser verteilt worden, sodass sie sich über Wochen hinweg nur sporadisch sahen. Erst an Weihnachten, als bereits viele der Insassen entlassen waren und das Kinder- in ein Müttergenesungsheim umgewandelt wurde, kamen sie gemeinsam unter.

Im Anschluss an ihren Besuch in Bad Sachsa erstattete Melitta Bericht an Nina und Mika von Stauffenberg, die erste Nachricht an die Mütter nach über fünf Monaten.[126] Trotz Kälte ging Tante Litta mit den Kindern hinaus und baute mit ihnen ein «Märchenland … aus Eiszapfen»[127], am Heiligen Abend blieben die Kinder wegen der Kälte zunächst im Bett, dann kam es doch noch zur Bescherung, am zweiten Weihnachtsfeiertag wurde das «Bäumchen noch mal angezündet»[128]. Ihr «Liebling Heimeran», der zweitälteste Sohn Claus von Stauffenbergs, damals acht Jahre alt, war an Scharlach erkrankt, lag isoliert, Melitta «verbrachte viele Stunden mit ihm»[129]. Die Kalendernotizen machen deutlich, wie bitterlich die Kinder auf den Besuch ihrer Tante gewartet hatten, wie sehr sie täglich an ihr hingen, vor allem, als die Abreise näher rückte. Dann verließ Melitta die Kinder und fuhr zurück nach Berlin. Sie sollte sie nicht wiedersehen.

Anfang November hatte Melitta in den Diensträumen von Heinrich Müller vorgesprochen, Chef der Gestapo und einer der Hauptorganisatoren der «Endlösung». Sie bat um die Erlaubnis, ihren Mann Alexander in Bad Reinerz besuchen zu dürfen. Wenn Melitta geglaubt hatte, sie könne den ehemaligen, im Ersten Weltkrieg ausgezeichneten Flugzeugführer mit ihren Orden, ihrem prestigeträchtigen Beruf auf forsche, charmante oder auch kollegiale Art überzeugen, hatte sie sich getäuscht. Müller wies ihre Bitte brüsk ab, vier Tage später, als sie einen weiteren Versuch unternahm, erfuhr sie von Opitz, «Gruppenf. Müller (ist) nicht zu sprechen»[130]. Melitta war außer sich, aber Müllers Entschluss stand fest. Ihr blieb nichts anderes übrig, als einen Koffer zu packen und zum Görlitzer Bahnhof zu bringen, um ihn Alexander nach Bad Reinerz zu schicken. Mehr konnte sie vorerst nicht für ihn tun.

Derjenige, der unter den NS-Machthabern vom Scheitern des Umsturzversuches am 20. Juli am meisten profitierte, war der Reichsführer-SS, Heinrich Himmler. Als Nachfolger von Generaloberst Friedrich Fromm ernannte ihn Hitler noch am Abend nach dem misslungenen Attentat zum neuen Befehlshaber des Ersatzheeres. In der Folge eignete sich Himmler weitere Ämter an. Der unmilitärisch wirkende Mann mit dem teigigen Gesicht, dessen Zwicker nur schlecht zu seiner nachtschwarzen Uniform passte, war im Herbst 1944 zugleich «Reichsminister des Inneren, Chef der Deutschen Polizei, Generalbevollmächtigter für die Reichsverwaltung, Reichskommissar für die Festigung des deutschen Volkstums, Träger der eigenen Bauhoheit, Verantwortlicher für die Fertigung der deutschen Raketenwaffe (V2), preußischer Innenminister und als Reichsführer-SS oberster Chef des SS-Wirtschafts-Verwaltungshauptamtes und Befehlshaber der Waffen-SS»[131]. Dank dieser Machtfülle war Himmler der zweite, wenn nicht gar der heimliche erste Mann im nationalsozialistischen Staat. Anders als sein Führer Adolf Hitler schätzte er die militärische Lage in den letzten Kriegsmonaten nicht völlig unrealistisch ein und setzte auf die perfide Strategie eines Endkampfes vor dem Endsieg. Um ihre SS-Köpfe zu retten,

Siebtes Kapitel

waren Himmler und sein Scherge Ernst Kaltenbrunner auf einen teuflischen Plan verfallen. Der schauerromantische Größenwahn ihres Projektes «Alpenfestung» sah den Rückzug der SS auf ein Territorium vor, das die bayerischen Alpen, Nord- und Südtirol, Kärnten sowie das Salzburger Land umfassen sollte. Diese Zone war als militärische Verteidigungsstellung wie auch als Gefangenenlager vorgesehen.

In der «Alpenfestung» sollten sogenannte Wunderwaffen wie der erste Düsenjäger der Welt, die Me-262, in großer Stückzahl produziert, aber auch prominente Sonderhäftlinge als Geiseln versammelt werden, um in eventuellen Verhandlungen mit den Westalliierten eine günstige Ausgangsposition zu behaupten. Der Plan war von längerer Hand vorbereitet. Schon 1942 hatte Himmler angeordnet, prominente Personen aus dem okkupierten Ausland als Geiseln in deutsche Konzentrationslager zu deportieren. Zu diesem Personenkreis gehörten als Sonderhäftlinge hochrangige Militärs aus verschiedenen europäischen Nationen, Deutsche wie Pastor Martin Niemöller oder der Großindustrielle Fritz Thyssen, der ehemalige französische Ministerpräsident Léon Blum mit seiner Frau oder auch Kurt von Schuschnigg, österreichischer Bundeskanzler vor dem «Anschluss» an NS-Deutschland. Im Herbst 1944 kamen als neue Geiseln die Sippenhäftlinge des 20. Juli hinzu. Dazu zählte auch eine mehrere Personen umfassende Gruppe um Alexander von Stauffenberg.

Aus verschiedenen Gefängnissen und Konzentrationslagern kommend, wurde diese Gruppe in Bad Reinerz zusammengeführt, acht Mitglieder der Familie Stauffenberg, sechs der Familie Goerdeler, drei Hofackers sowie die erst sechsundzwanzig Jahre alte, mit einem italienischen Adeligen verheiratete Fey Pirzio-Biroli. Sie war die Tochter von Ulrich von Hassell, des deutschen Botschafters in Rom, der als Mitverschwörer des 20. Juli zum Tode verurteilt worden war. Bad Reinerz lag im südöstlichsten Zipfel des Reiches, Friedrich der Große hatte die nach Böhmen hinein-ragende, militärstrategische günstige Ausbuchtung im dritten Schlesischen Krieg von den Österreichern erobert. Die idyllische Mittelgebirgsgegend hatte sich am Ende des 19. Jahrhunderts zu einer Erholungs-, Wander- und – dank ihrer zahlreichen Heil-quellen – beliebten Kurgegend entwickelt. Bad Reinerz war eines von mehreren benachbarten Kurbädern. Für die Bedürfnisse der Sport- und Naturfreunde hatte man außerhalb der Kurorte so-genannte Bauden errichtet, allein gelegene, komfortable Hotels in traditioneller Holzbauweise. Dazu gehörte auch die «Hinden-burg-Baude». Sie lag am Rande von Grunwald, dem mit 975 Me-tern höchstgelegenen Dorf Preußens, wenige Kilometer von Bad Reinerz entfernt. Von dort bot sich eine prächtige Aussicht auf die umliegende Mittelgebirgslandschaft. Für eine Internierung war das Refugium wie geschaffen.

Komfort war jedoch nicht der Grund, warum die Sippenhäft-linge in die Hindenburg-Baude verlegt wurden, sondern die ein-same Lage. Die Gruppe blieb isoliert von der Außenwelt unter sich, ja wusste, wie Fey von Hassell in ihren Erinnerungen an ihre Zeit als Sippen- und Sonderhäftling schreibt[132], nicht ein-mal genau, wo sie sich befand. Die SS-Bewacher führten keine Verhöre, sie ließen sich kaum blicken, ohne Geld und Ausweise in einer unbekannten Gegend zu fliehen wäre sinnlos gewesen. Es war eine seltsame Häftlingsgesellschaft, alt und jung, krank und gesund, teils gelassen, teils verstört. Der Adel in Gestalt der Stauffenbergs und Hofackers war überwiegend untereinander verwandt, die Bürgerlichen hingegen kannten einander nicht einmal. Marie-Gabriele von Stauffenberg, genannt Gagi, traf auf das Ehepaar Kuhn, eine peinliche Begegnung, die streng protes-tantische Hildegard Kuhn hatte erst im Frühsommer des Jahres die Verheiratung ihres Sohnes mit der katholischen Gagi aus konfessionellen Gründen zu Fall gebracht.

Siebtes Kapitel

Ев5. Hindenburgbaude i. Grunwald (975m) Adlergebirge

Keine Idylle: In der Hindenburg-Baude im schlesischen Adlergebirge wurde Alexander von Stauffenberg mit anderen Sippenhäftlingen im November 1944 von der SS gefangen gehalten.

Alexander von Stauffenberg trug noch immer die Uniform, mit der er in Athen in den Zug gestiegen war, ebenso «Onkel Moppel», Markwart Schenk von Stauffenberg sen., Offizier im Rang eines Obersten. Clemens von Stauffenberg sen., ein Cousin des Attentäters, war trotz akuter Herzkrankheit nach Reinerz deportiert worden. Glück hatten diejenigen, die in Begleitung ihrer Frauen und Kinder hier waren, angsterfüllt waren hingegen die Mütter, die von ihren Kindern getrennt worden waren und nichts über deren Situation wussten. Dieses schwere Schicksal teilten Alexanders Schwägerin Mika von Stauffenberg, Ilse Lotte von Hofacker, Irma Goerdeler sowie Fey von Hassell. Trotz Angst und Ungewissheit blieb jedoch gelegentlich Raum für gebildete Muße, Alexander zitierte häufig Dante im Original, obwohl er gar kein Italienisch gelernt hatte. Die Tage verliefen eintönig, die Ruhe war unheimlich. Die Gruppe ahnte nicht, dass der vierwöchige Aufenthalt in der Hindenburg-Baude eine letzte Atempause war. Am 30. November war die Schonzeit vorbei. In das SS-Geiselunternehmen kam Bewegung. Die Odyssee der Häftlinge durch die Schrecken der Finsternis des untergehenden Dritten Reiches nahm ihren Lauf.

Wohin die Reise gehen sollte, wussten die Häftlinge nicht, als sie in ein Zugabteil mit vergitterten und plombierten Fenstern zusammengepfercht wurden. Über Zweck und Ziel des Transportes ließ die SS die Häftlinge im Unklaren, dass ihnen eine über zweitausend Kilometer lange Reise über fünf Monate vom südöstlichsten Zipfel Schlesiens nach Ostpreußen, von dort quer durch Deutschland nach Bayern mit dem Ziel Südtirol bevorstand, ahnte keiner von ihnen.

Nach zwei Tagen Fahrt durch erstarrte deutsche und polnische Schneelandschaften verließen sie durchgefroren, verlaust, verwahrlost, krank und geschwächt den Zug. Stacheldraht, Baracken und Wachtürme ließen schlimmste Befürchtungen wahr werden. Sie waren im Konzentrationslager Stutthof angelangt, knapp vierzig Kilometer östlich von Danzig. Zu diesem Zeitpunkt zählte das Lager einschließlich der zahlreichen Nebenlager zweiundfünfzigtausend Häftlinge, mehr als je zuvor.

Hier erfuhren die Sippenhäftlinge, dass ihr Aufenthalt in der Hindenburg-Baude nur ein Provisorium war, die für sie in Stutthof vorgesehene Baracke hatte nicht rechtzeitig fertiggestellt werden können, also hatten sie anderswo warten müssen. Im abgeriegelten Kosmos des Konzentrationslagers nahmen sie wegen ihres Status als Geiseln eine Sonderstellung ein. Unter den Elendsten waren sie gewissermaßen privilegierte Elende. Die in Konzentrationslagern übliche Vernichtung durch Arbeit blieb ihnen erspart, von der hier herrschenden nackten Gewalt erfuhren sie nur mittelbar durch Hörensagen. Weil sie Geiseln waren, durften sie nicht sterben, als im Lager Typhus ausbrach, wurden jedoch auch Mika von Stauffenberg, Jutta Goerdeler und Fey von Hassell infiziert. Andere erkrankten an Scharlach oder hatten die Ruhr. Die Typhuskranken entkamen nur knapp dem Lagertod. Zur Selbstversorgung nicht mehr in der Lage, erhielten sie Hilfe von inhaftierten russischen Frauen. Sie erzählten Mika von Stauffenberg und Anni von Lerchenfeld, der Mutter Ninas, die beide Russisch sprachen, von den im Stutthof vorhandenen Gaskammern.

Zu Beginn der zweiten Januarwoche 1945 traf Melitta im KZ Stutthof ein. Endlich hatte sie – wie, ist nicht bekannt – die Erlaubnis erhalten, Alexander zu besuchen. Wie Melittas Besuch in Stutthof verlief, darüber besitzen wir ebenfalls keine Kenntnis. Mit dem 31. Dezember 1944 enden die Eintragungen in ihrem Notizkalender. Den ersten acht Tagen des neuen Jahres widmete sie nur jeweils wenige unspektakuläre Worte. Am Montag, den 8. Januar, einen Tag vor ihrem zweiundvierzigsten Geburtstag, heißt es, «Abf. Chlbg.-Bromberg». Offenbar fuhr sie vom Bahnhof Charlottenburg Richtung Danzig, ob es sich tatsächlich um das Abreisedatum nach Stutthof handelte, ist jedoch ungewiss. Auch Fey von Hassell war keine Zeugin ihres Besuches. An Typhus erkrankt, bekam sie ebenso wie Gagi von Stauffenberg wegen ihres lebensbedrohlichen Zustandes von Melittas Anwesenheit im Lager nichts mit.

Um nach Stutthof zu kommen, muss Melitta in Danzig Station gemacht haben, anders war die Anreise kaum möglich. Dass sie bei dieser Gelegenheit ihre betagten Eltern nicht besuchte, ist kaum vorstellbar. Aber auch wenn dies nicht der Fall gewesen sein sollte – bekam die «Deutschblütigen gleichgestellte» Gräfin Schenk mit dem in «privilegierter Mischehe» lebenden Vater beim Betreten des Konzentrationslagers nicht abgrundtiefe

Schuldgefühle? Darüber, wie es ihr erging, als sie sich im Torhaus meldete, was sie im Lager gesehen oder nicht gesehen, ob sie andere Häftlinge, Aufseher bemerkt, mit welcher Miene, in welchem inneren Zustand sie Stutthof wieder verlassen hat, ist nichts bekannt. Auch Alexander von Stauffenberg äußerte sich dazu im Nachhinein nicht.

Dennoch ist dank der nachträglichen Aufzeichnungen Dritter einigermaßen rekonstruierbar, was der Lagerbesuch bei Melitta bewirkte. Folgt man den Erinnerungen Nina von Stauffenbergs, Fey von Hassells wie anderer, begann die Hyperaktivität ihrer immer verzweifelteren Selbstaufopferung alles Bisherige in den Schatten zu stellen. Den Sippenhäftlingen Hilfe, Trost und Rettung zu bringen war von nun an ihr einziges Sehnen und Trachten. Leichtfertig ging sie dabei nicht vor, übernächtigter, übermüdeter und erschöpfter denn je, setzte sie ihre letzten Kräfte ein und spielte alle Beziehungen und Verbindungen aus, die ihr zur Verfügung standen, um vor allem ihrem Mann Alexander nahe zu sein. Ihr Einsatz war total, sie fürchtete weder um Leib noch Leben.

Nach dem Abschluss ihrer Vernehmungen im Polizeigefängnis am Alexanderplatz in Berlin war die schwangere Nina von Stauffenberg im August 1944 in das KZ Ravensbrück deportiert worden. Am Ende des Jahres wurde sie wegen der bevorstehenden Geburt ihres fünften Kindes in ein Entbindungsheim der Nationalsozialistischen Volkswohlfahrt östlich der Oder verlegt, als dann Ostflüchtlinge anrückten, kam sie nach Frankfurt/Oder, wo sie am 27. Januar 1945 ihre Tochter Konstanze zur Welt brachte. Als die Front näher rückte, wurde «Frau Schank», wie Nina von Stauffenberg jetzt offiziell hieß, in ein Potsdamer Krankenhaus gebracht, als Geisel der SS war man auch in ihrem Fall um ihre Unversehrtheit besorgt. Hier besuchte sie «Litta, die von Gatow nach Potsdam radelte, ... regelmäßig»[133]. Die Rote Armee war Ende Januar nur noch achtzig Kilometer von Berlin entfernt, das Chaos wurde täglich größer, die Nahrungsmittel wurden knapper, der Busverkehr wurde eingestellt, die ersten Volkssturmbataillone rückten aus, Anfang Februar kam es zu einem verheerenden Bombenangriff der US Air Force, 2500 Menschen starben, der Blutrichter Roland Freisler, der die Verschwörer des 20. Juli hatte ermorden lassen, wurde dabei in dem von Bomben getroffenen Volksgerichtshof von einem herabstürzenden Balken erschlagen. In Gatow schoss Melitta derweil Kaninchen, brachte das gebratene Fleisch zusammen mit Keksen und Sojamehl, das ihre Schwester Pims, eine Spezialistin für Sojaanbau, besorgt hatte, nach Potsdam zu Nina von Stauffenberg. Telefonisch erkundigte sie sich in Bad Sachsa nach dem Befinden der Stauffenberg-Kinder, erstattete ihrer Schwägerin Bericht, gelegentlich belieferte sie Nina auch mit gebrauchter warmer Kleidung.

Dann gingen auch in Gatow die Lichter aus. Am 18. Februar 1945 verlagerte man «auf Befehl des Führers ... die Technische Akademie der Luftwaffe mit Lehrgängen und Instituten nach Blankenburg/Thür., Schussenried, Biberach, Würzburg, Königshofen, Schweinfurth, Treifelberg und Eckerthal»[134]. Als ob es noch etwas zu gewinnen gäbe, ging Melittas optisches Nachtlandeverfahren in «die Durchbildung und fliegerische Erprobung». Darüber wurde die «Versuchsstelle für Flugsondergerät e.V.» in Berlin-Gatow durch das «Oberkommando der Luftfahrt» Mitte Januar sowie den «Reichsminister der Luftfahrt» Ende Februar schriftlich informiert[135]. Melittas Versuchsstelle verblieb teils in Gatow, wurde teils nach Bad Blankenburg, Cham in der Oberpfalz sowie nach Würzburg verlegt.[136] Was sich hinter der Anforderung für einen «Sondereinsatz» Melittas durch den Kommandeur der Technischen Akademie Viktor von Loßberg Mitte Februar verbarg, lässt sich nicht exakt klären. Möglicherweise ist ihr Nachtlandeverfahren noch an der Me-262, dem ersten Militärdüsenjet der Welt, erprobt worden. Wunderwaffen standen kurz vor Kriegsende immer höher im Kurs. Dass «Sondereinsatz» sowie die teilweise Verlagerung der «Versuchsstelle» nach Würzburg militärische Tarnbefehle Loßbergs waren, um Melitta weiter die Betreuung der Sippenhäftlinge zu ermöglichen, ist nicht unwahrscheinlich.[137]

Nach ihrem Besuch in Stutthof hatte Melitta den Kontakt zu den Sippenhäftlingen verloren. Bei verschiedenen Gestapo-Stellen versuchte sie vergeblich, deren Aufenthaltsort ausfindig zu machen. Am 26. Januar hatte die Verschiebemasse der Sippenhäftlinge Stutthof in einem Eisenbahnwaggon mit zerbrochenen Fensterscheiben im Schneesturm verlassen. Für die etwa dreißig Kilometer lange Strecke nach Danzig brauchten sie fast zwei Tage. Endlich erreichten sie das SS- und Polizei-Straflager Matzkau. Dort wurden sie, als es die Wachmannschaft angesichts des schlechten Allgemeinzustandes der persönlichen Geiseln des Reichsführers-SS mit der Angst zu tun bekamen, erstmals seit langem wieder gut verpflegt. Anni von Lerchenfeld jedoch, die schon in der Untersuchungshaft kurz nach dem 20. Juli zu leiden hatte, starb an einer Lungenentzündung und konnte angeblich durch Vermittlung von Melittas Eltern auf einem Danziger Friedhof beigesetzt werden.[138]

Die nächsten fünf Wochen verbrachte die Gruppe unter qualvollen Bedingungen meist in Eisenbahnzügen zwischen Danzig und Berlin. Richtung Süden war kaum mehr ein Durchkommen. Entweder verstopften deutsche Truppentransporte Richtung Osten oder Flüchtlingskolonnen Richtung Westen die Bahnstrecken, oder die Bahnhöfe wurden bombardiert. Die andauernden Luftangriffe, erinnert sich Fey von Hassell, «machten uns fast wahnsinnig, jeder Augenblick konnte für uns der letzte sein»[139] Immer wieder wurde ihr Transportzug durch die alliierten Bombardements am Weiterfahren gehindert, zunächst nördlich von Berlin, dann Anfang März in Weimar. Am 3. März erreichten sie

Siebtes Kapitel

ihren nächsten vorläufigen Bestimmungsort, das Konzentrationslager Buchenwald. Wie in Stutthof wurde die Gruppe auch hier in einem Sonderbau untergebracht. In der von einer hohen Mauer umgebenen Baracke, der sogenannten Isolierbaracke, traf sie auf weitere Sippenhäftlinge des 20. Juli, man war glücklich, Söhne, Töchter, Freunde und Verwandte in die Arme zu schließen. In Buchenwald kamen Sippen- und Ehrenhäftlinge aus verschiedenen Lagern und Gefängnissen zusammen, doch zu welchem Zweck die rund fünfzig Häftlinge konzentriert wurden, wusste noch immer niemand. Erst jetzt erfuhr Fey von Hassell durch Maria von Hammerstein, dass ihr Vater Ulrich schon im September 1944 hingerichtet worden war. Über den Verbleib ihrer beiden vier und drei Jahre alten Söhne Roberto und Corrado wusste niemand etwas. Im Hauptlager Buchenwald lebten zu diesem Zeitpunkt mehr als achtundzwanzigtausend Häftlinge. Von ihrem Vegetieren und Sterben erfuhren die Sippenhäftlinge hinter ihrer hohen Mauer nichts. Sie warteten, ohne zu wissen, worauf. Alexander von Stauffenberg nahm sich zum Trost wieder seinen Dante vor.

Plötzlich kreiste ein Fieseler Storch über der «Isolierbaracke». Die Häftlinge trauten ihren Augen nicht, wie Eugen Kogon, von 1939 bis 1945 Häftling in Buchenwald, in seinem nach der Befreiung erschienenen berühmten Buch «Der SS-Staat» festhielt:

«Ende 1944 rief dort folgendes Ereignis großes Aufsehen hervor: Ein Fieseler Storch umkreiste mehrmals die Isolier-Baracke, wobei die Pilotin, die deutlich zu erkennen war, herauswinkte. Da im KL das Gerücht umging, der General der Jagdflieger im Oberkommando der Luftwaffe, *Galland,* sei in der Isolier-Baracke, fragte der Häftlingselektriker Armin *Walter*, ein um das Lager sehr verdienter, gewitzter Sozialdemokrat, der allein gelegentlich in die Baracke kam, *Thyssen*[140], ob die Fliegerin vielleicht Grüße für Galland bringe. *Thyssen* erklärte, die Pilotin heiße Millert und sei aus Wien, Freundin eines der eingesperrten Grafen *Stauffen-*

berg. Drei Tage lang kam sie, zog Schleifen über dem Wald und flog wieder davon.»[141]

In dieser Darstellung ist sachlich fast alles falsch, weder war der General der Jagdflieger Adolf Galland jemals inhaftiert, noch stimmt die Datierung. Und doch gibt die Ungenauigkeit der Fakten die Irrealität des Ereignisses präzise wieder. Am 16. März 1945 stürzten die Sippenhäftlinge, berichtet die Augenzeugin Fey von Hassell in ihren Erinnerungen, «ins Freie und winkten mit Taschentüchern und Bettlaken. Es war Lita Stauffenberg, die Frau von Alex, die ihren Mann besuchen kam, wie sie es schon einmal in Stutthof getan hatte»[142]. Ein Wunder, denn, so Fey von Hassell, nach fruchtlosen Telefonaten mit der Gestapo sei sie «auf gut Glück» in Buchenwald gelandet, «um nachzuforschen, ob wir vielleicht hier wären»[143]. Das klingt so unwahrscheinlich wie ihr Erscheinen über der Baracke selbst, zeigt aber, dass ihre *mental map* im März 1945 kaum noch andere Orte kannte als Gefängnisse und Konzentrationslager und sie nichts so sehr fürchtete wie den Verlust ihres Mannes. In der Folgezeit flog sie nicht weniger als acht Mal nach Buchenwald und kreiste über dem Lager, besaß sie eine Besuchserlaubnis, landete sie, um Alexander zu treffen und mit ihm zu sprechen.[144] Zwischendurch flog sie den herzkranken und nach langem Leiden von der Sippenhaft freigestellten Clemens von Stauffenberg sen., den Vater Marie-Gabrieles, nach Hof, von dort wurde er nach Burg Guttenberg gebracht, wo er in Sicherheit war.

Wie war all das möglich? War Opitz, der «weiße Rabe», wieder im Spiel, wurde Melitta abermals durch ihre Gatower Luftwaffenkollegen gedeckt, verhalf ihr der Zerfall der nationalsozialistischen Machtstrukturen zu immer neuen Ausnahmegenehmigungen? Fest steht, dass ihre nach Würzburg verlegte «Versuchsstelle» am 25. März ein weiteres Mal umzog, dieses Mal an den Flugplatz Weimar-Nohra wenige Kilometer südlich

Siebtes Kapitel

von Buchenwald. Zu diesem Zeitpunkt hatte Melitta bereits kein Zuhause mehr. Am Abend des ersten Tages, an dem sie die Sippenhäftlinge in Buchenwald ausfindig gemacht hatte, ging Würzburg im Feuersturm der Royal Air Force zugrunde, und Melittas und Alexanders gemeinsame Wohnung in der Methfesselstraße erhielt einen Volltreffer.

Warum Melitta, nachdem sie Clemens von Stauffenberg in Sicherheit gebracht hatte, von Hof zurück nach Gatow flog, ist rätselhaft. Dadurch entging ihr, dass die Sippen- und Sonderhäftlinge am Osterdienstag wegen der heranrückenden amerikanischen Truppen aus Buchenwald mit Omnibussen in Richtung Süden abtransportiert wurden. Chimärenhaft war jedoch alles, was von jetzt an geschah. Der 4. April war Melittas letzter Tag an der Luftkriegsakademie, sie telefonierte noch einmal mit ihrer Schwägerin Nina, vermutlich ihr letzter Kontakt zu einem Mitglied der Familie Stauffenberg, am Abend hob sie mit einem Fieseler Storch in Richtung Weimar ab, auch das ein Abschied für immer, sie sollte Berlin nicht wiedersehen. Mit an Bord war der ihr erst wenige Wochen zuvor als Mitarbeiter zugeteilte Oberleutnant Hubertus von Papen-Koeningen. Mit seinen vierundzwanzig Jahren zählte er zur Generation der flug- und technikbegeisterten jungen Männer, der auch Franz Amsinck angehört hatte, eine denkwürdige Reminiszenz. Die beiden älteren Brüder Papen-Koeningens waren in Russland gefallen, nach einigen Kampfeinsätzen konnte Hubertus an Fliegerschulen im Binnenland Dienst tun. Als Melitta und Papen-Koeningen starteten, ahnten sie nicht, welche Odyssee ihnen bevorstand.

Seinen Reisebericht lieferte Hubertus von Papen-Koeningen über vierzig Jahre später nach. Manches daran erscheint ungereimt, anderes zweifelhaft.[145] Faktentreue ist nach so langer Zeit allerdings auch nicht zu erwarten. Glaubwürdig erscheint der Bericht im Ganzen dennoch, unbeabsichtigt verdeutlicht er, dass für diesen besonderen Flug gewöhnliche Maßstäbe keine Gültigkeit besaßen. Kaum in Gatow gestartet, gerieten Melitta von Stauffenberg und Hubertus Papen-Koeningen in eine Zone zunehmender Irrealität, die mit dem Himmel über ihnen und dem Erdboden unter ihnen kaum noch etwas gemein hatte.

Ihr Weg führt sie zunächst nach Magdeburg. Zehn Kilometer vor dem Flughafen müssen sie wegen Motorschadens auf einem Acker notlanden, der «Storch» geht dabei zu Bruch. Ein Lastwagen klaubt sie auf, sie verbringen die Nacht auf dem Flughafengelände, als alliierte Bomber angreifen, flüchten sie in Einmannbunker. Am nächsten Morgen fliegen sie mit einer Bücker 181 nach Weimar, einem freitragenden Tiefdecker mit zweisitzigem Cockpit und großzügiger Verglasung, in dem die Piloten nebeneinandersitzen. Es gilt, sich vor feindlichen Jagdflugzeugen zu hüten. In nur zwanzig Metern Höhe steuern die beiden Piloten die Maschine weggeduckt vor feindlichen Angriffen und fern von bewohntem Gelände über Wälder hinweg nach Weimar. Zwanzig Meter über dem Boden, so rast man nur im Traum über die Erdoberfläche. Als die beiden Piloten das Konzentrationslager Buchenwald überfliegen, sehen sie es menschenleer. Durch einen Anruf vom Flughafen Weimar-Nohra bei der Sekretärin der Lagerleitung erfährt Melitta, dass die Sippen- und Sonderhäftlinge mit unbekanntem Ziel abtransportiert worden seien. Auf diese Nachricht hin erleidet sie einen Schwächeanfall.

Als Papen-Koeningen gemeinsam mit einem Unteroffizier die Bücker in einen Hangar rollen will, greifen zwei amerikanische Tiefflieger an und durchsieben die Maschine. Die beiden Männer überleben mit knapper Not. Wenig später ruft Papen-Koeningen in Buchenwald an und behauptet, er sei in offiziellem Auftrag unterwegs. Er erfährt, die Sippenhäftlinge seien in Richtung Straubing abtransportiert worden. Das nächste Flugziel steht damit fest, im Hangar findet sich noch eine Siebel 204. Das

Siebtes Kapitel

Hauptkommando des Flughafens ist nach Marienbad in Böhmen verlegt worden, in Weimar hält sich nur ein Nachkommando auf, darunter zehn junge Frauen, die in der Wetterstation des Flughafens Dienst tun. Die Siebel, ein elegantes zweimotoriges Ganzmetallflugzeug, bietet Platz für acht Passagiere, als Melitta und Hubertus am Abend des 5. April starten, drängt sich die gesamte weibliche Besatzung der Wetterstation an Bord, und die Maschine hebt nur mühsam ab. Im Laufe des Nachtfluges geht über dem Böhmerwald ohne Bordfunker die Orientierung verloren und der Treibstoff zur Neige. In letzter Sekunde gelingt die Landung, nicht jedoch in Marienbad, sondern in Pilsen. Die jungen Frauen machen sich am nächsten Tag von dort aus auf den Weg in ihre Heimatorte. Melitta und ihr Oberleutnant wechseln in eine andere Maschine, abermals eine Bücker 181. Dieses Mal erreichen sie Marienbad ohne Zwischenfall, dort verabschiedet sich Melitta von Papen-Koeningen und fliegt in der Bücker weiter. Von nun an ist sie mit sich und ihrem Flugzeug allein.

Am nächsten Tag, es ist Samstag, der 7. April, holt sie sich bei der Staatspolizeistelle der Gestapo in Regensburg eine Besuchserlaubnis. «Gegen den beabsichtigten Besuch bei ihrem Ehemann», wird darin bescheinigt, «bestehen keine Bedenken.»[146] Abermals ist es Melitta gelungen, die Spur der Sippenhäftlinge wieder aufzunehmen. Drei Tage zuvor waren sie in Regensburg angekommen, hatten die Nacht im Gerichtsgefängnis verbracht und waren am nächsten Abend mit einem Autobus weitertransportiert worden. Die Gestapo weiß, wohin, die nächste Station heißt Schönberg, ein Dorf im Bayerischen Wald, etwa einhundertzwanzig Kilometer östlich von Regensburg.

Die Nacht vom 7. auf den 8. April verbringt Melitta auf dem Flugplatz Regensburg-Neutraubling. Wie so häufig im Lauf ihres Lebens übernachtet sie in der Nähe eines Hangars auf irgendeiner provisorischen Schlafgelegenheit. Am Sonntagmorgen startet sie kurz nach sieben Uhr von Neutraubling aus in Richtung Schönberg. Die Sicht ist gut an diesem schönen, sonnigen Frühlingstag. Zur besseren Orientierung fliegt sie in geringer Höhe an der Bahnstrecke Straubing–Passau entlang. Ein tödlicher Fehler. Straßen und Bahnlinien sind in der Endzeit des Krieges bevorzugte Ziele alliierter Jagdflugzeuge. Mit einer Reisegeschwindigkeit von etwa zweihundert Stundenkilometern hat die Bücker gegenüber einem mindestens dreimal so schnellen Jäger keine Chance zu entkommen. Sie ist leichte Beute. Gut sechzig Kilometer von Straubing entfernt, genau auf der Hälfte der Strecke nach Schönberg, nimmt eine amerikanische Mustang P-51 Witterung auf.[147] Die Gegend zwischen Straubing und Passau ist eben und gut überschaubar, nur im Norden begrenzen die Höhenzüge des Bayerischen Waldes das leicht gewellte und weite Donautal. Falls sie dazu noch Zeit hatte, wird Melitta die einmotorige P-51, die plötzlich hinter ihr auftaucht, schnell erkannt haben. Seit Herbst 1943 machte der außerordentlich wendige und schnelle Mustang als Begleiter alliierter Bomberflugzeuge den deutschen Abfangjägern das Leben zur Hölle. Auch die am blauen Himmel über dem niederbayerischen Donautal einsam dahinziehende Melitta hat keine Chance. Dass sie nur ein unbewaffnetes Sportflugzeug fliegt, bedeutet keinen Schutz vor einem militärischen Angriff. Der Pilot der P-51 gibt zwei Feuerstöße aus seinen vier in den Flügeln sitzenden Maschinengewehren ab. Keine zwei Kilometer der in einem Bogen südöstlich fließenden Donau entfernt kippt die Bücker nach links ab und stürzt auf einen Acker zwischen den drei Ortschaften Straßkirchen, Irlbach und Loh. In der Gemeinde Straßkirchen beobachten zwei Männer, ein Dorfbewohner und ein französischer Kriegsgefangener, den Absturz. Sie setzen sich auf ihre Räder und fahren zur Absturzstelle. Melitta lebt noch. «Bitte, helfen Sie mir», sind ihre letzten Worte. Die beiden Männer heben sie aus dem Cockpit und legen sie auf

Siebtes Kapitel

den Erdboden. Außer einem verdrillten Bein können sie keine Verletzungen erkennen, von Projektilen ist sie offenbar nicht getroffen worden. Einer der beiden Männer fährt nach Straßkirchen, um einen Arzt zu holen. Als er zurückkehrt, haben sich an der Unglücksstelle bereits Wehrmachtsfahrzeuge, Offiziere und Mannschaften versammelt. Ein Sanitätswagen bringt Melitta von Stauffenberg nach Straubing. Als der Transport am Krankenhaus ankommt, ist sie bereits tot. Sie ist während der Fahrt ihren unsichtbaren Verletzungen stumm erlegen. Der Totenschein nennt als Todesursache Schädelbasisbruch. Hinzu kommen: «Abriss des linken Oberschenkels, Bruch des rechten Fußgelenkes, linken Unterarms und kleinere Kopfverletzungen.»[148] Melitta wird in Straubing auf dem städtischen Friedhof beigesetzt. Fast hätte man sie in einem Massengrab für Bombenopfer beerdigt. Im letzten Moment erhält sie ein Einzelgrab. Luftwaffenoffiziere stehen an ihrem Sarg, kein Freund, keine Freundin, kein Ehemann, niemand aus ihrer Familie begleitet sie.

Nur ein Zufall war es, dass die Absturzstelle ihres Flugzeuges kaum achtzig Kilometer Luftlinie von dem Ort entfernt lag, wo ein Jahr zuvor Franz Amsinck sein Leben gelassen hatte. Eine Focke-Wulf, wie sie Franz auf seinem letzten Flug gesteuert hatte, brauchte für diese Strecke nur wenige Minuten.

Melitta von Stauffenberg wurde nur zweiundvierzig Jahre alt. In der Sprache ihrer Zunft hatte die für mehr als anderthalb Jahrzehnte aktive Ingenieurpilotin einen angemessenen Tod gefunden, sie war, wie die Formel lautete, den Fliegertod gestorben. Auf tragische Weise hatte sich erfüllt, was sich Melitta als junges Mädchen bereits während des Ersten Weltkrieges in Posen gewünscht hatte, «wenn sie alt genug sein würde, als Fliegerin ins Feld zu gehen»[149]. Gefallen als regulärer Soldat im Einsatz aber war sie nicht. Zwar war sie einen Tod gestorben, wie er üblicherweise Kriegspiloten vorbehalten blieb, in einem unbewaffneten Sportflugzeug von einem schnellen Jäger abgeschossen zu werden war jedoch nichts als sinnlos, angesichts ihrer Selbstaufopferung für die Sippenhäftlinge war dieser jähe Tod vor allem ungerecht. Sogar im Sterben blieb sich Melitta noch treu. So irregulär wie das Leben, das sie gelebt hatte, war auch ihr Tod.

Als Melitta am 8. April, auf den Tag genau vier Wochen vor Kriegsende, starb, war Südostbayern eine von zwei Seiten bedrohte Insel vor dem Sturm. In Straubing waren schon Anfang Februar Gleisanlagen und Kasernen von der US Air Force bombardiert worden, jetzt, zwei Monate später, stand die Rote Armee innerhalb der Stadtgrenzen Wiens, rückte von Westen die amerikanische Armee unaufhaltsam voran, war die Eroberung von Würzburg, Nürnberg und München nur eine Frage der Zeit. Die Tiefflieger, die sich fast täglich am Himmel über dem Donautal zeigten, wurden von der verängstigten Bevölkerung als Vorzeichen kommender Schrecken gedeutet. Mitten in dieser Ungewissheit bangen Wartens erfolgte Melittas Absturz, der Einschlag eines Meteoriten hätte kaum beunruhigender sein können. Augenblicklich schossen Mythen, Legenden, Gerüchte und Geschichten ins Kraut, in denen Melitta zur Hauptperson eines niederbayerischen Kriegsmärchens wurde. Der plausible Umstand, dass alles, was sich im Frühjahr 1945 auf den Straßen oder in der Luft bewegte und auch nur annähernd verdächtig erschien, von alliierten Tiefliegern gnadenlos abgeschossen wurde, zählte nicht. An ein Zusammentreffen unglücklicher Zufälle wollte niemand glauben.

Die Augenzeugen, die den Absturz beobachtet hatten und zur Absturzstelle geeilt waren, gaben die unterschiedlichsten und widersprüchlichsten Aussagen zu Protokoll. Die einen erklärten, Melitta habe nach dem Absturz noch gelebt und nicht den Eindruck erweckt, als sei sie lebensgefährlich verletzt gewesen. Dass

Siebtes Kapitel

sie wenig später gestorben sei, wäre angesichts dessen verwunderlich. Am Flugzeug selbst sei nichts Auffälliges zu bemerken gewesen. Andere hingegen wollten Schmuck, Geld, viertausend Reichsmark, weitere Wertsachen sowie Geheimdokumente gesehen haben. An diesen Dingen soll, um sie dem RSHA in Berlin zu übergeben, auch die Gestapo Interesse gezeigt haben. Dem einen Gerücht zufolge weigerte sich die Chefsekretärin der Kommandantur des Fliegerhorstes Straubing, laut einem anderen der Straubinger Friedhofswärter, Melittas Habe an die Nazi-Schergen herauszugeben.

Die größte Uneinigkeit herrschte darüber, wer Melitta abgeschossen hatte. Die Mehrzahl der Augenzeugen wollte ein deutsches Jagdflugzeug erkannt haben, andere einfach nur zwei Flugzeuge, von denen das eine das andere verfolgte und dann abschoss. Unklar war darüber hinaus, um welchen Typ es sich bei dem abgeschossenen Flugzeug handelte. Wie schon im Fall der angeblichen Beteiligung Melittas an den Planungen zur Verschwörung des 20. Juli musste auch jetzt wieder ein Fieseler Storch herhalten. All dies war Anlass, die Gerüchteküche weiter anzuheizen. Die Gräfin, hieß es, habe beabsichtigt, mit wichtigen Geheimakten der Widerstandsbewegung zu flüchten, aus diesem Grund sei sie von den eigenen Leuten abgeschossen worden. Sie habe Alexander in Schönberg befreien und mit ihm in die Schweiz fliehen wollen – deshalb das viele Geld in ihrem Cockpit. Als Schuldige am Tod Melittas kamen in Frage die Engländer, die Amerikaner, die SS, die eigene Flak, auch von Selbstmord war die Rede.

Es könnte so, aber auch ganz anders gewesen sein. Was genau geschehen war, wusste niemand. Der Überfluss von Legenden und Gerüchten tauchte die unglücklich Verstorbene, die äußerlich angeblich so gut wie keine Blessuren davongetragen hatte, immer stärker in den Nebel eines undurchdringlichen Geheimnisses. Übrig blieb ein rätselhaftes Wesen. Rückblickend war dieser Eindruck gar nicht so falsch. In Melittas Leben hatte es viel Zwielicht gegeben, als sei sie in der Gefängniszelle erweckt worden, hatte sie erst ganz zuletzt die Gloriole der Märtyrerin ergriffen. Am Ende blieb nicht nur ihr Leben, sondern auch ihr Sterben ein Mysterium.

Vom Tod seiner Frau erfuhr Alexander von Stauffenberg erst vier Tage nach dem Absturz. Zu diesem Zeitpunkt hielt sich die Gruppe der Sippen- und Sonderhäftlinge noch immer im Schulgebäude der Marktgemeinde Schönberg auf. Die Landschaft war idyllisch, und hier erlebten sie zum ersten Mal seit dem Beginn ihrer Deportation Mitgefühl. Die Bevölkerung versorgte die Häftlinge nicht nur mit Nachrichten über den Verlauf des Krieges und den nahenden Untergang des NS-Reiches, sondern ließ den halb Verhungerten, Kranken und Verzweifelten im Geheimen auch Lebensmittel zukommen. Hier schöpfte die Gruppe endlich wieder Hoffnung, am 16. April wurde sie jedoch abermals verlegt, dieses Mal nach Dachau. Das Konzentrationslager war als Sammelpunkt sämtlicher SS-Sonder- und Sippenhäftlinge vorgesehen. Zu den Prominenten, die aus dem KZ Mauthausen und dem KZ Flossenbürg herantransportiert worden waren, zählten Gefangene aus Deutschland, Ungarn, Großbritannien, Griechenland und der Sowjetunion. Dachau war im April 1945 wegen der Räumung anderer Konzentrationslager überbelegt. Fleckfieber griff um sich, die SS-Geiseln drängten sich auf engstem Raum zusammen, vegetierten weiterhin im Ungewissen, Todesangst machte sich breit.

Mitte bis Ende April begann der letzte Akt des Unternehmens «Alpenfestung». In drei Transporten machten sich 139 Personen aus siebzehn Nationen auf den Weg nach Süden. Nach einem kurzen Zwischenaufenthalt im «SS-Sonderlager Innsbruck»

Siebtes Kapitel

wurde als Reiseziel das Hotel «Pragser Wildsee» im Südtiroler Pustertal angegeben. Auf dem Weg dorthin nahmen ihre Qualen im benachbarten Niederdorf ein plötzliches Ende. Am 30. April, dem Tag, an dem sich Adolf Hitler im Berliner Führerbunker in den Kopf schoss, wurden die Geiseln aus den Fängen der SS von einer Kompanie Wehrmachtssoldaten unter der Führung des beherzten Hauptmannes Wichard von Alvensleben befreit.[150] Die ersten Tage ihrer wiedergewonnenen Freiheit verbrachten sie in der Hochgebirgsidylle am Pragser Wildsee, dort wurden sie im gleichnamigen Palasthotel untergebracht. «Ich konnte den Blick nicht von meinem Fenster lösen», so Fey von Hassell über die ersten Augenblicke nach ihrer Befreiung, «von den schneebedeckten Bergen, die sich steil über dem stillen, geheimnisvolltraurigen See erhoben.»[151]

Leicht war die Rückkehr in das Leben eines normalen Alltags für keinen der ehemaligen Häftlinge, die in Prags angekommen waren. Weder die Schrecken der Deportation noch die Sorgen über die ungewisse Zukunft ließen sich einfach abstellen. Alexander von Stauffenberg hatte nicht das Glück, auf den Bergsee zu blicken, sein Zimmer lag klein und bescheiden auf der nordwestlichen Rückseite des Hotels.[152] Auf dem langen Transport von Konzentrationslager zu Konzentrationslager hatte er sich mit Fey von Hassell in gegenseitigem Trost zusammengefunden. Fey litt unter der unendlichen Qual, über ihre beiden kleinen Söhne nichts zu erfahren, Alexander bewunderte, wie sie ihr Schicksal meisterte. Umgekehrt verstand Fey Alexanders Trauer um Melitta nur allzu gut, das gemeinsame Unglück schmiedete sie zusammen.[153]

Kaum in Freiheit, wurden die Sippenhäftlinge zwei Tage nach der Kapitulation Deutschlands abermals auf die Reise geschickt. Nach Hause konnte keiner von ihnen. Die Amerikaner brachten sie nach Neapel, von dort nach Capri, wo sie eingehend verhört wurden. In Neapel musste Alexander von Stauffenberg Abschied von Fey von Hassell nehmen, mit ihrem Mann Detalmo Pirzio-Biroli, der als Partisan aufseiten der Alliierten gekämpft hatte, kehrte sie nach Rom zurück. Im September wurden ihre Kinder, kurz bevor sie zur Adoption freigegeben werden sollten, in der Nähe von Innsbruck wohlbehalten in einem Heim aufgefunden. Von Anacapri aus sandte der einsame Alexander seiner ehemaligen Leidensgenossin ein Abschiedsgedicht nach:

Der Mond, der leuchtend überm Berg der Sonne steht
Blinkt in die trunknen Gärten, träuft in meine Qual:
Der Abschied reißt ins Leben in der Freude Mahl,
Verleugnet bitterlich … der Wind der Wüste weht.

Nun lebt nur eines noch, das mich Schwanken hegt und
    trägt,
Der Hoffnung leises Schimmern in der Nacht der Pein –
Ich sauge dürstend sie mit allen Poren ein –
Und tief in meiner Brust dein Herz, das pochend schlägt.

Denn du bist mein: ich ruf es in der Winde Prall,
Den Blitzstrahl, dem die Erde sich entgegenbäumt
Und in das Meer, das in den Farbengrotten leuchtend
    schäumt;
Und aus der Sterne Licht vernimmst du meinen Hall.[154]

Mehr als Hoffnung auf bessere Zeiten besaß der schwankend in die Freiheit zurückkehrende Alexander am Ende seiner Gefangenschaft nicht. Seine Verse lesen sich wie ein Nachruf auf seine Frau Melitta.

Epilog

Adel verpflichtet

Als Alexander von Stauffenberg am 16. September 1945 in Überlingen ankommt, steht er vor dem Nichts. Er muss mit dem Tod
seiner Frau, der Ermordung seiner beiden Brüder, aber auch
mit der Tatsache zurechtkommen, dass er in die Verschwörungs-
pläne des 20. Juli 1944 nicht eingeweiht worden war.[1] In den
knapp drei Jahren, die er in Überlingen verbringt, gelingt es ihm
jedoch, die Last der Vergangenheit zu mindern. Im «Haus am
See» sind alle arm, alle müssen sich durchschlagen. Im kriegszer-
störten Friedrichshafener Dornierwerk besorgen die Kolonisten
Aluminiumbleche, daraus wird Geschirr hergestellt und bei den
Bauern gegen Lebensmittel und Brennholz eingetauscht. Das gemeinsame Los erleichtert Alexander den Neuanfang. Er wendet
sich an Ernst Kantorowicz, Ernst Morwitz und Karl Wolfskehl,
die ihrer jüdischen Herkunft wegen in den dreißiger Jahren ins
Exil gegangen waren. Doch kaum hat der Heimkehrer sein 1943
beendetes Werk «Der Tod des Meisters» an die Emigranten ver-
schickt, tut sich erneut der unheilige San-Andreas-Graben zwischen den jüdischen und nicht jüdischen Jüngern auf, der die
Staatsstützen schon vor 1933 entzweit hatte. In dem sieben Zy-
klen und zweiunddreißig Strophen umfassenden Opus werden
nicht allein Sterben und Tod Stefan Georges betrauert und das
Begräbnis im Schweizer Minusio am Lago Maggiore beschrieben,

das die beiden Fraktionen letztmals versammelt, zur Sprache kommt auch der Zwist, der sie getrennt hatte: «Seit jener nacht da uns das schicksal schlug / Sind wir geschmiedet worden stark und stolz / Nicht mehr die alte schar ...»[2] Damit soll nun Schluss sein, Alexander von Stauffenbergs Weihegesang ist ein Friedensangebot. Aber es schlägt fehl. Es sind nur wenige, zudem versöhnend gemeinte Verse im letzten Zyklus «Abschluß», die bei den jüdischen Kreismitgliedern Empörung hervorrufen:

... – wir streiten nicht ...
Mit den versprengten was auch missetat
Verbrach an ihnen – schuldlos doch verstrickt
In ihres blutes fluch der tausendjahre
Der sie uns von frucht und trank der scholle schied
Des Tantalos ihr los – sei nicht gerechtet.[3]

Nach Auschwitz erschien dieser Passus mindestens taktlos.[4] Warum sollte über die «versprengten», in Wirklichkeit Entrechteten, Verfolgten und Vertriebenen überhaupt gerechtet werden? Licht ins lyrische Dunkel bringt ein Brief an Ernst Kantorowicz, den Alexander von Stauffenberg vermutlich Ende 1947 verfasst hat, und der mehr ist als die Rechtfertigung eines Nichtemigranten einem Emigranten gegenüber. Vielmehr handelt es sich um den Versuch, mit Bezug auf den 20. Juli einen der «versprengten» auf eine alle Unterschiede nivellierende Opfergemeinschaft einzuschwören.

«Ich habe nicht von Ihnen erwartet, nicht gefordert ... noch Ihnen zugemutet, dass Sie nun zurückkehrten ... Den Mangel der Gemeinsamkeit der Erlebnisse kann ich freilich nicht gelten lassen: ob man als Jude in unschilderbarer Weise geächtet und verjagt das Grauen der Fremde über sich ergehen lassen muss oder ob man den Schauder im eigenen Lande bis zum Frontkampf für eine Sache der man flucht auf sich nehmen muss, ob man die Seinen in der Hölle von Theresienstadt oder von Plötzensee verliert: ich sehe keinen großen Unterschied.»[5]

Nicht nur Alexander von Stauffenberg, auch Ernst Kantorowicz hatte Opfer zu beklagen. Im KZ Theresienstadt war nicht nur Kantorowicz' Cousine, die Kunsthistorikerin Gertrud Kantorowicz, sondern auch seine Mutter ums Leben gekommen. Hatten die schrecklichen Zeitläufte Alexanders moralische Gewichte durcheinandergebracht? Wie sollten seine seltsam kalten Zeilen verlorenes Vertrauen wiederherstellen? Auch jene zu Opfern zu erklären, die «den Schauder im eigenen Lande bis zum Frontkampf für eine Sache der man flucht» auf sich nahmen, war hinsichtlich Alexanders Unwillen, die Front zu verlassen, weder redlich, noch konnte solch eine Aussage bei einem Emigranten auf Verständnis stoßen. Wer sollte hier noch ausgeschlossen sein? Eingeschlossen schien jedenfalls jene Frau, die trotz «ihres blutes fluch» im eigenen Lande geblieben und als Expertin militärischer Luftfahrtforschung in ganz anderem Sinn «verstrickt» war. War es vielleicht Melitta Schiller, die Alexanders krude Verse nachträglich in Schutz nehmen sollten?

Welches Verhältnis zur Tat der Brüder finden, an der weder er noch Melitta beteiligt waren, das vor allem war die Frage, die sich für Alexander von Stauffenberg nach Kriegsende stellte. Antwort gab Offa, der Lyriker, nicht Alexander, der Historiker. Zwar hatte er eine geschichtliche Darstellung des 20. Juli geplant, die aber kam nicht zustande. Also behielt die Kunst und nicht die Wissenschaft das erste Wort. «Litta» heißt das fünfzehn Strophen lange, ebenfalls in den Überlinger Jahren entstandene Gedicht, das sich in dem dreiteiligen Zyklus «Das Buch der Toten» findet. Im mittleren Teil, «Die Erhebung», wird all jener namentlich gedacht, die zu den Hauptakteuren des 20. Juli gehörten. Zweifellos zählten Nikolaus von Uxkull-Gyllenband, Karl Ludwig von

Guttenberg, Cäsar von Hofacker, Claus und Berthold von Stauffenberg zum Täterkreis. Auf die reale Melitta von Stauffenberg traf dies zwar nicht zu, wohl aber für die von Alexander lyrisch ins Werk gesetzte «Litta», die unmittelbar auf den Berthold und Claus zugeordneten «Opfergang I» und «Opfergang II» folgt. Der Trauergesang schildert den irdischen Werdegang einer göttlich Auserwählten, deren Geschicke durch «des bruders aufruhr wider alles niedre» ihre Krönung finden. Auch wenn von aktiver Täterschaft an keiner Stelle die Rede ist und der Vers «Vergebliches opfer und sinnlos zehrendes dienen» Melittas letzten Lebensabschnitt zutreffend beschreibt, führt an ihrer Heroisierung kein Weg vorbei.[6] Am Schluss ragt das Standbild einer Trinität des Widerstands aus Claus, Berthold und Melitta von Stauffenberg monumental in unerreichbare moralische Himmelshöhen empor:

> Und mit dem brüderlichen paare leuchtet
> Vor uns dein siegreich antlitz und verspricht
> In aller schmach das künftige gericht
> So wie ihr jüngst die fremde rotte scheuchtet
> Unzählbare weckend: die heilenden retter und helden.[7]

«Litta» war ein kleiner, aber bedeutender Beitrag einer Reihe von Gedichten Alexander von Stauffenbergs, die zum geringeren Teil bereits im Gefängnis in der Lehrter Straße entstanden waren. Gesammelt wurden sie erst nach dem Tod ihres Schöpfers 1964 zum zwanzigsten Jahrestag des Attentats vom 20. Juli unter dem Titel «Denkmal» publiziert. Den Anfang dieser Monumentalisierung hatte ein demonstrativer symbolischer Akt gemacht. Auf Alexanders Wunsch hin war seine Frau umgebettet und auf den Tag fünf Monate nach ihrem Tod am 8. September 1945 im Stauffenberg'schen Familiengrab in Lautlingen beigesetzt worden. Auf

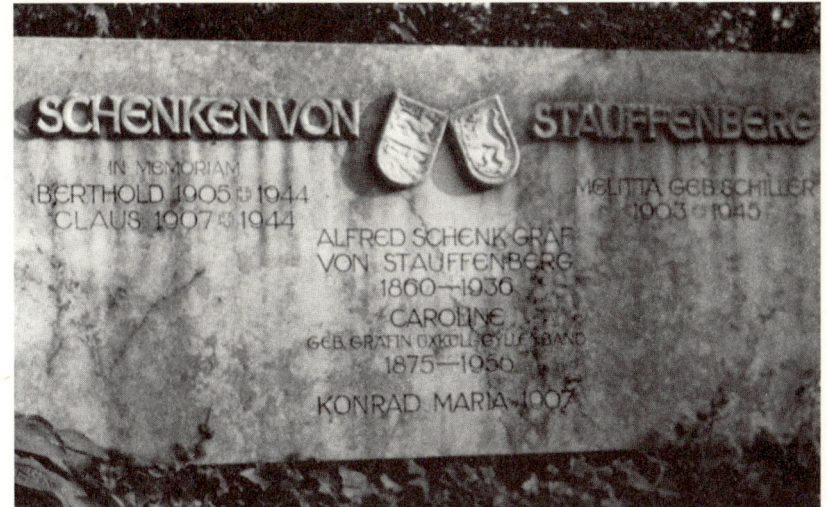

Familiengrab der Schenken von Stauffenberg in Lautlingen:
Die Aufnahme entspricht dem Zustand nach Melittas
Umbettung im September 1945.

dem Grabstein war die Tätergemeinschaft aus Claus, Berthold
und Melitta in Stein gemeißelt, die in Alexanders Gedicht «Litta»
in Worte gefasst war.[8]

Am deutlichsten wurde Alexanders Botschaft, Denkmäler aufzurichten, von Melittas jüngeren Schwestern Klara Schiller und
Jutta Rudershausen vernommen.[9] Klara und Alexander kannten
sich gut, sie waren sich häufig in Gatow, Würzburg und Lautlingen begegnet, Melittas Tod führte zu einer engeren Verbindung
Klaras nicht nur mit Alexander, sondern vor allem auch mit dessen Mutter Caroline von Stauffenberg. Als Klara nach Kriegsende
vorübergehend ohne Arbeit war, lebte sie sogar, offenbar durch
Vermittlung Alexanders, für ein gutes Jahr auf Schloss Lautlingen, vom April 1947 bis Ende Juli 1948.[10] Sowohl mit Duli, der

Adel verpflichtet   325

Mutter der drei Brüder Stauffenberg, als auch mit Claus' Frau Nina pflegte sie bis an ihr Lebensende 1996 enge freundschaftliche Beziehungen. Als Alexander, seit 1948 Professor für Alte Geschichte in München, 1964 mit achtundfünfzig Jahren an Krebs starb, stellte sich die Frage, wer die erinnerungspolitische Erbnachfolge antreten würde. Den Plan, nach seiner Pensionierung über sich und Melitta zu schreiben, hatte er nicht mehr verwirklichen können.[11]

Damit schlug die Stunde der beiden energischen Schwestern. Unterstützt von der stets gutgelaunten Klara, übernahm zunächst Jutta die Aufgabe. Schon seit Ende der fünfziger Jahre hatte sie begonnen, ihre Schwester, die Fliegerin, in ein möglichst strahlendes Licht zu rücken. Als Hobbyjournalistin, die im Reiseteil des Hamburger Wochenblatts «Die Zeit» gelegentlich Artikel veröffentlichte, brachte sie beste Voraussetzungen für eine publizistische Erinnerungsoffensive mit.[12] Unter dem Titel «Frau in den Wolken, ein Leben für Wissenschaft und Fliegerei» hatte Jutta zu Beginn der sechziger Jahre ein knapp achtzigseitiges Manuskript zusammengestellt, das sie verschiedenen Buchverlagen zur Veröffentlichung anbot. Als niemand anbiss, schickte sie komprimierte Fassungen in Artikellänge an die Wochenzeitung «Die Zeit» sowie die Illustrierte «Stern». 1963, als sich Melittas Geburtstag zum sechzigsten Mal jährte, schien die Gelegenheit günstig. Aber auch jetzt gab es kein Interesse an einer Veröffentlichung, weder in Form eines Buches noch eines Erinnerungsartikels. Das Vorhaben, «Melittas Leben der Vergessenheit»[13] zu entreißen, war vorerst gescheitert.

Zehn Jahre später, zu Melittas siebzigstem Geburtstag, standen die Zeichen günstiger. Es gelang Jutta Rudershausen, einen Gedenkartikel aus ihrer Feder in der «Zeit» unterzubringen. Die Überschrift «Täglich fünfzehn Sturzflüge» zeigte die Marschrichtung, die eingeschlagen wurde, Ausgangspunkt war Juttas allerdings nur privat geäußerte Meinung, «dass es sich bei Melitta um ein Genie handelte»[14]. Worauf sich die Genialität gründete, blieb zwar unklar, eine Begründung erübrigte sich aber ohnehin, da Dissertation wie Habilitation nicht mehr auffindbar waren und sich niemand die Mühe machen musste, Melittas Ingenieurtätigkeit im Dienst der Reichsluftwaffe fachwissenschaftlich zu überprüfen. Es war somit ein Leichtes, Melitta als geniale Fliegerin in einem politisch herrschaftsfreien Raum darzustellen und dabei einfließen zu lassen, ihr tödlicher Absturz sei womöglich «eigener Luftabwehr» geschuldet.[15] Begnügten sich die Sippenhäftlinge des 20. Juli wie Nina von Stauffenberg oder Fey von Hassell in ihren Erinnerungen mit Melittas Rolle als barmherzige Samariterin, ging es den beiden Schwestern um mehr. Melitta Gräfin Schenk von Stauffenberg sollte ein Platz im anderen Deutschland des 20. Juli gesichert, sie sollte zur Widerstandskämpferin geadelt werden.

Die Wirkung, die Jutta Rudershausens «Zeit»-Artikel hervorrief, war enorm. Das ZDF kaufte das Manuskript «Frau in den Wolken», das zehn Jahre in der Schublade gelegen hatte, und ließ auf dieser Textgrundlage von einem versierten Autor ein Drehbuch schreiben. Bereits ein Jahr später, am Sonntag, den 6. Januar 1974, flimmerte der Film «Fliegen und Stürzen» mit den renommierten Schauspielern Cordula Trantow als Melitta und Hans-Michael Rehberg als Alexander von Stauffenberg zur Primetime um 20 Uhr 15 über die bundesdeutschen Mattscheiben. Damit war das Narrativ einer Beteiligung Melittas an der Verschwörung des 20. Juli 1944 erstmals erfolgreich öffentlich lanciert worden. In dieser Beziehung hatte Jutta Rudershausens Manuskript massiv vorgearbeitet, Legendenbildung betrieben, hagiographische Absichten im Sinn allfälliger Genialität auf fast jeder Seite demonstriert und als Finale mit Alexander von Stauffenbergs «Litta» klare erinnerungspolitische Zeichen gesetzt.

Dank eines einzigen Zeitzeugen gelang es dem TV-Film, in dieser Hinsicht ein noch weit klareres Profil zu zeigen. Den mittlerweile pensionierten Elektroingenieur Paul von Handel als Kronzeugen für eine Beteiligung Melittas an den Attentatsplänen des 20. Juli zu präsentieren war ein Coup. Dreißig Jahre nach dem Ereignis präsentierte Handel vor laufender Kamera seine Räuberpistole, seine alte Freundin Melitta habe im Walküre-Plan Claus von Stauffenberg nach erfolgtem Attentat mit einem Fieseler Storch unter die Fittiche nehmen wollen.[16] Sogar Jutta und Klara waren verblüfft, das hatten selbst sie beim besten Willen nicht erwartet.[17] Dass Handel seine Aussagen – Interviewsequenzen, die die Spielhandlung unterbrachen – durch kein einziges zeitgenössisches persönliches Dokument, einen Brief, eine Tagebuchnotiz oder einen weiteren lebenden Zeitzeugen belegen konnte, störte jedoch nicht. Seine Einlassungen fügten sich perfekt in die vergangenheitspolitischen Bestrebungen der Schwestern, vor allem aber in die eigenen.

Seine Aussagen als Zeitzeuge dienten vor allem dem Zweck, auch sich selbst einen Platz in der Geschichte des Widerstands gegen das NS-Regime zu sichern. Nachdem der Fernsehfilm unmissverständlich und ohne Beweise aus dem Off vermeldet hatte, «Paul von Handel hat an den Planungen des 20. Juli mitgearbeitet», reichte Handel ein Jahr später auf Jutta Rudershausens Bitte hin schriftlich einige Details mehr nach. «Ich trat», gab er jetzt an, «im Jahre 1943 mit meinem gesamten Institut für Elektro-Physik, dessen Leiter ich damals war, aus der Deutschen Versuchsanstalt für Luftfahrt aus und verlegte es nach Süddeutschland, während die Versuchsanstalt aus mir unbegreiflichen Gründen zum Teil in Berlin verblieb, zum Teil nach Osten verlagerte (!). So hatte ich Berlin verlassen, in der falschen Erwartung, daß der Krieg spätestens 1944 zu Ende sein müßte und in der falschen Erwartung, daß der Plan für den Umsturz, der immer wieder

verschoben werden musste, nun schließlich gar nicht mehr stattfinden würde.»

Davon, dass ein «ich» namens Paul von Handel mit «meinem»
Institut aus der DVL ausgetreten ist, kann keine Rede sein. Der
Vorgang der Institutsverlagerung war komplizierter und stand in
Verbindung mit dem militärisch hoch bedeutsamen Forschungs-
gebiet der Hochfrequenz-, insbesondere der Radartechnik. An
den Anfängen der damals sogenannten Funkortung war der
Elektrophysiker Handel bereits bei der DVL beteiligt, die ersten Erfolge der deutschen Radarforschung fielen in die Mitte
der dreißiger Jahre. Johannes Plendl, Erfinder verschiedener
Funknavigationsverfahren, vor dem Krieg Chef einer eigenen
Forschungsabteilung in Rechlin, wurde dank Göring 1942 «Bevollmächtigter der Hochfrequenzforschung» im Reichsluftfahrtministerium und war verantwortlich für sämtliche Funkortungs-
verfahren der Luftwaffe. Fortschritte in der Radarforschung
wurden wegen der negativen Entwicklung des Luftkriegs für das
Deutsche Reich unabdingbar. Als Plendls steile Karriere nach
dem britischen Luftangriff auf Hamburg 1943 endete, wurde unter anderem das der «Reichsstelle für Hochfrequenzforschung»
unterstellte «Ferdinand-Braun-Institut für Hochfrequenzforschung» nach Landsberg am Lech ausgelagert. Leiter dieses Instituts war Professor Dr. Paul Freiherr von Handel.[18]

Im August 1943 hatte die Führung der SS im KZ Dachau ein
Institut für Hochfrequenzforschung unter ihrer Regie gegründet. Dort arbeiteten etwa fünfundzwanzig Häftlinge, die über
Spezialkenntnisse verfügten und Radaranlagen aus erbeuteten
feindlichen Flugzeugen untersuchten. Als die Luftangriffe in
Süddeutschland zunahmen, wurde diese Gruppe Mitte 1944 in
eine andere Anlage in der Nähe des schlesischen KZ Groß-Rosen
verlagert. Schon 1940 hatte die SS Häftlinge aus Dachau auf das
Sudelfeld bei Bayrischzell geschickt, um dort eine Forschungs-

anlage für Hochfrequenzforschung zu bauen.[19] Als Direktor eines kriegswichtigen Forschungsinstitutes waren Handel solche Verflechtungen zweifellos bekannt, zumindest dürfte er in den dreißig Jahren, die bis zum Zeitpunkt seiner Zeugenaussage vergangen waren, davon erfahren haben. Der hochgewachsene Freiherr, der 1981 in Salzburg starb, hatte viele Gründe, seine Spuren im geographischen Nirgendwo eines nicht näher bezeichneten Süddeutschlands versanden zu lassen und sich nachträglich eine bessere Vergangenheit zu verschaffen.

Auch Jutta Rudershausen hatte Interesse daran, den Mantel des Schweigens über ihr Leben vor 1945 wie über ihre Familiengeschichte zu breiten. Von der gröbsten Geschichtsklitterung ihres Manuskriptes über ihre Schwester Melitta konnte kein Fernsehzuschauer etwas ahnen, vermutlich wusste nicht einmal der Drehbuchautor Bescheid. Die jüdische Herkunft ihres Vaters Michael Schiller hatte sie kurzerhand unter den Tisch fallenlassen.[20] Vier Jahre bevor die US-amerikanische Serie «Holocaust» die bundesdeutsche Fernsehöffentlichkeit schockierte, war das eine für den Stand der bundesdeutschen Erinnerungskultur symptomatische Leerstelle. Immerhin hatte Alexander von Stauffenberg kurz nach dem Krieg angedeutet, dass «Litta» «voll trauer die eigene fremdheit bedeuchte», womit er wohl auch die Schwierigkeiten der Tochter im Umgang mit der jüdischen Herkunft ihres Vaters andeutete. Dreißig Jahre später nutzten Jutta Rudershausen und Klara Schiller Paul von Handels angebliche Erinnerung, mit der vertrackten Schiller'schen Familiengeschichte auch ihre persönliche Vergangenheit unter den Teppich zu kehren.

Jutta Rudershausen hatte in Danzig sowie in Frankfurt am Main studiert. 1935 war sie mit einer Dissertation über «Die polnische Seehandelspolitik» an der «Hochschule für Welthandel in Wien» promoviert worden.[21] Ähnlich wie Marie-Luise, die älteste der Schiller-Töchter, machte auch Jutta keine berufliche

Karriere, sondern blieb, zumindest bis 1945, der traditionellen Rolle als Hausfrau und Mutter treu. Im März 1932 heiratete sie in Danzig den um fünf Jahre älteren Kurt Rudershausen, einen Rheinpfälzer, der in Weihenstephan Forst- und Holzwirtschaft studiert hatte. Als für Kurt in Danzig keine Arbeit zu finden war, zog das junge Paar kurz nach der Heirat ins Ausland, nach Engerau, das zu Bratislava gehörte. Bis 1938 war der am südlichen Donauufer gelegene Stadtteil slowakisch, nach dem «Anschluss» an das Deutsche Reich kam Engerau zu Österreich. Hier fand Kurt Rudershausen Arbeit als Direktor einer Fabrik für Obstholzkisten.[22]

Am 1. Oktober 1935 trat er in die NSDAP ein, erhielt die Mitgliedsnummer 2638192[23] und unterstand der Auslandsorganisation (AO) der Partei. In Österreich tat sich die seit 1933 verbotene NSDAP während des Austrofaschismus als terroristische Putschpartei hervor, was Kurt Rudershausen zwischen 1932 und 1938 zur Annexion Österreichs beigetragen hat, ist unbekannt. Während des Krieges stieg er in der Parteihierarchie auf und machte Karriere als «Landesgruppenleiter der AO der NSDAP»[24]. In dieser Zeit erwarb er sich Verdienste in der Wehrmachtsbetreuung, was mit 700 Reichsmark monatlich entgolten wurde sowie einer zusätzlichen monatlichen Aufwandsentschädigung von 200 Reichsmark für repräsentative Aufwendungen im Ausland.[25] Seit ihrem Umzug nach Engerau war die Familie Rudershausen sozial und politisch privilegiert, und Jutta hatte dank ihres Mannes Kurt ihrer «rassischen» Herkunft wegen nichts zu befürchten.

Auf der Flucht vor der Roten Armee 1945 landete die Familie zunächst in Wiesau, einem Marktflecken in der Oberpfalz, wo sie über ein Jahr blieb. Über ihren sozialen Absturz klagte Jutta in den Briefen an ihre beiden Schwestern Marie-Luise und Klara von nun an mit großer Ausdauer. 1946 verschlug es die fünfköpfige Familie an einen Ort, den das Schicksal ebenso zynisch wie infam eigens für sie bestimmt zu haben schien. Die folgenden vier Jahre verbrachten die Rudershausens in Jettingen, dem Geburtsort Claus von Stauffenbergs. Im Schloss lebte mit seiner Familie ausgerechnet jener Clemens sen. von Stauffenberg, den Melitta, nachdem er wegen Krankheit aus der Sippenhaft entlassen worden war, vom KZ Buchenwald nach Hof geflogen hatte. Die Familie Rudershausen hauste in Jettingen unter bescheidensten Umständen in einem Nebengebäude des Schlosses. Den Umstand, dass es sie hierher verschlagen hatte, rief bei Jutta Scham hervor, Klara und Otto Schiller hingegen waren schockiert. Zwei Wochen vor dem Weihnachtsfest des Jahres 1946 berichtete Jutta an ihre Schwester Marie-Luise über ihre Jettinger Behausung: «Die Wohnung hat 2 Zimmer u. 1 Küche, hell gemalt, weisse Türen usw., richtige Fussböden, für uns Barackenbewohner schon allerhand Luxus. Leider keine Wasserleitung! Das Klo wieder draussen, allerdings in einem festen Schuppen, nicht so wacklig wie in Wiesau. Waschküche usw. alles vorhanden. Es wohnen noch mehrere Parteien hier, aber die Wohnung ist ganz für sich. Leider in Jettingen. 1. wollten wir natürlich nicht wieder aufs Dorf (2700 Einwohner, etwa wie Wiesau, nur hübscher), u. 2. ist das ausgerechnet der Sitz von Stauffenbergs! Vettern von Alex. Otto u. Pims waren ja entsetzt, aber was sollen wir machen!»[26] Vier Wochen nach dem Einzug hat es Jutta immer noch nicht gewagt, «Stauffenbergs» um Brennholz oder fehlendes Mobiliar zu bitten.[27] Im Übrigen ist sie davon überzeugt, «einen ‹neuen Anfang›, wie wir ihn so ersehnen, gibt es eben für uns nicht. Das ist ja eben das Schlimmste am ganzen.»[28]

Juttas Verzweiflung angesichts der kurz nach Kriegsende scheinbar nicht enden wollenden NS-Vergangenheit ihres Mannes erwies sich schnell als überflüssig. 1950 zog die Familie Rudershausen nach Neu-Ulm, wo Jutta dank ihrer guten Englischkenntnisse Arbeit bei der amerikanischen Militärregierung fand, später wurde sie Präsidentin des Deutsch-Amerikanischen Frauenclubs. Kurt reüssierte wie ehedem als Holzkaufmann. Nach der Flucht aus Engerau hatte er sich, als die Amerikaner in Österreich einmarschierten, von seiner Familie vorübergehend getrennt und sich zu Fuß über die Grenze nach Bayern durchgeschlagen. Dadurch war es ihm gelungen, von der amerikanischen Besatzungsmacht in Deutschland als Parteifunktionär unerkannt zu bleiben und sich einem Entnazifizierungsverfahren zu entziehen.[29] Um die Schuldfrage kam Jutta auf Dauer jedoch nicht herum. Wie sollte sie mit all ihren komplizierten Familiengeheimnissen umgehen, mit sich als «Halbjüdin», ihrem Mann, dem ehemaligen Nazibonzen, ihrem Vater, dem Juden? Irgendwann war die Zeit reif für eine biographische Selbsterfindung, und an die Stelle der einstigen Scham gegenüber den Stauffenbergs trat der Stolz, mit der Familie des Hitler-Attentäters verschwägert zu sein.

Dieser Stimmungswechsel dürfte auch auf das in den sechziger Jahren entstehende Geschichtsbild einer Widerstandsforschung zurückzuführen sein, in dem die Verschwörer des 20. Juli zu moralisch vorbildlichen Helden avancierten. Irgendwann in diesem Jahrzehnt muss bei Jutta Rudershausen und Klara Schiller die Überzeugung gereift sein, auch Melitta von Stauffenberg stehe wegen der nunmehr ausschließlich widerstandsmoralischen Bedeutung ihres Nachnamens ein Platz im Pantheon des 20. Juli zu. Die Gelegenheit war günstig, die Bewältigung der Vergangenheit selbst in die Hand zu nehmen und die familiäre der öffentlichen Erinnerung anzugleichen. Mit Otto Schiller als grauer Eminenz schlossen sich Jutta und Klara zu einer Gemeinschaft zusammen, die Erinnerung konstruierte und damit gleich zweifach der Entlastung diente. Ihre nationalsozialistische Verstrickung sollte entsorgt werden und der jüdische Familienhintergrund weiter unentdeckt bleiben.

Adel verpflichtet

Klara Schiller ging bis an ihr Lebensende in Lautlingen ein und aus, gegenüber den Stauffenberg-Kindern zeigte sich die zeitlebens Unverheiratete als «Littaersatz»[30] in den ersten Nachkriegsjahren besonders fürsorglich. Mit Duli, der Mutter der drei Stauffenberg-Brüder, war sie so vertraut, dass diese ihr einen Ring der württembergischen Königin testamentarisch vermachte. Nach dem Tod Caroline von Stauffenbergs 1956 erhielt sie das Schmuckstück von Alexander von Stauffenberg zugesandt.[31] Mehr als zehn Jahre zuvor hatte sich Klara in einem Brief an Lili Lübbert Ende Juli 1944 – Melitta und Alexander waren gerade verhaftet worden – gegenüber ihrer Schwester und ihrem Schwager erstaunlich kaltschnäuzig gezeigt. Es läge, schrieb sie, «ja keine Anklage vor, sondern sie war in Sippenhaft, die aber bald in Ehrenhaft umgewandelt wurde. Der Name, der natürlich für ein Freikommen hinderlich ist, wird beiderseits [von Melitta wie Alexander von Stauffenberg] abgelegt werden müssen, was ich von vornherein nicht anders erwartet habe und was mir völlig unwesentlich erscheint.»[32] Im Sommer 1944 waren für Klara, die damals an den Erfolg der alliierten Invasion in der Normandie nicht glauben mochte, Namen noch Schall und Rauch.[33] Zu diesem Zeitpunkt hatte sie gerade eine Stelle im agrarwissenschaftlichen Forschungsbetrieb des NS-Staates erhalten, östlich von Berlin im Kaiser-Wilhelm-Institut für Züchtungsforschung in Müncheberg. Das war, teilte sie Lili mit, «genau die Arbeit, mit der ich immer geliebäugelt habe»[34] und gewissermaßen der Höhepunkt seit Beginn ihrer beruflichen Karriere Anfang der dreißiger Jahre.

Klara Schiller hatte Ende der zwanziger Jahre, nachdem die Familie Schiller Krotoschin verlassen hatte, auf dem zweiten Bildungsweg in Danzig Chemie studiert und sich nach Beendigung ihres Studiums der Agrarwissenschaft zugewandt.[35] Von 1934 bis 1938 war sie am «Institut für Pflanzenbau» in Gießen bei George

Epilog

Sessous beschäftigt, dem Chef der «Reichsarbeitsgemeinschaft Pflanzenbau und Pflanzenzüchtung». Im Anschluss daran ging Klara nach Madrid, wo sie bis 1943 für die I.G. Farben auf einem Züchtungsgebiet arbeitete, das in Deutschland erst unter den Nazis in Schwung kam, dem Soja-Anbau.[36] Die «Nazi-Bohne», wie sie die West-Alliierten ironisch nannten, sollte die Importabhängigkeit des Deutschen Reiches mindern und die Fett- und Eiweißlücke, eines der zentralen Probleme der NS-Ernährungspolitik, schließen helfen.[37] Als sich der Sojaanbau in Spanien als Misserfolg erwies, kehrte Klara Schiller 1943, anders als sie später behauptete, freiwillig[38] wieder nach Deutschland zurück und fand nach kurzer Wartezeit Arbeit am Kaiser-Wilhelm-Institut in Müncheberg. Leiter des KWI war seit 1936 Wilhelm Rudorf, ein überzeugter Nationalsozialist und Antisemit, den Klara Schiller persönlich immerhin so gut kannte, dass sie ihn um eine Stelle für ihre Nichte Gerda Lübbert bitten konnte.[39] Um die ernährungswirtschaftliche Autarkie der deutschen Kriegswirtschaft zu sichern, arbeitete das KWI Müncheberg unter der Leitung Rudorfs an der «Züchtung von eiweiß- und ölhaltigen Pflanzen, die das Defizit an im Inland produzierten Futtermitteln beheben sollte»[40]. Mit dem Konzentrationslager Auschwitz bestand eine Kooperation zur Herstellung von synthetischem Kautschuk. Dieser Kontext mag Klara Schiller unbekannt gewesen sein. Verständlich ist in jedem Fall, dass die in der Kriegswissenschaft des Dritten Reiches tätige passionierte Wissenschaftlerin Müncheberg, Rudorf und das KWI für Pflanzenzüchtung nach 1945 lieber gegen eine Erinnerung eintauschte, in der ihre Schwester Melitta von Stauffenberg als tadellose moralische Heldin auftrat.[41]

Fuß gefasst in der Agrarwissenschaft hatte sie dank ihres Bruders Otto. Klara, die Agrarwissssenschaftlerin, hatte Otto, dem Agrarspezialisten, viel zu verdanken. Otto war ein Fall für sich.

Nachdem er 1919 als Freikorpskämpfer abgemustert hatte, studierte er an der Schlesischen Friedrich-Wilhelms-Universität in Breslau am Agrikulturchemischen und Bakteriologischen Institut und beendete sein Studium als Diplomlandwirt mit einer Dissertation zum Thema «Änderungen im Gehalt des Stalldüngers an Pflanzennährstoffen nach dem Kriege»[42]. Das empirische Material für diese Forschungsarbeit stammte aus der Provinz Schlesien, das Thema barg politischen Sprengstoff. Ottos Dissertation behandelte indirekt die Auswirkungen der englischen Hungerblockade auf die deutsche Landwirtschaft während des Weltkrieges und versuchte, die Kriegsniederlage agrarwissenschaftlich in den Griff zu bekommen. Das Ausbleiben der Importe an Kraftfutter nach 1914 hatte die deutsche Viehwirtschaft nachhaltig beeinträchtigt und die Ernährungslage im Deutschen Reich – man denke an den berüchtigten «Steckrübenwinter» 1916/17 – bis Kriegsende zunehmend verschlechtert.

Die Frage, wie das Deutsche Reich landwirtschaftlich autark werden könne, war fortan für Otto Schiller politisch wie wissenschaftlich bewusstseinsbildend. Wie seine Schwester Melitta schöpfte auch er einen Großteil seiner Lebensenergie aus dem Trauma des Versailler Friedens, der sich tief ins Kernholz des Schiller'schen Familiengedächtnisses eingeschnitten hatte. Als der Dreiundzwanzigjährige 1924 zum ersten Mal in die Sowjetunion reiste, entwickelte sich daraus eine bemerkenswerte Faszination, Sowjetrussland ließ ihn nicht mehr los, bis zum Ende des Zweiten Weltkrieges rissen seine Aufenthalte dort kaum mehr ab. Mehrere Jahre arbeitete er als Saatzuchtleiter auf landwirtschaftlichen Gütern, die der Sowjetstaat deutschen Trägern zur Erprobung neuer Anbaumethoden zur Verfügung gestellt hatte. Otto Schiller war zunächst bei Saratow an der mittleren Wolga, später im ukrainischen Nordkaukasus in der Nähe der Stadt Kropotkin tätig. Nach Deutschland zurückgekehrt, absolvierte er ein Zweitstudium, belegte Volkswirtschaft in Berlin und Königsberg und promovierte ein weiteres Mal. «Die wirtschaftlichen und sozialen Probleme der Kollektivbewegung in der Sowjetunion», so der Titel seiner zweiten Dissertation, bildeten von nun an seinen Forschungsschwerpunkt.[43]

In Königsberg war Otto Schiller vermutlich in das Fahrwasser der «Ostforschung» geraten, einer deutschtumsorientierten Geschichtsschreibung, die bereits vor der Machtübernahme der Nationalsozialisten Lebensraumkonzepte vertrat. Scharf antipolnisch ausgerichtet, wurde die Vorherrschaft des Deutschtums für alle ost- beziehungsweise ostmitteleuropäischen Gebiete reklamiert, in denen größere deutsche Minderheiten lebten. Pünktlich zu seinem dreißigsten Geburtstag wurde Dr. Dr. Otto Schiller im Mai 1931 als landwirtschaftlicher Sachverständiger an die Deutsche Botschaft nach Moskau berufen.[44] Sein Expertenwissen komplettierte er umgehend durch eine ausgedehnte Reisetätigkeit durch das stalinistische Sowjetreich. Nachdem er zwischen 1924 und 1928 die Neue Ökonomische Politik, deren Liquidierung sowie den Beginn des unter brutalem Zwang eingeführten Kolchossystems erlebt hatte, war er jetzt Augenzeuge der von der Stalin'schen Zwangskollektivierung hervorgerufenen Hungerkatastrophen. Im Lauf der Jahre hatte sich Otto derart exzellente Sprach- wie Fachkenntnisse erworben, dass der großgewachsene, gutaussehende und von seiner meist unter freiem Himmel stattfindenden Tätigkeit sonnengebräunte Mann von seinen Botschaftskollegen den Spitznamen «Kolchosnik» erhielt.[45] Längst jedoch hatte seine anschwellende antibolschewistische Publikationstätigkeit das Misstrauen der sowjetischen Behörden erregt.[46] Als der Boden zu heiß wurde, musste Otto Schiller Ende 1936 die deutsche Botschaft in Moskau verlassen, 1939 erhielt er in die Sowjetunion Einreiseverbot.[47] Erledigt war er damit aber nicht.[48]

Adel verpflichtet

Der Überfall auf die Sowjetunion am 22. Juni 1941 versetzte Otto Schillers Karriere einen kräftigen Schub. Bereits vor Beginn des Vernichtungskrieges im Osten war der agrarwissenschaftliche Experte in den Wirtschaftsstab Ost berufen worden. Kaum waren die ersten Territorien von der Wehrmacht okkupiert, nahm der Sowjetkenner die Reisetätigkeit wieder auf, die er 1936 unfreiwillig hatte aufgeben müssen. Schon im Juli 1941 begab sich der nunmehrige Kriegsverwaltungsrat Schiller in die Gegend von Minsk.[49] Im Lauf der Kriegsjahre folgten ungezählte weitere Inspektionsreisen in die von den Deutschen sukzessive besetzten Gebiete, Schillers Operationsgebiete waren Weißrussland, die Ukraine sowie das ihm bestens bekannte Kaukasusgebiet. Schon im Mai 1941 hatte er sich zusammen mit anderen agrarwissenschaftlichen Kollegen in Berlin mit «der Ausarbeitung eines Plans für die künftige Agrarpolitik in den besetzten sowjetischen Gebieten» beschäftigt.[50]

Unter den zu diesem Zweck gegründeten Dienststellen war der Wirtschaftsstab Ost das wichtigste Werkzeug. Seine Aufgabe war die rücksichtslose Ausplünderung von Land und Leuten. Zum einen sollte die Versorgung der auf sowjetischem Territorium kämpfenden deutschen Truppen gewährleistet, zum anderen die deutsche Kriegswirtschaft als Ganzes unterstützt werden. Die im Zuständigkeitsbereich des Reichsministers für die besetzten Ostgebiete Alfred Rosenberg liegende Ausbeutung der Landwirtschaft war dabei von besonderer Bedeutung. Rosenberg, brauner Kämpfer der ersten Stunde, antisemitischer Rassentheoretiker und Parteiideologe, im Nürnberger Kriegsverbrecherprozess zum Tode verurteilt und hingerichtet, war Otto Schillers oberster Vorgesetzter. Unter der Aufsicht von Herbert Backe, Staatssekretär des Reichsministeriums für Ernährung und Landwirtschaft, sowie Hans-Joachim Riecke, Leiter der Chefgruppe Landwirtschaft im Wirtschaftsstab Ost, entwarf er den Plan einer Agrarreform mit dem Ziel, die ernährungswirtschaftliche Autarkie der deutschen Kriegswirtschaft zu sichern.

Ergebnis war der Erlass der berüchtigten nationalsozialistischen «Neuen Agrarordnung» im Februar 1942. Ihr Verfasser war Otto Schiller. Versehen mit Präambel und Schlusswort von Alfred Rosenberg, wurde die «Neue Agrarordnung» in Millionen von Exemplaren in den besetzten Gebieten verteilt.[51] Für die «Neue Agrarordnung» war der «Kolchosnik», dessen Berichte über die kollektivierte Landwirtschaft auch Stalin gelesen haben soll, genau der richtige Mann. Schiller, auf Grund eigener Erfahrungen während des Ersten Weltkriegs wie seiner anschließenden Studien ein Spezialist des Hungers, wusste, dass die Vermeidung von Hunger agrarwissenschaftlicher Methoden bedurfte. Seine Erfahrungen auf den deutsch-russischen Konzessionsgütern der zwanziger und beginnenden dreißiger Jahre hatten ihn zu einem Anhänger agrarischer Großbetriebe werden lassen. In der von den Deutschen okkupierten Sowjetunion lag die Lösung der Ernährungsprobleme der Okkupanten deshalb nicht in der Abschaffung des Kolchossystems. Von Bauernbefreiung und Privateigentum konnte, trotz aller propagandistischen Rhetorik der «Neuen Agrarordnung», keine Rede sein, das Ackerland der besetzten Gebiete ging in Reichseigentum über, und die Bauern wurden einem rigorosen Straf- und Zwangssystem unterworfen. Blieben sie unter dem verordneten Abgabesoll, drohte ihnen Landentzug, Aus- und Umsiedlung sowie Zwangsarbeit. Um der Aufrechterhaltung der deutschen Volksernährung willen nahm der Wirtschaftsstab Ost den Hungertod von Millionen von Menschen in den besetzten sowjetrussischen Gebieten billigend in Kauf.[52] An Planung wie Ausführung der nationalsozialistischen Hungerpolitik in den zu Kolonien degradierten besetzten sowjetischen Gebieten war der Agrar- und Sowjetexperte Otto Schiller an verantwortlicher Stelle beteiligt.[53]

Adel verpflichtet

Es blieb die Frage, wie Dr. Dr. Otto Schiller seinen Posten im Wirtschaftsstab Ost angesichts seines jüdischen Vaters beziehen und wie seine Schwester Klara im ideologisch-rassistischen Komplex von Autarkie und Lebensraum Pflanzenzucht betreiben konnte. Diese mitten ins Herz des Schiller'schen Familiengeheimnisses zielende Gretchenfrage hatte bereits den deutsch-kanadischen Historiker Peter Hoffmann umgetrieben, als er in den achtziger Jahren des vergangenen Jahrhunderts an seiner umfassenden Biographie über Claus von Stauffenberg und dessen Brüder schrieb. Im Laufe der Arbeit an seinem Opus magnum hatte er sich mehrfach fragend an Klara Schiller gewandt, das damals letzte noch lebende Mitglied der Familie Schiller. Er bat sie, ihm ihre persönlichen Erinnerungen an den Umgang mit der jüdischen Herkunft ihres Vaters innerhalb der Familie Schiller mitzuteilen, am meisten aber interessierte ihn die Frage nach der Gefährdung Michael Schillers und seiner fünf Kinder während des Nationalsozialismus. Klara Schillers Antworten waren ein Musterbeispiel beredten Beschweigens.

Sie gab zwar zu, dass sie über die jüdischen Vorfahren ihres Vaters «aus der Odessaer Gegend», den Umzug des Großvaters Moses nach Leipzig, die neun Geschwister Schiller wie die Konversion Michael Schillers gut informiert war. Einschränkend fügte sie jedoch hinzu, die fünf Schiller-Kinder seien von ihrem Vater «erst vor der Konfirmation über seine jüdische Herkunft aufgeklärt [worden]»[54]. Dass die Kinder von früh auf Bescheid wussten, sie bei der Leipziger Verwandtschaft zu Besuch waren, dafür liefern die diversen Familienchroniken Marie-Luise Schillers im Widerspruch zu Klaras Aussagen jedoch genügend Hinweise. 1920 fand in Leipzig ein Familientreffen statt, an dem auch Margarete Schiller teilnahm und das fotografisch eindrucksvoll dokumentiert worden war.

Familientreffen: Die Familie Schiller in Leipzig 1920,
Margarete und Michael Schiller (ganz links) sowie dessen Geschwister
und eine Cousine.

Was die Nazi-Zeit betraf, verhielt sich Klara Schiller in ihrer
Antwort an Peter Hoffmann diffus und behauptete zum Thema
«Gleichstellung», «Litta» habe «einen Antrag [eingereicht], daß
wir Arischen Personen gleichgestellt werden. Diesem Antrag wur-
de vor Kriegsende stattgegeben, mit der Auflage, daß ich keinen
SS-Mann heiraten dürfe.»[55]

Mit der Vagheit solch kruder Aussagen unzufrieden, hakte
Hoffmann aus Anlass der englischen Übersetzung seines Buches über die Brüder Stauffenberg einige Jahre später abermals
nach.[56] «Waren Ihre Eltern während des Krieges in Gefahr, deportiert zu werden?», wollte er zum einen wissen. «Wurden Sie
in die von Ihnen und Ihren Geschwistern beantragte ‹Gleichstellung› mit ‹arischen Personen› einbezogen?», lautete seine

zweite Frage.[57] Dieses Mal antwortete Klara Schiller in ganzen fünf Zeilen. «Mein Vater», schrieb sie, «konnte vor einer Deportationsgefahr bewahrt werden, da ein Nachbar und guter Freund meiner Eltern in Danzig an der entscheidenden Stelle arbeitete.»[58] Für sie selbst, fuhr sie fort, sei «der Antrag auf Gleichstellung mit gestellt worden. Wir alle konnten bis zur Entscheidung 1944 nie ganz sicher sein.» Zum Zeitpunkt dieser Auskünfte war Klara Schiller fünfundachtzig Jahre alt. Dass Melitta bereits 1941 «gleichgestellt» wurde, mag ihr entfallen sein, dass sie selbst in die «Gleichstellung» ihrer Schwester nicht mit inbegriffen war, konnte sie hingegen schwerlich vergessen haben.[59] In einem weiteren Brief an Hoffmann stellte sie unmissverständlich klar, «dass nur Melitta für die Stauffenbergbiographie von Bedeutung ist, die Familie kann nur insofern von Interesse sein, als Sie die speziellen Schwierigkeiten in der Nazi-Zeit aufzeigen, die Ihnen offenbar wichtig erscheinen. Sie sollten meiner Ansicht nach so knapp wie möglich gehalten sein.»[60]

Hätte Klara ausführlichere Informationen geliefert, hätte sie manches preisgeben und über ihre eigene Karriere, die Karriere ihres Bruders, aber auch die enge berufliche Verbundenheit zwischen ihr und Otto sprechen müssen. Tatsächlich hatte sie den Einstieg in die Sojaforschung ihrem Bruder zu verdanken, gleich nach Abschluss ihres Studiums hatte er sie auf das nordkaukasische Gut am Kuban-Fluss mitgenommen, auf dem er in den zwanziger Jahren als Saatzuchtleiter gearbeitet hatte. Während ihres sechsmonatigen Aufenthaltes kümmerte sie sich um die «Aufarbeitung der Soja für die menschliche Ernährung», wie sie in einem nur für den familiären Gebrauch bestimmten Fotoalbum festgehalten hatte.[61]

Klara Schiller hätte vieles erklären können. Etwa, wie es dazu kam, dass sie wie ihr Bruder Ende der dreißiger Jahre für die I.G. Farben am selben Projekt arbeiteten, der Sojabohne, Klara in

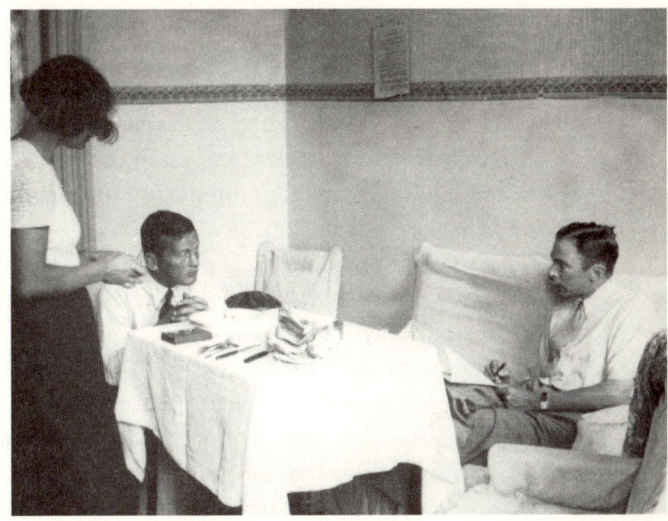

Sojaanbau: Klara Schiller 1933 im Nordkaukasus in einem Sojaanbaugebiet (links), im Gespräch mit Otto Schiller (oben).

Madrid, Otto in Bukarest. Waren sie vor dem «Arier-Nachweis» in das Ausland ausgewichen? Im Sommer 1941 fuhr Michael Schiller nach Piešťany in der Nähe Bratislavas zur Kur.[62] Zu diesem Zeitpunkt lebten in Danzig kaum mehr als etwa sechshundert Juden, die meisten derjenigen, die nicht ausgewandert waren, hatte man bereits deportiert. Wie erklärte sich die Reise des Vaters? Antworten auf solche Fragen fielen unter den Tisch, sie waren mit dem Plan unvereinbar, Melitta von Stauffenberg nachträglich zur Widerstands-Heroine zu verklären.

Weniger gefährdet als andere «jüdische Mischlinge», die seit dem Überfall auf die Sowjetunion verschärften Diskriminierungen ausgesetzt waren, dürfte die Familie Schiller aller Wahrscheinlichkeit nach deshalb gewesen sein, weil Otto Schiller innerhalb des NS-Machtapparates wie des NS-Wissenschaftsbetriebes über genügend Beziehungen verfügte, um Diskriminierungen oder Gefahren von seiner Familie abzuwenden. Ein «Damoklesschwert», wie Klara Peter Hoffmann gegenüber behauptete, schwebte vermutlich nicht über ihren Köpfen, anders ist ihr hartnäckiges Beschweigen kaum zu erklären. Spätestens seit Mitte der dreißiger Jahre gehörte Otto Schiller einer Seilschaft von Männern an, die sich, dem Wissenschaftsmilieu der Ostforschung verbunden, 1941 im Kontext der Neuen Agrarordnung wiederfanden. Dieses Netzwerk dürfte sich im Notfall bewährt haben.

Theodor Oberländer, Werner Markert sowie Otto Bräutigam[63] waren intime Kenner der Sowjetunion, Oberländer war – wie Schiller – zweifach promoviert worden, 1929 zum Agrarwissenschaftler in Berlin und 1930 zum Staats- und Wirtschaftswissenschaftler in Königsberg. Auch er hatte 1928 einige Monate auf dem deutsch-russischen Gut im Nordkaukasus verbracht, sein Aufenthalt überschnitt sich vermutlich mit dem Otto Schillers. Hochschullehrer wie Oberländer war auch der Ostforscher Werner Markert, seit Kriegsbeginn im OKW als Abwehrmann zuständig für die Volksgruppenfrage. Zur Abwehr gehörte spätestens seit 1937 auch Oberländer. Über den Genozid an den Juden wusste er ebenso gut Bescheid wie Bräutigam. Als Verbindungsmann zwischen Auswärtigem Amt und dem «Reichsministerium für die besetzten Ostgebiete» arbeitete der Jurist Bräutigam mit Otto Schiller planerisch wie organisatorisch eng zusammen. Angesichts solcher personellen Verflechtungen von ideologisierter Wissenschaft, NS-Staats- und Parteiapparat sowie Wehrmacht wäre es verwunderlich, wenn Schiller im Fall einer Bedrohung seiner Angehörigen seine exzellenten Beziehungen nicht hätte spielenlassen. Auch Melitta dürfte dank ihrer Beziehungen in die Führung der Luftwaffe, wie auch zu Kriminalrat Paul Opitz, dem «weißen Raben», ihren Beitrag geleistet haben.

Epilog

Dass es sich dabei trotz aller Beziehungen um ein labiles existenzielles Gleichgewicht handelte, zeigt eine kryptische Bemerkung in einem Brief aus der frühen Nachkriegszeit. «Otto macht sich furchtbare Gedanken», bekannte Klara Schiller gegenüber ihrer Schwester Lili im Januar 1946, «er und Litta mussten doch in der letzten Zeit oft mal recht grob mit den Eltern umgehen, damit sie nichts verdarben.»[64]

Einen letzten Versuch, Melitta von Stauffenberg ein Standbild in der von Männern beherrschten Ahnengalerie des 20. Juli 1944 zu errichten, machten die Geschwister Schiller 1974/75. Vom Erfolg des Fernsehfilms ermutigt, hatte Jutta Rudershausen weitere Zeitzeugen ausfindig gemacht und diese um ihre Erinnerungen gebeten. Dazu zählte neben Paul von Handel der mäßig interessante Beitrag von Georg Wollé, des früheren Arbeitskollegen Melittas bei der DVL, der sie als distanziert und arbeitswütig bezeichnete und die treffende Metapher von der «Steilküste ihrer Seele»[65] erfunden hatte. Der Ex-Luftwaffenoffizier Georg Pasewaldt berichtete nicht nur von seiner Begegnung mit Melitta in Rechlin, sondern brüstete sich vor allem damit, ihr das EK II verschafft zu haben.[66] Wirklich aufschlussreich waren nur die Erinnerungen an die Krotoschiner und Hirschberger Schulzeit von Melittas Schulkameradin Lilo Lachmann. Lilo war vor dem Krieg in die Vereinigten Staaten ausgewandert, hatte Melitta gleich nach Ende der Schulzeit aus den Augen verloren und nichts zu verbergen. Auch Klara Schiller hatte ihre Erinnerungen festgehalten.[67] In einem mit Zitaten angereicherten kurzen Typoskript unter der Überschrift «Erinnerungen von Nina Gräfin Stauffenberg an Melitta», dessen Urheberin vermutlich Jutta Rudershausen ist, geht es um Melittas Barmherzigkeit ihrem Mann Alexander und Gräfin Ninas nach Bad Sachsa verschleppten Kindern gegenüber.[68] Ein weiterer Text rühmt Melitta als «Engel des KZ», als «Himmelsbote», der nichts unversucht gelassen hatte, den Sippenhäftlingen mit Hilfe seines Fieseler Storchs «Erleichterungen, tröstliche Nachrichten, Lebensmittel, Kleidung und die Gewissheit, daß sie nicht vergessen waren», zu bringen. Abschließend kamen ein weiteres Mal Melittas unklare Todesumstände zur Sprache, diesmal in der Version, «daß eigene Flugabwehr in Verblendung auf eine vermeintliche Volksfeindin» geschossen haben könnte, kurz vor ihrem Ableben habe sie noch «seinen Namen geflüstert», gemeint war derjenige ihres Mannes Alexander.[69] Je mehr Stimmen, desto dichter die Legendenbildung. In den Nina von Stauffenberg zugeschriebenen «Erinnerungen» hieß es sogar, dass Melittas Leiche, als man sie ein knappes halbes Jahr nach ihrem Tod exhumieren und nach Lautlingen überführen ließ, «noch fast unverändert» gewesen sein soll.[70] Die familiäre Erinnerung drohte in Heiligenverehrung umzuschlagen.

Mitte der siebziger Jahre bot Jutta Rudershausen die gebündelten Fremdbeiträge zusammen mit ihrem Manuskript über Melitta erneut verschiedenen Verlagen zur Veröffentlichung an. Trotz des TV-Films wollte aber auch dieses Mal niemand das Erinnerungspaket schlucken. In dieser Not fuhr Klara Schiller das schwerste Geschütz auf und trat an die Frau heran, die in Sachen Geschichtserinnerung an den 20. Juli als die maßgebliche bundesrepublikanische Instanz galt. Marion Gräfin Dönhoff, Redakteurin, Chefredakteurin, zuletzt Herausgeberin der Hamburger Wochenzeitung «Die Zeit», hatte seit Kriegsende den Widerstand gegen den Nationalsozialismus, vor allem die Verschwörung des 20. Juli zu ihrem Thema gemacht. Die ostpreußische Gräfin, die in Verbindung zu Oppositionellen der Goerdeler-Gruppe wie des Kreisauer Kreises gestanden hatte, war seit den sechziger Jahren allen Versuchen der Historisierung des Widerstandes des 20. Juli massiv entgegengetreten. Nicht Historisierung, die moralische

Monumentalisierung Einzelner sollte die Erinnerung an den Widerstand bestimmen.[71]

Solch ein Heroisierungsprogramm kam der geschwisterlichen Erinnerungspolitik mehr als gelegen. An Dönhoff wandte sich Klara Schiller mit der Bitte, sie möge das Manuskript ihrer Schwester Jutta samt Fremdbeiträgen kommentierend beziehungsweise einleitend herausgeben. Der Olymp schien nahe, doch die nach wie vor aktive Mitherausgeberin der «Zeit» lehnte wegen Arbeitsüberlastung dankend ab, ließ die Bittstellerin wissen, sie sei keineswegs im Ruhestand und soeben damit beschäftigt, ein Buch zu schreiben, ein weiteres könne sie sich nicht zumuten. Im Übrigen habe sie «mit großem Interesse den Beitrag von Paul Handel gelesen»[72]. Hinter der mit einem zweifelhaften Lob garnierten Entschiedenheit der Absage dürfte sich mehr als nur Arbeitsüberlastung verborgen haben. Bestrebt, ihre eigene Widerstandsbiographie, das Ansehen Preußens wie des preußischen Adels zu pflegen, tat Marion Gräfin Dönhoff alles, um ihr wichtigstes Werk, das aus den Unbilden der Zeit herausgehobene Geschichtsbild des 20. Juli, moralisch wasserdicht zu halten. Eine unsichere Kandidatin wie Melitta von Stauffenberg auf den Schild zu heben hätte sich auf ihren Ruf negativ auswirken können. Dönhoff war viel zu klug, um sich an solch einem undurchsichtigen Fall die Finger zu verbrennen. Vielleicht wusste sie sogar von der «Gleichstellung» und ahnte, welche Machenschaften damit verbunden sein konnten. Mit der Absage von Dönhoff war das Unternehmen «Gräfin nobilitiert Gräfin», in dem die eine der anderen posthum die höheren Weihen einer Beteiligung am 20. Juli verleiht, endgültig gescheitert.

Auch wenn damit die Männer des militärischen Widerstands bis auf weiteres ohne weibliche Unterstützung auskommen mussten und die geschwisterliche Erinnerungskonstruktion im Kern unerfüllt blieb, konnten Jutta und Klara mehr als zufrieden sein.

Wenige Monate vor der Anfrage an Marion Gräfin Dönhoff war es gelungen, auf der Deutschen Luftsportausstellung in Essen 1975 in der Abteilung zur Geschichte fliegender Frauen Melittas Fliegerlaufbahn in Wort und Bild zu platzieren. Damit war auch die bizarre posthum fortdauernde Konkurrenz mit Hanna Reitsch entschieden. In der Essener Ausstellung konnte durch Dokumente klargestellt werden, dass die auf die Ausstrahlung des ZDF-Films folgende Unterstellung der Reitsch, Melitta habe den Titel Flugkapitän, das EK II wie das goldene Militärfliegerabzeichen unrechtmäßig oder gar nicht erworben, falsch war.[73]

Wichtiger aber noch war, dass das Familiengeheimnis der Schillers gewahrt blieb. Weder waren die jüdische Herkunft des Vaters noch die Verstrickungen seiner Kinder in das NS-Regime ans Licht gekommen, und dabei blieb es zukünftig auch. Klara und Otto Schiller gelang es, ihre agrarwissenschaftlichen Karrieren nach 1945 mehr oder weniger bruchlos fortzusetzen. Klara wurde Mitarbeiterin der 1947 gegründeten Bundesforschungsanstalt für Landwirtschaft in Braunschweig, 1971 erhielt sie das Bundesverdienstkreuz. Otto erklomm sämtliche Karriereleitern, die sich ihm boten. Er wurde zunächst Professor an der Landwirtschaftlichen Hochschule in Hohenheim, 1961 als Direktor des Instituts für internationale vergleichende Agrarpolitik und Agrarsoziologie an das Südasien-Institut der Universität Heidelberg berufen. Als Kenner der sowjetischen Landwirtschaft nach wie vor gefragt, erlebte er während des Kalten Krieges einen zweiten Aufstieg, war beratend im Bundesministerium für wirtschaftliche Zusammenarbeit tätig, erhielt Sonder- und Forschungsaufträge des Außenministeriums und war auch international ein vielgefragter Experte. In Bonn mag er in den fünfziger Jahren zwei alten Gefährten begegnet sein, Otto Bräutigam, der wieder im Auswärtigen Amt schaltete, vielleicht sogar Theodor Oberländer, Mitglied des Bundestages und zeitweiliger Vertriebenenminister. 1969 erhielt Otto Schiller das Große Verdienstkreuz der Bundesrepublik Deutschland. Hoch geehrt, starb er 1970. Wie für die meisten anderen Ehemaligen der NS-Wissenschaftselite hatte auch für ihn gegolten: einmal Elite, immer Elite.[74]

Zwar steckte im rätselhaften Sonderfall der Familie Schiller auch der Normalfall bundesdeutschen Beschweigens. Einen Unterschied zur «Vergangenheitsbewältigung» der Mehrheit der Deutschen gab es jedoch. In der Nachkriegszeit hatte sich die Last des Schiller'schen Familiengeheimnisses im Vergleich zur NS-Zeit verdoppelt. Musste zwischen 1933 und 1945 die jüdische Herkunft des Vaters verborgen werden, kam nach Kriegsende Melittas, Ottos und Klaras mehr oder weniger deutliche Integration in die NS-Wissenschaftselite samt allen materiellen wie ideellen Vorteilen hinzu. Nicht allein Otto, auch Melitta hatte der totale Staat die totalen beruflichen Entfaltungsmöglichkeiten geboten. Melitta war an der militärischen Eroberung des Luftraumes, Otto – in geringerem Maße auch Klara – an der kriegswirtschaftlichen Zielen unterworfenen Landraumpolitik des NS-Staates beteiligt. Jutta hatte einen Mann geheiratet, der in der NS-Parteihierarchie zwar kein großer Fisch war, es ihr aber ersparte, als «Halbjüdin» Diskriminierung oder Verfolgung in Kauf nehmen zu müssen. Selbst die ihr Leben lang melancholisch distanzierte Marie-Luise, Melittas älteste Schwester, war verwickelt. Ihr Mann Adolf Lübbert war bereits am 1. Mai 1933 in die NSDAP eingetreten.[75] Über diesen Umstand verlor auch Lili nach dem Krieg kein erklärendes Wort. Allerdings war sie offenbar die einzige unter ihren Geschwistern, die sich in der Nachkriegszeit in privatem Rahmen ausführlich mit der jüdischen Familiengeschichte ihres Vaters beschäftigte, Familienchroniken verfasste und auf der Grundlage der Erinnerungen ihres aus Galizien stammenden Großvaters Moses Schiller Stammbäume der väterlichen Linie anlegte. Vom totalen Terror verschont, waren die Schillers innerhalb des Sonderfalls der «jüdischen Mischlinge ersten Grades» ein spektakulärer Ausnahmefall.

Nach 1945 war diese Konstellation kaum zu bewältigen. Wie hatte Klara in einem Brief an ihre Schwester Marie-Luise 1987 so symbolisch missverständlich geschrieben, als sie es wagte, in den Spiegel ihrer jüdischen Familiengeschichte zu blicken: «Der Antisemitismus ist ja auch in keiner Weise echt überwunden. Auch ich kann mich von einer Scheu nicht freimachen, mich als Halbjüdin zu bezeichnen. Ich fühle mich auch nicht entsprechend.»[76] Vor der Überlebensschuld gab es dennoch kein Entrinnen. Wie horrend sie war, zeigte die entlastende Funktion, die Melitta von Stauffenberg in der Erinnerungspolitik Klaras und Juttas übernommen hatte. Aus Schiller sollte Stauffenberg werden, der Namenswechsel einen Biographiewechsel suggerieren. Um Melitta einen Ehrenplatz im Kreis der Attentäter zu sichern, durfte sie nicht bloß aufopferungsvolle Märtyrerin sein, sie sollte als Heldin hoch oben auf dem Sockel des bundesrepublikanischen Geschichtssymbols des 20. Juli stehen.

Dass es nicht dazu kam, lag auch daran, dass sich solch eine Frau schlecht eignete, zum Denkmal zu werden. Selbst wenn Paul von Handels Fabel nur ein Körnchen historische Wahrheit enthalten hätte, wäre nicht zu leugnen gewesen, dass Melittas moralisches Vermächtnis recht schmal ausfiel. Ihre späte Opferbereitschaft war zwar selbstlos gewesen, galt aber nur ihrem familiären wie freundschaftlichen Umfeld. Ob ihre wortlose Zivilcourage für ein anderes Deutschland eintrat, ließ sich nicht sagen. Als die Rote Armee auf Berlin vorrückte und mit der Technischen Akademie der Luftwaffe Mitte Februar 1945 auch Melittas «Versuchsstelle für Flugsondergerät» verlegt wurde, war Klara Schiller heilfroh. «Also Gatow wird verlagert, Littas Laden geht nach Würzburg», schrieb sie ihrer Schwester Marie-Luise, «sie selber hat vorläufig aber noch auf irgendwelchen Flugplätzen hier in

Epilog

der Nähe zu tun, aber ich bin erst mal sehr froh, dass sie überhaupt hier weg ist, denn erst war die Idee, Gatow zu verteidigen aufgekommen, wo Litta natürlich nicht von abzubringen gewesen wäre, aktiv mitzumachen.»[77] War das die Pflichterfüllung einer Frau, die noch immer Soldatin spielen wollte, der Irrsinn der letzten Kriegstage oder die Treue zu einem überhistorischen Deutschland jenseits der Nazi-Herrschaft? Tatsächlich machte es Melitta ihrer Nachwelt so schwer wie möglich. Ihr Tod war ja nicht der tragische Schlusspunkt einer aufsteigenden moralisch-heroischen Lebenslinie, sondern das Ende eines Lebensschicksals, das an Ambivalenz und Widersprüchlichkeit derart überbordete, dass es mit den Bedürfnissen eines öffentlichen Gedenkens nicht zu vereinen war. Was Melitta die längste Zeit gekennzeichnet hatte, war vielmehr die Antimoral eines gefährlichen Lebens, dem es weniger darauf ankam, etwas Bleibendes zu hinterlassen, als sich ebenso schonungs- wie restlos an sich selbst zu verbrauchen. Irgendwie schien sie bis an ihr Ende das innerliche Kriegskind nicht losgeworden zu sein, das versuchte, die emotionalen Verletzungen, die ihm der Erste Weltkrieg zugefügt hatte, mit dem kühlen Gestus der Avantgarde zu überspielen.

Der frühe unpolitische Pakt mit dem Nationalsozialismus tat sein Übriges, die Sucht nach dem gefährlichen Leben zum Beruf wie zur Berufung zu verstetigen. Von diesem Zeitpunkt an geriet Melitta von Stauffenberg allerdings zusehends zwischen alle Stühle, die Grenzen zwischen Karrierismus, freiwilliger und erzwungener Anpassung waren fließend. Mit Bekanntwerden ihrer «rassischen» Herkunft drohten ihr die Verfolgungen und Diskriminierungen, denen «Mischlinge» im NS-Staat ausgesetzt waren. Ihre «Gleichstellung» mit «Deutschblütigen» bewahrte sie davor. Ohne Verdienste für «Führer und Reich», ohne die richtigen Beziehungen aber war dieses «Privileg» und damit die Anerkennung voller staatsbürgerlicher Rechte nicht zu bekommen.

Wenn sich ein Leben gegen moralische Vereindeutigung sperrte, dann ihres. Irgendwann war von Melittas Biographie wie der ihrer Eltern nur noch die nackte Wirklichkeit eines brutalen Zeitalters übrig geblieben, dem sich nicht der geringste Mehrwert an Sinn abgewinnen ließ. Michael Schiller, im Frühjahr 1945 vierundachtzig Jahre alt, war in Danzig in einem überfüllten Luftschutzkeller zu Tode gekommen, «zu 27 Personen in einem Kellergelass eingesperrt, völlig unzureichend ernährt, schließlich Alle an Ruhr erkrankt, an der Großpapa am 20. April starb und irgendwo im Garten begraben wurde»[78]. Die Todesumstände Michael Schillers hatte seine Frau Margarete in einem Brief geschildert, den sie einer Helferin des Roten Kreuzes im November 1945 in Neustadt an der Dosse für ihre Tochter Lili mit auf den Weg gegeben hatte. Über Michael Schiller wurde später im Familienkreis auch verbreitet, er habe sich möglicherweise das Leben genommen, als Danzig erobert wurde, weil er zu alt war, um noch zu fliehen.[79] Nachdem ihr Mann umgekommen war, flüchtete Margarete Schiller alleine in den Westen, im brandenburgischen Neustadt, hundert Kilometer nordwestlich von Berlin, verlor sich jedoch ihre Spur, nach monatelanger, vergeblicher Suche wurde sie für tot erklärt.[80] Aufopferungsvoll wie Melitta zum Opfer derjenigen zu werden, die als Befreier kamen, war mindestens ebenso trostlos und musste gerade den befreiten Sippenhäftlingen ungerecht erscheinen. Hätte sie nicht alles darangesetzt, aus ihrer Haft nach dem 20. Juli 1944 freizukommen, so die bittere Erkenntnis im Nachhinein, hätte sie zusammen mit ihrem Mann Alexander von Stauffenberg als Geisel der SS sogar überleben können. Darauf aber schien es Melitta von Stauffenberg nicht anzukommen. Im Frühjahr 1945 hätte jeder ihrer Flüge ihr letzter sein können. Ob ihre Verzweiflung an jenem 8. April, an dem sie den Tod fand, größer war als ihr Mut, weiß niemand.

Anmerkungen

Abkürzungen

AAdW	Archiv Anny de Waal
AGB	Archiv Gerhard Bracke
ARR	Archiv Reinhart Rudershausen
AWMH	Archiv Wenka-Maria Hagemeister
BA	Bundesarchiv
BA-MA	Bundesarchiv Militärarchiv
BayHStA	Bayerisches Hauptstaatsarchiv
DVL	Deutsche Versuchsanstalt für Luftfahrt
HATUM	Historisches Archiv der Technischen Universität München
LKA	Luftkriegsakademie Berlin-Gatow
NKMS	Notizkalender Melitta von Stauffenberg
OKW	Oberkommando der Wehrmacht
RAF	Royal Air Force
RLM	Reichsluftfahrtministerium
RSHA	Reichssicherheitshauptamt
StGA	Stefan George Archiv Stuttgart
TAL	Technische Akademie der Luftwaffe Berlin-Gatow

Prolog

1 Georg Pasewaldt, Erfahrungen und Erkenntnisse einer Fliegerlaufbahn. Auszug aus dem Kapitel «Tapfere Frauen», S. 4. Fotokopiertes Typoskript. ARR.

2 Ebd., S. 1 f.

3 Zeugnis E'Stelle, E 7 III. Ohne Datum. Fotokopiertes Typoskript. Ebd.

4 Ebd., S. 1.

5 Vgl. Gerhard Bracke, Melitta Gräfin Stauffenberg. Das Leben einer Fliegerin. München 1990. Gerhard Bracke hat sich mit seinem Buch über Melitta von Stauffenberg durch seine umfangreiche Recherche große Verdienste erworben. Der Autor archivierte wichtige Dokumente aus dem Nachlass Melitta von Stauffenbergs, die sich im Besitz ihrer jüngsten Schwester Klara

Schiller befanden, darüber hinaus befragte er letzte noch lebende Zeitzeugen. Da das Buch vor 1989 entstand, hatte Bracke auf die Dokumente in den damals meist noch unzugänglichen Archiven der DDR sowie Polens verzichten müssen. Der Schwerpunkt lag auf der fliegerischen Profession Melitta von Stauffenbergs, der zeithistorische Kontext des Nationalsozialismus sowie die jüdische Herkunft des Vaters Michael Schiller spielten kaum eine Rolle. Die wenigen Publikationen, die in der Folgezeit auf Melitta von Stauffenberg eingingen, machten sich Brackes Forschungsergebnisse meist ungeprüft zu eigen, auch was die Beteiligung am 20. Juli 1944 betraf. Vgl. Peter Hoffmann, Claus Schenk Graf von Stauffenberg und seine Brüder. München 1992, S. 388. Ähnlich auch Karl Christ, Der andere Stauffenberg. Der Historiker und Dichter Alexander von Stauffenberg. München 2008, S. 56.

6 Klara Schiller an Marie-Luise Lübbert. Brief vom 30. 8. 1945. Hervorhebung im Original. Ähnlich Marie-Luise Lübbert, Chronik der Familie Lübbert (vom 22. 10. 1923 bis Ende der fünfziger Jahre), S. 27. AWMH.

Erstes Kapitel

1 Heimatkunde des Kreises Krotoschin. Unter Benutzung amtlicher Quellen bearbeitet von J. Smulczynski, Lehrer. Krotoschin 1908, S. 13. Hier werden 12 665 Einwohner für das Jahr 1905 genannt.

2 Ebd., S. 12.

3 Jutta Rudershausen, Frau über den Wolken. Ein Leben für Wissenschaft und Fliegerei. Typoskriptdurchschlag. ARR.

4 Sämtliche Dokumente AWMH.

5 Die Villa ist äußerlich unverändert erhalten in der heutigen Mickiewicza unter der Nr. 43.

6 Jutta Rudershausen, Frau über den Wolken, a. a. O., S. 12 f.

7 Ebd., S. 10.

8 Vgl. ebd., S. 9 f.

9 Vgl. das künstlerische Werkverzeichnis in Klara Schiller, Gerda Moninger, Gertrud von Kunowski. Leben und Werk. Ulm 1988. Die Inventarliste führt 217 nachweisbare Werke auf. Der künstlerische Nachlass befindet sich heute im Besitz des Neffen von Gertrud von Kunowski, Reinhart Rudershausen.

10 Marie-Luise Lübbert, Chronik der Familie Schiller, S. 5. AWMH.

11 Marie-Luise Schiller, Backfischtagebuch, 15. 7. 1912. Ebd.

12 Friedrich Meinecke, Straßburg, Freiburg, Berlin 1900 – 1919. Erinnerungen. Stuttgart 1949, S. 134.

13 Acta Specialia des Königlichen Landrathsamtes zu Krotoschin betr. Förderung des Deutschtums. Archiwum Panstwowe Poznaniu, Landrathsamt Krotoschin 258, R.

14 Typoskript. AWMH.

15 In den meisten biographischen Angaben zu Melitta von Stauffenberg wird

suggeriert, der Geburtsort des Vaters Michael wie dessen Eltern sei Odessa. Vgl. etwa Karl Christ, Der andere Stauffenberg, a. a. O., S. 51. Christ gibt an, Michael Schiller sei «zunächst in Odessa aufgewachsen».

16 Moses (Moritz) Schiller, Aus meinem Leben. Jugenderinnerungen. Fotokopie eines den handschriftlichen Aufzeichnungen Moritz Schillers folgenden Typoskripts, S. 33. AWMH.

17 Ebd., S. 38.

18 Stadtarchiv Leipzig, Tit. LI (Kap.) Nr. 27.

19 Moses Schiller, Aus meinem Leben, a. a. O., S. 43.

20 Vgl. Liste der Geschäftspartner, Tit. LI (Kap.) vom 7. September 1865.

21 Vgl. Stadtarchiv Leipzig, Geburts-Meldezettel Michael Schiller, Tit. LI (Kap.) Nr. 215. Dort finden sich auch die Geburtsurkunden aller weiteren acht Kinder: Bela Elisabeth, geb. 1862; Mirjam Marie, geb. 1863; Sophie Rebecca, geb. 1865; Ester Ernestine, geb. 1866; Rosalie Reele Rachel, geb. 1867; Jacob, geb. 1868; Louise Henriette, geb. 1870; Arnold, geb. 1873. Alle neun Kinder wurden in Leipzig geboren. Signatur Tit. LI (Kap.) Nr. 235 und Anlage. In den Akten des Einbürgerungsvorgangs ist davon die Rede, Michael Schiller besitze das «Kaiserlich Russische Unterthanenrecht». Ebd.

22 Ebd. Die häufig kolportierte Behauptung, Michael Schillers Vater sei Pelzhändler gewesen, ist, wie den entsprechenden Dokumenten zu entnehmen, falsch. Vgl. u. a. Gerhard Bracke, Melitta Gräfin Stauffenberg. Das Leben einer Fliegerin. München 1990, S. 15.

23 So lautet die Adresse im Kopf eines Briefes, der sich ebenfalls im Stadtarchiv Leipzig findet. Vgl. Tit. LI.

24 Schreiben des Königlichen Amtsgerichtes Dresden vom 16. 7. 1917. Ebd.

25 Für die Übersetzung danke ich Adina Stern, Tel Aviv. Die noch bestehenden Gräber befinden sich auf dem Alten Jüdischen Friedhof in Leipzig, Reihe 7, Grabnummer 1147/1149.

26 Auskunft des Archivs der TU Dresden vom 2. 3. 2010. Studentenkarte sowie Meldeunterlagen sind während des Luftangriffs auf Dresden im Zweiten Weltkrieg verlorengegangen (Auskunft Stadtarchiv Dresden vom 30. 3. 2010).

27 Aus dem Matrikel-Verzeichnis der Technischen Hochschule Hannover geht hervor, dass Michael Schiller am 7. Oktober 1882 als Studierender in der Abteilung II für Bau-Ingenieurwesen immatrikuliert wurde. Er besuchte folgende Lehrveranstaltungen: Entwerfen einfacher Gebäude (Prof. Artur Schröder), Konstruktion eiserner Brücken Teil 1 und 2 (Prof. Wilhelm Launhardt), Hölzerne und steinerne Brücken (Prof. Carl Dolezalek), Baukonstruktionen mit mathematischer Begründung (Prof. Carl Dolezalek), Trassieren (Prof. Wilhelm Launhardt), Elektrotechnik (August Merling), Eisenhochbau (Prof. Carl Dolezalek), Eisenbahnbau Teil 2 (Prof. Carl Dolezalek). Archiv der Leibniz-Universität Hannover, Az.: 51-1 Schiller, Michael.

28 Ebd. Die Behauptung von Peter Hoffmann, Claus Schenk Graf von Stauf-

fenberg und seine Brüder, a. a. O., S. 158, Michael Schiller habe sich «als Achtzehnjähriger evangelisch taufen lassen», ist somit falsch.

29 Archiv der Leibniz-Universität Hannover, Az.: 51-1 Schiller, Michael; Bescheinigung der Eheschließung Nr. 1183 des Heiraths-Registers, Breslau, den 19. 10. 1897. Abschrift auch in der beglaubigten Abschrift «zum Zwecke der Nachweisung arischer Abstammung», Breslau, den 21. 1. 1937. ARR.

30 Walther Rathenau, Höre, Israel! In: Impressionen. Leipzig 1902, S. 10.

31 Klaus Vondung, Zur Lage der Gebildeten in der wilhelminischen Zeit. In: Das wilhelminische Bildungsbürgertum. Zur Sozialgeschichte seiner Idee. Hrsg. von Klaus Vondung. Göttingen 1976, S. 27. Vgl. auch Burkhard Dietz, Michael Fessner, Helmut Maier (Hrsg.), Technische Intelligenz und ‹Kulturfaktor Technik›. Kulturvorstellungen von Technikern und Ingenieuren zwischen Kaiserreich und früher Bundesrepublik. Münster u. a. 1996.

32 Vgl. Das Füsilier-Regiment v. Steinmetz (Westpreußisches) Nr. 37 im Weltkriege 1914–1918. Nach den amtlichen Kriegstagebüchern, Berichten, Feldpostbriefen, Zuschriften und Stimmen aus der Front bearbeitet von Hans Altmann, Lt. d. Res. a. D., zuletzt M. B. O. beim Rgts.-Stabe F. R. 37. Mit 4 Karten, 25 vom Verfasser gezeichneten Skizzen, 100 Bildern und einer Ehrenliste aller Gefallenen. Berlin-Charlottenburg 1931.

33 Für den Werdegang Michael Schillers nach Abschluss seines Studiums bis zum Beginn seiner Tätigkeit in Krotoschin konnten keine Quellendokumente ermittelt werden. Deshalb ist auch die Truppeneinheit unbekannt.

34 Vgl. Marie-Luise Lübbert, Chronik der Familie Schiller, S. 8. AWHM. Außerdem: Jutta Rudershausen, Frau über den Wolken, a. a. O., S. 18.

35 Die Umstände der Ordensverleihung konnten nicht ermittelt werden. Es besteht aber kein Grund, an Michael Schillers Aussage zu zweifeln. Ebenfalls nicht ermittelt werden kann, ob Michael Schiller einem Landwehrregiment oder einem Landsturmbataillon angehörte. Eigener Aussage zufolge war er Landwehrhauptmann. Vgl. fünftes Kapitel in diesem Buch.

36 Marie-Luise Schiller, Tagebuch. November 1918 bis 13. November 1921, 15. 11. 1918. AWMH.

37 Ebd., 30. 12. 1918.

38 Ebd., 30. 11. 1918, 1. 12. 1918 sowie 1. 1. 1919. Ähnliche Bemerkungen finden sich häufig auch an anderen Stellen.

39 Ebd., 4. 1. 1919 und 9. 1. 1919.

40 In der antipolnischen Propaganda nationalistischer deutscher Kreise der zwanziger Jahre spielte das Lager keine unwichtige Rolle. Vgl. Szczypiorno, Wie es über zehntausend deutschen Ostmärkern in einem polnischen Interniertenlager erging. Ein Kapitel polnischer Schmach und Kulturschande. Berlin 1929.

41 Marie-Luise Schiller, Tagebuch, a. a. O., 9. 1. 1919.

42 Ebd., 19. 1. 1919.

43 Marie-Luise Lübbert, Chronik der Familie Schiller, a. a. O., S. 10.

44 Marie-Luise Schiller, Tagebuch, a. a. O., 5. 2. 1919.

45 Marie-Luise Lübbert, Chronik der Familie Schiller, a.a.O., S. 9.
46 Jutta Rudershausen, Flugkapitän Melitta Schiller-Stauffenberg. Durch-
    schlag eines Typoskripts. ARR. Dabei handelt es sich um die zweite, ver-
    änderte Fassung des Manuskripts «Frau über den Wolken», a.a.O.
47 Jutta Rudershausen, Frau über den Wolken, a.a.O., S. 10.
48 BA-MA, PA Eberstein, Pers 6/182563.
49 Jutta Rudershausen suggeriert in «Frau über den Wolken», a.a.O., S. 15,
    Eberstein sei Pilot gewesen, was nachweislich falsch ist.
50 Ernst Otto Eberstein, Kriegstagebuch. Archiv Deutsches Technik Museum
    Berlin, NL 151 Eberstein. Die entscheidende Meldung hatte Melittas On-
    kel Ernst allerdings nicht verfasst, da er mit Typhus zu Bett lag. Den Ruhm
    als «Tannenbergflieger» ernteten während des Dritten Reiches deshalb
    Ernst Canter und dessen Beobachter Mertens. Vgl. Christian Kehrt, Moder-
    ne Krieger. Die Technikerfahrungen deutscher Militärpiloten 1910−1945.
    Paderborn u.a. 2010, S. 176.
51 Ebd.
52 Marie-Luise Schiller, Tagebuch, a.a.O., 2.1.1919.
53 Lieselotte Hansen, geb. Lachmann, Die Hirschberger Jahre. ARR. Gekürzt
    auch in Gerhard Bracke, Melitta Gräfin Stauffenberg, a.a.O., S. 17ff. Lie-
    selotte Lachmann war ein Jahr jünger als Melitta Schiller. Im Schulbericht
    der Städtischen Höheren Mädchenschule zu Krotoschin von 1912, erstattet
    vom Direktor Paul Hoeven, Krotoschin 1912, ist Melitta für die Klasse VIII,
    ihre älteste Schwester Marie-Luise für die Klasse IV und Lieselotte Lach-
    mann für die Klasse IX aufgeführt. S. 20f.
54 Marie-Luise Schiller, Tagebuch, a.a.O., 8.4.1920.
55 Jutta Rudershausen, Frau über den Wolken, a.a.O., S. 23.

Zweites Kapitel

 1 Vgl. Lieselotte Hansen, geb. Lachmann, Die Hirschberger Jahre, a.a.O.,
    S. 9.
 2 Vgl. ebd.
 3 Ebd., S. 13.
 4 Vgl. Ewa Beata Grochowska-Sachs, Die Holzschnitzschule Bad Warmbrunn.
    Abriss einer Legende. In: Die imposante Landschaft. Künstler und Künst-
    lerkolonien im Riesengebirge im 20. Jahrhundert. Berlin 1999, S. 223ff.
 5 Die Abbildung eines Scherenschnitts bei Gerhard Bracke, Melitta Gräfin
    Stauffenberg, a.a.O., S. 27.
 6 Cirillo dell'Antonio, Die Holzschnitzschule in Bad Warmbrunn. Bad Warm-
    brunn 1927, S. 37.
 7 Marie-Luise Schiller, Backfischtagebuch, 19.7.1912. AWMH.
 8 Lieselotte Lachmann, Die Hirschberger Jahre, a.a.O., S. 6f.
 9 Melitta von Stauffenberg, Eine Frau in der Flugerprobung. Vortrag gehal-
    ten in Stockholm am 6.12.1943. Fotokopie eines Typoskripts, S. 2. ARR.
    Auch bei Gerhard Bracke, Melitta Gräfin Stauffenberg, a.a.O., S. 145ff.

10 Melitta von Stauffenberg, Eine Frau in der Flugerprobung, a. a. O. Der Satz mit diesen Formulierungen ist bei Gerhard Bracke, Melitta von Stauffenberg, a. a. O., gestrichen.

11 Lieselotte Lachmann, Die Hirschberger Jahre, a. a. O., S. 11. ARR.

12 Ebd., S. 4.

13 Siehe hierzu ausführlich David Clay Large, Hitlers München. Aufstieg und Fall der Hauptstadt der Bewegung. München 1998. Sowie Ian Kershaw, Hitler. 1889–1936. Stuttgart, München 1998.

14 Laut Studentenverzeichnis der LMU München wohnte Melitta im Sommersemester 1922 in der Schleißheimerstraße 83/II. Im weiteren Verlauf ihres Studiums zog sie mindestens noch viermal um. Vgl. Personalakte der Studierenden der Allgemeinen Abteilung sowie Personalbogen für die Studierenden. HATUM, PA Stud. Schiller, Melitta. Verzeichnet sind hier für das Wintersemester 1922 Destouchesstr. 42, es folgen 1923 Neureutherstr. 12, 3. Stock; 1925 Nordendstr. 52, 3. Stock; 1926 Georgenstr. 104.

15 Jutta Rudershausen, Frau über den Wolken, a. a. O., S. 31.

16 Handschriftliches Gesuch Melitta Schiller, An die Prüfungskommission der Technischen Hochschule München, Gesuch, Mechanik IV (Dynamik) noch belegen zu können. 19. 11. 1923. Personalbogen für die Studierenden. HATUM. Vgl. auch Studentenverzeichnis der LMU München für das Sommersemester 1922, http://epub.ub.uni-muenchen.de/9692/1/pvz_lmu_1922_sose.pdf (aufgerufen am 12. 11. 2011).

17 Jutta Rudershausen, Frau über den Wolken, a. a. O., S. 23.

18 Der Antrag wurde abgelehnt, da das fehlende Fach «Technische Mechanik IV» erst im darauffolgenden Sommersemester belegt werden konnte. Am Ende des Sommersemesters 1924 legte Melitta Schiller dann tatsächlich die Vorprüfung mit großem Erfolg ab.

19 Personalbogen für die Studierenden, 12. 5. 1924, a. a. O.

20 Vgl. Enzyklopädie Migration in Europa. Vom 17. Jahrhundert bis zur Gegenwart. Hrsg. von Klaus J. Bade, Peter C. Emmer, Leo Lucassen und Joachim Oltner. Paderborn u. a. 2007, S. 152 ff.

21 Vgl. Ian Kershaw, Hitler, a. a. O., S. 254.

22 In Höherer Mathematik, Allgemeiner Physik sowie Anorganischer Chemie erhielt sie eine Eins, in Mechanik eine Zwei, in Elektrotechnik nur ein «genügend». Personalbogen für die Studierenden, a. a. O.

23 Ebd., Gesuch vom 3. 11. 1926.

24 Vgl. hierzu im Detail Margot Fuchs, Wie die Väter so die Töchter. Frauenstudium an der Technischen Hochschule München 1899–1970. München 1994. Zur Geschichte der TUM vgl. Wolfgang A. Herrmann (Hrsg.), Technische Universität München. Die Geschichte eines Wissenschaftsunternehmens. 2 Bände. München, Berlin 2000.

25 Jutta Rudershausen, Frau über den Wolken, a. a. O., S. 31.

26 Wolfgang A. Herrmann (Hrsg.), Technische Universität München, a. a. O., S. 198.

27 Brief an Ludwig Föppl, 10. 1. 1938. HATUM, NL 12, Föppl, L.

Anmerkungen

28 Helmuth Trischler, Luft- und Raumfahrtforschung in Deutschland 1900–1970. Politische Geschichte einer Wissenschaft. Frankfurt, New York 1992, S. 49.

29 Jutta Rudershausen, Frau über den Wolken, a. a. O., S. 29.

30 Ebd., S. 31.

31 Ebd.

32 Zur Genealogie der Familie Eberstein, S. 30 f. Die Ausführungen zum «Zweig 3» der Familie wurden «verfasst von Lili Lübbert». Typoskript. AWMH.

33 Personalakte Wolfgang Schlotterer, Lebenslauf vom 3. 2. 1921. HATUM, PA. Stud. Schlotterer, Wolfgang.

34 Ebd.

35 Vgl. Jochen Oltmer, Migration und Politik in der Weimarer Republik. Göttingen 2005, S. 52 ff. sowie S. 99 ff.

36 Jutta Rudershausen, Flugkapitän Melitta Schiller-Stauffenberg, a. a. O., S. 27.

37 Dies., Frau über den Wolken, a. a. O., S. 28.

38 Das Archiwum Pánstwowe w Gdansku verfügt über keinen Meldenachweis. Die Adresse findet sich im Personal History Questionnaire for Non-U. S. Citizens, den Jutta Rudershausen am 12. 3. 1951 ausfüllte, als sie sich bei der US-Armee um eine Stelle bewarb. ARR.

39 Hans-Ulrich Wehler, Deutsche Gesellschaftsgeschichte. 1914–1949. München 2003, S. 463.

40 Ebd., S. 466.

41 Karl-Heinz Ludwig, Technik und Ingenieure im Dritten Reich. Düsseldorf 1974, S. 39.

42 Bei der «Metall-Bank», einem Tochterunternehmen der Rohstoffe verarbeitenden «Metallgesellschaft» mit Sitz in Frankfurt am Main, war sie abgelehnt worden, weil «sie dort überhaupt keine weiblichen Angestellten haben» wollten. Brief an Ludwig Föppl, 26. 1. 1928, a. a. O.

43 Ebd. Sämtliche Zitate aus diesem Brief.

44 Brief an Ludwig Föppl, 30. 6. 1928, a. a. O.

45 Jutta Rudershausen, Lebenslauf Melitta von Stauffenberg. ARR.

46 Aviaticus, Jahrbuch der deutschen Luftfahrt. Hrsg. von der Interessengemeinschaft der deutschen Luftfahrt, Reichsverband der deutschen Luftfahrt-Industrie e.V., Deutsche Luft Hansa A.G. Berlin 1931, S. 278.

47 Auswertung experimenteller Untersuchungen über Luft- und Wasserschrauben mit verdrehbaren Flügelblättern. In: Günther Kempf, Ernst Foerster (Hrsg.), Hydromechanische Probleme des Schiffsantriebs. Veröffentlichungen der Vorträge und Erörterungen der Konferenz über hydromechanische Probleme des Schiffsantriebes am 18. und 19. Mai 1932 in Hamburg. Hamburg 1932.

48 Laut Kündigungsbestätigung der DVL vom 23. 11. 1936 war Melitta Schillers Arbeitsbeginn am 1. 12. 1928. ARR. In ihrem Brief an Ludwig Föppl vom 30. 6. 1928 gab sie bereits als Adresse Berlin-Adlershorst an. Vermutlich musste sie erst eine sechsmonatige Probezeit bestehen, bevor sie einen

Zweites Kapitel

Vertrag als feste Angestellte erhielt, und war bereits im Mai umgezogen. HATUM, a.a.O.

49 Jutta Rudershausen, Frau über den Wolken, a.a.O., S. 27f.

50 Ebd.

51 Vgl. Günter Meißner (Hrsg.), Allgemeines Künstlerlexikon. Die Bildenden Künstler aller Zeiten und Völker. Band 31. München, Leipzig 2002, S. 537f. Siehe ebenso http://karl-may-wiki.de/index.php/Elk_Eber, besonders aufschlussreich auch http://galleria.thule-italia.com/eber.html (aufgerufen am 10.1.2013).

52 Vgl. sechstes Kapitel in diesem Buch.

53 Siegfried Kracauer, Die Angestellten. Frankfurt am Main 1980. Erstveröffentlichung in der Frankfurter Zeitung 1929.

54 Vgl. Franziska Meier, Emanzipation als Herausforderung. Rechtsrevolutionäre Schriftsteller zwischen Bisexualität und Androgynie. Wien, Köln, Weimar 1998, S. 32.

55 Robert Musil, Die Frau gestern und morgen. In: Friedrich M. Huebner (Hrsg.), Die Frau von morgen wie wir sie wünschen. Eine Essaysammlung aus dem Jahre 1929. Mit Beiträgen von Max Brod bis Stefan Zweig und einem Essay zur vorliegenden Ausgabe von Silvia Bovenschen. Frankfurt am Main 1990, S. 92.

56 Helmuth Trischler, Luft- und Raumfahrtforschung in Deutschland 1900–1970, a.a.O., S. 83.

57 Technische Denkmale der Luftfahrtforschung in Berlin-Adlershof. Schriftenreihe zur Luftfahrtgeschichte. Heft 3. Berlin 2004, S. 12.

58 Helmuth Trischler, Luft- und Raumfahrtforschung in Deutschland 1900–1970, a.a.O., S. 166.

59 Ebd. Vgl. auch Michael Geyer, Deutsche Rüstungspolitik 1860–1980. Frankfurt am Main 1995.

60 Carl Maria Holzapfel, Käte und Rudolf Stocks (Hrsg.): Frauen fliegen. Sechzehn deutsche Pilotinnen in ihren Leistungen und Abenteuern. Mit einem Geleitwort von Hermann Köhl. Berlin 1931, S. 76.

61 Hierzu ausführlich Rainer W. During, Flugplatz Staaken. Ein Stück Luftfahrtgeschichte. Berlin 1985.

62 Archiv für publizistische Arbeit (Internationales Biographisches Archiv), Melitta Gräfin Schenk von Stauffenberg, geb. Schiller, deutscher Flugkapitän. 1.4.1943. BStU, MfS HA IX/11 ZW 135, Akte 6.

63 Ebd.

64 Berliner Illustrirte Zeitung. Jg. 38. Nr. 42. 20.10.1929.

65 Vgl. Rolf Italiaander, Drei deutsche Fliegerinnen. Elly Beinhorn, Thea Rasche, Hanna Reitsch. Drei Lebensbilder. Berlin o.J. [1940], S. 20. Grundlegend für die Lebensläufe der deutschen Sportfliegerinnen Evelyn Zegenhagen, ‹Schneidige deutsche Mädel›. Fliegerinnen zwischen 1918 und 1945. Göttingen 2007.

66 Vgl. Maria Osietzki, ‹Der Flug ist das Leben wert›. Entgrenzungen weiblicher Lebensentwürfe in der Luftfahrt des 20. Jahrhunderts. In: Wolfgang

Meighörner (Hrsg.), Die Schwestern des Ikarus. Frau und Flug. Ausstellungskatalog des Zeppelin-Museums Friedrichshafen. Friedrichshafen 2004, S. 10.

67 Elly Beinhorn, Premieren am Himmel. Meine berühmten Fliegerkameraden. München 1991, S. 250.

68 Vgl. Evelyn Zegenhagen, ‹Schneidige deutsche Mädel›, a. a. O., S. 142 f.

69 Melitta von Stauffenberg, Eine Frau in der Flugerprobung, a. a. O.

70 Archiv für publizistische Arbeit, a. a. O.

71 In den Berliner Adressbüchern ist Melitta Schiller für die Jahre von 1928 bis 1930, 1932 bis 1933 sowie 1936 bis 1939 nicht verzeichnet. 1931 war sie in Berlin-Johannisthal, Groß-Berliner Damm 41, 1934/35 ebendort in der Hagedornstr. 64 sowie der Sturmvogelstr. 34 gemeldet. Sämtliche Wohnungen liegen innerhalb eines Radius von ca. 500 Metern.

72 Berlin und seine Bauten. Teil IV. Wohnungsbau. Band A. Die Voraussetzungen. Die Entwicklung der Wohngebiete. Besorgt von D. R. Frank und Dieter Rentschler. Berlin, München, Düsseldorf 1970, S. 140.

73 Vgl. hierzu Tanja Poppelreuter, Das Neue Bauen für den Neuen Menschen. Zur Wandlung und Wirkung des Menschenbildes in der Architektur der 1920er Jahre in Deutschland. Hildesheim, Zürich, New York 2007.

74 Jutta Rudershausen, Frau über den Wolken, a. a. O., S. 24.

75 Bauwelt. Heft 51. 1930, S. 7.

76 Tanja Poppelreuter, Das Neue Bauen für den Neuen Menschen, a. a. O., S. 103.

Drittes Kapitel

1 Arkadiusz Kuzio-Podrucki, Die Tiele-Wincklers. Eine Oberschlesische Kohle- und Stahlaristokratie. Kiel 2007, S. 27.

2 Auskunft Franz von Stauffenberg am 14. 1. 2010.

3 Vgl. Peter Hoffmann, Claus Schenk Graf von Stauffenberg und seine Brüder, a. a. O., S. 159. Als Beleg erwähnt Hoffmann einen angeblichen Eintrag Melittas in ein Poesiealbum Caroline von Stauffenbergs. Im Album der Gräfin Olga von Uxkull-Gyllenband befindet sich ein Gedicht «An Osch 4. 7. 1927 von Lita». StGA, Stauffenberg IV, 70. Dieser Eintrag ist in Sütterlin verfasst und mit «Lita» unterschrieben. Alle bekannten schriftlichen Äußerungen von Melitta Schiller sind in lateinischer Schrift, sie selbst wurde «Litta», nicht «Lita» genannt. Zweifel sind also angebracht.

4 Vgl. Peter Hoffmann, Claus Schenk Graf von Stauffenberg und seine Brüder, a. a. O., S. 49, sowie Karl Christ, Der andere Stauffenberg, a. a. O., S. 43.

5 Carola Groppe, Die Macht der Bildung. Das deutsche Bürgertum und der George-Kreis 1890–1933. Köln, Weimar, Wien 1997, S. 474.

6 Thomas Karlauf, Stefan George. Die Entdeckung des Charisma. München 2007, S. 488.

7 Die römische Kaisergeschichte bei Malalas. Griechischer Text der Bücher IX–XIII und Untersuchungen. Stuttgart 1931.

8 Vgl. Wolfgang Günther, Alexander Schenk Graf von Stauffenberg. Profes-

sor in München 30. 4. 1948–27. 1. 1964. In: Jacob Seibert (Hrsg.), 100 Jahre Alte Geschichte an der Ludwig-Maximilians-Universität München. Berlin 2002, S. 109, Fußnote 12.

9 Zit. n. Peter Hoffmann, Claus Schenk Graf von Stauffenberg und seine Brüder, a. a. O., S. 73 f.

10 Ludwig Thormaehlen, Die Grafen Stauffenberg. Freunde von Stefan George. In: Robert Boehringer. Eine Freundesgabe. Tübingen 1957, S. 692.

11 Joseph Vogt, Nekrolog. Alexander von Stauffenberg. In: Historische Zeitschrift. Band 199. 10/1964, S. 262.

12 Ludwig Thormaehlen, Die Grafen Stauffenberg, a. a. O., S. 692.

13 Zit. n. Peter Hoffmann, Claus Schenk Graf von Stauffenberg und seine Brüder, a. a. O., S. 52.

14 Vgl. Ulrich Raulff, Kreis ohne Meister. Stefan Georges Nachleben. München 2009, S. 32.

15 Jan Andres, ‹frauen fremder ordnung›. Thesen zur strukturellen Misogynie des George-Kreises. In: Ute Oelmann, Ulrich Raulff (Hrsg.), Frauen um Stefan George. Göttingen 2010, S. 43.

16 Ernst Osterkamp, Frauen im Werk Stefan Georges. Vgl. ebd., S. 13.

17 Percy Gothein, Sohn des jüdischen Nationalökonomen Eberhard Gothein und der Kunsthistorikerin Marie Luise Gothein, wurde 1944 an der deutsch-niederländischen Grenze von der Gestapo gefangen genommen und in das Konzentrationslager Neuengamme deportiert. Dort starb er am 22. Dezember 1944. Vgl. Thomas Karlauf, Stefan George, a. a. O., S. 546.

18 Vgl. Peter Hoffmann, Claus Schenk Graf von Stauffenberg und seine Brüder, a. a. O., S. 156 f.

19 Carl Maria Holzapfel, Käte und Rudolf Stocks (Hrsg.): Frauen fliegen, a. a. O. Die Fliegerinnen waren Liesel Bach, Elly Beinhorn, Vera von Bissing, Lisa Döhle, Marga von Etzdorf, Margret Fusbahn, Käthe Heidrich, Luise Hoffmann, Georgia Lind, Erika Naumann, Martha Pix, Thea Rasche, Melitta Schiller, Christel-Mariele Schultes, Antonie Strassmann, Irma Thomas.

20 Gerhard Bracke, Melitta Gräfin Stauffenberg, a. a. O., S. 101.

21 Ulrich Raulff, Kreis ohne Meister, a. a. O., S. 119.

22 Vgl. Gert Mattenklott, Bilderdienst. Ästhetische Opposition bei Beardsley und George. München 1970, S. 233 f.

23 Vgl. Jutta Rudershausen, Frau über den Wolken, a. a. O., S. 49.

24 Auskunft Gudula Knerr-Stauffenberg am 6. 4. 2010 an den Autor.

25 Einschließlich Dubletten befinden sich über 160 Plastiken in der Sammlung des Deutschen Literaturarchivs Marbach. Vgl. Ulrich Raulff, Lutz Näfelt, Das geheime Deutschland. Eine Ausgrabung. Köpfe aus dem George-Kreis. Marbach am Neckar 2008.

26 Michael Philipp, «Im Politischen gehen halt die Dinge anders». Die Thematisierung des ‹Jüdischen› im George-Kreis vor und nach 1933. In: Gert Mattenklott, Michael Philipp, Julius H. Schoeps (Hrsg.), «Verkannte Brüder»? Stefan George und das deutsch-jüdische Bürgertum zwischen Jahrhundertwende und Emigration. Hildesheim 2001, S. 44.

27 Carola Groppe, Widerstand oder Anpassung? Der George-Kreis und das Entscheidungsjahr 1933. In: Günther Rüther (Hrsg.), Literatur in der Diktatur. Schreiben im Nationalsozialismus und DDR-Sozialismus. Paderborn u. a. 1997, S. 78.

28 Als Nachlassverwalter wurden Robert Boehringer, Claus von Stauffenberg und Frank Mehnert bestimmt.

29 Ebd., S. 85.

30 Woldemar von Uxkull-Gyllenband, Das revolutionäre Ethos bei Stefan George. Tübingen 1933, S. 4.

31 Ebd., S. 21 f.

32 Vgl. Michael Wildt, Ethos der Tat. Claus Schenk Graf von Stauffenberg. In: Ursula Breymayer, Bernd Ulrich, Karin Wieland (Hrsg.), Willensmenschen. Über deutsche Offiziere. Frankfurt am Main 1999.

33 Eckhart Grünewald, Ernst Kantorowicz und Stefan George. Beiträge zur Biographie des Historikers bis zum Jahre 1938 und zu seinem Jugendwerk ‹Kaiser Friedrich der Zweite›. Wiesbaden 1982, S. 115.

34 Ernst Kantorowicz an Stefan George, 4. Juni 1933. Zit. n. Ulrich Raulff, Kreis ohne Meister, a. a. O., S. 74.

35 Vgl. Ernst Kantorowicz, Das Geheime Deutschland. Vorlesung gehalten bei der Wiederaufnahme der Lehrtätigkeit am 14. November 1933. In: Robert L. Benson, Johannes Fried (Hrsg.), Ernst Kantorowicz. Erträge der Doppeltagung. Institute for Advanced Study, Princeton, Johann Wolfgang Goethe-Universität, Frankfurt am Main. Stuttgart 1997.

36 Ebd., S. 84; vgl. auch S. 86 f.

37 Eckhart Grünewald, Ernst Kantorowicz und Stefan George, a. a. O.

38 Fotoalbum Klara Schiller 1908–1947. ARR.

39 Gerhard Bracke, Gespräch mit Peter Riedel, Tonaufnahme ca. 1982. AGB. Jutta Rudershausen behauptet in dem von ihr zusammengestellten «Lebenslauf» ihrer Schwester Melitta, diese habe die Segelflugprüfung bereits abgelegt.

40 Gerhard Bracke, Tonaufnahme eines Gesprächs mit Peter Riedel, ca. 1982, unveröffentlicht.

41 Ebd.

42 Georg Wollé, Erinnerungen an Melitta Schiller. Typoskript 1974. ARR. Auch bei Bracke, a. a. O., S. 46.

43 Alexander von Stauffenberg, Angaben zur Person vom 5. Oktober 1936. BayHStA, MK 72583. Vgl. auch Wolfgang Günther, Alexander Schenk Graf von Stauffenberg, a. a. O., S. 109.

Viertes Kapitel

1 Lutz Budrass, Zwischen Unternehmen und Luftwaffe. Die Luftfahrtforschung im ‹Dritten Reich›. In: Helmut Maier (Hrsg.), Rüstungsforschung im Nationalsozialismus. Organisation, Mobilisierung und Entgrenzung der Technikwissenschaften. Göttingen 2002, S. 160.

2 Helmuth Trischler, Luft- und Raumfahrtforschung in Deutschland 1900–1970, a.a.O., S. 180.
3 Vgl. Beiträge zur Geschichte der Deutschen Versuchsanstalt für Luft- und Raumfahrt e.V. Festschrift aus Anlass des 50jährigen Bestehens der DVL im April 1962, herausgegeben von ihrem wissenschaftlichen Sekretariat. Schriftleitung Peter Bruders. O.O., o.J., S. 25–34.
4 Zur Entstehung und Entwicklung der DVL vgl. Helmuth Trischler, Luft- und Raumfahrtforschung in Deutschland 1900–1970, a.a.O., sowie Technische Denkmale der Luftfahrtforschung in Berlin-Adlershof. Schriftenreihe zur Luftfahrtgeschichte. Heft 3. Berlin 1994. Helmut Maier, Luftfahrtforschung im Nationalsozialismus. In: Helmuth Trischler, Kai-Uwe Schrogl (Hrsg.), Ein Jahrhundert im Flug. Raum- und Luftfahrtforschung in Deutschland 1907–2007. Frankfurt am Main 2007. Lutz Budrass, Flugzeugindustrie und Luftrüstung in Deutschland 1918–1945. Düsseldorf 1998. Zur Baugeschichte siehe vor allem: Helmut Engel, Die Deutsche Versuchsanstalt für Luftfahrt (DVL) in Adlershof: ihre städtebau- und architekturgeschichtliche Entwicklung. In: Jürgen Wetzel (Hrsg.), Berlin in Geschichte und Gegenwart. Jahrbuch des Landesarchivs Berlin. Berlin 1996.
5 Archiv Deutsches Museum, ZWB: FB 89 Schiller, M., Windkanaluntersuchungen von Luftschrauben im Sturzflug, 6.4.1934; FB 106 Schiller, M., Auswertung experimenteller Untersuchungen über Verstell-Luftschrauben, 15.9.1934; FB 506 Schiller, M., Windkanaluntersuchungen an einem Flügel mit Rollflügel und Vorflügel, 9.1.1936; FB 663 Ernsthausen, Krüger, Schiller, Willms, Beziehungen zwischen den akustischen und den aerodynamischen Eigenschaften von Luftschrauben, 20.7.1936; PB 366 Schiller, M., Flugleistungen eines Flugzeuges mit vier verschiedenen Luftschrauben, 20.1.1936.
6 Jahrbuch der Deutschen Versuchsanstalt für Luftfahrt, Berlin-Adlershof 1930, S. X.
7 Jahrbuch der Deutschen Versuchsanstalt für Luftfahrt, Zusammenstellung der im Jahre 1930/1931 durch Berichte abgeschlossenen Arbeiten, S. 3. Jg. 59/2: Vergleichende Berechnungen für verschiedene Schrauben- und Motorenanordnungen bei der Junkers G 31. Melitta Schiller. 15 Blatt Text. 28.6.1930.
8 Für diese Hinweise danke ich ausdrücklich Daniela Helbig, Cambridge, Mass., USA.
9 Hermann Blenk, Erinnerungen an Melitta Schiller, 13.9.1974. Gerhard Bracke, Melitta Gräfin Stauffenberg, a.a.O., S. 37. Auch ARR.
10 Ernst Jünger (Hrsg.), Luftfahrt ist not! Leipzig, Nürnberg 1928.
11 Ebd., S. 11f.
12 Ders., Der Arbeiter. Herrschaft und Gestalt. In: Werke. Band 6. Stuttgart o.J., S. 197.
13 Ernst Jünger, Der Arbeiter, ebd., S. 113.
14 Ebd., S. 129.

15 Vgl. Franziska Meier, Emanzipation als Herausforderung, a.a.O., S. 195 ff.

16 Beiträge zur Geschichte der Deutschen Versuchsanstalt für Luft- und Raumfahrt e.V., a.a.O., Tätigkeitsbericht der Jahre 1939 bis 1941, S. 42.

17 Vgl. Evelyn Zegenhagen, ‹Schneidige deutsche Mädel›, a.a.O., S. 465.

18 Carl Maria Holzapfel, Käte und Rudolf Stocks, Frauen fliegen, a.a.O., S. 77.

19 In ihrem Buch «Kiek in die Welt. Als deutsche Fliegerin über drei Erdteilen», Berlin 1931, berichtet von Etzdorf auf Seite 56, dass ihr Melitta Schiller bei der Vorbereitung auf die Prüfung zum B-Schein geholfen habe und sie von dieser «erbarmungslos durch sämtliche Abteilungen» der DVL geschleppt worden sei, «um mir alles Erlernte noch einmal anschaulich vor Augen zu führen».

20 Evelyn Zegenhagen, ‹Schneidige deutsche Mädel›, a.a.O., S. 174.

21 Tätigkeitsbericht 1937 der DVL e.V. Hrsg. von dem Leiter der Anstalt Dr.-Ing. Friedrich Seewald. Berlin-Adlershof 1938, S. 6.

22 Vgl. Gerhard Bracke, Melitta Gräfin Stauffenberg, a.a.O., S. 35. Friedrich Seewald berichtet von dem Vorfall in einem Brief an Jutta Rudershausen vom 28.1.1963.

23 Melitta von Stauffenberg, Eine Frau in der Flugerprobung, a.a.O., S. 3.

24 Wie Gerhard Bracke in «Melitta Gräfin Stauffenberg», a.a.O., S. 64, vermutet.

25 Melitta von Stauffenberg, Eine Frau in der Flugerprobung, a.a.O., S. 3. Vgl. auch Gerhard Bracke, Melitta Gräfin Stauffenberg, a.a.O., S. 42 f.

26 Melitta von Stauffenberg, Eine Frau in der Flugerprobung, a.a.O., S. 4. Vgl. auch Gerhard Bracke, Melitta Gräfin Stauffenberg, a.a.O., S. 43.

27 Melitta von Stauffenberg, Eine Frau in der Flugerprobung, a.a.O., S. 4. Vgl. auch Gerhard Bracke, Melitta Gräfin Stauffenberg, a.a.O., S. 44.

28 Antoine de Saint-Exupéry, Terre des Hommes. Dt. Wind, Sand und Sterne. 2. Auflage. Düsseldorf 2000, S. 66.

29 Gottfried Benn, Provoziertes Leben. In: Sämtliche Werke. Prosa 2. Stuttgart 1989, S. 316.

30 Vgl. Werner Pieper (Hrsg.), Nazis on Speed. Drogen im 3. Reich. Löhrbach o.J., S. 533 ff.

31 In Gesellschaft, so Olga von Saucken, sei Melitta von Stauffenberg hochnervös gewesen und bei jedem Geräusch zusammengefahren. Die Fliegerin sei heute mal wieder sehr nervös, habe es in solchen Fällen geheißen. Gespräch mit dem Autor am 6. April 2010 in Prien am Chiemsee.

32 Olga von Saucken an Klara Schiller, datiert 2.75. AGB.

33 Kopie eines Originaltyposkripts vom 23.11.1936. ARR. Alle folgenden Zitate aus diesem Schreiben. Vgl. Gerhard Bracke, Melitta Gräfin Stauffenberg, a.a.O., S. 52.

34 Laut Einwohnermeldekartei von 1875 bis 1960. Landesarchiv Berlin B Rep. 021.

35 Askania-Warte. Jg. 1. Heft 5. 1936.

Viertes Kapitel

36 Vgl. Fußnote 24 auf Seite 130.
37 Vgl. Stefanie Schüler-Springorum, Krieg und Fliegen. Die Legion Condor im Spanischen Bürgerkrieg. Paderborn 2010.
38 Zit. n. Horst Boog, Die deutsche Luftwaffenführung 1935–1945. Führungsprobleme, Spitzengliederung, Generalstabsausbildung. Stuttgart 1982, S. 187.
39 Vgl. Bescheinigung der Deutschen Lufthansa vom 24. 2. 1941. ARR.
40 Vgl. Kurt Wilde, Erinnerungen an sein Leben und Werk. Hrsg. vom Bodenseewerk Überlingen. O.O., o.J. [Überlingen 1973], S. 41 ff.
41 Sammlung von Zeitungsausschnitten im ARR. Da die Ausschnitte keine Quellenangaben haben, ist nicht mehr feststellbar, welcher Zeitung das Zitat entstammt.
42 Ludwig Föppl an Melitta Schiller, München, 2. 12. 1937. Bestand HATUM, a.a.O. Hier auch ein Ausschnitt aus dem «Völkischen Beobachter» vom 12. 11. 1937.
43 Melitta Schiller an Ludwig Föppl, 10. 1. 1938, ebd.
44 Hierzu ergänzend Nina von Stauffenberg: «1937 hat sie Alex geheiratet. Wenn ich mich recht erinnere, ließen sie sich kirchlich auf der Insel Reichenau trauen, im Münster, vor dem Stauffenbergaltar im linken Seitenschiff.» Nina von Stauffenberg, Litta. Typoskript, Seite III. AGB.
45 Jutta Rudershausen, Frau über den Wolken, a.a.O., S. 49.
46 Ebd.
47 Askania-Warte. Heft 12. 1938. Zit. n. Gerhard Bracke, Melitta Gräfin Stauffenberg, a.a.O., S. 73 ff.
48 Ebd.
49 Ebd. Askania-Warte. Heft 15. 1939, S. 20.
50 Ebd., S. 21.
51 Ebd., S. 22.

Fünftes Kapitel

1 Der Reichsluftsportführer (Hrsg.), Deutscher Luftsport 1936. Berlin 1936, S. 34.
2 Das konstatiert auch Melittas Schwester Jutta Rudershausen in ihrem Manuskript «Flugkapitän Melitta Schiller-Stauffenberg»: «Was jedoch zu Beginn der nationalsozialistischen Jahre, nach 1933, in Melittas Sphäre eingriff: die großzügige Förderung des Flugwesens, das konnte von ihr zunächst, bei aller Kritik am System, nur begrüßt werden.» A.a.O., S. 62. Angesichts der jüdischen Herkunft Michael Schillers eine erstaunliche Bemerkung. Vgl. Epilog in diesem Buch.
3 Vgl. Wolfgang Mock, Technische Intelligenz im Exil. Vertreibung und Emigration deutschsprachiger Ingenieure nach Großbritannien 1933 bis 1945. Düsseldorf 1986, S. 53 ff.
4 Vgl. Helmuth Trischler, Luft- und Raumfahrtforschung in Deutschland 1900–1970, a.a.O., S. 232.

5 Brief von Friedrich Seewald, Leiter der DVL von 1936 bis 1941, an Jutta Rudershausen vom 28. 1. 1963. Gerhard Bracke, a. a. O., S. 50.

6 Brief vom 21. 9. 1936. Ebd., S. 51.

7 Vgl. hierzu die Untersuchung von Beate Meyer, «Jüdische Mischlinge». Rassenpolitik und Verfolgungserfahrung 1933–1945. Hamburg 1999, S. 30.

8 Entsprechende Dokumente sind sowohl im ARR vorhanden als auch in der Personalakte Alexander von Stauffenbergs. BayHStA, MK 44381.

9 Ebd.

10 Staatsministerium für Unterricht und Kultus an die Reichsstelle für Sippenforschung im Reichsministerium des Innern, Berlin, 2. 12. 1938. BayHStA, MK 44381.

11 Zu Alexander von Stauffenbergs Lehrtätigkeit in Würzburg vgl. Wolfgang Günther, Alexander Schenk Graf von Stauffenberg, a. a. O., S. 107–127.

12 Staatsministerium für Unterricht und Kultus an die Reichsstelle für Sippenforschung im Reichsministerium des Innern, Berlin, 2. 12. 1938. BayHStA, MK 44381.

13 Ebd.

14 Vgl. Brief von Alexander von Stauffenberg an den Rektor der Universität Würzburg vom 22. 6. 1937: «Der Herr Staatsminister Adolf Wagner hat an die unverheirateten Beamten eine Anfrage gerichtet die Gründe betreffend, die ihnen eine Heirat bisher unmöglich gemacht haben. Die Erhebung dient dem Zwecke, Mittel und Wege zu suchen, um den unverheirateten Beamten, wenn irgend möglich, die im Dritten Reich erwünschte Eheschließung zu erleichtern.» Im Weiteren kündigt Alexander von Stauffenberg seine Eheschließung an.

15 9. 6. 1937, ebenso 23. 10. 1938. Ebd.

16 Am 9. 7. 1937 war «Erich Moritz Schiller» «Rentner», am 23. 10. 1938 «Landwirt, Rentner». Ebd.

17 Anstelle des korrekten Geburtsortes Brody nannte Alexander von Stauffenberg Saratow, eine Großstadt an der mittleren Wolga. In der Nähe hatte Melittas Bruder Otto Mitte der zwanziger Jahre als Agrarwissenschaftler auf einem Konzessionsgut gearbeitet. Saratow war zudem seit Mitte des 18. Jahrhunderts wolgadeutsches Siedlungsgebiet, insofern als Geburtsort plausibel. Vgl. den Epilog in diesem Buch.

18 Der Leiter der Reichsstelle für Sippenforschung, 9. 12. 1938. BayHStA, MK 44381.

19 Schreiben des Staatsministeriums für Unterricht und Kultus an den Herrn Reichs- und Preußischen Minister für Wissenschaft, Erziehung und Volksbildung, 13. 7. 1937. BayHStA, MK 72583.

20 1936 verdienten neunzig Prozent aller Einkommensbezieher weniger als 3000 Reichsmark pro Jahr, 1937 «blieben sämtliche Arbeiter im Deutschen Reich unter der 2400-Mark-Grenze». Götz Aly, Hitlers Volksstaat. Raub, Rassenkrieg und nationaler Sozialismus. Frankfurt am Main 2005, S. 68.

21 Jutta Rudershausen, Flugkapitän Melitta Schiller-Stauffenberg, a. a. O., S. 62.

22 In Alexander von Stauffenbergs Personalakte finden sich wiederholt Angaben zu seinen Wohnadressen. Sein berufsbedingter häufiger Wohnungswechsel ist deshalb gut nachzuvollziehen. Vgl. das Schreiben vom 5. 10. 1936. BayHStA, MK 72583. Die Adresse Methfesselstraße geht aus den verschiedenen Schreiben zu seinem Berufungsverfahren hervor.

23 Vgl. Wolfgang Günther, Alexander Schenk Graf von Stauffenberg, a. a. O., S. 110.

24 BayHStA, MK 72583.

25 Ebd.

26 Vgl. Rudolf Absolon, Die Wehrmacht im Dritten Reich. Band I. 30. Januar 1933 bis 2. August 1934. Mit einem Rückblick auf das Militärwesen in Preußen, im Kaiserreich und in der Weimarer Republik. Schriften des Bundesarchivs. Band 16/I. Boppard am Rhein 1969, S. 92 ff.

27 BayHStA, MK 44381. Ebenso wieder am 29. 7. 1939.

28 Genehmigung der Studienreise, Schreiben des Rektors der Universität Würzburg vom 24. 1. 1939. BayHStA, MK 44381.

29 Ebd.

30 Luftwaffe schlägt zu! Der Luftkrieg in Polen. Mit Unterstützung des Oberbefehlshabers der Luftwaffe. Nach Frontberichten und eigenen Erlebnissen von Peter Supf. Militärische Darstellung von Major Lothar Schüttel. Mit 46 Aufnahmen und 4 Karten. Berlin 1939, S. 18 f.

31 «Zeugnis der E'Stelle Rechlin E 7 III», ohne Datum. Ebenso «Tätigkeitsnachweis» derselben Stelle vom 27. 5. 1942. ARR.

32 Auskunft des Bundesarchivs vom 25. 3. 2011.

33 Nicolai M. Zimmermann, Die Ergänzungskarten für Angaben über Abstammung und Vorbildung der Volkszählung vom 17. Mai 1935. http://www.bundesarchiv.de/fachinformationen/01601/index.html.de.

34 Ebd.

35 Christian Kehrt, Moderne Krieger, a. a. O., S. 267 ff. und S. 448 f.

36 Heinrich Beauvais (Hrsg.), Ingenieure in der Luftwaffe der deutschen Wehrmacht. München 1988, S. 34.

37 Vgl. Heinrich Beauvais u. a., Flugerprobungsstellen bis 1945, a. a. O., S. 92 und 105 f. sowie http://www.luftfahrttechnisches-museum-rechlin.de/html/e_stelle.html.

38 Alfred Price, Handbuch Deutsche Luftwaffe. Führung, Organisation, Ausstattung. Stuttgart 1979, S. 49 ff. Vgl. auch Christian Kehrt, Moderne Krieger, a. a. O., 409 f., sowie Peter C. Smith, Stuka. Die Geschichte der Junkers 87. Technik, Taktik, Einsätze. 2. Auflage. München, Stuttgart 1974.

39 Der Reichsminister der Luftfahrt und Oberbefehlshaber der Luftwaffe. Technisches Amt, Erprobungsstelle Rechlin, 27. Mai 1942. ARR.

40 Ebd.

41 Ebd.

42 Vgl. etwa NS-Frauen-Warte. Zeitschrift der NS-Frauenschaft. Heft 11. 1943, S. 33 f.

43 Auskunft Reinhart Rudershausen, 9. 1. 2010.

44 Hanna Reitsch, Fliegen – Mein Leben. München 1972, S. 95.
45 Vgl. ebd., S. 330 ff., sowie Hugh R. Trevor-Roper, Hitlers letzte Tage. Frankfurt am Main, Berlin 1995, S. 154 ff.
46 Hanna Reitsch, Fliegen – Mein Leben, a. a. O., S. 336.
47 Der Direktor der Reichsstelle für Sippenforschung. Abstammungsbescheid, 7. 5. 1940. BayHStA, MK 44381.
48 Bayerisches Ministerium für Unterricht und Kultus an den Rektor der Universität Würzburg, 15. 5. 1940. Ebd.
49 Ebd.
50 Alexander von Stauffenberg, Erklärung, 24. 5. 1940.
51 Alexander von Stauffenberg an den Rektor der Universität Würzburg, 13. 6. 1940. Ebd.
52 Vgl. Johannes Tuchel, Alfred Andersch im Nationalsozialismus. In: Marcel Korolnik und Annette Korolnik-Andersch (Hrsg.), Alfred Andersch. Seine Welt. In Texten, Bildern, Dokumenten. München 2008. Tuchel weist darauf hin, dass der Schriftsteller Andersch als «jüdischer Versippter» im März 1941 aus der Wehrmacht entlassen wurde. Ebd., S. 35.
53 Bryan Mark Rigg, Hitlers jüdische Soldaten. Paderborn u. a. 2003, S. 261.
54 Alexander von Stauffenberg, Erklärung, a. a. O.
55 Alexander von Stauffenberg an den Rektor der Universität Würzburg, 13. 9. 1940. Ebd. Udet wurde am 19. 7. 1940 vom Generalleutnant zum Generaloberst befördert.
56 Alexander von Stauffenberg an den Rektor der Universität Würzburg, 10. 12. 1940. Ebd.
57 Der Direktor des Reichssippenamtes, Anschrift Bescheinigung, 25. 6. 1941.
58 Nicolai M. Zimmermann, Die Ergänzungskarten, a. a. O. Davon differierende, sich auf statistische Angaben von 1944 beziehende Zahlen finden sich bei Beate Meyer, «Jüdische Mischlinge», a. a. O., S. 162.
59 Der Reichsminister für Wissenschaft, Erziehung und Volksbildung an Frau Melitta Schenk Gräfin von Stauffenberg in Würzburg, Methfesselstr. 4, 30. Juni 1941. BayHStA, MK 44381.
60 Zwischen 1935 und Mai 1941 waren es laut Beate Meyer, «Jüdische Mischlinge», a. a. O., S. 105, 263 Fälle. Die Autorin bezieht sich auf Jeremy Noakes, The Development of Nazi Policy towards the German-Jewish «Mischlinge» 1933–45. In: Jahrbuch des Leo-Baeck-Institutes 1/1989, S. 291–351. John M. Steiner und Jobst Freiherr von Cornberg nennen für denselben Zeitraum 260 Fälle, in denen «113 Entscheidungen im Bereich der Wehrmacht» nicht enthalten sind. Offen müsse bleiben, «wie viele Anträge Hitler vorgelegen haben und wie viele er noch selbst abgelehnt hat». John M. Steiner, Jobst Freiherr von Cornberg, Willkür in der Willkür, a. a. O., S. 149. Die Autoren vermuten, dass «die Zahl aller von Hitler bewilligten Befreiungen jeder Art sowohl im Zivilsektor als auch in der Wehrmacht die Zahl von 1300 nicht überschritten» hat. Ebd., S. 186. Diese Zahl hält Beate Meyer für zu niedrig, Rigg, a. a. O., S. 331, meint, Hitler habe für die Wehrmacht «Tausende von Genehmigungen und ‹Deutschblütigkeitserklärungen›» erteilt.

Fünftes Kapitel   369

61 Vgl. Ute Oelmann, Karl Josef Partsch, Politik und Kunstgeschichte im George-Kreis. In: George-Jahrbuch. Band 3. Berlin 2000, S. 191, Fußnote 46. Rüdiger Wolfrum, Jürgen Jekewitz, Zum Tode von Karl Josef Partsch. Archiv des öffentlichen Rechts. Band 122. 1997, S. 292 f.

62 Beate Meyer, «Jüdische Mischlinge», a. a. O., S. 251. John M. Steiner, Jobst Freiherr von Cornberg, Willkür in der Willkür. Befreiungen von den antisemitischen Nürnberger Gesetzen, a. a. O., S. 179.

63 Heinrich Beauvais (u. a.), Flugerprobungsstellen bis 1945, a. a. O., S. 98.

64 Peter Gay, Meine deutsche Frage. Jugend in Berlin 1933–1939. 3. Auflage. München 2000, S. 63.

65 Natur und Geist. Monatshefte für Wissenschaft, Weltanschauung und Lebensgestaltung. Jg. 3. Heft 12. Dezember 1935. Eine Fotokopie des Beitrags von Michael Schiller samt Widmung des Verfassers befindet sich im ARR.

66 Ebd., S. 365.

67 Ebd., S. 364.

68 Horst Boog, Die deutsche Luftwaffenführung, a. a. O., S. 598.

69 Georg Pasewaldt, Erfahrungen und Erkenntnisse einer Fliegerlaufbahn, a. a. O., S. 1 f.

70 In der Beurteilung der Höheren Luftwaffenschule Berlin-Gatow vom 15. 3. 1939 heißt es: «Steht ganz auf dem Boden des Nationalsozialismus und versteht es, dessen Gedankengut weiter zu vermitteln.» Am 15. 6. 1942: «Zum Nationalsozialismus positiv eingestellt, versteht er, sein Gedankengut infolge seiner dialektischen Begabung gut zu vermitteln.» BA-MA, Pers 6/158134.

71 Die Briefe Reitschs sind vom 7. 2. sowie vom 18. 2. 1975. Vgl. Gerhard Bracke, Melitta Gräfin Stauffenberg, a. a. O., S. 122 ff.

72 Ebd., S. 122.

Sechstes Kapitel

1 Vgl. Der Reichsminister der Luftfahrt und Oberbefehlshaber der Luftwaffe, Technisches Amt, Erprobungsstelle der Luftwaffe Rechlin. Tätigkeitsnachweis, 27. 5. 1942. Hier ist von der «am 1. 2. 42 erfolgten Kommandierung zur Luftkriegsakademie Gatow» die Rede. ARR.

2 Vgl. hierzu Elke Dittrich, Ernst Sagebiel. Leben und Werk. 1892–1970. Berlin 2005.

3 Ebd., S. 59.

4 Vgl. James S. Corum, Stärken und Schwächen der Luftwaffe. Führungsqualitäten und Führung im Zweiten Weltkrieg. In: Rolf-Dieter Müller, Hans-Erich Volkmann (Hrsg.), Die Wehrmacht. Mythos und Realität. Im Auftrag des Militärgeschichtlichen Forschungsamtes. München 1999, S. 286.

5 Völkischer Beobachter vom 2. 11. 1935. In: Horst Boog, Die deutsche Luftwaffenführung 1935–1945, a. a. O., S. 630. Kursiv im Original.

6 Ebd., S. 290.

7 So lauten im Gegensatz zu Horst Boog, Die deutsche Luftwaffenführung

1935–1945, a. a. O., der meint, in der Generalstabausbildung der Luftwaffe sei die Technik gegenüber der Taktik benachteiligt gewesen, die Ergebnisse der Forschung von James S. Corum, Stärken und Schwächen der Luftwaffe. Führungsqualitäten und Führung im Zweiten Weltkrieg, a. a. O., Christian Kehrt, Moderne Krieger, a. a. O., oder Lutz Budraß, Flugzeugindustrie und Luftrüstung 1918–1945, a. a. O.

8 Vgl. Horst Boog, Die deutsche Luftwaffenführung 1935–1945, a. a. O., S. 390.

9 Die Dissertationsschrift ist bis heute unauffindbar, das Thema nicht bekannt. Nachfragen beim Archiv der Technischen Universität Berlin, der Bibliothek der Humboldt Universität, der Staatsbibliothek Preußischer Kulturbesitz, der Landesbibliothek Berlin, der Deutschen Bibliothek Frankfurt am Main sowie der Deutschen Bücherei Leipzig blieben ergebnislos.

10 Versuchsstelle für Flugsondergerät, Gatow, 27. 6. 1944. Das von «M. Gfn. Stauffenberg» unterzeichnete Schreiben gibt an, dass seit 1. 7. 1942 «1477 Sturzflüge (Gesamtzahl der Stürze seit Kriegsbeginn 2507) … durchgeführt wurden». ARR.

11 BA-MA, RL 39/39.

12 AWMH. Im Original ist «Mathematikerin» durch Unterstreichung hervorgehoben.

13 Ebd.

14 Ebd.

15 Ebd.

16 Zum 80. Geburtstag. Typoskript. AWMH.

17 Vgl. Samuel Echt, Die Geschichte der Juden in Danzig. Leer 1972, S. 229 ff., sowie Eberhard Jäckel, Peter Longerich, Julius H. Schoeps, Enzyklopädie des Holocaust. Die Verfolgung und Ermordung der europäischen Juden. Berlin 1993, S. 309 f., sowie Klaus-Dieter Alicke, Lexikon der jüdischen Gemeinden im deutschen Sprachraum. Band 1. Gütersloh 2008, S. 855 ff.

18 Marie-Luise Schiller, Chronik der Familie Lübbert, a. a. O., S. 18.

19 Vgl. Raul Hilberg, Die Vernichtung der europäischen Juden. Band 2. 10. Auflage. Frankfurt am Main 2007, S. 436 ff.

20 Ebd., S. 449.

21 Vgl. Beate Meyer, «Jüdische Mischlinge», a. a. O., S. 160.

22 So etwa in der «Berliner Illustriten Zeitung» vom 25. 3. 1943.

23 Der Adler. Heft 7. 6. 4. 1943.

24 Deutsche Luftwacht. Ausgabe Luftwelt. Hrsg. unter der Mitwirkung des Reichsluftfahrtministeriums. Jg. 10. Heft 7. 1. 4. 1943.

25 Melitta von Stauffenberg, Überreichung des EK II durch den Reichsmarschall. Verleihung des Fliegerabzeichens mit Brillanten und Rubinen. Bericht der Fliegerin. Typoskript, S. 1. ARR.

26 Ebd., S. 2.

27 Ebd.

28 Ebd.

29 Ebd.

Sechstes Kapitel

30 BA-MA, RL 3/52, Blatt 193.
31 Lutz Budrass, Zwischen Unternehmen und Luftwaffe, a. a. O., S. 176.
32 Melitta von Stauffenberg, Überreichung des EK II, a. a. O., S. 2.
33 Gauleitung Mainfranken. Kreisleitung Würzburg. Ortsgruppe Würzburg-Keesburg. Schreiben vom 31. 3. 1943 sowie vom 7. 4. 1943. BA Akte Partei-korrespondenz BA (ehem. BDC), PK, Stauffenberg, Melitta von, 9. 1. 1943.
34 BA-MA, RL 3/52, Blatt 192.
35 Vgl. ebd., Blatt 190.
36 28. 4. 1943. NKMS. AGB.
37 14. 12. 1943. NKMS, a. a. O.
38 Schreiben vom 29. 11. 1943. ARR.
39 Ebd.
40 Richtlinien über die Bereitstellung von Mitteln für die Versuchsstelle für Flugsondergerät e.V. und deren Verwendung. Ohne Datum. ARR.
41 Schreiben vom 10. 1. 1944, Reichsminister der Luftfahrt und Oberbefehls-haber der Luftwaffe an den Chefadjutanten beim Reichsmarschall des Großdeutschen Reiches, Herrn Obstlt. i. G. v. Brauchtitsch. ARR. Hervor-hebung im Original.
42 Vorhanden im AGB.
43 Vgl. BA-MA, PA Jakoby, Pers 6/649.
44 24. 4. 1943. NKMS, a. a. O.
45 Konkrete Ergebnisse konnten nicht ermittelt werden. 1943/44 hatte die «Luftwaffe, Dienststelle Generalmajor Galland» unweit der LKA Zwangs-arbeiter zum Barackenbau eingesetzt. Vgl. Rainer Kubatzki, Zwangsarbeiter und Kriegsgefangenenlager. Standorte und Topographie in Berlin und im brandenburgischen Umland 1939 bis 1945. Eine Dokumentation. Berlin 2001, S. 164.
46 Melitta telefonierte mit Claus von Stauffenberg am 25. und 26. 9. 1943, um mit ihm zu besprechen, wo und wie sie ihren Mann Alexander, der sich zu diesem Zeitpunkt auf dem Weg an die Ostfront befand, «unterwegs treffen kann». Am 25. 4. 1943, einem Sonntag, heißt es: «Ziemlich früh auf. Nach Frühstück Zdf., Nux, Las, Hupa, Dusi, Berthold mit Kindern. Nach schwarz. Kaffee zurück.» Am 23. 5. 1943 besucht sie mit Berthold die Militärbadean-stalt (vermutlich in Potsdam), am 10. 10. 1943 steigt Berthold in Wannsee in Melittas Segelboot zu. NKMS, a. a. O.
47 27. 5. 1943. NKMS, a. a. O.
48 3. 12. 1943. NKMS, a. a. O.
49 Ebd.
50 Vgl. Christian Kehrt, Moderne Krieger, a. a. O., S. 320 ff.
51 Ebd., S. 323.
52 28. 6. 1943. NKMS, a. a. O.
53 13. 3. 1943. NKMS, a. a. O.
54 Georg Wollé, Erinnerungen eines Berufskollegen, der mit Melitta in der Versuchsanstalt für Luftfahrt angestellt war. Blatt 5. ARR. Auch bei Ger-hard Bracke, Melitta Gräfin Stauffenberg, a. a. O., S. 102 ff.

55 Ebd.
56 21.6.1943. NKMS, a.a.O.
57 23.6.1943. NKMS, a.a.O.
58 24.6.1943. NKMS, a.a.O.
59 Alle Angaben stammen von der Deutschen Dienststelle, 28.10.2009.
60 Nachlass Friedrich Franz Amsinck. AAdW.
61 Ebd.
62 20.4.1943. Ebd.
63 20.9.1943. NKMS, a.a.O.
64 8.7.1943. NKMS, a.a.O.
65 Vgl. Christian Adam, Lesen unter Hitler. Autoren, Bestseller, Leser im Dritten Reich. Berlin 2010.
66 12.7.1943. NKMS, a.a.O.
67 Ebd.
68 Sämtliche Informationen aus: Rudolf Herz, Hoffmann & Hitler. Fotografie als Medium des Führer-Mythos. In: Ausstellungskatalog Fotomuseum im Münchner Stadtmuseum, Deutsches Historisches Museum Berlin, Historisches Museum Saar in Saarbrücken 1994.
69 Vgl. zweites Kapitel in diesem Buch.
70 Vgl. Boaz Neumann, Die Weltanschauung des Nazismus. Raum – Körper – Sprache. Schriftenreihe des Minerva Instituts für Deutsche Geschichte der Universität Tel Aviv. Band 30. Göttingen 2011, S. 171.
71 Information von Klara Schiller an Gerhard Bracke. Auskunft von Gerhard Bracke an den Autor am 19.10.2010.
72 12.7.1943. NKMS, a.a.O.
73 Christian Kehrt, Moderne Krieger, a.a.O., S. 249.
74 Ebd., S. 50.
75 30. und 31.7.1943. NKMS, a.a.O.
76 Vgl. Christian Kehrt, Moderne Krieger, a.a.O., S. 403.
77 AAdW, Typoskript.
78 Peter Hoffmann, Claus Schenk Graf von Stauffenberg und seine Brüder, a.a.O., S. 392.
79 27.5.–2.6.1943, 5.6.–10.6.1943. NKMS, a.a.O.
80 6.8.1943. NKMS, a.a.O.
81 25.9.1943. NKMS, a.a.O.
82 26.9.1943. NKMS, a.a.O.
83 19.10.1943. NKMS, a.a.O.
84 25.10.1943. NKMS, a.a.O.
85 Vgl. Peter Hoffmann, Claus Schenk Graf von Stauffenberg und seine Brüder, a.a.O., S. 392.
86 Brief an Marie-Luise Lübbert, 30.11.43. Gerhard Bracke, Melitta Gräfin Stauffenberg, a.a.O., S. 129.
87 Ebd.
88 Peter Hoffmann, Claus Schenk Graf von Stauffenberg und seine Brüder, a.a.O., S. 392.

Sechstes Kapitel

89 Über diese Tätigkeit ist nichts weiter bekannt.

90 Gerhard Bracke, Melitta Gräfin Stauffenberg, a. a. O., S. 129.

91 Vgl. Peter Hoffmann, Claus Schenk Graf von Stauffenberg und seine Brüder, a. a. O., S. 392, sowie 26. 4., 31. 5., 1. 6. 1943. NKMS, a. a. O. Vgl. außerdem den Epilog in diesem Buch.

92 30. 11. 1943 und 1. 12. 1943. NKMS, a. a. O.

93 17. 11. 1943. NKMS, a. a. O.

94 Am 20. Juli 1943. AAdW.

95 Brief von Franz an seine Schwester Ellen, September 1943. AAdW.

96 Ebd.

97 Major Amsinck an S. H. Herrn General Kreipe, R. L. M., 9. 9. 1943. Ebd.

98 Fernschreiben vom 15. 9. 1943 An II./J.G. 301 Husum. Ebd.

99 San. Versuchs- u. Lehrabt. Der Luftwaffe, Jüterbog-Waldlager, 20. 9. 1943. AAdW.

100 Vgl. Willi Reschke, Jagdgeschwader 301/302 ‹Wilde Sau›. Stuttgart 1998, S. 25.

101 Geschwaderkommodore Major Weinreich, 17. 11. 1943. AAdW.

102 Vgl. Richard Overy, Die Wurzeln des Sieges. Warum die Alliierten den Zweiten Weltkrieg gewannen. Reinbek 2002, S. 163. Vgl. auch Horst Boog, Die deutsche Luftwaffenführung, a. a. O.; Rolf-Dieter Müller, Der Bombenkrieg 1939–1945. Berlin 2004; Hajo Herrmann, Bewegtes Leben, Kampf- und Jagdflieger 1935–1945. Stuttgart 1986; Gebhard Aders, Geschichte der deutschen Nachtjagd, Stuttgart 1977; Willi Reschke, Jagdgeschwader 301/302 ‹Wilde Sau›, a. a. O.

103 An Ellen Amsinck, September 1943. AAdW.

104 17. 12. 1943. NKMS, a. a. O.

105 Brief von Franz an seine Schwester Anny, Weihnachten 1943. AAdW.

106 Ebd.

107 Hans-Dieter Schäfer (Hrsg.), Berlin im Zweiten Weltkrieg. Der Untergang der Reichshauptstadt in Augenzeugenberichten. München 1985, S. 170.

108 Melitta von Stauffenberg, Vortrag in Stockholm. Begleitumstände. Durchschlag eines Originaltyposkripts, S. 1. ARR.

109 Ebd.

110 Ebd.

111 Vortrag in Stockholm, a. a. O. Von Melitta von Stauffenberg in Klammern gesetzt.

112 Melitta von Stauffenberg, Eine Frau in der Flugerprobung, a. a. O., S. 1. Auch bei Gerhard Bracke, Melitta Gräfin Stauffenberg, a. a. O., S. 40 ff.

113 Melitta von Stauffenberg, Eine Frau in der Flugerprobung, a. a. O., S. 1.

114 Ebd., S. 3.

115 Ebd., S. 5.

116 Wie aus dem Briefwechsel zwischen Melitta, konsularischen Geschäftsstellen und der Deutsch-Schwedischen Vereinigung in Berlin über Abrechnungsmodalitäten hervorgeht. Politisches Archiv des Auswärtigen

Amtes, Melitta von Stauffenberg, R 61408, Deutsche Gesandtschaft Stockholm.

117 Melitta von Stauffenberg, Eine Frau in der Flugerprobung, a. a. O., S. 5.
118 Ebd., S. 8.
119 Ebd.
120 Melitta von Stauffenberg, Vortrag in Stockholm, a. a. O., S. 3.
121 Ebd.
122 Politisches Archiv des Auswärtigen Amtes, 11. 12. 1943, Melitta von Stauffenberg, R 61408.
123 Ebd.
124 So hieß es im Svenska Dagbladet am 7.12.43: «Während eines Treffens der Schwedisch-Deutschen Vereinigung im Grand Hotel am Montagabend hielt die deutsche Diplom-Ingenieurin und Fliegerin Gräfin M. Schenk von Stauffenberg einen Vortrag über ihr Leben als Fliegerin und ihre Arbeit als Testfliegerin für die deutsche Luftwaffe. Unter den Zuhörern befanden sich die Belegschaft der deutschen Gesandtschaft, angeführt von Minister Thomsen, Kämmerer von Essen, Admiral de Champs, Professor von Euler, General von der Lancken, Sven Hedin und Hofstallmeister Clarence von Rosen.» Für die Übersetzung aus dem Schwedischen wie die Recherche vor Ort danke ich Jan Hecker-Stampehl.
125 Melitta von Stauffenberg, Vortrag in Stockholm. Begleitumstände, a. a. O., S. 4.
126 17. 12. 1943. NKMS, a. a. O.
127 Maria Theresia Freiin von Trockau, verheiratet mit Berthold Schenk von Stauffenberg (1859–1944), starb am 19. 12. 1943 auf Schloß Greifenstein.
128 25. 12. 1943. NKMS, a. a. O.
129 28. 12. 1943. NKMS, a. a. O.

Siebtes Kapitel
1 «3 h aufgestd., Schn. fährt Überlingen …», 10. 1. 1944. NKMS, a. a. O.
2 Peter Hoffmann, Claus Schenk Graf von Stauffenberg und seine Brüder, a. a. O., S. 160.
3 Rudolf Fahrner, Gesammelte Werke. Band 1. Köln, Weimar, Wien 2008, S. 249.
4 10. 1. 1944. NKMS, a. a. O.
5 11. 1. 1944 und 15. 1. 1944. NKMS, a. a. O.
6 17. 1. 1944. NKMS, a. a. O.
7 Vgl. Willi Reschke, Jagdgeschwader 301/302 ‹Wilde Sau›, a. a. O., S. 36.
8 Laut Wehrmachtsschriftgut, Dt. Dienststelle, Auskunft vom 7. 7. 2010.
9 23. 1. 1944. NKMS, a. a. O.
10 Ebd.
11 24. 1. 1944. NKMS, a. a. O.
12 28. 1. 1944. NKMS, a. a. O.

13 31.1.1944. NKMS, a.a.O.
14 Predigt Pastor Schmidt. Typoskript. AAdW.
15 Oberst Herrmann, 7.2.1944. Typoskript. AAdW.
16 Ebd.
17 Vgl. Thomas Medicus, Jugend in Uniform. Walter Flex und die deutsche
    Generation von 1914. In: Ursula Breymayer, Bernd Ulrich, Karin Wieland
    (Hrsg.), Willensmenschen. Über deutsche Offiziere. Frankfurt am Main
    1999.
18 6.2.1944. NKMS, a.a.O.
19 Anna Damman, geboren 1912 in Hamburg-Altona, hatte zwischen 1937
    und 1945 ein Engagement am Deutschen Theater in Berlin. Nach dem
    Krieg gastierte sie an verschiedenen westdeutschen Bühnen. Sie starb 1993
    in München.
20 9.2.1944. NKMS, a.a.O.
21 Die Büste ist nicht erhalten.
22 3.12.1944. NKMS, a.a.O.
23 14.2.1944. NKMS, a.a.O.
24 Peter Hoffmann, Claus Schenk Graf von Stauffenberg und seine Brüder,
    a.a.O., S. 299. Am 31.5.1943, NKMS, a.a.O., erwähnt Melitta von Stauf-
    fenberg u. a. einen «Fahrnerbrief».
25 Peter Hoffmann, Claus Schenk Graf von Stauffenberg und seine Brüder,
    a.a.O., S. 299.
26 Vgl. Karl Christ, Der andere Stauffenberg, a.a.O., S. 46.
27 Schreiben vom 13.3.1944 an das Reichsministerium für Wissenschaft,
    Erziehung und Volksbildung/Preuss. Ministerium für Wissenschaft, Kunst
    und Volksbildung. BA (ehem. BDC), DS, Stauffenberg, Alexander Graf
    von, 15.3.1905 (PA REM), Blatt 1740 f.
28 3.3.1944 und 4.3.1944. NKMS, a.a.O.
29 Auskunft Gudula Knerr-Stauffenberg an den Autor am 1.9.2011. Ebenfalls
    bei Peter Hoffmann, Claus Schenk Graf von Stauffenberg und seine Brü-
    der, a.a.O., S. 392.
30 Vgl. Ulrich Raulff, Kreis ohne Meister, a.a.O., S. 204.
31 Helmuth Trischler, Luft- und Raumfahrtforschung in Deutschland
    1900–1970, a.a.O., S. 271.
32 Aus der Personalakte des Reichsministeriums für Wissenschaft, Erziehung
    und Volksbildung/Preussischen Ministeriums für Wissenschaft, Kunst und
    Volksbildung geht entgegen der anders lautenden Behauptung, Alexander
    von Stauffenberg habe in Straßburg seinen Lehrstuhl nicht bezogen (vgl.
    Karl Christ, Der andere Stauffenberg, a.a.O., S. 46 und S. 175), hervor,
    dass dieser am 1.12.1942 nach Straßburg berufen wurde und «seinen
    Dienst dort erst am 10.12.1942 antreten» konnte (Der Reichsminister für
    Wissensch., Erz. u. Volksbildg. am 6.8.1943 an die Lufttechnische Aka-
    demie Berlin-Gatow, BA, ehem. BDC, DS, Stauffenberg, Alexander Graf
    von, 15.3.1905, PA REM, Blatt 1718 f.). Der Vorgang ist gut dokumentiert,
    da zwischen Melitta und Alexander von Stauffenberg auf der einen sowie

Universität und Ministerium auf der anderen Seite ein Streit um die Erstattung von Mietkosten entstanden war, die Melitta von Stauffenberg über anderthalb Jahre hinweg vehement einforderte. Ihr Mann hatte während seines Arbeitsurlaubs in einer Pension logiert, die Reparaturarbeiten in der angemieteten Wohnung waren erst beendet worden, als er Straßburg Mitte Februar 1943 bereits wieder verlassen hatte. Melitta forderte die Erstattung der Mietkosten wie eine Trennungsentschädigung, da für sie ein Umzug von Würzburg nach Straßburg wegen ihrer kriegswichtigen Tätigkeit in Gatow unmöglich war. Alexander und Melitta von Stauffenberg hatten offenbar erwogen, ihre Würzburger Wohnung aufzugeben und gemeinsam nach Straßburg zu ziehen. Ob Melitta die Absicht hatte, an der Reichsuniversität Posten zu beziehen, ist unklar. Immerhin hatte sich Straßburg «in den Jahren nach 1941 ... zu einem neuen Zentrum der Luftfahrtforschung» herausgebildet. Vgl. Helmuth Trischler, Luft- und Raumfahrtforschung in Deutschland 1900–1970, a. a. O., S. 272.

33 Flugkapitän Dipl. Ing. Gräfin Stauffenberg, Ballistisches Institut, Berlin-Gatow, 13. 3. 1944. BA (ehem. BDC), DS, Stauffenberg, Alexander Graf von, 15. 3. 1905 (PA REM), Blatt 1740 f. Bewilligt am 27. 3. 1944.

34 14. 4. 1944–16. 4. 1944. NKMS, a. a. O.

35 28. 4. 1944–2. 5. 1944. NKMS, a. a. O.

36 Rudolf Fahrner, Gesammelte Werke I, a. a. O., S. 244. Die Datierung stimmt mit Melitta von Stauffenbergs Kalendernotizen nicht überein. Auf das Bad im Euripos ist Alexander von Stauffenberg in seinem Gedicht «Marathon» eingegangen. Vgl. Rudolf Fahrner, Gesammelte Werke I, ebd.

37 7. 5. 1944. NKMS, a. a. O.

38 Brief Klara Schiller an Marie-Luise Lübbert vom 22. 4. 1944. ARR.

39 Brief Klara Schiller an Marie-Luise Lübbert «im Zuge Bln.–Paris, den 16. 5. 44». Ebd.

40 Ebd., auch Brief Klara Schiller vom 8. 6. 1944. Ebd.

41 Vgl. Peter Hoffmann, Claus Schenk Graf von Stauffenberg und seine Brüder, a. a. O., S. 393.

42 Ebd., S. 394. Wie kompliziert Alexanders Versetzung war, dokumentieren auch Melitta von Stauffenbergs kryptische Notizen in dieser Angelegenheit. Auf den letzten Seiten ihres Notizbuches 1944 findet sich außerhalb des Kalendariums der Vermerk «Gen. Speidl, Mil. Befehlshaber f. Griechenld. sollte befohlen werden, weil (!) von sich aus nicht anfordern, weil keine Stelle (W. W)». Inwieweit Wilhelm Speidel, Militärbefehlshaber in Griechenland bis Ende April 1944, tatsächlich in die Versetzung einbezogen war, ist unklar.

43 Klara Schiller an Marie-Luise Lübbert, 8. 6. 1944. AWMH.

44 1. 6. 1944. NKMS, a. a. O.

45 7. 6. 1944. NKMS, a. a. O.

46 Anstellungsvertrag, 2. Ausfertigung, 23. 5. 1943. ARR. Vgl. auch Gerhard Bracke, Melitta Gräfin Stauffenberg, a. a. O., S. 165 ff.

47 Vgl. Schreiben «Der Reichsminister der Luftfahrt und Oberbefehlshaber

der Luftwaffe – Az. 55 b 10.3–GL/F IV E–» vom 10. 1. 1944. ARR. Vgl. auch Gerhard Bracke, Melitta Gräfin Stauffenberg, a.a.O., S. 165.

48 Richtlinien über die Bereitstellung von Mitteln für die Versuchsstelle für Flugsondergerät e.V. und deren Verwendung. Punkt 2. ARR.

49 Ebd., Punkt 4.

50 Eingereicht beim Luftwaffenpersonalamt des Reichsluftfahrtministeriums. Durchschlag eines Typoskripts. ARR. Zur Behauptung, Milch sei der Initiator gewesen, vgl. Gerhard Bracke, Melitta Gräfin Stauffenberg, a.a.O., S. 132.

51 Theo Findahl, Untergang. Berlin 1939–1945. Oslo 1945. In: Hans-Dieter Schäfer, Berlin im Zweiten Weltkrieg, a.a.O., S. 186.

52 Ursula von Kardorff, Berliner Aufzeichnungen 1942–1945. München 1962, S. 135.

53 Hans-Dieter Schäfer, Berlin im Zweiten Weltkrieg, a.a.O., S. 191 ff.

54 Ebd., S. 136, sowie Rolf-Dieter Müller, Der Bombenkrieg 1939–1945, a.a.O., S. 132 ff.

55 Vgl. Heinz Bude, Deutsche Karrieren. Lebenskonstruktionen sozialer Aufsteiger aus der Flakhelfer-Generation. Frankfurt am Main 1987.

56 Klara Schiller an Marie-Luise Lübbert, Berlin-Gatow am 8. 3. 1944. ARR.

57 25.7.44. NKMS, a.a.O.

58 Gerhard Bracke, Melitta Gräfin Stauffenberg, a.a.O., S. 175 ff.

59 Peter Hoffmann, Claus Schenk Graf von Stauffenberg und seine Brüder, a.a.O., S. 388.

60 ARR und AGB. Außerdem Gerhard Bracke, Melitta Gräfin Stauffenberg, a.a.O., S. 178 ff. Alle weiteren Zitate Handels aus dem Typoskript, das erst im Zusammenhang mit dem ZDF-Film «Fliegen und Stürzen» entstand, also nicht vor 1973. Vgl. den Epilog in diesem Buch.

61 Am 23.5., 8. und 27.6. sowie am 18. und 19.7. NKMS, a.a.O.

62 Peter Hoffmann, Zu dem Attentat im Führerhauptquartier «Wolfsschanze» am 20. Juli 1944. In: Vierteljahrshefte für Zeitgeschichte. Jg. 12. Heft 3. 1964, S. 257, sowie ders., Claus Schenk Graf von Stauffenberg und seine Brüder, a.a.O., S. 411. Diese Untersuchung steht im Widerspruch zu Handels Aussagen bzw. Brackes Beweisführung, die Hoffmann zustimmend in seiner Biographie «Claus Schenk Graf von Stauffenberg und seine Brüder», a.a.O., S. 388, zitiert.

63 Ebd., S. 408.

64 Ebd., S. 426.

65 Gerhard Bracke, Melitta Gräfin Stauffenberg, a.a.O., S. 183.

66 Ebd., S. 184.

67 Melitta von Stauffenberg, Versuchsstelle für Flugsondergerät, Gatow, 27.6.1944. Typoskript. ARR.

68 Vgl. «Arbeitsprogramm der Versuchsstelle für Flugsondergerät». Ohne Datum, aber nicht vor Mai 1944. ARR.

69 16.7. und 17.7.1944. NKMS, a.a.O. Karl Schweizer, mit dem Melitta von Stauffenberg das Abendessen bereitet hat, war der Fahrer von Claus von

Stauffenberg. Vgl. auch Peter Hoffmann, Claus Schenk Graf von Stauffenberg und seine Brüder, a. a. O., S. 420. Hoffmann bemerkt für den 16. Juli,
am Abend «kamen bei Stauffenberg in Wannsee Berthold Graf Stauffenberg, Fritz-Dietlof Graf Schulenburg, Trott, Hofacker, Mertz, Schwerin und
Hansen zusammen». Dass Melitta von Stauffenberg Zutritt zum inneren
Verschwörerkreis gehabt hätte, ist nicht bekannt.

70 20. 7. 1944. NKMS, a. a. O. Der Eintrag am 20. Juli lautet lakonisch: «Werkstattflug Ju 88. Als danach ... [zwei Wörter unleserlich], Eggeling Nachricht Attentat, Nachtflüge Ju 87, klappt nicht sehr wegen lockern Kontak-
ten, repariert u. Einbau Ju 88 vorbereitet.»

71 Vermutlich Generalmajor Hubertus Hitschhold, General der Schlachtflieger.

72 Kommandeur der Luftkriegsakademie 19. 1. 1944 bis 21. 9. 1944, vgl.
Horst Boog, Die deutsche Luftwaffenführung, a. a. O., S. 363.

73 21. 7. 1944. NKMS, a. a. O.

74 27. 7. 1944. NKMS, a. a. O.

75 9. 8. 1944. NKMS, a. a. O.

76 Ebd.

77 27. 7. 1944. NKMS, a. a. O.

78 Ebd.

79 28. 7. 1944 und 29. 7. 1944. NKMS, a. a. O.

80 31. 7. 1944. NKMS, a. a. O. In den «Namensverzeichnissen zu den erteil-
ten Patenten» von 1928 bis 1939, der Anmelderkartei von 1938 bis 1945
sowie den Namensverzeichnissen der Erfinder von 1936 bis 1943 konnte
sowohl unter Melitta Schiller bzw. von Stauffenberg als auch unter den
entsprechenden Firmen bzw. Institutionen kein Patent ermittelt werden,
bei dem Melitta von Stauffenberg als Anmelderin bzw. Erfinderin benannt
wurde. Allerdings hatte erst seit Inkrafttreten des Patentgesetzes von
1936 der Anmelder die Pflicht, den Erfinder zu benennen (§ 36 in Verbindung mit den Bestimmungen über die Nennung des Erfinders vom 11.
Juli 1936). Seit 1. März 1922 konnte der Anmelder gemäß der Bekannt-
machung des Präsidenten des Reichspatentamtes den Erfinder benennen,
war aber dazu nicht verpflichtet. Dies war in den ermittelten Patenten
der Deutschen Versuchsanstalt für Luftfahrt zwar der Fall, jedoch wird
auch hier bei keinem der Patente Melitta Schiller als Erfinderin genannt. Auskunft Evelyn Benke, Deutsches Patent- und Markenamt, Techn.
Informationszentrum Berlin, an den Verfasser am 24. 6. 2009 sowie am
31. 10. 2011. Jutta Rudershausen behauptet in ihrem Typoskript «Frau
über den Wolken», ihre Schwester Melitta habe «75 Erfindungen zum
Patent angemeldet». A. a. O., S. 68.

81 27. 7. 1944. NKMS, a. a. O.

82 Vgl. zu den Repressionen im Detail Ulrike Hett, Johannes Tuchel, Die Reaktionen des NS-Staates auf den Umsturzversuch vom 20. Juli 1944. In:
Peter Steinbach, Johannes Tuchel (Hrsg.), Widerstand gegen den Nationalsozialismus. Bonn 1994, S. 377–389.

Siebtes Kapitel   379

83 Vgl. Elisabeth Chowaniec, Der ‹Fall Dohnanyi› 1943–1945. Widerstand, Militärjustiz, SS-Willkür. Schriftenreihe der Vierteljahrshefte für Zeitgeschichte. München 1991, S. 120 ff.

84 BA (ehem. BDC), PK, Opitz, Paul, 17.9. 1897, Parteiaufnahmegesuch des Reg. und Krim.-Rats Paul Opitz, 19. 8. 1942.

85 Nina von Stauffenberg, Das Halsband der Anna Iwanowna. Geschichte und Geschichten meiner Eltern. Unveröffentlichter Privatdruck. Bamberg 1966. Zit. n. Konstanze von Schulthess, Nina Schenk Gräfin von Stauffenberg. Ein Porträt. 2. Auflage. Zürich, München 2008, S. 101.

86 Volker Koop, In Hitlers Hand. Sonder- und Ehrenhäftlinge der SS. Köln, Weimar, Wien 2010, S. 9 ff.

87 1. 8. 1944. NKMS, a. a. O.

88 Gefangenenbuch Frauengefängnis Charlottenburg, Gedenkstätte Deutscher Widerstand.

89 21. 8. 1944. NKMS, a. a. O.

90 17. 8. 1944. NKMS, a. a. O.

91 10. 8. 1944. NKMS, a. a. O.

92 31. 7. 1944. NKMS, a. a. O.

93 17. 8. 1944 – 19. 8. 1944. NKMS, a. a. O.

94 Gefangenenbuch Frauengefängnis Charlottenburg, Gedenkstätte Deutscher Widerstand.

95 Ebd.

96 Alexandra und Diana von Bredow, Nummer 226 und 227, wurden am 17. 11. 1944 entlassen, Philippa am 31. 3. 1945. Ebd.

97 25. 8. 1944. NKMS, a. a. O.

98 Gerhard Bracke, Melitta Gräfin Stauffenberg, a. a. O., im nicht paginierten Anhang ohne Quellenangabe.

99 Das Gedicht wurde dem Autor von Gudula Knerr-Stauffenberg am 6. 4. 2010 zur Verfügung gestellt. Es wird an dieser Stelle zum ersten Mal veröffentlicht.

100 3. 9. 1944. NKMS, a. a. O.

101 Gerhard Bracke, Melitta Gräfin Stauffenberg, a. a. O., nicht paginierter Anhang.

102 Zum Beispiel: «Wonte, Kantstr.». 21. 11. 1944. NKMS, a. a. O.

103 Ulrike Hett, Johannes Tuchel, Die Reaktionen des NS-Staates auf den Umsturzversuch vom 20. Juli, a. a. O., S. 388 f. Vgl. auch Biographien Gedenkstätte Deutscher Widerstand http://www.gdw-berlin.de/bio/ausgabe_mit.php?id=96 (aufgerufen am 13. 11. 2011).

104 Und zwar laut Notizkalender am 20.9., 21.9., 18.10., 20.10., 22.11., 23. 11. und 25. 11. 1944. NKMS, a. a. O.

105 Im Notizkalender von 1943 werden Margarete Schiller nur einmal, am 29.3., und Michael Schiller nur zweimal erwähnt, am 11. und 12. 4. («Telegramm an Pa»). NKMS, a. a. O.

106 Amtsgericht Charlottenburg am 14. 6. 1944. ARR.

107 Gerhard Bracke, Melitta Gräfin Stauffenberg, a. a. O., S. 205 ff.

108   Fey von Hassell, Niemals sich beugen. Erinnerungen einer Sondergefan-
      genen der SS. München 1990, S. 134.
109   Gerhard Bracke, Melitta Gräfin Stauffenberg, a. a. O., S. 207. Ohne Da-
      tum und Quellenangabe.
110   25. 10. 1944. NKMS, a. a. O.
111   Ursula von Kardorff, a. a. O., 26. 11. 1944, S. 264.
113   Klara Schiller an Marie-Luise Lübbert, 10. 9. 1944. ARR.
113   Klara Schiller an Marie-Luise Lübbert, 18. 12. 1944. ARR.
114   Klara Schiller an Marie-Luise Lübbert, 10. 9. 1944. ARR.
115   Schreiben vom 21. 12. 1944. An Chef TLR, Chefgr. FLE III, z. Hd. Herrn
      Obersting. Leutert. ARR.
116   Zum «Dispositiv des Blindfluges» vgl. Christian Kehrt, Moderne Krieger,
      a. a. O., S. 366 ff.
117   Hajo Herrmann, Bewegtes Leben. Kampf- und Jagdflieger 1935–1945.
      2. Auflage. Stuttgart 1986, S. 358.
118   Vorläufiger Bericht. Optisches Nachtlandeverfahren für Jäger. 10. Mai
      1944. Vgl. Gerhard Bracke, Melitta Gräfin Stauffenberg, a. a. O., Doku-
      mentenanhang, nicht paginiert. Vierseitiges Typoskript mit zwei Skizzen
      und drei Abbildungen.
119   Schreiben vom 21. 12. 1944. An Chef TLR, Chefgr. FLE III, z. Hd. Herrn
      Obersting. Leutert. ARR. Die Maschinen, die Melitta von Stauffenberg
      bei diesen Versuchen flog, waren die Arado 96 sowie die Siebel 204, bei-
      de waren Übungsflugzeuge der Luftwaffe.
120   Originaldokument der Fahrerlaubnis nach Bad Sachsa bei Gerhard
      Bracke, Melitta Gräfin Stauffenberg, a. a. O., Dokumentenanhang, nicht
      paginiert.
121   22. 9., 20. 10., 25. 10. und 26. 10. 1944. NKMS, a. a. O.
122   22. 12. 1944. NKMS, a. a. O.
123   Hans W. Hagen, Zwischen Eid und Befehl. Tatzeugenbericht von den Er-
      eignissen am 20. Juli 1944. München 1964.
124   Ders., Blick hinter die Dinge, 12 Begegnungen. München 1962, S. 16.
125   Berthold Schenk Graf von Stauffenberg, Ein Kind als ‹Volksfeind›. In:
      Thomas Vogel (Hrsg.), Aufstand des Gewissens. Militärischer Widerstand
      gegen Hitler und das NS-Regime 1933 bis 1945. Hamburg, Berlin, Bonn
      2000, S. 293.
126   Nina von Stauffenberg, Erinnerungen an Melitta. ARR. Sowie Gerhard
      Bracke, Melitta Gräfin Stauffenberg, a. a. O., S. 207.
127   23. 12. 1944. NKMS, a. a. O.
128   26. 12. 1944. NKMS, a. a. O.
129   Nina von Stauffenberg, Erinnerungen an Melitta, a. a. O.
130   6. 11. 1944. NKMS, a. a. O.
131   Hans-Günter Richardi, SS-Geiseln in der Alpenfestung. Die Verschlep-
      pung prominenter KZ-Häftlinge aus Deutschland nach Südtirol. Bozen
      2005, S. 44.
132   Fey von Hassell, Niemals sich beugen, a. a. O., S. 128.

Siebtes Kapitel   381

133 Nina Gräfin Stauffenberg, Die Zeit nach dem 20. Juli 1944. Vierzehnseitiges Typoskript, S. 4. ARR.

134 Technische Akademie der Luftwaffe, Berlin-Gatow, 18.2.1945, Anordnung für jedes Institut. ARR.

135 Technischer Vorbescheid vom 16.1. sowie Kriegsauftrag vom 28.2.1945. ARR.

136 Entsprechende amtliche Schreiben ebenfalls im ARR sowie bei Gerhard Bracke, Melitta Gräfin Stauffenberg, a.a.O., S. 208 ff.

137 Vgl. Gerhard Bracke, Melitta Gräfin Stauffenberg, a.a.O., S. 211.

138 Vgl. Fey von Hassell, Niemals sich beugen, a.a.O., S. 155.

139 Fey von Hassell, Niemals sich beugen, a.a.O., S. 159.

140 Gemeint ist Fritz Thyssen. Er war 1939 nach dem Bruch mit dem NS-System nach Frankreich emigriert und 1940 an Deutschland ausgeliefert worden. Er zählte zu den Ehrenhäftlingen, die kurz vor Kriegsende in Südtirol befreit wurden.

141 Eugen Kogon, Der SS-Staat. Das System der deutschen Konzentrationslager. 44. Auflage. München 1974, S. 213. Hervorhebung im Original. In der Erstausgabe von 1946 fehlt dieser Abschnitt.

142 Fey von Hassell, Niemals sich beugen, a.a.O., S. 168.

143 Ebd.

144 Marie-Gabriele von Stauffenberg, Aufzeichnungen aus unserer Sippenhaft. 20. Juli 1944 – 19. Juni 1945. Jettingen-Scheppach 2003. Vgl. Hans-Günter Richardi, SS-Geiseln in Markt Schönberg. Dramatische Tage am Ende des Zweiten Weltkrieges im Bayerischen Wald. Markt Schönberg 2010, S. 92 ff. Für die Erlaubnis, das Buch von Marie-Gabriele von Stauffenberg zu benutzen, danke ich Hans-Günther Richardi, Zeitgeschichtsarchiv Pragser Wildsee.

145 Gespräch mit Hubertus von Papen-Koeningen am 10.8.1989. Das Tonbandprotokoll wurde dem Autor dankenswerterweise von Gerhard Bracke zur Verfügung gestellt. Vgl. ders., Melitta Gräfin Stauffenberg, a.a.O., S. 222 ff.

146 Ebd., Dokumentenanhang, nicht paginiert. Bescheinigung der Gestapo Regensburg vom 7.4.1944.

147 Herkunft und Typ des Jagdflugzeuges ist durch Gerhard Bracke in «Melitta Gräfin Stauffenberg», a.a.O., S. 241 ff. durch zahlreiche Dokumente belegt worden.

148 Leichenschauschein 8.4.1945, zit. n. Gerhard Bracke, Melitta Gräfin Stauffenberg, a.a.O., S. 243.

149 Carl Maria Holzapfel, Käte und Rudolf Stocks, Frauen fliegen, a.a.O., S. 74.

150 Vgl. hierzu ausführlich Hans-Günther Richardi, SS-Geiseln in der Alpenfestung, a.a.O., S. 214 ff., sowie ders., SS-Geiseln am Pragser Wildsee. Der Leidensweg prominenter Häftlinge aus 17 Ländern Europas nach Südtirol. Hrsg. vom Zeitgeschichtsarchiv Pragser Wildsee. Prags 2006.

151 Fey von Hassell, Niemals sich beugen, a.a.O., S. 188.

Anmerkungen

152 Auf Zimmer Nr. 108, wie sich der Autor bei seinem Besuch im Hotel «Pragser Wildsee» am 19. 4. 2011 überzeugen konnte. Dank an die Besitzerin Caroline M. Heiss sowie ihren Mann Jens Kappel.

153 Es gibt widersprüchliche Aussagen darüber, ob Fey von Hassells und Alexander von Stauffenbergs Beziehung während der Sippenhaft rein platonisch war.

154 Fey von Hassell, Niemals sich beugen, a. a. O., S. 194 f.

Epilog

1 Eine andere Version teilt seine Tochter Gudula Knerr-Stauffenberg im Gespräch mit Karl Christ mit. Danach soll Alexander von Stauffenberg zumindest von den Attentatsplänen gewusst und auch während der Sippenhaft davon gesprochen haben. Vgl. Karl Christ, Der andere Stauffenberg, a. a. O., S. 162 f.

2 Alexander Stauffenberg, Der Tod des Meisters. Zum zehnten Jahrestag. Delfinverlag 1948. Ohne Ort, ohne Paginierung. Das Werk war bereits 1945 anonym im Delfinverlag erschienen.

3 Ebd.

4 Vgl. hierzu ausführlich Ulrich Raulff, Kreis ohne Meister, a. a. O., S. 409 ff.

5 StGA, Stauffenberg II, 1601. Der Brief ist nicht datiert und vermutlich ein Entwurf, von dem nicht klar ist, ob und in welcher Fassung er abgeschickt wurde. Nicht eindeutig festzustellen ist auch der Adressat. Die Anrede lautet «Lieber Ernst!», der Verweis auf «Theresienstadt» lässt den Schluss zu, dass der Brief an Ernst H. Kantorowicz gerichtet war. Kantorowicz' Mutter und Cousine scheiterten bei einem Fluchtversuch über die Schweizer Grenze und wurden am 7. Mai 1943 nach Theresienstadt deportiert, wo sie 1945 starben. Vgl. Ulrich Raulff, Kreis ohne Meister, a. a. O., S. 316.

6 Alexander Schenk Graf von Stauffenberg, Denkmal. Düsseldorf, München 1964, S. 20.

7 Ebd.

8 Der Grabstein war 1936 aus Anlass des Todes von Alfred Schenk Graf von Stauffenberg errichtet worden. Melitta von Stauffenbergs Namenszug wurde 1945 eingetragen, diejenigen von Claus und Berthold von Stauffenberg sehr wahrscheinlich zur gleichen Zeit. Für diese Auskunft vom 28. 9. 2011 danke ich Doris Muth, Kreisarchiv Sigmaringen.

9 In einem Brief vom 25. 3. 1975 an die Vereinigung deutscher Pilotinnen e.V. in Person von Mutz Trense erwähnt Jutta Rudershausen, dass sie das Gedichtbändchen «von Alex Stauffenberg» ihrer Schwester Klara wieder ausgehändigt habe. Dabei dürfte es sich um das «Denkmal» gehandelt haben, das Klara sehr wahrscheinlich schon kurz nach Erscheinen in ihrem Besitz hatte. ARR.

10 Vgl. Fotoalbum Klara Schiller 1908–1947 mit biographischen Angaben. ARR. Die enge Verbindung geht auch aus den Briefen hervor, die Kla-

ra 1946 an ihre Schwester Lili schrieb, in denen häufig von Lautlingen sowie Alexander von Stauffenberg die Rede ist. ARR. Möglicherweise lebte Klara Schiller bereits 1945 oder 1946 in Lautlingen. Schriftliche Auskunft Berthold von Stauffenberg, 21. 5. 2012.

11 Jutta Rudershausen, Entstehungsgeschichte des Manuskriptes «Flugkapitän Dipl.-Ing. Melitta Schiller-Stauffenberg». Typoskript, S. 1. ARR.

12 Der Verlauf ist von Jutta Rudershausen detailliert protokolliert worden. Ebd.

13 Jutta Rudershausen an Marie-Luise Lübbert, 16. 9. 1973. Ebd.

14 Jutta Rudershausen, Entstehungsgeschichte des Manuskriptes «Flugkapitän Dipl.-Ing. Melitta Schiller-Stauffenberg», a. a. O.

15 Die Zeit. 5. 1. 1973.

16 Vgl. sechstes Kapitel. Ungeprüft übernommen wird die Behauptung einer vorgesehenen Beteiligung Melitta von Stauffenbergs an den Vorbereitungen zum Attentat vom 20. Juli noch 2003 in Reina Pennington, Robin Higham (Hrsg.), Amazons to Fighter Pilots. A biographical Dictionary of military Women. Vorwort von Gerhard Weinberg. Westport 2003. Der Artikel wurde verfasst von Peter Hoffmann und Carol Anne Hale.

17 In der ersten Fassung ihres Manuskriptes über ihre Schwester Melitta hatte Jutta Rudershausen zum Thema 20. Juli 1944 geschrieben: «Wenige Tage vor dem 20. Juli 1944 erhielt Melitta den Besuch ihres Schwagers Klaus Stauffenberg. Ob er ihr von seinen Attentatsabsichten gesprochen hat, ist nicht überliefert; auf jeden Fall sprach er von besonderem, persönlichem Einsatz und legte ihr seine Familie ans Herz.» Frau über den Wolken, a. a. O., S. 68. In der zweiten Fassung war diese Passage überarbeitet: «Wenige Wochen vor dem 20. Juli erhielt Melitta den Besuch ihres Schwagers Claus Stauffenberg. Daß er von seinen Attentatsabsichten zu ihr gesprochen hat, welchen Auftrag er ihr zudachte und wie sie darauf reagiert hat, ist von Paul von Handel bezeugt. Sie kämpfte einen furchtbaren inneren Kampf, den sie auch noch ganz allein auf sich gestellt austragen mußte: Ihr Mann durfte auf keinen Fall mit einbezogen werden. Außerdem hatte Claus ihr seine Familie ans Herz gelegt, falls sein persönlicher Einsatz ihm mißlingen sollte.» Dies., Flugkapitän Melitta Schiller-Stauffenberg, a. a. O., S. 83. Potenziert vertritt die Widerstandslegende auch Konstanze von Schulthess, Nina Schenk Gräfin von Stauffenberg, a. a. O., S. 89.

18 Vgl. http:/www.cdvandt.org/navigation-tagung.htm (aufgerufen am 13. 11. 2011). Sammlung der Vorträge anlässlich der Arbeitstagung «Navigation» am 23. und 24. 3. 1944 beim Ferdinand-Braun-Institut Landsberg am Lech. Hier finden sich drei Vorträge von Paul von Handel, einer mit dem Koautor Dietrich Graf von Soden-Frauenhofen.

19 Vgl. Hermann Kaienburg, Die Wirtschaft der SS. Berlin 2003, S. 486 ff., sowie Karl-Heinz Ludwig, Technik und Ingenieure im Dritten Reich. Düsseldorf 1974, S. 252 ff. sowie S. 490.

20 Der Herkunft ihres Vaters bzw. ihres Großvaters Moses Schiller widmete

Anmerkungen

Jutta Rudershausen in ihrem Typoskript «Frau über den Wolken» nur wenige Zeilen: «Sein Vater (Moses Schiller) hatte als Großkaufmann, dann als ‹Rentier› in angenehmen Verhältnissen gelebt, sodaß er seinen acht Kindern angemessene Ausbildungen und alle Annehmlichkeiten eines regen geselligen Lebens in der heimatlichen mitteldeutschen Großstadt bieten konnte und schließlich jedem auch eine kleine Erbschaft hinterließ.» A. a. O., S. 8. In der erweiterten Fassung «Flugkapitän Melitta Schiller-Stauffenberg» fehlt jeder Hinweis auf Michael Schillers Herkunft.

21 Jutta Rudershausen promovierte bei dem Betriebswirtschaftler Karl Oberparleiter. Auskunft der Bibliothek der Wirtschaftsuniversität Wien vom 7. 1. 2011. Die Hochschule für Welthandel wurde aufgrund von antisemitischen Tendenzen unter der Professorenschaft bereits vor 1938 als «Filiale des Dritten Reiches» bezeichnet. Der betriebswirtschaftliche Ordinarius Oberparleiter schloss sich dem zunächst nicht an. Nach dem «Anschluss» Österreichs wurde seine Haltung jedoch unentschiedener, wahrscheinlich wegen der jüdischen Großeltern seiner Frau. Vgl. Peter Mantel, Betriebswirtschaftslehre und Nationalsozialismus. Eine institutionen- und personengeschichtliche Studie. Wiesbaden 2009, S. 299.

22 Auskunft Reinhart Rudershausen vom 9. 1. 2011.

23 BA (ehem. BDC), NSDAP-Zentralkartei.

24 Brief der Leitung der Auslands-Organisation der NSDAP an den Reichsschatzmeister der NSDAP vom 17. 2. 1942 betreffs einer Aufwandsentschädigung für Kurt Rudershausen, Landesgruppenleiter. BA (ehem. BDC), PK Rudershausen, Kurt, 11. 11. 1902.

25 Bewilligungsbescheid vom 6. 3. 1942. Ebd.

26 Jutta Rudershausen an Marie-Luise Lübbert, 10. 12. 1946. ARR.

27 Jutta Rudershausen an Marie-Luise Lübbert, 1. 1. 1947. Ebd.

28 Jutta Rudershausen an Marie-Luise Lübbert, 1. 1. 1947. Ebd.

29 Auskunft Reinhart Rudershausen vom 9. 1. 2011 an den Autor.

30 Klara Schiller an Marie-Luise Lübbert, 9. 9. 1946. ARR.

31 Der Brief beginnt folgendermaßen: «Liebste Pims: Ich bin sehr glücklich, Dir diesen Ring übersenden zu dürfen, den die Duli von der Königin geschenkt bekommen und immer getragen u. den sie Dir ausdrücklich in ihrer letztwilligen Verfügung vermacht hat.» Alexander von Stauffenberg an Klara Schiller, 13. 6. 1956. ARR.

32 Klara Schiller an Marie-Luise Lübbert, Ende Juli 1944. ARR.

33 Klara Schiller an Marie-Luise Lübbert, 8. 6. 1944: «Wenn ich auch nicht glaube, dass die Invasion gelingen wird …» ARR.

34 Ebd.

35 Erinnerungen von Dipl.-Ing. Kläre Schiller. Ebd.

36 Im «Fotoalbum Klara Schiller 1908–1947» schreibt Klara Schiller, dass sie von 1939 bis 1943 «von der deutsch-spanischen Agro S.A. … mit dem Anbau und der Züchtung von Sojabohnen in Spanien beauftragt» worden sei. ARR.

37 Vgl. Joachim Drews, Die «Nazi-Bohne». Anbau, Verwendung und Auswir-

kung der Sojabohne im Deutschen Reich und Südosteuropa (1933–1945).
Münster 2004. Hier wird auch Klara Schillers Tätigkeit erwähnt.

38 Im «Fotoalbum 1908 bis 1947» heißt es: «Im Winter 1943 kam ich zu Besuch nach Deutschland und konnte nicht wieder zurück. Ich wurde von der I.G. Berlin zum Limburgerhof bei Ludwigshafen geschickt, wo ich das Kriegsende erlebte und dann von der BASF übernommen wurde.» In einem Brief an ihre Schwester Lili aus Berlin vom 8. 6. 1944 schwärmt Klara von ihrer neuen Arbeit, bei der man sie «in der Europaplanung des Dreijahresplanes für Oelfrüchte einsetzten will. Das ist genau die Arbeit, mit der ich immer geliebäugelt habe und jetzt ist es mir so einfach mir nichts Dir nichts in den Schoß gefallen … Sämtliche Länder Europas, in denen wir direkt Einfluss nehmen können, fallen da hinein, also Frankreich, Belgien, Holland …, Norditalien, Serbien, Kroatien, Generalgouvernement und die baltischen Staaten.» Der Absatz schließt mit der Bemerkung, dass sich das lange Warten gelohnt habe, «sodass ich doch nicht umsonst Spanien den Rücken gekehrt habe». ARR.

39 Vgl. die Briefe an Marie-Luise Lübbert. Am 31. 7. 1944 heißt es, «ich stehe mit Rudorf sehr gut». Am 9. 2. 1945 berichtet Klara Schiller an ihre Schwester Lili, dass «Rudorf am Dienstag bei der O.K.H. Besprechung mit dabei sein» wird. Ebd. Bei der Besprechung ging es um einen «Forschungsauftrag für Lupinen … und für die (!) ich züchterisch eingesetzt werden soll». Ebd.

40 Rüdiger Hachtmann, Wissenschaftsmanagement im «Dritten Reich». Geschichte der Generalverwaltung der Kaiser-Wilhelm-Gesellschaft. Band 2. Göttingen 2007, S. 746.

41 Zu Rudorf und Sessous, die beide ihre Karriere nach 1945 fortsetzten, hielt Klara Schiller, wie aus ihren Briefen an ihre Schwester Marie-Luise Lübbert hervorgeht, auch noch nach dem Krieg sporadischen Kontakt. ARR.

42 Otto Schiller, Änderungen im Gehalt des Stalldüngers an Pflanzennährstoffen nach dem Kriege: Untersuchungen in der Provinz Schlesien. Breslau, Phil. Diss. v. 14. 7. 1922. Berlin 1923.

43 Berlin, Königsberg/Pr. 1930.

44 Lebensläufe zu Otto Schiller finden sich in Osteuropa 9/1961, S. 640 ff., aus Anlass des 60. Geburtstages, sowie ebd., 9/1966, S. 657 ff., zum 65. Geburtstag. Eine ausführliche Würdigung samt vollständiger Bibliographie der von Schiller verfassten Schriften enthält die Festschrift von Heinrich Bechtoldt (Hrsg.), In dankbarer Verbundenheit widmen Kollegen und Schüler diese Schrift Otto Schiller zum 65. Geburtstag. Stuttgart 1966.

45 Hans von Herwarth, Zwischen Hitler und Stalin. Erlebte Zeitgeschichte 1931 bis 1945. Frankfurt am Main, Berlin, Wien 1982, S. 85. Herwarth war von 1931 bis 1939 Attaché an der deutschen Botschaft in Moskau.

46 In der Prawda vom 2. Oktober 1933 war Otto Schiller Gegenstand scharfer Vorwürfe. Der ganzseitige Artikel schloss mit der Bemerkung, hier habe «ein bourgeoiser Journalist den sozialen Auftrag von Leuten» ausgeführt, «die die Vernichtung des Weltbolschewismus für (!) ihre ‹Mission› erklären und durch Predigen der Wiederherstellung des Kulakentums und durch

Verleumdung der Kolchosen den ideologischen Boden für einen Antisowjetkrieg vorzubereiten suchen». Dem Angriff auf Schiller war bereits ein Protest der Sowjets vorangegangen. Behauptet wurde, Schiller unternehme seine Reise nicht als Diplomat, was auf den nicht ganz unberechtigten Vorwurf der Spionage hinauslief. Politisches Archiv des Auswärtigen Amtes, Bestand Botschaft Moskau, Band 227, Aug. bis Nov. 1933. Der Nachlass Otto Schillers befindet sich im Bundesarchiv Berlin, N/2261, Nachlass Schiller, Otto.

47 Christian Gerlach, Die deutsche Agrarreform und die Bevölkerungspolitik in den besetzten sowjetischen Gebieten. In: Besatzung und Bündnis. Deutsche Herrschaftsstrategien in Ost- und Südosteuropa. Berlin, Göttingen 1995, S. 15. Der Aufsatz stellt ausführlich Otto Schillers Lebenslauf wie seine Tätigkeit in der Sowjetunion nach dem deutschen Überfall 1941 dar.

48 Hans von Herwarth, Zwischen Hitler und Stalin, a. a. O., S. 85.

49 Christian Gerlach, Die deutsche Agrarreform und die Bevölkerungspolitik in den besetzten sowjetischen Gebieten, a. a. O., S. 14. Vgl. auch ders., Kalkulierte Morde. Die deutsche Wirtschafts- und Vernichtungspolitik in Weißrußland 1941 bis 1944. Hamburg 1999. Schiller erscheint hier wiederholt an zentraler Stelle.

50 Christian Gerlach, Die deutsche Agrarreform und die Bevölkerungspolitik in den besetzten sowjetischen Gebieten, a. a. O., S. 14.

51 Die neue Agrar-Ordnung mit Präambel und Schlusswort des Reichsministers für die besetzten Ostgebiete. Berlin 1942. Rosenbergs einleitender «Aufruf zur Agrar-Ordnung» beginnt folgendermaßen: «Bauern! Die jüdische Sowjetregierung in Moskau hat Euch durch ihr Kolchosgesetz an den Abgrund herangeführt, hat sich widersetzende aufrechte Bauern verschleppen oder ermorden lassen ... Das Deutsche Reich hat Euch von dieser bolschewistischen Todesgefahr errettet und wird diese Euch vernichtende Zwangsherrschaft für immer stürzen.» Ebd., S. 2. Zur Ausarbeitung der Agrarreform durch Otto Schiller vgl. Christian Gerlach, Die deutsche Agrarreform und die Bevölkerungspolitik in den sowjetischen Gebieten, a. a. O., S. 14, Fußnote 14. Hier der Verweis auf entsprechende Archivalien.

52 Vgl. Christian Gerlach, Die deutsche Agrarreform und die Bevölkerungspolitik in den besetzten sowjetischen Gebieten, a. a. O., S. 9. In «Kalkulierte Morde» urteilt Gerlach, Otto Schiller habe neben anderen zu den «Mitinitiatoren von Massenverbrechen» der deutschen Besatzungspolitik in Weißrussland gehört. A. a. O., S. 1150.

53 Peter Hoffmann, Claus Schenk Graf von Stauffenberg und seine Brüder, a. a. O., teilt auf S. 254 mit, auf einer seiner Inspektionsreisen habe Otto Schiller im Oktober 1942 in Winniza in der Ukraine einen Vortrag gehalten, bei dem auch Claus von Stauffenberg unter den Zuhörern gewesen sei. «Kriegsverwaltungsrat im Wirtschaftsstab Ost Otto Schiller, der Schwager Alexander Graf Stauffenbergs, früher Landwirtschaftsattaché der deutschen Botschaft in Moskau, der die ukrainischen Kolchosen in teilprivate Genossenschaften umgewandelt hatte, referierte über den verhängnisvol-

len Kurs der deutschen Politik im Osten.» Diese Information geht zurück auf Eberhard Zeller, Geist der Freiheit. Der zwanzigste Juli. München o. J. [1952]. Bei Zeller ist es allerdings nicht Otto Schiller, sondern Claus von Stauffenberg, der in seiner Replik «mit Schrecken» sah, «welchen verhängnisvollen Kurs die deutsche Ostpolitik steuere». Zeller, a. a. O., S. 147. Zellers Information ging, wie in Anmerkung 26 notiert, zurück auf «Professor Otto Schiller, landwirtschaftliche Hochschule Hohenheim, persönlicher Bericht». Ebd., S. 356.

54 Im AWMH ist von der Korrespondenz mit Peter Hoffmann nur eine Seite ohne Anrede, Ort und Datum erhalten geblieben. Hoffmann erhielt Auskunft von Klara Schiller am 15. 5. und am 28. 9. 1989. Vgl. Peter Hoffmann, Claus Schenk Graf von Stauffenberg und seine Brüder, a. a. O., S. 517, Fußnote 173.

55 Klara Schiller an Peter Hoffmann, ohne Ort und Datum. AWHM. Vgl. Peter Hoffmann, Claus Schenk Graf von Stauffenberg und seine Brüder, a. a. O., S. 159.

56 Ebd.

57 Peter Hoffmann an Klara Schiller, 2. 6. 1993. ARR.

58 Klara Schiller an Peter Hoffmann, 24. 6. 1993. Ebd.

59 Die entsprechenden Akten im BayHStA sowie im BA enthalten keine diesbezüglichen Aussagen. In dem vom Chef der Reichskanzlei Dr. Lammers am 11. Juni 1941 unterschriebenen Begleitschreiben an Melitta von Stauffenberg heißt es, «die Gleichstellung mit deutschblütigen Personen gilt auch für Ihre Nachkommen, soweit nicht etwa bei Ihnen ein fremdrassiger Bluteinschlag von anderer Seite hinzukommt». BayHStA, MK 44381. Mitglieder der Familie Schiller werden nicht erwähnt.

60 Klara Schiller an Peter Hoffmann, 9. 8. 1993. ARR.

61 Klara Schiller, Fotoalbum 1908–1947, a. a. O.

62 Marie-Luise Lübbert, Chronik der Familie Lübbert, a. a. O., S. 18.

63 Vgl. Biedermann und Schreibtischtäter. Materialien zur deutschen Täter-Biographie. Beiträge zur nationalsozialistischen Gesundheits- und Sozialpolitik. Band 4. Berlin 1987. In den hier veröffentlichen Auszügen aus dem Tagebuch Otto Bräutigams wird Otto Schiller mehrfach erwähnt.

64 Klara Schiller an Marie-Luise Lübbert am 11. 1. 1946. ARR.

65 Georg Wollé, Erinnerungen eines Berufskollegen, der mit Melitta in der Versuchsanstalt für Luftfahrt angestellt war. 11. 2. 1974. ARR.

66 Georg Pasewaldt, Erfahrungen und Erkenntnisse einer Fliegerlaufbahn, a. a. O.

67 Erinnerungen von Dipl.-Ing. Kläre Schiller, 7911 Holzheim b. Neu-Ulm. ARR.

68 Das Typoskript erscheint im ARR mit der Überschrift «Erinnerungen von Nina Gräfin Stauffenberg an Melitta».

69 Erinnerungen von Heimeran Graf Stauffenberg an Melitta. Das vermutlich von Jutta Rudershausen verfasste Typoskript befindet sich unter dieser Überschrift im ARR. Heimeran von Stauffenberg gibt an, solche Erinne-

rungen weder verfasst noch weitergegeben zu haben. Brief an den Autor vom 26.9.2012.

70 Nina von Stauffenberg, Litta, a.a.O., S.VI. Heimeran von Stauffenberg gibt an, diese Aussage stamme von Alexander von Stauffenberg. Brief an den Autor vom 26.9.2012.

71 Vgl. hierzu ausführlich Eckart Conze, Aufstand des preußischen Adels. Marion Gräfin Dönhoff und das Bild des Widerstands gegen den National-sozialismus in der Bundesrepublik Deutschland. In: Vierteljahrshefte für Zeitgeschichte. Jg. 51. Heft 4. 2002, S. 483–508.

72 Marion Gräfin Dönhoff an Klara Schiller, 22.10.1975. AGB.

73 Jutta Rudershausen, Entstehungsgeschichte des Manuskriptes «Flugkapitän Dipl.-Ing. Melitta Schiller-Stauffenberg», a.a.O.

74 Einen ähnlichen Werdegang in der Nachkriegszeit verzeichneten auch Melitta von Stauffenbergs Kollegen. So setzte etwa der Leiter des Ballistischen Instituts, der fast gleichaltrige Hubert Schardin, Bevollmächtigter für Ballistik im Reichsforschungsrat, für den sie auch an der TAL in Gatow gearbeitet hatte, seine wissenschaftliche Karriere nach 1945 fort. Mitte der sechziger Jahre war er im Bundesverteidigungsministerium tätig. Vgl. Sören Flachowsky, Von der Notgemeinschaft zum Reichsforschungsrat: Wissenschaftspolitik im Kontext von Autarkie, Aufrüstung und Krieg. Stuttgart 2008.

75 Mitgliedsnummer 2747815, BA (ehem. BDC), NSDAP Ortskartei.

76 Klara Schiller an Peter Hoffmann, ohne Datum (1989). AWMH.

77 Klara Schiller an Marie-Luise Lübbert, 16.2.1945. ARR.

78 Marie-Luise Lübbert, Chronik der Familie Lübbert, S. 28. AWMH. Die Angaben hierzu sind widersprüchlich. Auf derselben Seite spricht Marie-Luise Lübbert auch davon, dass «unser 84jähriger Großvater ein Opfer der menschenunwürdigen Behandlung der polnischen Besatzer Danzigs geworden war». Ebd. Danzig war bereits Ende März 1945 von der Roten Armee erobert worden.

79 Auskunft Wenka-Maria Hagemeister am 15.10.2010.

80 Den «Gesamtbescheid» erhielt Klara Schiller erst am 2. März 1962 vom Ausgleichsamt der Stadt Neu-Ulm zugestellt. Darin hieß es: «Schiller, Margarete, wohnhaft zuletzt in Danzig, f. tot erklärt mit 31.12.45.» ARR.

Literaturverzeichnis

Absolon, Rudolf, Die Wehrmacht im Dritten Reich. Band I. 30. Januar 1933 bis 2. August 1934. Mit einem Rückblick auf das Militärwesen in Preußen, im Kaiserreich und in der Weimarer Republik. Schriften des Bundesarchivs. Band 16/I. Boppard am Rhein 1969.

Adam, Christian, Lesen unter Hitler. Autoren, Bestseller, Leser im Dritten Reich. Berlin 2010.

Aders, Gebhard, Geschichte der deutschen Nachtjagd. Stuttgart 1977.

Alicke, Klaus-Dieter, Lexikon der jüdischen Gemeinden im deutschen Sprachraum. 3 Bände. Gütersloh 2008.

Aly, Götz, Hitlers Volksstaat. Raub, Rassenkrieg und nationaler Sozialismus. Frankfurt am Main 2005.

Aly, Götz, Karl Heinz Roth, Die restlose Erfassung. Volkszählung, Identifikation, Aussondern im Nationalsozialismus. Frankfurt am Main 2000.

Antisemitismus in Sachsen im 19. und 20. Jahrhundert. Hrsg. von der Ephraim-Carlebach-Stiftung und der Sächsischen Landeszentrale für Politische Bildung. Dresden 2004.

Antlitz der Zeit. 60 Aufnahmen deutscher Menschen des 20. Jahrhunderts. Mit einer Einleitung von Alfred Döblin. München 1929.

Askania-Warte. Heft 12. Juli/August 1938.

Askania-Warte. Heft 8. November/Dezember 1937.

Aviaticus. Jahrbuch der deutschen Luftfahrt 1931. Hrsg. von der Interessengemeinschaft der deutschen Luftfahrt, Reichsverband der deutschen Luftfahrt-Industrie e.V., Deutsche Luft Hansa A.G. Berlin 1931.

Bade, Klaus J. u.a. (Hrsg.), Enzyklopädie Migration in Europa. Vom 17. Jahrhundert bis zur Gegenwart. Paderborn u.a. 2007.

Bauer, Fritz, Würzburg im Feuerofen. Tagebuchaufzeichnungen und Erinnerungen an die Zerstörung Würzburgs. Würzburg 1985.

Bauwelt. Heft 51. 1930.

Beauvais, Heinrich (Hrsg.), Ingenieure in der Luftwaffe der deutschen Wehrmacht. München 1988.

Beauvais, Heinrich u.a. (Hrsg.), Flugerprobungsstellen bis 1945. Johannisthal, Lipezk, Rechlin, Travemünde, Tarnewitz, Peenemünde-West. Unter Mitarbeit von Heinz Borsdorff u.a. München u.a. 1998.

Bechtoldt, Heinrich (Hrsg.), In dankbarer Verbundenheit widmen Kollegen und Schüler diese Schrift Otto Schiller zum 65. Geburtstag. Stuttgart 1966.

Beinhorn, Elly, 180 Stunden über Afrika. Berlin 1933.

Beinhorn, Elly, Alleinflug. Mein Leben. München 2008.

Beinhorn, Elly, Berlin–Kapstadt–Berlin. Mein 28 000 km Flug nach Afrika. Berlin 1939.

Beinhorn, Elly, Ein Mädchen fliegt um die Welt. Mit 64 Tiefdruckbildern, Aufnahmen der Verfasserin. Berlin 1932.

Beinhorn, Elly, Premieren am Himmel. Meine berühmten Fliegerkameraden. München 1991.

Beiträge zur Geschichte der Deutschen Versuchsanstalt für Luft- und Raumfahrt e.V. Festschrift aus Anlass des 50jährigen Bestehens der DVL im April 1962. O.O., o.J.

Benecke, Theodor (Hrsg.), Die deutsche Luftfahrt. Buchreihe über die Entwicklungsgeschichte der deutschen Luftfahrttechnik. In Zusammenarbeit mit dem Deutschen Museum München. München u.a. 2001.

Benjamin, Walter, Der Sürrealismus. Die letzte Momentaufnahme der europäischen Intelligenz. In: Gesammelte Schriften. Band II/1. Hrsg. von Rolf Tiedemann und Hermann Schweppenhäuser. Frankfurt am Main 1980.

Benjamin, Walter, Über Haschisch. Frankfurt am Main 1972.

Benn, Gottfried, Provoziertes Leben. In: Sämtliche Werke. Prosa 2. Stuttgart 1989.

Benz, Wolfgang, Angelika Königseder (Hrsg.), Das Konzentrationslager Dachau. Geschichte und Wirkung nationalsozialistischer Repression. Berlin 2008.

Benz, Wolfgang, Barbara Distel (Hrsg.), Der Ort des Terrors. Geschichte der nationalsozialistischen Konzentrationslager. Band 3. Sachsenhausen, Buchenwald. Band 6. Natzweiler, Groß-Rosen, Stutthof. München 2006, 2007.

Berlin und seine Bauten. Teil IV. Wohnungsbau. Band A. Die Voraussetzungen. Die Entwicklung der Wohngebiete. Besorgt von D. R. Frank und D. Rentschler. Berlin, München, Düsseldorf 1970.

Berlin, Isaiah, Against the Current. Essays in the History of Ideas. Hrsg. von Henry Hardy. New York 1980.

Berliner Illustrirte Zeitung. Jg. 38. Nr. 42. 20. Oktober 1929.

Berliner Illustrirte Zeitung. Jg. 52. Nr. 12. 25. März 1943.

Berthold Vallentin, Gespräche mit Stefan George. Amsterdam 1967.

Biedermann und Schreibtischtäter. Materialien zur deutschen Täter-Biographie. Mit Beiträgen von Götz Aly, Peter Chroust, H. D. Heilmann und Hermann Langbein. Berlin 1987.

Boehringer, Robert, Mein Bild von Stefan George. 2 Bände. 2., ergänzte Auflage. Düsseldorf, München 1967.

Bogacz, Daniel, Fremde in einer freien Stadt. Deutsche, Polen und Juden in Danzig 1920–1939. Zur Minderheitenforschung in Ostmitteleuropa. Bonn 2004.

Boog, Horst, Die deutsche Luftwaffenführung 1935–1945. Führungsprobleme, Spitzengliederung, Generalstabsausbildung. Stuttgart 1982.

Bracke, Gerhard, Melitta Gräfin Stauffenberg. Das Leben einer Fliegerin. München 1990.

Braun, Markus Sebastian, Spuren des Terrors. Stätten nationalsozialistischer Gewaltherrschaft in Berlin. Berlin 2002.

Brenner, Michael, Jüdische Kultur in der Weimarer Republik. München 2000.

Brieger, Lothar, Das Frauengesicht der Gegenwart. Stuttgart 1930.

Brütting, Georg, Segelflug und Segelflieger. Entwicklung, Meister, Rekorde. Mit einem Geleitwort von Hermann Köhl. München 1935.

Bude, Heinz, Deutsche Karrieren. Lebenskonstruktionen sozialer Aufsteiger aus der Flakhelfer-Generation. Frankfurt am Main 1987.

Bude, Heinz, Helden der Bundesrepublik. Die Lederjacke Rudi Dutschkes, die Augenklappe des Claus Schenk Graf von Stauffenberg – Symbole im kollektiven Gedächtnis. In: taz. 26. Oktober 2011.

Budrass, Lutz, Flugzeugindustrie und Luftrüstung in Deutschland 1918–1945. Schriften des Bundesarchivs. Band 50. Düsseldorf 1998.

Budrass, Lutz, Zwischen Unternehmen und Luftwaffe. Die Luftfahrtforschung im ‹Dritten Reich›. In: Helmut Maier (Hrsg.), Rüstungsforschung im Nationalsozialismus. Organisation, Mobilisierung und Entgrenzung der Technikwissenschaften. Göttingen 2002.

Chowaniec, Elisabeth, Der ‹Fall Dohnanyi› 1943–1945. Widerstand, Militärjustiz, SS-Willkür. Schriftenreihe der Vierteljahrshefte für Zeitgeschichte. München 1991.

Christ, Karl, Der andere Stauffenberg. Der Historiker und Dichter Alexander von Stauffenberg. München 2008.

Coester, Robert, Die Loslösung Posens. Berlin 1921.

Conrad, Sebastian, Globalisierung und Nation im deutschen Kaiserreich. München 2006.

Conze, Eckart, Aufstand des preußischen Adels. Marion Gräfin Dönhoff und das Bild des Widerstands gegen den Nationalsozialismus in der Bundesrepublik Deutschland. In: Vierteljahrshefte für Zeitgeschichte. Jg. 51. Heft 4. 2002, S. 483–508.

Corum, James S., Stärken und Schwächen der Luftwaffe. Führungsqualitäten und Führung im Zweiten Weltkrieg. In: Rolf-Dieter Müller, Hans-Erich Volkmann (Hrsg.), Die Wehrmacht. Mythos und Realität. Im Auftrag des Militärgeschichtlichen Forschungsamtes. München 1999.

Danyel, Jürgen, Der 20. Juli. In: Etienne Francois, Hagen Schulze (Hrsg.), Deutsche Erinnerungsorte. Band 2. München 2001.

Das Füsilier-Regiment v. Steinmetz (Westpreußisches) Nr. 37 im Weltkriege 1914–1918. Nach den amtlichen Kriegstagebüchern, Berichten, Feldpostbriefen, Zuschriften und Stimmen aus der Front bearbeitet von Hans Altmann, Lt.d.Res.a.D., zuletzt M.B.O. beim Rgts.-Stabe F.R.37. Mit 4 Karten, 25 vom Verfasser gezeichneten Skizzen, 100 Bildern und einer Ehrenliste aller Gefallenen. Berlin-Charlottenburg 1931.

Das Regionalmuseum in Krotoschin. Krotoszyn 2007.

dell'Antonio, Cirillo, Die Holzschnitzschule in Bad Warmbrunn. Bad Warmbrunn 1927.

Der Adler. Heft 7. 6. April 1943.

Der ewige Jude. 265 Bilddokumente gesammelt von Hans Diebow. München, Berlin 1937.

Der Reichsluftsportführer (Hrsg.), Deutscher Luftsport 1936. Berlin 1936.

Der Waffenstillstand 1918–1919 und Polen. Von Hans Freiherr von Hammerstein, General der Infanterie a. D., ehemaliger Vorsitzender der Deutschen Waffenstillstandskommission Soa. In: Einzelschriften zur Politik und Geschichte. Band 29. Berlin 1928.

Deutsche Luftwacht. Ausgabe Luftwelt. Hrsg. unter der Mitwirkung des Reichsluftfahrtministeriums. Jg. 10. Heft 7. 1. April 1943.

Diamant, Adolf, Chronik der Juden in Leipzig. Chemnitz, Leipzig 1993.

Die neue Agrar-Ordnung mit Präambel und Schlußwort des Reichsministers für die besetzten Ostgebiete. Berlin 1942.

Dietz, Burkhard, Michael Fessner, Helmut Maier (Hrsg.), Technische Intelligenz und ‹Kulturfaktor Technik›. Kulturvorstellungen von Technikern und Ingenieuren zwischen Kaiserreich und früher Bundesrepublik. Münster u. a. 1996.

Dittrich, Elke, Ernst Sagebiel. Leben und Werk. 1892–1970. Berlin 2005.

Dittrich, Lutz, Ernest Wichner, Herbert Wiesner (Hrsg.), 1929 – ein Jahr im Fokus der Zeit. Berlin 2001.

Doerry, Martin, Übergangsmenschen. Die Mentalität der Wilhelminer und die Krise des Kaiserreiches. Weinheim, München 1986.

Drews, Joachim, Die «Nazi-Bohne». Anbau, Verwendung und Auswirkung der Sojabohne im Deutschen Reich und Südosteuropa (1933–1945). Münster 2004.

During, Rainer W., Flugplatz Staaken. Ein Stück Luftfahrtgeschichte. Berlin 1985.

Echt, Samuel, Die Geschichte der Juden in Danzig. Leer 1972.

Etzdorf, Marga von, Kiek in die Welt. Als deutsche Fliegerin über drei Erdteilen. Berlin 1931.

Fahrner, Rudolf, Gesammelte Werke. 2 Bände. Köln, Weimar, Wien 2008.

Flachowsky, Sören, Von der Notgemeinschaft zum Reichsforschungsrat. Wissenschaftspolitik im Kontext von Autarkie, Aufrüstung und Krieg. Stuttgart 2008.

Fraenkel, Jury, Einbahnstraße. Bericht eines Lebens. 2 Bände. Murrhardt 1972.

Frevert, Ute, Frauen. Enzyklopädie des Nationalsozialismus. Hrsg. von Wolfgang Benz, Hermann Graml und Hermann Weiß. 5., aktualisierte und erweiterte Auflage. München 2007.

Friedländer, Saul, Orna Kenan, Das Dritte Reich und die Juden. 1933–1945. Gekürzte Ausgabe. München 2010.

Fritzsche, Peter, A Nation of Fliers. German Aviation and the Popular. Cambridge, Mass., London 1992.

Fuchs, Friedrich, Die Beziehungen zwischen der Freien Stadt Danzig und dem Deutschen Reich in der Zeit von 1920 bis 1939. Unter besonderer Berücksichtigung der Judenfrage in beiden Staaten. Freiburg 1999.

Literaturverzeichnis

Fuchs, Margot, «Wir Fliegerinnen sind keine Suffragetten». Die Versuchsingenieurin und Sturzflugpilotin Melitta von Stauffenberg (1903–1945). Kultur & Technik. Band 2. München 1994.

Fuchs, Margot, Wie die Väter so die Töchter. Frauenstudium an der Technischen Hochschule München 1899–1970. München 1994.

Gay, Peter, Meine deutsche Frage. Jugend in Berlin 1933–1939. 3. Auflage. München 2000.

Gerlach, Christian, Die deutsche Agrarreform und die Bevölkerungspolitik in den besetzten sowjetischen Gebieten. In: Besatzung und Bündnis. Deutsche Herrschaftsstrategien in Ost- und Südosteuropa. Berlin, Göttingen 1995.

Gerlach, Christian, Kalkulierte Morde. Die deutsche Wirtschafts- und Vernichtungspolitik in Weißrußland 1941 bis 1944. Hamburg 1999.

Geyer, Michael, Deutsche Rüstungspolitik 1860–1980. Frankfurt am Main 1995.

Gippert, Wolfgang, Die «Lösung der Judenfrage» in der Freien Stadt Danzig. Essen 2005.

Gosewinkel, Dieter, «Unerwünschte Elemente». Einwanderung und Einbürgerung der Juden in Deutschland 1848–1933. In: Tel Aviver Jahrbuch für deutsche Geschichte. Hrsg. im Auftrag des Instituts für deutsche Geschichte. Band XXVII. 1998.

Gosewinkel, Dieter, Einbürgern und Ausschließen. Die Nationalisierung der Staatsangehörigkeit vom Deutschen Bund bis zur Bundesrepublik Deutschland. Göttingen 2001.

Grochowska-Sachs, Ewa Beata, Die Holzschnitzschule Bad Warmbrunn – Abriss einer Legende. In: Die imposante Landschaft. Künstler und Künstlerkolonien im Riesengebirge im 20. Jahrhundert. Berlin 1999.

Groppe, Carola, Die Macht der Bildung. Das deutsche Bürgertum und der George-Kreis 1890–1933. Köln, Weimar, Wien 1997.

Groppe, Carola, Widerstand oder Anpassung? Der George-Kreis und das Entscheidungsjahr 1933. In: Günther Rüther (Hrsg.), Literatur in der Diktatur. Schreiben im Nationalsozialismus und DDR-Sozialismus. Paderborn u. a. 1997.

Gründel, Ernst Günther, Die Sendung der jungen Generation. Versuch einer umfassenden revolutionären Sinndeutung der Krise. München 1932.

Grundmann, Günther, Die Krippenkunst der Warmbrunner Holzschnitzschule. München o. J. [ca. 1930].

Grundmann, Günther, Konrad Hahm, Schlesien. Text und Bildersammlung. München o. J. [1926].

Grünewald, Eckhart, Ernst Kantorowicz und Stefan George. Beiträge zur Biographie des Historikers bis zum Jahre 1938 und zu seinem Jugendwerk ‹Kaiser Friedrich der Zweite›. Wiesbaden 1982.

Gumbrecht, Hans Ulrich, 1926. Ein Jahr am Rand der Zeit. Frankfurt am Main 2001.

Günther, Sonja, Das deutsche Heim. Luxusinterieurs und Arbeitermöbel von der Gründerzeit bis zum «Dritten Reich». Werkbundarchiv 12. Gießen 1984.

Günther, Sonja, Design der Macht. Möbel für Repräsentanten des «Dritten Reiches». Stuttgart o. J.

Günther, Wolfgang, Alexander Schenk Graf von Stauffenberg. Professor in München 30. 4. 1948 – 27. 1. 1964. In: J. Seibert, 100 Jahre Alte Geschichte an der Ludwig-Maximilians-Universität München. Berlin 2002.

Guttenberg, Elisabeth zu, Beim Namen gerufen. Erinnerungen. Berlin 1990.

Haar, Ingo, Historiker im Nationalsozialismus. Deutsche Geschichtswissenschaft und der «Volkstumskampf» im Osten. Kritische Studien zur Geschichtswissenschaft. Band 143. Göttingen 2000.

Hachtmann, Rüdiger, Wissenschaftsmanagement im «Dritten Reich». Geschichte der Generalverwaltung der Kaiser-Wilhelm-Gesellschaft. Band 2. Göttingen 2007.

Haffner, Sebastian, Geschichte eines Deutschen. Die Erinnerungen 1914 – 1933. München 2006.

Hagen, Hans W., Blick hinter die Dinge. 12 Begegnungen. München 1962.

Hagen, Hans W., Zwischen Eid und Befehl. Tatzeugenbericht von den Ereignissen am 20. Juli 1944. München 1964.

Hansen, Heinrich (Hrsg.), Das Antlitz der deutschen Frau. Mit einem Geleitwort von Frau Emmy Göring. Dortmund 1939.

Harmelin, Wilhelm, Brody, die alte Pelzstadt in Galizien. In: Das Pelzgewerbe. Schriften für Pelz und Säugetierkunde. Jg. XVII. Leipzig 1966.

Hassell, Fey von, Niemals sich beugen. Erinnerungen einer Sondergefangenen der SS. München 1990.

Heimatkunde des Kreises Krotoschin. Unter Benutzung amtlicher Quellen bearbeitet von J. Smulczynski, Lehrer. Krotoschin 1908.

Helbig, Daniela, The Known and the Lived. Studies in techno-scientific ‹Experience›. Dissertation. Harvard University 2012.

Hellpach, Willy, Deutsche Physiognomik. Grundlegung einer Naturgeschichte der Nationalgesichter. Berlin 1942.

Herbert, Ulrich, Arbeit, Volkstum, Weltanschauung. Über Fremde und Deutsche im 20. Jahrhundert. Frankfurt am Main 1995.

Herf, Jeffrey, Reactionary Modernism. Technology, Culture, and Politics in Weimar and the Third Reich. Cambridge 1984.

Herkommer, Christina (Hrsg.), Frauen im Nationalsozialismus – Opfer oder Täterinnen? Eine Kontroverse der Frauenforschung im Spiegel feministischer Theoriebildung und der allgemeinen historischen Aufarbeitung der NS-Vergangenheit. München 2005.

Herrmann, Hajo, Bewegtes Leben. Kampf- und Jagdflieger 1935 – 1945. Stuttgart 1986.

Herrmann, Wolfgang A. (Hrsg.), Technische Universität München. Die Geschichte eines Wissenschaftsunternehmens. 2 Bände. München, Berlin 2000.

Herwarth, Hans von, Zwischen Hitler und Stalin. Erlebte Zeitgeschichte 1931 bis 1945. Frankfurt am Main, Berlin, Wien 1982.

Herz, Rudolf, Hoffmann & Hitler. Fotografie als Medium des Führer-Mythos. In: Ausstellungskatalog Fotomuseum im Münchner Stadtmuseum, Deut-

Literaturverzeichnis

sches Historisches Museum Berlin, Historisches Museum Saar in Saarbrücken 1994.

Hett, Ulrike, Johannes Tuchel, Die Reaktionen des NS-Staates auf den Umsturzversuch vom 20. Juli. In: Peter Steinbach, Johannes Tuchel (Hrsg.), Widerstand gegen den Nationalsozialismus. Bonn 1994.

Hilberg, Raul, Die Vernichtung der europäischen Juden. 3 Bände. 10. Auflage. Frankfurt am Main 2007.

Hillary, Richard, Der letzte Feind. 4. Auflage. Zürich 1946.

Hirschel, Ernst Heinrich, Horst Prem, Gero Madelung, Luftfahrtforschung in Deutschland. Unter Mitarbeit von Theodor Benecke. Bonn 2001.

Hirth, Wolf (Hrsg.), Handbuch des Segelfliegens. Mit einem Geleitwort von Generalleutnant Christiansen, Korpsführer des NS-Fliegerkorps. Stuttgart 1938.

Hoffmann, Peter, Claus Schenk Graf von Stauffenberg und seine Brüder. München 1992.

Hoffmann, Peter, Stauffenbergs Freund. Die tragische Geschichte des Widerstandskämpfers Joachim Kuhn. München 2007.

Hoffmann, Peter, Zu dem Attentat im Führerhauptquartier «Wolfsschanze» am 20. Juli 1944. In: Vierteljahrshefte für Zeitgeschichte. Jg. 12. 3. Heft. 1964.

Holzapfel, Carl Maria, Käte Stocks, Rudolf Stocks (Hrsg.): Frauen fliegen. Sechzehn deutsche Pilotinnen in ihren Leistungen und Abenteuern. Mit einem Geleitwort von Hermann Köhl. Berlin 1931.

Hormann, Jörg-M., Evelyn Zegenhagen, Deutsche Luftfahrtpioniere. 1900–1950. Bielefeld 2008.

Ingold, Felix Philipp, Literatur und Aviatik. Europäische Flugdichtung 1909–1927. Mit einem Exkurs über die Flugidee in der modernen Malerei und Architektur. Basel, Stuttgart 1978.

Irving, David, Die Tragödie der deutschen Luftwaffe. Aus den Akten und Erinnerungen von Feldmarschall Erhard Milch. Frankfurt am Main, Berlin 1972.

Ishoven, Armand van, Ernst Udet. Biographie eines großen Fliegers. Herrsching 1986.

Italiaander, Rolf, Drei deutsche Fliegerinnen. Elly Beinhorn, Thea Rasche, Hanna Reitsch. Drei Lebensbilder. Berlin o.J. [1940].

Italiaander, Rolf (Hrsg.), Wolf Hirth erzählt. Die Erlebnisse unseres erfolgreichen Meister-Fliegers. Leipzig 1935.

Jäckel, Eberhard, Peter Longerich, Julius H. Schoeps, Enzyklopädie des Holocaust. Die Verfolgung und Ermordung der europäischen Juden. Berlin 1993.

Jahrbuch der Deutschen Versuchsanstalt für Luftfahrt. Berlin-Adlershof 1930.

Jahrbuch der Deutschen Versuchsanstalt für Luftfahrt. Berlin-Adlershof 1931.

Jahresberichte der Evangelischen Kirchengemeinde Krotoschin für die Jahre 1913–1915. Krotoschin o.J.

Joachim C. Fest, Hitler. Eine Biographie. 6. Auflage. Frankfurt am Main, Berlin 1996.

Jünger, Ernst (Hrsg.), Luftfahrt ist not! 2. Auflage. Leipzig, Nürnberg o.J. [1928].

Jünger, Ernst, Annäherungen. Drogen und Rausch. München 1990.

Jünger, Ernst, Der Arbeiter. Herrschaft und Gestalt. In: Werke. Band 6. Stuttgart o.J.

Kaienburg, Hermann, Die Wirtschaft der SS. Berlin 2003.

Kantorowicz, Ernst, Das Geheime Deutschland. Vorlesung gehalten bei der Wiederaufnahme der Lehrtätigkeit am 14. November 1933. In: Robert L. Benson, Johannes Fried (Hrsg.), Ernst Kantorowicz. Erträge der Doppeltagung. Institute for Advanced Study, Princeton, Johann Wolfgang Goethe-Universität, Frankfurt am Main. Stuttgart 1997.

Kardorff, Ursula von, Berliner Aufzeichnungen 1942–1945. München 1962.

Karlauf, Thomas, Stefan George. Die Entdeckung des Charisma. München 2007.

Kehrt, Christian, Moderne Krieger. Die Technikerfahrungen deutscher Militärpiloten 1910–1945. Paderborn u. a. 2010.

Kershaw, Ian, Hitler. 1889–1936. Stuttgart, München 1998.

Kessemeier, Gesa, Sportlich, sachlich, männlich. Das Bild der ‹Neuen Frau› in den zwanziger Jahren. Zur Konstruktion geschlechtsspezifischer Körperbilder in der Mode der Jahre 1920 bis 1929. Dortmund 2000.

Kiesel, Helmuth, Ernst Jünger. Die Biographie. München 2007.

Koch, Hannsjoachim Wolfgang, Der deutsche Bürgerkrieg. Eine Geschichte der deutschen und österreichischen Freikorps 1918–1923. Dresden 2002.

Koebner, Thomas, Rolf-Peter Janz, Frank Trommler (Hrsg.), «Mit uns zieht die neue Zeit». Der Mythos Jugend. Frankfurt am Main 1985.

Kogon, Eugen, Der SS-Staat. Das System der deutschen Konzentrationslager. München 1974.

Kohn, Jacob, Die Bedeutung der Juden für die Leipziger Messen. In: Jahrbuch der jüd.-literarischen Gesellschaft. Band 13. Frankfurt am Main 1920.

Kolk, Rainer, Zucht und Hoffnung. Pädagogische Akzente bei George und Rilke. In: Andreas Beyer, Dieter Burdorf (Hrsg.), Jugendstil und Kulturkritik. Zur Literatur und Kunst um 1900. Heidelberg 1999.

Koop, Volker, In Hitlers Hand. Die Sonder- und Ehrenhäftlinge der SS. Köln, Weimar, Wien 2010.

Kotowski, Albert S., Polens Politik gegenüber seiner deutschen Minderheit 1919–1939. Wiesbaden 1998.

Kracauer, Siegfried, Die Angestellten. Frankfurt am Main 1980. Erstveröffentlichung in der Frankfurter Zeitung 1929.

Kubatzki, Rainer, Zwangsarbeiter und Kriegsgefangenenlager. Standorte und Topographie in Berlin und im brandenburgischen Umland 1939 bis 1945. Eine Dokumentation. Berlin 2001.

Kuretsidis-Haider, Claudia, «Das Volk sitzt zu Gericht». Österreichische Justiz und NS-Verbrechen am Beispiel der Engerau-Prozesse 1945–1954. Innsbruck 2006.

Kurt Wilde, Erinnerungen an sein Leben und Werk. Hrsg. vom Bodenseewerk Überlingen. O. O., o.J. [Überlingen 1973].

Kuzio-Podrucki, Arkadiusz, Die Tiele-Wincklers. Eine oberschlesische Kohle- und Stahlaristokratie. Kiel 2007.

Large, David Clay, Hitlers München. Aufstieg und Fall der Hauptstadt der Bewegung. München 1998.

Le Corbusier, Aircraft. The New Vision. New York 1985 [1935].

Lebert, Norbert, Sterben war ihr täglich Brot. Die Testpiloten von Rechlin. Roman nach Tatsachen. München 1958.

Lethen, Helmut, Der Sound der Väter. Gottfried Benn und seine Zeit. Berlin 2006.

Lethen, Helmut, Freiheit von Angst. Über einen entlastenden Aspekt der Technik-Moden in den Jahrzehnten der historischen Avantgarde. In: Götz Grossklaus, Eberhard Lämmert (Hrsg.), Literatur in einer industriellen Kultur. Stuttgart 1989.

Lethen, Helmut, Neue Sachlichkeit 1924–1932. Studien zur Literatur des «Weißen Sozialismus». Stuttgart 1970.

Lethen, Helmut, Verhaltenslehren der Kälte. Lebensversuche zwischen den Kriegen. Frankfurt am Main 1994.

Lomax, Judy, Flying for the Fatherland. The Century's greatest Pilot. Hanna Reitsch, Glider Pilot, test piloted Germany's secret Weapon. London 1988.

Ludwig, Karl-Heinz, Technik und Ingenieure im Dritten Reich. Düsseldorf 1974.

Luftwaffe schlägt zu! Der Luftkrieg in Polen. Mit Unterstützung des Oberbefehlshabers der Luftwaffe. Nach Frontberichten und eigenen Erlebnissen von Peter Supf. Militärische Darstellung von Major Lothar Schüttel. Mit 46 Aufnahmen und 4 Karten. Berlin 1939.

Maier, Helmut (Hrsg.), Rüstungsforschung im Nationalsozialismus. Organisation, Mobilisierung und Entgrenzung der Technikwissenschaften. Schriftenreihe Geschichte der Kaiser-Wilhelm-Gesellschaft im Nationalsozialismus. Band 3. Göttingen 2002.

Mantel, Peter, Betriebswirtschaftslehre und Nationalsozialismus. Eine institutionen- und personengeschichtliche Studie. Wiesbaden 2009.

Maser, Werner, Hermann Göring, Hitlers janusköpfiger Paladin. Die politische Biographie. Berlin 2000.

Mattenklott, Gert, Bilderdienst. Ästhetische Opposition bei Beardsley und George. München 1970.

Mattenklott, Gert, Michael Philipp, Julius H. Schoeps (Hrsg.), «Verkannte Brüder»? Stefan George und das deutsch-jüdische Bürgertum zwischen Jahrhundertwende und Emigration. Hildesheim 2001.

Medicus, Thomas, Jugend in Uniform. Walter Flex und die deutsche Generation von 1914. In: Ursula Breymayer, Bernd Ulrich, Karin Wieland (Hrsg.), Willensmenschen. Über deutsche Offiziere. Frankfurt am Main 1999.

Meding, Dorothee von, Mit dem Mut des Herzens. Die Frauen des 20. Juli. München 1997.

Meier, Franziska, Das dritte Geschlecht. Ein ‹merkwürdiger Gedanke› Ernst Jüngers. In: Neue Zürcher Zeitung. 7./8. Juni 1997.

Meier, Franziska, Emanzipation als Herausforderung. Rechtsrevolutionäre Schriftsteller zwischen Bisexualität und Androgynie. Wien, Köln, Weimar 1998.

Meighörner, Wolfgang (Hrsg.): Die Schwestern des Ikarus. Frau und Flug. Ausstellungskatalog des Zeppelin-Museums Friedrichshafen. Friedrichshafen 2004.

Meinecke, Friedrich, Straßburg, Freiburg, Berlin 1900–1919. Erinnerungen. Stuttgart 1949.

Meyer, Beate, «Jüdische Mischlinge». Rassenpolitik und Verfolgungserfahrung 1933–1945. Hamburg 1999.

Mock, Wolfgang, Technische Intelligenz im Exil. Vertreibung und Emigration deutschsprachiger Ingenieure nach Großbritannien 1933 bis 1945. Düsseldorf 1986.

Mosse, Werner E. (Hrsg.), Juden im Wilhelminischen Deutschland 1890–1914. Tübingen 1976.

Müller, Rolf-Dieter, Der Bombenkrieg 1939–1945. Berlin 2004.

Musil, Robert, Die Frau gestern und morgen. In: Friedrich Markus Huebner (Hrsg.), Die Frau von morgen wie wir sie wünschen. Eine Essaysammlung aus dem Jahre 1929. Mit Beiträgen von Max Brod bis Stefan Zweig und einem Essay zur vorliegenden Ausgabe von Silvia Bovenschen. Frankfurt am Main 1990.

Natur und Geist. Monatshefte für Wissenschaft, Weltanschauung und Lebensgestaltung. Jg. 3. Heft 12. Dezember 1935.

Neumann, Boaz, Die Weltanschauung des Nazismus. Raum-Körper-Sprache. Schriftenreihe des Minerva Instituts für Deutsche Geschichte der Universität Tel Aviv. Band 30. Göttingen 2011.

Nipperdey, Thomas, Wie das Bürgertum die Moderne fand. Berlin 1988.

NS-Frauen-Warte. Zeitschrift der NS-Frauenschaft. Heft 11. 1943.

Oelmann, Ute, Karl Josef Partsch, Politik und Kunstgeschichte im George-Kreis. In: George-Jahrbuch. Band 3. Berlin 2000.

Oelmann, Ute, Ulrich Raulff (Hrsg.), Frauen um Stefan George. Göttingen 2010.

Oltmer, Jochen, Migration und Politik in der Weimarer Republik. Göttingen 2005.

Osterkamp, Ernst, Poesie der leeren Mitte. Stefan Georges Neues Reich. München 2010.

Overy, Richard, Die Wurzeln des Sieges. Warum die Alliierten den Zweiten Weltkrieg gewannen. Reinbek bei Hamburg 2002.

Pennington, Reina, Robin Higham (Hrsg.), Amazons to Fighter Pilots. A biographical Dictionary of military Women. Vorwort von Gerhard Weinberg. Westport 2003.

Peukert, Detlev J. K., Die Weimarer Republik. Krisenjahre der Klassischen Moderne. Frankfurt am Main 1987.

Pharus-Plan und Führer durch Hirschberg in Schlesien. Hirschberg o. J.

Picard, Max, Die Grenzen der Physiognomik. Erlenbach-Zürich 1937.

Pieper, Werner (Hrsg.), Nazis on Speed. Drogen im 3. Reich. 2 Bände. Löhrbach o. J.

Plessner, Helmuth, Diesseits der Utopie. Ausgewählte Beiträge zur Kultursoziologie. Frankfurt am Main 1974.

Pohl, Dieter, Die Herrschaft der Wehrmacht. Deutsche Militärbesatzung und einheimische Bevölkerung in der Sowjetunion 1941–1944. München 2008.

Poppelreuter, Tanja, Das Neue Bauen für den Neuen Menschen. Zur Wandlung und Wirkung des Menschenbildes in der Architektur der 1920er Jahre in Deutschland. Hildesheim, Zürich, New York 2007.

Price, Alfred, Handbuch Deutsche Luftwaffe. Führung, Organisation, Ausstattung. Stuttgart 1979.

Rasmus, Hugo, Pommerellen, Westpreussen 1919–1939. München, Berlin 1989.

Rathenau, Walther, Impressionen. Leipzig 1902.

Raulff, Ulrich (Hrsg.), Vom Künstlerstaat. Ästhetische und politische Utopien. München 2006.

Raulff, Ulrich, Clio in den Dünsten. Über Geschichte und Gerüchte. In: Merkur. Deutsche Zeitschrift für europäisches Denken. Jg. 44. Heft 6. Juni 1990.

Raulff, Ulrich, Kreis ohne Meister. Stefan Georges Nachleben. München 2009.

Raulff, Ulrich, Lutz Näfelt, Das geheime Deutschland. Köpfe aus dem George-Kreis. Marbacher Magazin. Band 121. Marbach am Neckar 2008.

Rauschning, Hermann, Die Abwanderung der Deutschen aus Westpreußen und Posen nach dem Ersten Weltkrieg. Ein Beitrag zur Geschichte der deutsch-polnischen Beziehungen 1919–1929. Die Entdeutschung Westpreußens und Posens. Berlin 1930. Nachdruck. Essen 1988.

Reinhold, Josef, Zwischen Aufbruch und Beharrung. Juden und jüdische Gemeinde in Leipzig während des 19. Jahrhunderts. Leipzig 1999.

Reissner, Hans, Melitta Schiller, Auswertung experimenteller Untersuchungen über Luft- und Wasserschrauben mit verdrehbaren Flügelblättern. In: G. Kempf, E. Foerster (Hrsg.), Hydromechanische Probleme des Schiffsantriebs. Veröffentlichungen der Vorträge und Erörterungen der Konferenz über hydromechanische Probleme des Schiffsantriebes am 18. und 19. Mai 1932 in Hamburg. Hamburg 1932.

Reitsch, Hanna, Das Unzerstörbare in meinem Leben. Autobiographie. 4. Auflage. München 1983.

Reitsch, Hanna, Fliegen – Mein Leben. München 1972.

Reschke, Willi, Jagdgeschwader 301/302 ‹Wilde Sau›. Stuttgart 1998.

Richardi, Hans-Günter, SS-Geiseln in Markt Schönberg. Dramatische Tage am Ende des Zweiten Weltkrieges im Bayerischen Wald. Markt Schönberg 2010.

Richardi, Hans-Günther, SS-Geiseln in der Alpenfestung. Die Verschleppung prominenter KZ-Häftlinge aus Deutschland nach Südtirol. Mit Beiträgen von Caroline M. Heiss und Hans Heiss. Bozen 2005.

Riedel, Manfred, Geheimes Deutschland. Stefan George und die Brüder Stauffenberg. Köln, Weimar, Wien 2006.

Rigg, Bryan Mark, Hitlers jüdische Soldaten. Paderborn u.a. 2003.

Rogall, Joachim, Die Deutschen im Posener Land und in Mittelpolen. München 1993.

Ronald Smelser, Enrico Syring, Die Militärelite des Dritten Reiches. 27 biographische Skizzen. Berlin 1997.

Ruault, Franco, Tödliche Maskeraden. Julius Streicher und die «Lösung der Judenfrage». Frankfurt am Main 2009.

Rudel, Hans-Ulrich, Mein Kriegstagebuch. Aufzeichnungen eines Stukafliegers. Geleitwort von Pierre Clostermann. Vorwort von Douglas Bader. Wiesbaden, München 1983.

Rürup, Reinhard (Hrsg.), 1936 – die Olympischen Spiele und der Nationalsozialismus. Eine Dokumentation. 2. Auflage. Berlin 1999.

Saint-Exupéry, Antoine de, Sand und Sterne. Düsseldorf 2000.

Saint-Exupéry, Antoine de, Südkurier. Frühe Schriften. Frankfurt am Main 1980.

Schäfer, Hans-Dieter (Hrsg.), Berlin im Zweiten Weltkrieg. Der Untergang der Reichshauptstadt in Augenzeugenberichten. München 1985.

Schiller, Klara, Gerda Moninger, Gertrud von Kunowski. Leben und Werk. Ulm 1988.

Schiller, Melitta, Englandflug mit Zwischenfällen. In: Askania-Warte. Heft 15. Januar/Februar 1939.

Schiller, Otto, Änderungen im Gehalt des Stalldüngers an Pflanzennährstoffen nach dem Kriege. Untersuchungen in der Provinz Schlesien. Berlin 1923.

Schmölders, Claudia, Hitlers Gesicht. Eine physiognomische Biographie. München 2000.

Schmölders, Claudia, Sander Gilman (Hrsg.), Gesichter der Weimarer Republik. Eine physiognomische Kulturgeschichte. Köln 2000.

Schmölders, Claudia, Zu einem physiognomischen ‹Ganzen› im 18. Jahrhundert. In: Hans-Jürgen Schings (Hrsg.), Der ganze Mensch. Anthropologie und Literatur im 18. Jahrhundert. Germanistische Symposien-Berichtsbände. Band 15. Stuttgart, Weimar 1994.

Scholem, Gershom, Zur Sozialpsychologie der Juden in Deutschland 1900−1930. In: Rudolf von Thadden (Hrsg.), Die Krise des Liberalismus zwischen den Weltkriegen. Göttingen 1978.

Schulbericht. Städtische Höhere Mädchenschule zu Krotoschin Ostern 1912 erstattet von Direktor Paul Hoeven. Krotoschin 1912.

Schüler-Springorum, Stefanie, Krieg und Fliegen. Die Legion Condor im Spanischen Bürgerkrieg. Paderborn 2010.

Schüler-Springorum, Stefanie, Vom Fliegen und Töten. Militärische Männlichkeit in der deutschen Fliegerliteratur, 1914−1939. In: Stefanie Schüler-Springorum, Karen Hagemann (Hrsg.), Heimat-Front. Militär und Geschlechterverhältnisse im Zeitalter der Weltkriege. Frankfurt am Main, New York 2002.

Schulthess, Konstanze von, Nina Schenk Gräfin von Stauffenberg. Ein Porträt. München 2008.

Schwendemann, Heinrich, Wolfgang Dietsche, Hitlers Schloß. Die «Führerresidenz» in Posen. Berlin 2003.

Siegfried, Detlef, Der Fliegerblick. Intellektuelle, Radikalismus und Flugzeugproduktion bei Junkers 1914 bis 1934. Bonn 2001.

Smith, Peter C., Stuka. Die Geschichte der Junkers 87. Technik, Taktik, Einsätze. 2. Auflage. München, Stuttgart 1974.

Sofsky, Wolfgang, Die Ordnung des Terrors. Das Konzentrationslager. Frankfurt am Main 1997.

SS-Geiseln am Pragser Wildsee. Der Leidensweg prominenter Häftlinge aus 17 Ländern Europas nach Südtirol. Hrsg. vom Zeitgeschichtsarchiv Pragser Wildsee. Prags 2006.

Stambolis, Barbara, Der Mythos der jungen Generation. Ein Beitrag zur politischen Kultur der Weimarer Republik. Dissertation. Bochum 1982.

Stauffenberg, Alexander Schenk Graf von, Denkmal. Düsseldorf, München 1964.

Stauffenberg, Alexander Schenk Graf von, Der Tod des Meisters. Zum zehnten Jahrestag. Delfinverlag 1948.

Stauffenberg, Alexander Schenk Graf von, Macht und Geist. Vorträge und Abhandlungen zur alten Geschichte. Hrsg. von Siegfried Lauffer. München 1972.

Stauffenberg, Berthold Schenk Graf von, Ein Kind als ‹Volksfeind›. In: Aufstand des Gewissens. Militärischer Widerstand gegen Hitler und das NS-Regime 1933 bis 1945. Hamburg, Berlin, Bonn 2000.

Steinbach, Peter, Der 20. Juli 1944. Gesichter des Widerstands. München 2004.

Steinbach, Peter, Johannes Tuchel, Lexikon des Widerstandes 1933–1945. 2., überarbeitete und erweiterte Auflage. München 1998.

Steinbacher, Sybille (Hrsg.), Volksgenossinnen. Frauen in der NS-Volksgemeinschaft. Beiträge zur Geschichte des Nationalsozialismus. Band 23. Göttingen 2007.

Steiner, John M., Jobst Freiherr von Cornberg, Willkür in der Willkür. Befreiungen von den antisemitischen Nürnberger Gesetzen. In: Vierteljahrshefte für Zeitgeschichte. Jg. 46. Heft 2. 1998.

Stiftung Topographie des Terrors (Hrsg.), Berlin 1933–1945. Zwischen Propaganda und Terror. Berlin 2010.

Strassmann, W. Paul, Die Strassmanns. Schicksale einer deutsch-jüdischen Familie über zwei Jahrhunderte. Frankfurt am Main, New York 2006.

Suhrkamp, Peter, Die Sezession des Familiensohnes. Eine nachträgliche Betrachtung der Jugendbewegung. In: Neue Rundschau. Heft 1. 1932.

Suhrkamp, Peter, Rasse. In: Neue Rundschau. Heft 8. 1933.

Suhrkamp, Peter, Söhne ohne Väter und Lehrer. Die Situation der bürgerlichen Jugend. In: Neue Rundschau. Heft 43. 1932.

Susman, Margarete, Wandlungen der Frau. In: Neue Rundschau. Heft 1. 1933.

Szczypiorno, Wie es über zehntausend deutschen Ostmärkern in einem polnischen Interniertenlager erging. Ein Kapitel polnischer Schmach und Kulturschande. Berlin 1929.

Tätigkeitsbericht 1937 der DVL, e.V., Berlin-Adlershof. Hrsg. von dem Leiter der Anstalt Dr.-Ing. Friedrich Seewald. Berlin-Adlershof 1938.

Technische Denkmale der Luftfahrtforschung in Berlin-Adlershof. Schriftenreihe zur Luftfahrtgeschichte. Heft 3. Berlin 2004.

Thormaehlen, Ludwig, Die Grafen Stauffenberg. Freunde von Stefan George. In: Robert Boehringer, Eine Freundesgabe. Tübingen 1957.

Topographie des Terrors. Gestapo, SS und Reichssicherheitshauptamt in der Wilhelm- und Prinz-Albrechtstraße. Eine Dokumentation. 2. Auflage. Berlin 2010.

Trenkle, Fritz, Bordfunkgeräte. Vom Funkensender zum Bordradar. Koblenz 1986.

Trevor-Roper, H. R., Hitlers letzte Tage. Frankfurt am Main, Berlin 1995.

Trischler, Helmuth, Kai-Uwe Schrogl (Hrsg.), Ein Jahrhundert im Flug. Raum- und Luftfahrtforschung in Deutschland 1907–2007. Frankfurt am Main 2007.

Trischler, Helmuth, Luft- und Raumfahrtforschung in Deutschland 1900–1970. Politische Geschichte einer Wissenschaft. Frankfurt am Main, New York 1992.

Trommler, Frank, Technik, Avantgarde, Sachlichkeit. Versuch einer historischen Zuordnung. In: Götz Grossklaus, Eberhard Lämmert (Hrsg.), Literatur in einer industriellen Kultur. Veröffentlichungen der Deutschen Schillergesellschaft. Band 44. Stuttgart 1989.

Tuchel, Johannes (Hrsg.), Der vergessene Widerstand. Zu Realgeschichte und Wahrnehmung des Kampfes gegen die NS-Diktatur. Dachauer Symposien zur Zeitgeschichte. Band 5. Göttingen 2005.

Tuchel, Johannes, Alfred Andersch im Nationalsozialismus. In: Marcel Korolnik, Annette Korolnik-Andersch (Hrsg.), Sansibar ist überall. Alfred Andersch. Seine Welt in Texten, Bildern, Dokumenten. München 2008.

Udet, Ernst, Mein Fliegerleben. Mit 78 Abbildungen. Berlin 1935.

Uxkull-Gyllenband, Woldemar von, Das revolutionäre Ethos bei Stefan George. Tübingen 1933.

Vogt, Dietrich, Der großpolnische Aufstand 1918/19. Marburg 1980.

Vogt, Joseph, Nekrolog, Alexander von Stauffenberg. In: Historische Zeitschrift. Band 199. 10/1964.

Vondung, Klaus, Zur Lage der Gebildeten in der wilhelminischen Zeit. In: Klaus Vondung (Hrsg.), Das wilhelminische Bildungsbürgertum. Zur Sozialgeschichte seiner Idee. Göttingen 1976.

Wagner, Wolfgang, Der deutsche Luftverkehr – Die Pionierjahre 1919–1925. In: Theodor Benecke (Hrsg.), Die deutsche Luftfahrt. Buchreihe über die Entwicklungsgeschichte der deutschen Luftfahrttechnik. In Zusammenarbeit mit dem Deutschen Museum München. Koblenz 1987.

Wege, Carl, Buchstabe und Maschine. Beschreibung einer Allianz. Frankfurt am Main 2000.

Wehler, Hans-Ulrich, Deutsche Gesellschaftsgeschichte. 1914–1949. München 2003.

Wieland, Karin, Der «totale Mann». In: taz. 27. April 1999.

Wieland, Karin, Dietrich und Riefenstahl. Der Traum von der neuen Frau. München 2011.

Wieland, Thomas, Autarky and Lebensraum. The political Agenda of academic Plant Breeding in Nazi Germany. In: Journal of History of Science and Technology. Band 3. Herbst 2009.

Wildt, Michael, Generation des Unbedingten. Das Führungskorps des Reichssicherheitshauptamtes. Hamburg 2002.

Wohl, Robert, A Passion for Wings. Aviation and the Western Imagination 1908–1918. New Haven, London 1994.

Wohl, Robert, The Spectacle of Flight. Aviation and the Western imagination 1920–1950. New Haven, London 2005.

Wolffsohn, Michael, Thomas Brechenmacher, Deutschland, jüdisch Heimatland. Die Geschichte der deutschen Juden vom Kaiserreich bis heute. München 2008.

Wolfrum, Rüdiger, Jürgen Jekewitz, Zum Tode von Karl Josef Partsch. Archiv des öffentlichen Rechts. Band 122. 1997.

Wunder, Gerd, Die Schenken von Stauffenberg. Eine Familiengeschichte. Stuttgart 1972.

Wuthenow, Ralph-Rainer (Hrsg.), Stefan George in seiner Zeit. Dokumente zur Wirkungsgeschichte. Band 1. Stuttgart 1980.

Zegenhagen, Evelyn, ‹Schneidige deutsche Mädel›. Fliegerinnen zwischen 1918 und 1945. Göttingen 2007.

Zeller, Eberhard, Geist der Freiheit. Der zwanzigste Juli. München o.J. [1952].

Zimmermann, Nicolai M., Die Ergänzungskarten für Angaben über Abstammung und Vorbildung der Volkszählung vom 17. Mai 1935. http://www.bundesarchiv.de/fachinformationen/01601/index.html.de

Websites

http://www.luise-berlin.de
http://www.dhm.de/lemo/home.html
http://www.germanluftwaffe.com
http://www.luftarchiv.de
http://www.luftbilddatenbank.de
http://www.denkmalprojekt.org
http://www.lexikon-der-wehrmacht.de
http://www.gdw-berlin.de/bio/namen-d.php

Personenregister

Alexander der Große 92
Alt, Hildegard 142
Alvensleben, Wichard von 319
Amsinck, Anny 226, 244 f.
Amsinck, Dorothy Ellen 222, 239,
    258
Amsinck, Ellen 234, 239, 244 f.
Amsinck, Friedrich Franz 221,
    223 ff., 232 ff., 238 f., 241 ff.,
    252 f., 256 ff., 264, 286, 292, 311,
    315
Amsinck, Heinrich 222, 226, 239,
    241, 245, 258
Anton, Johann 105 ff.
Anton, Walter 106 f.

Bach, Liesel 81, 125 f.
Backe, Herbert 338
Baeumker, Adolf 116
Bamberg, Carl 135 f.
Baum, Vicky 228
Becker, Karl 163
Beinhorn, Elly 10, 80 ff., 125 f., 131,
    144, 147
Benjamin, Walter 69, 133, 270
Benn, Gottfried 133
Bernardis, Robert 281
Bertram, Ernst 106
Bissing, Vera von 81, 83, 125 f., 142
Blenk, Hermann 122, 150
Blomberg, Werner von 195
Blum, Léon 301
Boehringer, Erich 105 f.
Boehringer, Robert 105 f.
Bonhoeffer, Dietrich 227

Bormann, Martin 181, 293
Bracke, Gerhard 276, 278
Braddon, Mary 282, 286
Brauchitsch, Walther von 229
Bräutigam, Otto 344, 348
Brecht, Bertolt 71
Bredow, Alexandra von 287, 292
Bredow, Diana von 288, 292
Bredow, Philippa von 287 f., 291
Brenner, Hermann 120
Brüning, Heinrich 106

Canaris, Wilhelm 227
Chamberlain, Neville 145
Charlotte (Königin von Württem-
    berg) 92
Christiansen, Friedrich 142, 144
Churchill, Winston 242

Dammann, Anna 260
Dante Alighieri 97, 303, 309
Darwin, Charles 186
Diesing, Ulrich 282, 284
Dohnanyi, Hans von 227, 293
Dönhoff, Marion 346 ff.
Dornier, Claude 57

Eber, Elk 71, 73
Eberstein, Ella 42, 46
Eberstein, Ernst 38 ff., 44 f., 50, 59
Eberstein, Otto 152
Eberstein, Sidonie 21, 31, 34, 45, 172
Eggeling, Johann Albrecht 280
Eichmann, Adolf 203
Essers, Ilse 83

Etzdorf, Marga von 11, 81 ff., 125 ff.,
131

Fahrner, Rudolf 104, 255, 263 ff.
Feuchtwanger, Lion 50
Flex, Walter 259
Föppl, Ludwig 57 f., 66, 70, 140 f.,
196
Franck, Arnold 58
Freisler, Roland 307
Friedrich II. 45, 96, 108, 301
Fritsch, Werner von 195
Fromm, Friedrich 163, 300
Furtwängler, Wilhelm 248, 252

Galland, Adolf 245, 309 f.
Gay, Peter 184
George, Stefan 11, 90, 92,
94 ff., 102 ff., 113, 237 f., 263,
321
Georgii, Walter 142
Glyn, Elynor 282
Goebbels, Joseph 229, 297
Goerdeler, Carl Friedrich 301
Goerdeler, Irma 301, 303
Goerdeler, Jutta 301, 305
Goethe, Johann Wolfgang von 97
Goettel, Jakobus 84
Göring, Emmy 208 f., 274
Göring, Hermann 9, 12, 115 f., 138,
140, 175, 178, 181 f., 189, 191, 195,
197 ff., 203 ff., 216, 229, 241, 245,
266 f., 274 f., 280, 282, 294, 307,
329
Göring, Karin 248
Gothein, Percy 99, 106
Greim, Robert von 172, 175
Grimsehl, Ernst 46
Gropius, Walter 120
Gründgens, Gustaf 69
Grundmann, Günther 46 f., 104
Gundolf, Ernst 105 f.
Gundolf, Friedrich 100, 105 ff.
Guttenberg, Karl-Ludwig von und zu
293, 323 f.

Guttenberg, Therese von und zu
293

Haeckel, Ernst 186
Haeften, Werner von 275, 288, 293
Hagen, Albrecht von 281
Hagen, Hans Wilhelm 297 f.
Hahn, Konrad 18
Hammerstein, Maria von 309
Handel, Paul von 86 ff., 98, 101, 108,
141, 226, 267, 276 ff., 328 ff., 345,
347, 350
Hardenberg, Carl-Hans von 293
Hardenberg, Reinhild von 293, 295
Hardenberg, Renate von 293
Harris, Arthur T. 190
Hase, Paul von 281
Hassell, Fey von 294, 301 ff., 308 ff.,
320, 327
Hassell, Ulrich von 301, 309
Hauptmann, Gerhart 45
Hauser, Kaspar 134
Hedin, Sven 248
Heidrich, Katja 83
Hendrik 70, 76, 102
Hermann, Georg 135
Herrmann, Hajo 242 f., 245, 257 f.,
279, 282, 296
Herrmann, Werner 196
Hertlein, Hans 120
Hesse, Hermann 133
Hessel, Franz 69, 270
Heydrich, Reinhard 193, 203
Himmler, Heinrich 284, 300 f.
Hindenburg, Paul von 40
Hirsch, Fritz 69
Hirth, Wolf 174
Hitler, Adolf 12, 50, 53, 69, 106, 115,
145, 146, 181, 191, 195, 204, 212,
229, 267 f., 276 f., 284, 288, 298,
307, 319
Hoeppner, Erich 281
Hofacker, Cäsar von 301, 324
Hofacker, Ilse Lotte von 301, 303
Hoff, Wilhelm 117

Hoffmann, Heinrich 228ff., 250, 267f.
Hoffmann, Peter 276, 340ff., 344
Hölderlin, Friedrich 97
Homer 92, 238, 263
Hünefeld, Günther von 68
Huppenkothen, Walter 284

Jakoby, Friedrich 216, 285
Joseph II. 24
Jünger, Ernst 69, 123ff., 132f.

Kaltenbrunner, Ernst 300
Kantorowicz, Ernst 106ff., 321ff.
Kantorowicz, Gertrud 323
Kardorff, Ursula von 272, 295
Keitel, Wilhelm 229
Klausing, Friedrich-Karl 281
Kogon, Eugen 309
Köhl, Hermann 68, 78, 101
Kommerell, Max 105ff.
Köstlin, Beate 127, 142
Kracauer, Siegfried 74
Kreipe, Werner 241
Kressenstein, Kress von 282
Kuhn, Hildegard 302
Kunowski, Gertrud von 20f., 29, 41, 55, 99
Kunowski, Lothar von 20, 55

Lachmann, Lieselotte 42, 46f., 49, 345
Lammers, Hans Heinrich 181
Lent, Hans 273
Lerchenfeld, Anni von 305, 308
Lind, Georgia 80f., 125
Lindbergh, Charles 78
Livius, Titus 276
Loerzer, Bruno 80, 142
Loßberg, Viktor von 252, 297, 307f.
Lübbert, Adolf 111, 185, 201, 349
Lübbert, Gerda 186, 201, 335
Lübbert, Jürgen 186, 201
Lübbert, Marie-Luise (geb. Schiller, Lili) 13ff., 22, 35ff., 43, 62, 70f.,

75, 111f., 151, 164, 185, 199ff., 204f., 236, 265f., 330, 334, 340, 345, 349ff.
Ludendorff, Erich 40

Mahncke, Alfred 147
Mann, Thomas 50, 191
Mannesmann, Karin 83
Marinetti, Filippo Tommaso 9f.
Markert, Werner 344
Martens, Arthur 49
Mehnert, Frank 100, 104ff.
Meinecke, Friedrich 23
Messerschmitt, Willy 57
Milch, Erhard 138, 182, 195, 211, 213
Mölders, Werner 245
Mollier, Hilde 55
Morwitz, Ernst 105ff., 321
Moser, Hans 182
Müller, Heinrich 283, 299f.
Müller, Renate 100
Musil, Robert 74

Nabokov, Vladimir 69
Niemöller, Martin 301
Nietzsche, Friedrich 97

Oberländer, Theodor 344, 348f.
Olbricht, Friedrich 275
Opel, Fritz von 68
Opitz, Paul 284f., 287ff., 291, 293f., 297, 300, 310, 344
Oppenheimer, Carl 46
Oster, Hans 284, 293

Papen-Koeningen, Hubertus von 311ff.
Partsch, Karl Josef 105f., 182
Pasewaldt, Georg 7ff., 187, 345
Paulus, Friedrich 206
Pendele, Max 213
Pfizer, Theodor 95
Pirzio-Biroli, Corrado von 309, 320
Pirzio-Biroli, Detalmo 319f.
Pirzio-Biroli, Roberto von 309, 320

Plendl, Johannes 329
Poelzig, Hans 77
Prandtl, Ludwig 57

Quirnheim, Albrecht Mertz von 275

Raeder, Erich 195
Rasche, Thea 10, 81 f., 125 f., 142
Rathenau, Walther, 28, 50
Rehberg, Hans-Michael 327
Reichenau, Walter von 229
Reissner, Hans 122, 149
Reitsch, Emy 172 f.
Reitsch, Hanna 10, 83, 171 ff., 188 f., 207, 212 ff., 217, 231 f., 267 f., 298, 348
Reitsch, Heidi 172
Reitsch, Kurt 172
Reitsch, Willy 172 f.
Riecke, Hans-Joachim 338
Riedel, Peter 113
Riefenstahl, Leni 58
Rilke, Rainer Maria 298
Roeder, Manfred 226
Roosevelt, Theodore 242
Rosenberg, Alfred 338 f.
Roth, Joseph 69
Roux, Max 140
Rudershausen, Jutta (geb. Schiller) 14 ff., 31, 37, 39, 43, 62, 70, 75, 111 f., 134, 141, 154, 164, 199 ff., 204, 264, 325 ff., 345 ff.
Rudershausen, Helgard 201
Rudershausen, Kurt 200, 331 ff.
Rudorf, Wilhelm 335
Rundstedt, Gerd von 229
Ruttmann, Walther 69

Sagebiel, Ernst 120, 142, 175, 193
Saint-Exupéry, Antoine de 131, 227
Saucken, Dusi von 134
Schardin, Hubert 196
Schefold, Karl 92

Scheurmann, Jochen 223
Schiller, Clara 24, 26 f., 154 f., 176, 178
Schiller, Ilse 151
Schiller, Klara (Pims) 13 ff., 22, 31, 37, 39, 62, 70, 75, 111 f., 141, 151, 164, 188, 199, 204, 217, 230, 257, 265 f., 271, 295, 307, 325 ff., 340 ff.
Schiller, Margarete (geb. Eberstein) 15 ff., 21, 28 ff., 62, 75, 112, 150, 152, 164, 198 f., 201, 204, 294, 340 f., 352
Schiller, Michael 12, 15 ff., 22 ff., 35 ff., 41, 61 ff., 121, 148 ff., 164, 176, 184 ff., 197 ff., 294, 305, 330, 333, 340 f., 343, 349, 352
Schiller, Moritz 24, 26 f., 154 f., 176, 178, 259, 340, 349
Schiller, Otto 16 ff., 37 f., 41, 45, 60, 62, 110, 151, 164, 199, 201, 204, 217, 332 ff., 348 f.
Schleich, Eduard von 126
Schlotterer, Wolfgang 60 f., 66, 70, 102
Schmeling, Max 68
Schmidt, Heinrich 186
Schneider-Opholzer, Berta 248
Schrenk, Martin 128 f.
Schuschnigg, Kurt von 301
Schuster-Woldan, Kurt 265
Scurla, Herbert 264
Seefeldt, Max 129
Seewald, Friedrich 129
Sessous, George 334 f.
Sonderegger, Franz-Xaver 284
Stahr, Walter 117
Stalin, Josef 337, 339
Stauffenberg, Alexander von 10 ff., 86 ff., 113, 141 f., 145, 153 ff., 166, 176 ff., 191, 197, 209, 213, 217, 220, 232, 235 ff., 246, 253 ff., 261 ff., 276, 280, 285, 289 ff., 299 ff., 309 ff., 317 ff., 330, 332, 334, 340 f., 346

Personenregister

Stauffenberg, Alfred von 91, 100, 275, 279
Stauffenberg, Berthold von 11, 88ff., 100, 105ff., 217f., 262f., 276, 281, 287, 290, 292, 297, 299, 321ff., 340f.
Stauffenberg, Berthold von jun. 292, 297ff., 307, 334
Stauffenberg, Caroline von (Duli) 88ff., 217, 237, 256, 275, 287, 291, 325f., 334
Stauffenberg, Claus von 11f., 87ff., 105f., 108f., 218, 237, 262f., 274ff., 282, 287f., 292, 299, 321ff., 328, 332f., 340f.
Stauffenberg, Clemens von sen. 303, 310f., 332
Stauffenberg, Elisabeth von 292
Stauffenberg, Franz Ludwig von 292, 297ff., 307, 334
Stauffenberg, Heimeran von 292, 297ff., 307, 334
Stauffenberg, Konrad Maria von 91
Stauffenberg, Konstanze von 306
Stauffenberg, Maria von (Mika) 100, 218, 256, 287, 292, 299, 303ff.
Stauffenberg, Marie-Gabriele von (Gagi) 302, 305, 310
Stauffenberg, Markwart von sen. 303
Stauffenberg, Nina von 218, 283f., 287, 292, 294, 299, 306f., 311, 326f., 345f.
Stauffenberg, Valerie 292, 297ff., 307, 334
Stieff, Hellmuth 281
Strassmann, Antonie 80f., 83, 125, 149
Supf, Peter 163

Thiersch, Urban 104
Thimig, Hermann 100
Thormaehlen, Ludwig 90, 95, 104, 106f.
Thyssen, Fritz 301, 309
Tiele-Winckler, Franz Hubert von 89

Trantow, Cordula 327
Trockau, Maria Theresia von (Mietz) 253
Tschaikowsky, Pjotr Iljitsch 258
Tucholsky, Kurt 135

Udet, Ernst 58f., 68, 80, 82, 125, 138, 171, 178f., 182, 189
Umberto II. 146
Ursinus, Carl Oskar 56
Uxkull-Gyllenband, Albertine 88
Uxkull-Gyllenband, Alexander von 88
Uxkull-Gyllenband, Alexandrine von 88, 108, 291
Uxkull-Gyllenband, Bernhard von 105
Uxkull-Gyllenband, Elisabeth von (Baby) 86, 141
Uxkull-Gyllenband, Ida von (Hupa) 88, 256
Uxkull-Gyllenband, Nikolaus von (Nux) 88ff., 108, 217, 256, 262, 323
Uxkull-Gyllenband, Olga (Dusi) 88f., 217, 291
Uxkull-Gyllenband, Woldemar von 87, 90, 92, 99, 105ff., 238

Vogt, Joseph 92f., 95

Wagner, Eduard 278
Walter, Armin 309
Walterspiel, Alfred 256
Wartenburg, Peter Yorck von 281
Weber, Wilhelm 92
Wilde, Kurt 136
Wilhelm II. (König von Württemberg) 92
Wilson, Woodrow 34
Witzleben, Erwin von 281
Wodehouse, P. G. 282
Wohlbrück, Adolf 100
Wolfskehl, Karl 106f., 321

Wollé, Georg 220, 345
Wolters, Friedrich 106, 263
Wühlisch, Heinz Hellmuth von
216
Wühlisch, Marie Luise von 216,
219

Zschokke, Alexander 104
Zuckmayer, Carl 58

Danksagung

Zu großem Dank bin ich Wenka-Maria Hagemeister verpflichtet. Ich konnte den Nachlass ihrer Großmutter Marie-Luise Lübbert, der ältesten Schwester Melitta von Stauffenbergs, uneingeschränkt nutzen, sie und ihre Mutter Wenka-Elisabeth Lübbert waren für meine Anfragen stets offen.

Besondere Erwähnung verdient Alexander von Stauffenbergs Tochter Gudula Knerr-Stauffenberg. Sie war bereit, jederzeit meine Fragen zu beantworten, ihre wiederholt von mir in Anspruch genommene Gastfreundschaft war ebenso überwältigend wie berührend.

Reinhart Rudershausen, Neffe von Melitta von Stauffenberg, danke ich, dass ich Einsicht in den Nachlass von Jutta Rudershausen nehmen durfte.

Großzügig wurde mir von Anny de Waal der schriftliche und fotografische Nachlass ihres Halbbruders Franz Amsinck zur Verfügung gestellt. Mein Dank gilt ihr wie ihren beiden Töchtern. Die Archive von Anny de Waal, Reinhart Ruderhausen und Wenka-Maria Hagemeister konnten für das vorliegende Buch dank ihrer Besitzer erstmals erschlossen werden.

Gerhard Bracke stellte mir den Nachlass Klara Schillers zur Verfügung, machte mich auf den Fall Franz Amsinck aufmerksam und war ebenfalls für meine Fragen stets ansprechbar.

Freundliche Auskünfte erteilte mir Hans-Günter Richardi.

Tim Korsmeier, Pilot der Deutschen Lufthansa, war mir in fliegerischen Fragen ein unentbehrlicher Ratgeber.

Liebenswürdig und hilfsbereit umsorgt wurde ich von Caroline M. Heiss und Jens Kappel im Hotel Pragser Wildsee.

Daniela Helbig, Physikerin in Cambridge/Massachusetts, stand mir mit ihrem Wissen beratend zur Seite und war mir während ihrer Münchener wie Berliner Aufenthalte eine anregende Gesprächspartnerin.

Für Gespräche, Ratschläge, Hinweise und Hilfestellungen bedanke ich mich außerdem sehr herzlich bei Johannes Tuchel, dem Leiter der Gedenkstätte Deutscher Widerstand, sowie bei Michael Wildt, Humboldt Universität Berlin.

Zu bedanken habe ich mich bei den Mitarbeitern und Mitarbeiterinnen folgender Archive und Institutionen: Bayerisches Hauptstaatsarchiv München, Bildarchiv Preußischer Kulturbesitz, Bundesarchiv Berlin-Lichterfelde, Bundesarchiv-Militärarchiv Freiburg, Deutsche Dienststelle Berlin, Deutsches Museum München, Deutsches Patentamt Berlin, Deutsches Technikmuseum Berlin, Geheimes Staatsarchiv Berlin, Heimatmuseum Krotoszyn, Kulturamt Karlsruhe, Landesarchiv Berlin, Stadtarchiv Leipzig, Politisches Archiv des Auswärtigen Amtes Berlin, Stadtarchiv Danzig/Gdańsk, Bromberg/Bydgoszcz, Posen/Poznań, Hirschberg/Jelenia Góra sowie Oppeln/Opole, Stefan George Archiv Stuttgart, TU Berlin, TU München, TU Hannover, TU Dresden, Universitätsarchiv Würzburg.

Darüber hinaus standen mir folgende Personen mit Rat und Tat zur Seite: an erster Stelle Florian Danecke, im weiteren Ellen Bertram, Kasia Borek, Heinz Bude, Henner Merle, Josef Reinhold, Sebastian Remus, Olga von Saucken, Alexander Simon, Jan Hecker-Stampehl; Katharina Schroeter, Nora Schroeter, Stefanie Schüler-Springorum, Arne Sommer, Franz von Stauffenberg, Daniel Szczepaniak, Anne C. Voorhoeve, Karin Wieland.

Bei Rowohlt·Berlin danke ich dem Verlagsleiter Gunnar Schmidt sowie den Lektoren Jens Dehning und Frank Pöhlmann für ihren unermüdlichen Einsatz. Karoline Tielkes Freundlichkeit sei gleichfalls erwähnt.

Last but not least bin ich meiner Frau Katharina Uppenbrink sowie meiner Schwester Annette Medicus-Stoessel zu allergrößtem Dank verpflichtet. Ohne die Unterstützung beider wäre diese Biographie nicht entstanden. Meinem Sohn Robert verspreche ich zukünftig häufigere Anwesenheiten.

Bildnachweis